中国煤系矿产资源评价丛书

鄂尔多斯盆地煤系矿产赋存规律与资源评价

Occurrence Regularity and Resource Evaluation of Coal Measures Mineral in Ordos Basin

曹代勇　魏迎春　等　著

科学出版社

北　京

内 容 简 介

本书以鄂尔多斯盆地石炭纪—二叠纪煤系和侏罗纪煤系为目标，开展煤系矿产资源(以煤系气和煤中金属元素为主)综合研究，查明了鄂尔多斯盆地煤系矿产发育种类及时空分布特征，划分了煤系矿产共生组合类型。从煤系矿产形成的原生条件和后期构造-热演化控制的角度，揭示了鄂尔多斯盆地煤系矿产资源的赋存规律，建立了煤系矿产耦合成矿模式。评价了鄂尔多斯盆地煤系矿产资源潜力，估算了鄂尔多斯盆地煤系气和煤中金属元素等主要煤系矿产资源量，确定了鄂尔多斯盆地煤系综合矿产资源有利区。

本书内容丰富，资料翔实，体现了煤系矿产资源和鄂尔多斯盆地煤炭地质研究的最新成果。本书可供煤炭地质和矿产地质领域的科技人员和大专院校师生参考、使用。

图书在版编目(CIP)数据

鄂尔多斯盆地煤系矿产赋存规律与资源评价=Occurrence Regularity and Resource Evaluation of Coal Measures Mineral in Ordos Basin/曹代勇等著. —北京：科学出版社，2019.4

(中国煤系矿产资源评价丛书)

ISBN 978-7-03-060729-4

Ⅰ. ①鄂… Ⅱ. ①曹… Ⅲ. ①鄂尔多斯盆地-煤炭资源-资源预测②鄂尔多斯盆地-煤炭资源-资源评价 Ⅳ. ①F426. 21

中国版本图书馆 CIP 数据核字(2019)第 042927 号

责任编辑：吴凡洁 崔元春/责任校对：王萌萌

责任印制：师艳茹/封面设计：蓝正设计

科学出版社 出版

北京东黄城根北街 16 号

邮政编码：100717

http://www.sciencep.com

三河市春园印刷有限公司 印刷

科学出版社发行 各地新华书店经销

*

2019 年 4 月第 一 版 开本：787×1092 1/16

2019 年 4 月第一次印刷 印张：20 1/4

字数：464 000

定价：278.00 元

(如有印装质量问题，我社负责调换)

“中国煤系矿产资源评价丛书”编写领导小组

组　长：孙升林

副组长：吴国强　张家强

成　员：宁树正　曹代勇　刘志逊　杨文光

　　　　郑柏平　程爱国　吴军虎　张谷春

本书编委会

主　　编：曹代勇

副 主 编：魏迎春

编　　委：曹代勇　魏迎春　张　岩　李　勇

　　　　　徐　浩　刘金城　秦国红　牛鑫磊

　　　　　聂　敬　刘　亢　王安民　秦荣芳

　　　　　梁永平　郭爱军　李　靖

前言

煤、油气、砂岩型铀矿等多种沉积矿产同盆共存的事实，日益受到地质学家的关注，沉积盆地多种矿产富集机理和耦合成矿效应已成为当前矿产资源和盆地动力学领域的研究热点之一。含煤岩系(简称煤系)是一套含有煤层及成因联系的沉积岩系。煤系作为多种矿产资源的载体，除煤层发育之外，还共、伴生丰富的能源矿产、金属矿产和非金属矿产。这些煤系矿产资源构成了一个资源丰富、类型多样、相对独立又具有成因联系与耦合关系的成矿环境和矿产赋存系统。早在20世纪初，人们便已关注煤和煤系共、伴生矿产种类及其利用技术等问题。近年来，随着矿产资源综合评价的深入和煤系综合矿产资源概念的提出，涉及煤盆地和煤系矿产资源的研究成果日趋增加。

鄂尔多斯盆地是世界级特大型含多种能源的盆地，矿产资源十分丰富，煤、石油、天然气、油页岩、沉积型铀矿俱全，素有“半盆油、满盆气、遍地是煤”的美誉。鄂尔多斯盆地煤系广泛分布，晚古生代克拉通拗陷与中生代陆内拗陷继承性发育，盆地构造-热演化史规律性明显，为煤系多种矿产共生耦合成矿提供了良好的地质条件。近年来，鄂尔多斯盆地与煤系有关的煤层气、致密砂岩气、页岩气、煤中金属元素矿产、砂岩型铀矿等的调查研究取得众多成果，推动了煤系矿产资源综合评价和勘查理论与技术的发展。

由中国矿业大学(北京)承担的“鄂尔多斯盆地煤系矿产资源赋存规律与资源评价”项目，是“煤系矿产资源综合调查与评价”计划项目下属工作项目之一，起止年限为2014～2016年。3年来，项目组在系统收集跟踪国内外研究成果的基础上，通过大量野外地质调查、矿井地质调查、钻孔岩心编录、采样测试分析和专题图件编制工作，以鄂尔多斯盆地石炭纪—二叠纪煤系和侏罗纪煤系为目标，开展煤系矿产资源(以煤系气和煤中金属元素为主)综合研究，从煤系矿产的形成、演化、富集改造等关键问题入手，揭示煤系矿产资源的赋存规律，建立煤系矿产的共生耦合成矿模式，划分鄂尔多斯盆地煤系综合矿产资源区带，初步摸清鄂尔多斯盆地煤系矿产资源潜力。

项目研究取得以下重要成果。

1) 查明了石炭纪—二叠纪煤系和侏罗纪煤系矿产资源的种类及其组合特征

建立了由煤层矿产、煤系矿产、煤盆地矿产构成的层次结构概念模型，深化了煤系矿产资源概念的内涵和外延。查明了鄂尔多斯盆地煤系矿产资源的种类及其共生组合特征，划分了煤-能源矿产-金属矿产、煤-非金属矿产、煤-能源矿产3种组合大类和8种主要共生组合类型。其中，石炭纪—二叠纪煤系(太原组和山西组)矿产有5种组合类型：鄂尔多斯盆地北部煤-煤系气-油页岩-煤中金属元素组合类型、鄂尔多斯盆地南部煤-煤层气-煤中金属元素组合类型、鄂尔多斯盆地西缘煤-煤系气-煤中金属元素组合类型、鄂尔多斯盆地东缘煤-煤系气-煤灰中Al_2O_3组合类型、陕北石炭纪—二叠纪煤田煤-煤系气-高岭土-耐火黏土-铝土矿组合类型。侏罗纪煤系(延安组)矿产有3种组合类型：鄂尔多斯盆地北部煤-煤层气-砂岩型铀矿组合类型、鄂尔多斯盆地南部煤-煤层气-煤系页岩气-煤系油页岩-砂岩型铀矿-煤中金属元素组合类型、鄂尔多斯盆地西缘煤-煤系气-煤系油页岩-砂岩型铀矿组合类型。

2)揭示了基于层序地层分析的煤系矿产时空分布规律及其控制因素

根据露头和钻孔数据，建立了盆地层序地层格架，探讨了古构造、海平面变化、古气候和沉积过程对煤系矿产时空分布规律的控制。晚石炭世—晚二叠世，古亚洲洋向南俯冲导致内蒙古隆起和华北内克拉通盆地的形成，盆地沉降与晚古生代海平面变化相互作用形成1个一级大陆进侵(泛滥)旋回和5个二级海侵-海退旋回。构造运动与气候共同作用控制沉积物的类型和供给量，基准面(可容纳空间)变化与沉积物供给之间的相互作用又控制了被沉积物充填的可容纳空间，因而本书定义了华北盆地饥饿充填早期、饥饿充填晚期、平衡充填、过饱和充填早期和过饱和充填晚期5个盆地充填演化阶段，在华北盆地西部(即鄂尔多斯盆地)对应形成了以喀斯特(层序一)、海岸-浅海(层序二)、开阔陆表海(层序三)、河流-三角洲(层序四)和内陆河流-湖泊(层序五)为主的沉积环境，并形成了鄂尔多斯盆地石炭纪—二叠纪煤系下部铝土矿、铁矿→中部煤、煤系气和高岭岩→上部致密砂岩气的矿产组合形式。

3)探讨了盆地构造-热演化及构造格局对煤系矿产赋存规律的控制

盆地构造-热演化对煤系矿产资源的形成、运(迁)移和聚(富)集具有重要的控制作用。构造演化历程影响煤系的改造程度，在其产生的构造应力场作用下，含煤地层发生变形、变位，形成断裂和褶皱等构造要素，且通常呈现构造格局分区分带特征，从而决定了煤系矿产资源的空间分布的规律性。构造演化过程中的构造隆升、沉降和构造-热事件对煤系矿产赋存具有重要的控制作用，鄂尔多斯盆地煤系矿产资源的最终定位受控于现今构造格局。鄂尔多斯盆地主体部分煤系埋藏深度大、构造变形微弱，有利于大面积连续型煤系气藏的形成和保存；鄂尔多斯盆地周缘构造变形强度较大，岩浆热液和地下水流活动性强，并靠近物源区，有利于煤系金属元素、铀元素的迁移和富集。构造运动所形成的不同形态的地质构造，其不同的部位、不同的力学性质和封闭情况对煤系矿产资源赋存或逸散具有不同的影响，封闭性地质构造有利于煤系气赋存，开放性地质构造则有利于煤系金属矿产、砂岩型铀矿形成。

4)查明了鄂尔多斯盆地煤系气赋存特征，揭示了煤中金属元素矿产的分布规律

从有机质丰度、类型、成熟度、储层物性、生储盖组合等方面论证了鄂尔多斯盆地石炭纪—二叠纪煤系和侏罗纪煤系具有良好的煤系非常规气发育条件和资源潜力，受原

生沉积条件、盆地热演化和构造格局的控制，煤系非常规气赋存具有明显的时空差异。煤层气有利区块主要沿盆缘分布，尤其是东缘和南部的石炭纪—二叠纪煤层气和南部侏罗纪煤层气是当前勘探开发的热点；煤系泥页岩在太原组和延安组分布较为局限，在山西组分布广泛，且厚度较大、总有机碳含量(TOC)高、进入大量生气阶段；盆地中北部和东缘的石炭系—二叠系是煤系砂岩气成藏的有利层位。与世界煤中均值比较，鄂尔多斯盆地石炭纪—二叠纪煤中 Li、Ga、REY、Al_2O_3 整体上属于轻度富集状态，侏罗纪煤中元素绝大部分处于正常或亏损状态。由于地下水等流体的淋滤作用，煤层顶底板中金属元素含量通常高于煤层中金属元素含量。受物源、沉积、构造-热演化等因素控制，煤中金属元素矿产具有显著的时空分布差异：垂向上，石炭纪—二叠纪煤中金属元素高于侏罗纪煤，山西组煤中金属元素高于太原组煤；平面上，Li、Ga、REY、Al_2O_3 含量呈北高南低的总体趋势，且主要富集于盆地周缘地带。

5) 建立了煤系矿产耦合成矿模式

盆地的构造热-演化过程是煤系矿产资源耦合成矿的关键，主要体现在成矿时间和空间位置的耦合性。盆地稳定沉降阶段是煤系有机矿产形成的重要时期，无机矿产则主要形成于盆地的构造活动阶段，二者在盆地构造-热演化的地质作用下，成矿母质、成矿环境、成矿期及赋存层位等方面均表现出明显的相关性和耦合性。鄂尔多斯盆地煤系矿产的大规模耦合成矿发生在燕山运动中晚期(J_3—K_1)构造-热变革期，显著的构造-热事件不仅可以提高煤系烃源岩的变质程度，促进生排烃，还是煤系金属矿产形成和富集的重要动力。构造应力、热应力和深源流体压力为煤系气和金属元素的运移提供了驱动力，促使岩石产生大量裂缝，构成煤系矿产资源有利的运移通道。

6) 评价了煤系矿产资源潜力，划分了综合矿产有利区带

以鄂尔多斯盆地石炭纪—二叠纪煤系和侏罗纪煤系地层为对象，依据相关计算规范和标准，初步估算了 2000m 以浅煤系气和部分矿区煤中 Ga 元素等主要煤系矿产资源量。煤层气资源量为 7.1818 万亿 m^3，煤系页岩气资源量为 7.582 万亿 m^3，煤系砂岩气资源量为 1.8744 万亿 m^3，煤中 Ga 元素资源量为 44.97 万 t(只含准格尔和渭北石炭纪—二叠纪煤田)。根据煤系气和煤中元素的资源量分级结果，采用多矿种叠加的方法，以矿区为单元，对鄂尔多斯盆地 53 个矿区进行煤系综合矿产资源有利区优选，优选出了 11 个有利区、18 个较有利区、24 个次有利区，其中 11 个有利区分别为：准格尔 Li-Al_2O_3-Ga-REY 与煤层气有利区、河保偏煤系气与 Al_2O_3 有利区、离柳煤系气与 Al_2O_3 有利区、石隰煤系气有利区、乡宁煤系气有利区、韩城煤系气有利区、府谷煤系气有利区、古城煤系气有利区、吴堡煤系气有利区、彬长煤系气有利区、韦州煤系气有利区。

本书是在“鄂尔多斯盆地煤系矿产资源赋存规律与资源评价”项目成果的基础上加工凝练而成。曹代勇担任主编，魏迎春担任副主编，各章节撰写分工如下：前言由曹代勇、魏迎春撰写，第一章由李勇、刘金城、秦国红、王安民、曹代勇撰写，第二章由魏迎春、张岩、牛鑫磊、聂敬、梁永平撰写，第三章由曹代勇、秦国红、张岩、牛鑫磊、聂敬、秦荣芳、李靖撰写，第四章由刘金城、张岩、李勇、秦国红、刘亢撰写，第五章

由徐浩、曹代勇、王安民、聂敬、郭爱军、魏迎春撰写，第六章由魏迎春、张岩、秦国红、牛鑫磊、聂敬、刘亢、秦荣芳、曹代勇撰写，全书由曹代勇和魏迎春统稿。研究生刘志飞、张强、孙雨晴、贾煦、闵洛平、李超，本科生叶蕾、宋钰、刘祥宇、李雅楠、邓丽君、王晨、信延儒、王宇恒、巫肇锦、肖志伟、杨帅、常东亮、陈坤、陈一凡、邓东明、邓宇等参加了研究工作和资料整理。

“鄂尔多斯盆地煤系矿产资源赋存规律与资源评价”项目研究得到了中国地质调查局油气资源调查中心和中国煤炭地质总局的支持，中国煤炭地质总局的孙升林教授级高级工程师、吴国强教授级高级工程师、二级项目负责人宁树正教授级高级工程师给予了具体指导。与其他 5 个二级项目工作项目——“青藏高原煤系矿产资源综合调查与评价”“华北赋煤区煤系矿产资源综合调查与评价”“东北赋煤区煤系矿产资源综合调查与评价”“华南赋煤区煤系矿产资源综合调查与评价”和“西北赋煤区煤系矿产资源综合调查与评价”之间的密切配合和经常性的研讨，对研究工作的顺利开展起到了至关重要的促进作用。现场调查工作得到了内蒙古、宁夏、陕西和山西等省区煤炭、煤层气、地矿、石油系统有关单位领导和技术人员的大力支持和帮助，宁夏回族自治区煤田地质局协助开展了鄂尔多斯盆地西缘煤系矿产资源调查评价工作。

感谢中国地质调查局油气资源调查中心张家强研究员，中国地质调查局发展研究中心谭永杰研究员、刘志逊研究员，中国地质学会郝梓国研究员，中国煤炭地质总局王佟教授级高级工程师、袁同星教授级高级工程师，中国煤炭地质总局勘查研究总院程爱国教授级高级工程师、刘天绩教授级高级工程师和陈美英教授级高级工程师，中联煤层气有限责任公司吴建光教授级高级工程师、张守仁高级工程师，中国科学院大学侯泉林教授和琚宜文教授，中国地质大学(北京)唐书恒教授、黄文辉教授和汤达祯教授，中国矿业大学秦勇教授，华北科技学院李小明教授，中国矿业大学(北京)彭苏萍院士、武强院士、邵龙义教授、唐跃刚教授、刘钦甫教授、孟召平教授、赵峰华教授、胡社荣教授、马施民副教授、方家虎副教授、罗红玲副教授、鲁静副教授、王绍清教授等专家学者在项目研究、人才培养、评审验收过程中给予的指导和帮助。

借本书出版之际，作者感谢对本书的撰写工作给予过支持和帮助的所有单位和个人！

作　者

2018 年 5 月

目录

第一章

研究现状与发展趋势

鄂尔多斯盆地煤地质学研究已有近百年的历史，取得了丰硕的研究成果，尤其是近年来鄂尔多斯盆地煤层气勘查开发取得了显著进展，以及煤系矿产综合评价、综合勘查受到了广泛重视，为鄂尔多斯盆地煤系矿产赋存规律研究奠定了坚实的基础。

第一节　鄂尔多斯盆地煤地质学研究进展

我国在鄂尔多斯盆地及其周缘地区的地质调查工作始于20世纪初。王竹泉(1921～1937年)、袁复礼(1925年)、潘钟祥(1933～1941年)、孙建初(1934年)、尹赞勋(1937年)、王恭睦(1946年)、李庆远、卢衍豪(1947年)、何春逊(1948年)等先后在该区进行过地质调查，对地层、构造、古生物、石油地质及煤田地质等进行了详细论述(中国煤炭地质总局，1996；张泓等，2005)。尽管上述工作比较零星，但这些开拓性的地质工作对该区的深入研究具有极其深远的影响。

鄂尔多斯盆地大量系统的地质调查工作始于中华人民共和国成立以后。从中华人民共和国成立到1996年这40多年，陕西、甘肃、宁夏、内蒙古、山西等省区的区域地质测量队相继完成了1∶20万区域地质测量，地质矿产部华北石油地质局第三普查勘查大队和长庆石油勘探局开展了大规模的油气普查与勘探。与此同时，陕西、甘肃、宁夏、内蒙古及山西省煤炭地质局(公司)进行了一系列煤田普查勘探工作。工作过程可大体划分为两个阶段：第一阶段，自中华人民共和国成立至20世纪60年代中期，对石炭纪—二叠纪煤田进行勘探，完成了陕西铜川、蒲白、澄合、韩城，宁夏石炭井、石嘴山，内蒙古乌达、海勃湾8个矿区的精查勘探工作；第二阶段，60～90年代，主要对侏罗纪煤田进行勘探，完成了陕西焦坪、店头、神北，甘肃华亭、安口，宁夏汝箕沟，内蒙古东胜7个矿区的勘探工作。与此同时，诸多部门和单位还进行了人工地震、重力、地面磁测、航磁、大地电流等地球物理勘探和遥感地质调查。这些工作，不仅为国家提供了可观的矿产资源储量，也积累了大量的地质资料。90年代，地质科研院所和大专院校出版了许多有关鄂尔多斯盆地煤地质的研究成果(何锡麟等，1990；刘焕杰等，1991；李思田，1992；张泓等，1995；中国煤炭地质总局，1996；王双明和张玉平，1999)，从不同的专业领域对鄂尔多斯盆地的沉积类型、构造演化背景进行了论述，并开展了有关盆地形成与演化的整体研究。

鄂尔多斯盆地以稳定的克拉通发育而著称，盆地的构造属性及区域构造格局一直是地质学家研究的焦点。针对鄂尔多斯盆地构造属性的归属问题取得了丰富的研究成果，分别从地质力学、地洼学、波浪状镶嵌构造、板块构造等不同的角度探讨了盆地的范围、区域构造位置及构造属性(黄汲清，1955；李四光，1955；陈国达，1960；张伯声和汤锡元，1975；汤锡元和郭忠铭，1992)，围绕煤地质与盆地构造的关系开展了一系列卓有成效的研究(张泓等，2005；王桂梁等，2007；王双明，2011)。上述成果在论述鄂尔多斯盆地煤田构造发育特征和演化规律的基础上，也对多种能源矿产的富集组合进行了研究。

针对鄂尔多斯盆地的煤系沉积，许多学者结合沉积学的最新理论开展了一系列工作，提出了鄂尔多斯盆地晚古生代含煤层序地层与海侵成煤模式(李增学等，2006，2008；邵龙义等，2014)，剖析了鄂尔多斯盆地侏罗系的沉积体系和层序地层学研究，并进一步总结整理了其构造演化和构造控煤作用(王双明，2011)，刻画了可容纳空间变化控制下的石炭系—二叠系的煤层沉积特征(李勇等，2017)。上述研究基本建立起该区含煤地层石炭系—二叠系、三叠系和侏罗系的层序地层格架，为后续煤田地质的研究工作奠定了良好的基础。

鄂尔多斯盆地发育石炭系—二叠系、三叠系和侏罗系三套含煤地层。石炭纪—二叠纪的气煤、肥煤、焦煤、瘦煤等经过洗选，可用于炼焦；贺兰山煤田等的无烟煤可用于气化；三叠纪瓦窑堡组的中灰、低磷、特低硫、高油和中-强黏结性煤可用于低温干馏或配焦等；侏罗系延安组煤主要为低灰、低硫、中高发热量的不黏煤和长焰煤，可用于气化、液化、低温干馏和制作活性炭等(中国煤炭地质总局，1996)。针对该区的煤岩煤质特征，代表性的论著有吴传荣(1995)的《西北早—中侏罗世煤岩煤质与煤变质研究》和黄文辉等(2010)的“鄂尔多斯盆地侏罗纪煤的煤岩特征及成因分析”等。

围绕鄂尔多斯盆地晚古生代煤的生烃过程及煤成气运移规律，众多学者在2000年左右开展了大量研究，主要探讨鄂尔多斯盆地东缘煤的生烃动力学特征和煤成气的富集特点(汤达祯等，2000；汪正江等，2002)，提出晚古生代深盆气藏的特征(张金亮等，2000)，详细刻画了晚古生代天然气的运移、聚集规律(闵琪等，2000)。目前对晚古生代煤成气气藏的勘探已取得重大突破，相继在榆林、乌审旗、大牛地、苏里格、子洲、神木等地发现千亿立方米储量的大型气田。综合鄂尔多斯盆地煤成气资源分布和勘探现状分析，其煤成气勘探前景仍然十分广阔。

鄂尔多斯盆地煤层气的勘探在20世纪90年代左右展开，国内外一些公司和研究机构在该盆地进行了煤田和少量的煤层气勘探开发工作。系统的煤层气勘探开发试验是联合国开发计划署(UNDP)在柳林地区开展的，于 1992 年 4 月 24 日开始对煤柳 1 井进行压裂后排水采气作业，先后有 7 口煤层气井(井深 450～480m)相继投入试生产。鄂尔多斯盆地东缘作为“十一五”期间和“十二五”期间煤层气勘探开发的重点区域，先后在柳林、韩城、保德等地区开展了煤层气开发先导试验区建设。诸多学者做了相关研究，包括资源和开发状况(接铭训，2010；杨智等，2010)、含气量的控制因素(李贵红和张泓，2013；李勇等，2014)、储层物性特征(张松航，2008；晋香兰等，2012)等。

随着煤系非常规天然气(简称煤系气)勘探开发的不断深入，从节约勘探成本和提高开发效益的角度，提出了煤系“三气”(煤层气、页岩气、致密气)合探共采的概念，鄂尔多斯盆地是当前煤系气勘探开发的热点地区。通过对鄂尔多斯盆地西缘煤系气成藏地质条件的研究，以典型钻孔的岩性组合、沉积序列和测试数据分析为例，确定了煤系气的有利层段，建立了煤系气共生组合模式，探讨了煤系气的共生耦合机制，为盆地煤系“三气”合探共采提供了基础理论指导(曹代勇等，2016a)。秦勇等(2016)从地层岩性分布、成藏机理、不同类型储层含气特征等方面分析煤系“三气”共采的可能性及难点；傅雪海等(2016)提出煤系气分隔合采技术，为煤系“三气”合探共采提供了技术支持；孟尚志等(2018)基于盆地东缘临兴地区现场试验井数据，分析得出单井筒煤系“三气”合探共采是可行的，各产气层类似江河支流流向干流的形式进入井筒协同产出。目前，煤系“三气”合探共采处于理论研究和现场试验阶段，还存在许多理论认识上的不足以及许多技术难题需要人们进一步研究。

鄂尔多斯盆地是众所周知的“聚宝盆”，不仅含煤，还含油、气、铀等。许多学者对盆地内多种能源矿产富集进行了研究(陈刚等，2005；邓军等，2006；刘池洋等，2006a，2006b)，发现盆地内含煤地层，既是早、晚古生代天然气的主力烃源岩，又是晚古生代煤成气的主力储集层，为油气提供非常有利的生、储、盖空间配置体系，在纵向上呈现“下煤上气”的能源共存组合形式。其中，对煤和煤系共、伴生矿产也开展了不同程度的专题研究，代表性论文有：魏永佩和王毅(2004)的“鄂尔多斯盆地多种能源矿产富集规律的比较”，李增学等(2006)的“鄂尔多斯盆地多种能源矿产共存富集形式及沉积控制”，代世峰等(2006a)的“鄂尔多斯盆地东北缘准格尔煤田煤中超常富集勃姆石的发现”等。

鄂尔多斯盆地煤炭资源量丰富，优秀的研究成果不断涌现。从 20 世纪 90 年代对鄂尔多斯盆地的沉积类型、构造演化背景的研究，到 21 世纪初对煤成气和含煤地层层序格架的研究，以及近年来煤层气和煤系气的系列研究工作，使鄂尔多斯盆地这个稳定的克拉通盆地展现出日新月异的风采。煤系矿产资源研究依然是近些年及未来一段时期鄂尔多斯盆地煤地质学的热点，其相关成果也将进一步丰富煤地质学基础理论和实践认识。

第二节　含煤岩系多种矿产资源研究

一、概念的形成与发展

(一)从煤系共、伴生矿产到煤系矿产资源

从20世纪50年代至今，煤系矿产资源概念和类型的形成经历了逐步发展和完善的过程。

李星学(1955)提出，整个含煤地层缓慢沉积的长远过程中，在某一阶段如有适合于它种矿产聚集的特殊自然条件时，就将有它种矿产的造就，如油页岩、铝土矿、耐火黏土、铁、锰和黄铁矿等。

全国矿产储量委员会1986年颁布的《煤炭资源地质勘探规范》规定，煤系中有益矿产是指在含煤地层中与煤伴生或共生的各种有工业利用价值的矿产和伴生元素，也包括勘探工作范围内含煤地层的上覆或下伏地层中所含的有用矿产。

吴道蓉和吴殿虎(1994)指出，共生矿产指同一矿区(矿床)内存在着两种以上符合工业指标，具有一定规模的矿产；伴生矿产则指在矿床(矿体)中与主要矿产一道产出，无单独开采价值，但在采掘、加工主要矿产时，可以同时被采出、提取和利用的矿产。

1996年出版的《中国煤炭工业百科全书：地质·测量卷》(杨锡禄和周国铨，1996)收录了“煤系共伴生矿产资源”条目，将其定义为：含煤岩系中与煤共、伴生的所有金属和非金属矿产及煤中赋存的有工业价值的稀有分散元素、放射性元素和某些金属元素。近些年的研究证实，煤成气和煤成油具有重要的经济价值。

袁国泰和黄凯芬(1998)认为，煤系共生矿产是指在煤系中与煤具成因上共生、共同出现的其他矿产；煤系伴生矿产是指在煤系中与煤不一定具成因联系的共同出现的其他矿产。

满建康等(2011)提出，煤系共生矿产资源是指含煤岩系中除煤层以外可开发利用的矿产及煤中的有用微量元素。煤系伴生矿产资源是指与煤系共生矿产一起产出但在技术和经济上不具备单独开采价值，但在开采和加工煤炭时能同时合理地开采、提取和利用的矿石、矿物或元素。

刘建强等(2015)认为煤的共生矿产主要是指多种矿产与煤具有成因和时间上的联系，其形成、赋存则与煤具有一定的时间序列，且能够作为单一矿种进行赋存与开采，煤与其他任何一种矿种可以在宏观上有所体现；煤的伴生矿产是指其他矿产与煤具有成因上的关系，其形成时间与煤的形成时间几乎相同，煤的伴生矿产则表现为开采上的差异性。

综上所述，不同学者从各自的研究角度出发，对于煤系矿产资源的定义有不同的理解。大体上可以划分为成因角度定义(袁国泰和黄凯芬，1998；刘建强等，2015)和经济性角度定义(吴道蓉和吴殿虎，1994；满建康等，2011；孙升林等，2014)两大类。长期

以来，人们用“共、伴生矿产”表征煤系中除煤之外的其他矿产种类。实际上，根据《矿产资源综合勘查评价规范》(GB/T 25283—2010)中关于共、伴生矿产的定义(杨强等，2011)，煤系中其他矿产可能具有与煤同等重要的经济价值，特定情况下甚至超过煤矿产，如内蒙古乌兰图嘎煤系锗矿床。另外，从成因角度分析，煤系中多种矿产可能形成于统一的成矿环境，经历相同的演化过程，具有密切的空间组合关系。因此，本书建议用“煤系(综合)矿产资源”术语取代煤系共、伴生矿产，用以拓宽煤炭资源的概念。

(二)煤系矿产资源类型划分的发展过程

煤系矿产资源类型也是值得关注的问题。1994 年 3 月 26 日国务院发布的《中华人民共和国矿产资源法实施细则》(国务院令第 152 号)的附件“矿产资源分类细目”，按工业分类将矿产资源分为能源矿产、金属矿产、非金属矿产与水气矿产四大类。多年来的勘查实践和开发利用技术发展发现煤系矿产种类繁多，上述四大类矿产资源类型中不少矿种在煤系中均有不同程度的分布。对于煤系矿产资源类型划分，先后从工业角度、物理性能及加工利用方向、赋存状态等角度进行了讨论。袁国泰和黄凯芬(1998)等依据其物质成分、物理性能及加工利用方向，将煤系矿产资源分为三大类：固体共、伴生矿产，液态共、伴生矿产及气态共、伴生矿产。孙升林等(2014)将煤系矿产资源划分为煤系能源矿产、煤系金属矿产和煤系非金属矿产，煤系能源矿产主要包括煤炭、煤系气(煤层气、致密砂岩气、页岩气等)、铀矿、油页岩等；煤系金属矿产勘查开发研究多集中在我国紧缺的铝、铁等大宗矿产及新兴产业急需的锂、锗、镓等战略性资源；煤系非金属矿产中常见的有高岭土、耐火黏土、硅藻土、膨润土、叶蜡石、石墨等。刘建强等(2015)根据矿产在煤层中的赋存状态、存在位置及与煤的关系，认为煤的伴生矿产包括煤层气、煤成气、镓、铀、锗、钒等，共生矿产包括页岩气等，而油页岩、黏土与高岭土则既是伴生矿产也是共生矿产。

二、煤系矿产资源共生组合研究

含煤盆地作为多种矿产的赋存场所，其内部多种矿产资源共存的事实一直受到国内外地质学家的关注和重视。但是前人多是对单一矿种的生成、赋存、成藏机制等方面进行研究，却很少将煤系多种矿产资源纳入盆地这个整体的系统当中进行研究。无论在国内还是国外，目前针对煤系矿产资源同盆共存的研究程度总体上较低。

20 世纪 40～50 年代，人们开始认识到煤和含煤地层可形成具工业价值的天然气资源。从 60 年代开始，我国煤炭地质勘查工作初步发现了某些伴生元素的含量范围，确定了 Ge、Ga、U、Sc、Y、Zr、La、Ce 等元素在一些矿区煤层中富集的情况。60 年代后期，煤成气的研究得到许多地质学家所重视。80 年代以来，煤成油成为研究和讨论的热点，相关理论也得以快速发展(程克明和张朝富，1994)。

21 世纪初，越来越多的学者已经注意到了煤、油、气、铀矿等多种矿产相互之间的共生关系和相互影响，并且在一定程度上进行了初步探索。2003～2008 年的 973 项目“多种能源矿产共存成藏(矿)机理与富集分布规律”联合煤炭、地矿、油气、核工业等多个工业部门及多所高校、研究所，对鄂尔多斯盆地煤、气、油、铀等多种矿产资源同盆共存富集、地球动力学背景等进行了研究。潘爱芳等(2004)以鄂尔多斯盆地为例，指出元素地球化学场与能源矿产关系密切，铁族元素和亲铜元素的低背景叠合分布区为煤和天然气藏的主要赋存区；钨、钼族元素的低背景与铁族元素、亲铜元素的低背景之间的过渡带为铀矿床的有利富集地带；钨、钼族元素低背景区为油气藏和煤矿远景富集区。邓军等(2006)研究发现有机和无机流体的活动过程中存在相互作用，有机流体的存在形成氧化-还原障，在氧化-还原界面处突变成矿和界面成矿是多种能源矿产成矿过程的重要机制。常象春等(2006)进一步强调从认识同一盆地中这些有机与无机矿产的分布规律入手，剖析其来源、形成机理和内在联系，对于探讨多种能源的共存富集机理有着重要意义。这些研究成果进一步证实了含煤盆地内多种矿产资源有着密切的联系。

此后，众多学者基于含煤盆地内矿产资源的时空分布特征，对多种矿产资源同盆共存的类型和富集模式进行了初步探讨(李增学等，2006；朱志敏等，2007；王毅等，2014)。刘池洋等(2006a，2006b)提出多种能源矿产成藏成矿系统的理论，认为虽然矿产资源同盆共存富集成矿机理有一定的差异性，但普遍具有含矿层位联系、空间分布复杂有序的特征，是相互关联的矿产。张云峰(2013)建立了鄂尔多斯盆地煤-石油-天然气-铀矿 4 种能源矿产同盆共生的成矿(藏)模式。代世峰等(2014)论述了煤-锗、煤-镓、煤-铀、煤-铌、煤-稀土元素等煤型稀有金属矿床的富集机理。曹代勇等(2014a)提出了煤系气共生赋存模式及其研究方向。王毅等(2014)以鄂尔多斯盆地为例，指出在整个盆地演化过程中，共存系统中有机和无机矿产的形成过程相互关联，就位空间按照一定的规律分布，通常流体有机矿产分布于盆地内部，无机矿产则分布于盆地边缘或盆-山转换部位，但它们同属一个盆地的自然成矿(藏)系统。

前人对于含煤盆地内多种矿产资源的综合勘查也开展了相关研究。魏永佩和王毅(2004)通过对鄂尔多斯盆地多种能源矿产的富集规律进行比较，指出天环拗陷、西缘逆冲带可开展油-气-煤-铀矿的联合勘探；伊盟隆起、渭北挠褶带和晋西挠褶带可进行煤炭、煤层气和铀矿的协同勘探。杨伟利等(2010)结合多能源矿产的成矿背景、成藏(矿)机理、赋存规律、勘探理论与实践等，基于经济效益最大化和勘探方法最优化原则，建立了鄂尔多斯盆地多种能源矿产的协同勘探模式。王毅等(2014)以鄂尔多斯盆地为例，在盆地构造演化、各种能源矿产的时空分布及相互联系等方面分析的基础上，探讨了盆地演化进程中多种能源矿产同盆共存富集的成藏(矿)体系及其分布规律，试图建立多种能源矿产协同勘探模式。王步清等(2015)在对鄂尔多斯盆地煤-铀、油-铀空间共生关系及矿业权叠置现状研究的基础上，对各类规划区块提出了具体的勘查开采政策建议。

综上所述，可以看出研究者已经注意到了盆地内煤系矿产资源的相互关系和相互影响，并且在一定程度上进行了初步探索。但是我们也应意识到，将含煤盆地多种矿产资源放到盆地这个整体的系统中进行成因机制和耦合成藏研究，仅仅才刚刚开始，还没有形成较系统的理论体系和综合勘探方法，而这一工作的开展也成为当前煤地质学领域的关注热点和前沿方向。

第三节　煤系矿产资源赋存控制因素

煤系是一套含有煤层并有成因联系的沉积岩系，其特点是沉积旋回明显、岩性种类多样、有机质含量高，从而成为多种矿产资源的载体，构成一个类型众多、资源丰富、相对独立又具有成因联系与耦合关系的成矿环境和赋矿系统（曹代勇等，2014a）。煤系矿产的成矿过程一般涉及盆地充填（矿产沉积）时期的古地理、地球化学和沉积过程及沉积后盆地的热流和成岩作用。煤系矿产资源成矿事件的时间、范围、强度和保存必须在盆地演化的格架中来分析，矿产的形成是盆地演化史的一部分。因此，对于煤系矿产资源来说，赋存控制因素研究需要从两个方面入手：一方面是从煤盆地形成的原生条件分析；另一方面是从煤盆地后期构造-热演化分析。

一、原生条件分析

Weller（1930）引入了“旋回层（cyclothem）”的概念，即一个沉积旋回期间沉积的一套岩层。多种矿产能够共存于同一煤系中在很大程度上是由煤系岩性的旋回性决定的，因此，讨论煤系矿产资源形成的原生条件其实就是讨论煤系矿产资源的载体——含煤旋回层形成的控制机理。根据前人的研究（Klein and Willard，1989；Cecil et al.，2003），含煤旋回层的控制因素主要包括古构造、海平面变化、古气候和沉积过程。

（一）古构造控制

地壳运动控制的想法在 Weller（1930）提出旋回层概念之初就已被提出，后来又有所更新（Weller，1956）。地壳变动说假定沉积盆地及源区存在周期性交替的上升和沉降运动，砂岩底部的不整合面被看成上升期广泛侵蚀作用的信号，而沉降期从块状砂岩到页岩、煤及海相层的沉积则被看作是一个侵蚀旋回完成期间河流梯度变小的反映。

构造控制的概念可分为两类：①将旋回层与沿断层崖局限的周期性运动相联系的构造控制；②同期克拉通范围或全球性构造运动的构造控制。Klein 和 Willard（1989）提出了把含煤旋回层的成因与全球构造运动相联系的独特见解，他们对比了北美石炭系 3 种不同类型旋回层：①以海相为主的堪萨斯型旋回层；②海相和陆相混合的伊利诺伊型旋回层；③以陆相为主的阿巴拉契亚型旋回层。根据区域构造史分析认为，中部大陆西部端元堪萨斯型旋回层受构造影响最小，实质上是受冰川性全球海平面变化的控制，另一端元的阿巴拉契亚型旋回层是在前陆盆地受幕式逆冲负载影响下形成的。在他们的解释中参考了 Tankard（1986）提出的由逆冲负载引起的挠曲变形与松弛期的黏弹性响应周期性交替模式，其中，褶皱带的逆冲负载作用伴随前陆盆地的变浅并引起沉积进积及盆地充填，而松弛作用则导致向下翘曲和盆地变深，每次新的逆冲负载作用都因此能与旋回层的进积作用同时发生。根据 Klein 和 Willard(1989)的看法，伊利诺伊型旋回层是位于前陆盆地和稳定克拉通之间(密歇根、伊利诺伊及弗里斯特城盆地)的盆地，具有典型含煤旋回层类型，这些盆地经受着中等程度前陆挠曲沉降。

(二)海平面变化控制

地质历史中全球海平面波动基本上有两个原因：①海水先由于冰川建隆或其他气候过程固定到大陆上，后来又由于融冰而回到海洋中；②由扩张速率变化引起的洋中脊上升所置换的大洋水体积的变化。冰川建隆存在于特定地质历史时期，并能与地球轨道变化相联系，所以人们对冰川性海平面变化对旋回性沉积作用的影响讨论得最多。短周期冰川性海平面变化具有与旋回层形成周期大致相同的期限，相反，由洋脊扩张引起的全球海平面变化周期则太长而不能与含煤旋回层的形成相联系。在宾夕法尼亚纪，北美中部大陆地区克拉通边缘为全球海平面变化旋回的最佳沉积响应提供了必要的地壳稳定性、低的地形起伏及宽阔的空间。

值得强调的是，克拉通边缘地壳稳定性会产生连续的、逐渐的沉降背景这一假说，是把这些旋回鉴别成对冰川性海平面波动的沉积响应，以及建立宾夕法尼亚纪海平面升降曲线的先决条件。在任何一个旋回中，海水泛滥程度都可通过追踪向陆海侵的最大范围来确定，或者也可根据最深的相的发育程度来推测；而海退的程度则由盖在旋回之上的古土壤或陆源沉积能向盆地方向追溯多远来确定。根据旋回发育程度及完整性，可在宾夕法尼亚系上部(大约从德斯莫尼斯阶中部到密苏里阶和维尔吉耳阶)建立一系列大、中、小级别的旋回(Heckel，1986)。

(三)古气候控制

Beerbower(1961)研究了北美中部大陆宾夕法尼亚纪旋回层形成的直接的气候控制因素，认为海相石灰岩代表温暖潮湿气候期，气候变得较干燥会引起植被的退化，从而使得侵蚀作用及沉积物搬运作用增强，结果会造成海岸带砂质堆积；气候重新变得潮湿则会增强源区和沉积区植物生长，结果会降低碎屑物的输入量并能促使泥炭形成，由于沉积物欠补偿，海水最终会侵入并重新沉积石灰岩而开始下一个旋回。

(四)沉积控制

旋回层形成的沉积控制是指旋回层序的垂向叠置可以在盆地以恒定速率沉降或基准面以恒定速率抬升条件下，由沉积物搬运的周期性迁移而完成。这种机制尤其适用于河控三角洲，其中三角洲相对快速进积及三角洲顶部快速加积会导致三角洲平原与相邻沉积物欠补偿海湾之间的不稳定性，这时三角洲平原上游区河道决口最终导致三角洲朵叶的关闭。在盆地连续沉降条件下，这种作用可以重复多次，并且可以形成较规则的阶梯状排列的沉积体，其纵剖面呈楔状，横剖面呈透镜状。显然，三角洲朵叶单元的梯状叠置在相距几千米的剖面中可产生或多或少相同的层序。Fisk(1944)和 Coleman(1968)识别了三角洲朵叶迁移作用及其对密西西比三角洲体系的影响，注意到沉积作用过程对含煤地层形成的重要意义，强调煤层及共生沉积物横向分布的不连续性。

三角洲朵叶楔状体及所产生的旋回层的总体几何形态取决于研究区古地理及构造稳定性。Donaldson（1974）根据沉积物供给与盆地沉降速率之间的比值区分出 3 种类型的三角洲：密西西比型三角洲的特征是沉积物供给速率略微超出沉积速率，并且两者速率都较高，结果造成相当厚的层序在多少有些退覆的序列中发育；罗克代尔型三角洲（得克萨斯始新统下威尔科克斯群）的特征是沉积物供给与盆地沉降同步，其相单元或多或少有垂向上的叠置；西弗吉尼亚型三角洲（宾夕法尼亚系科内莫格和莫农加希拉群）中，三角洲进积和废弃的交替最为迅速，这类三角洲快速反复地向稳定台坪进积，所形成的旋回层较薄。

沉积机理往往对纯河流沉积物中旋回层序的形成施加重要的控制作用，河道侧向迁移或河道摆动及相应的越岸和泛滥盆地沉积的垂向加积，都会形成向上变细旋回的叠置。这种纯河控旋回可明确分为河道砂岩、越岸黏土-粉砂岩、泛滥平原根土岩、河流漫滩沼泽沉积（煤及碳质页岩）及末端湖相暗色页岩。

二、构造-热演化分析

盆地的构造-热演化历程和现今赋煤带的构造格局对煤系矿产资源的形成、运（迁）移、聚（富）集成藏和保存具有重要的控制作用，因此研究盆地构造-热演化历程和构造格局是分析含煤盆地煤系矿产资源赋存规律的基础。盆地构造-热演化历程控制煤系的形成和后期的改造，对于煤系气来讲，盆地的埋藏史和热演化史控制着煤系烃源岩的沉积、变质和生烃，构造环境的转变造就了不同岩性地层空间叠置发育，是煤系气耦合成藏的关键所在；而对于煤系无机矿产，盆地演化过程中的构造隆升、热事件及产生的构造应力场对煤系金属元素、U 元素的扩散、迁移、沉淀甚至成矿具有重要的控制作用，盆地现今各赋煤带的构造格局控制着煤系矿产资源的分布和保存。因此，以构造为主线，深入探讨煤系矿产赋存规律及其受控的盆地构造-热演化、构造格局问题，进而研究煤系矿产资源耦合成矿机制，是含煤盆地能源勘探的基础研究和地质学家普遍关注并急需解决的重大科学问题，具有重要的理论和实际意义。

以富含有机质为特点的煤系对温度、压力、流体等地质环境因素特别敏感，煤盆地演化进程中的各种构造-热事件，无一不在煤系物质成分变化方面留下深刻的烙印，控制有机质热演化和成矿物质迁移、富集途径（Cao et al.，2009）。因此，盆地动力学过程研究是揭示煤系综合矿产耦合成矿机制的关键和基础性工作。

（一）盆地沉降与充填提供了煤系综合矿产的物质基础

沉积盆地是煤系的载体，盆地沉降和充填提供了煤系综合矿产的物质基础。不同的成煤原型盆地、不同的沉积环境和物源供给，决定了煤系综合矿产的类型、数量和质量。同时，盆地沉降和充填又是对物源区（造山带）构造活动的响应，详细研究不同类型盆地的充填过程、划分沉积层序、恢复岩相古地理面貌，可以获得区域构造演化的丰富信息，为揭示盆地动力学过程提供宝贵的地质依据。

不同类型的沉积盆地乃至沉积盆地中不同地区的沉积物质基础均影响煤系综合矿产的形成，而盆地沉降速率、充填过程中古地理环境的变迁控制着物质的沉积基础。克拉通型盆地基底稳定、固结程度高，故而沉降稳定，充填有序，对煤系综合矿产的沉积物质基础十分有利。陆内裂谷盆地一般具有较高的沉积速率，充填序列具有典型的双层结构：下部为非补偿型冲积粗碎屑充填和深湖泥质沉积，代表盆地的裂谷期；上部为补偿、过补偿型冲积碎屑填积，代表盆地的拗陷期(任文忠，1992)。内陆拗陷型及断陷型含煤盆地受古构造运动影响较大，且多为不对称型盆地，其中，断陷盆地充填序列自下而上为：底部为冲积粗碎屑岩段，下部为含煤碎屑岩段、湖相泥岩段，上部为含煤碎屑岩段和顶部冲积粗碎屑岩段，分别代表了盆地的不同沉积-构造演化阶段(任文忠，1992)。前陆盆地的充填物主要来源于毗邻的造山带，少部分来源于内陆一侧。因此，前陆盆地煤系充填的物质基础受造山带影响较大，而前陆盆地大多为槽状，加之受造山带影响，其分带性较为明显。

(二)盆地构造-热演化史决定了煤系矿产资源的形成过程

中国煤盆地的一个重要特点就是盆地演化历程复杂、后期改造强烈(曹代勇等，2018a)，成煤原型盆地经历多期构造-热作用，对煤系有机质热演化和成矿物质迁移富集具有显著影响，尤其是在聚集型有机质(煤层)和煤系中的分散有机质演化和耦合成矿过程中，起到至关重要的作用。煤盆地的构造-热演化过程，实质上也是煤系与地质环境进行物质和能量交换的过程，煤系中有机组分和无机组分在各种地质营力作用下迁移、分异和富集成矿。通过对盆地构造史、沉降隆升史、热演化史、生排烃史的研究，可以查明构造-热事件对煤系综合矿产资源形成和改造的控制作用。

盆地的构造沉降可以极大地促进煤系的有机质演化，这与盆地的地温场有直接关系，如沁水盆地石炭纪—二叠纪煤系的有机质热演化程度主要受中生代晚期异常地温场控制(任战利等，2008)，其生烃高峰期发生在早白垩世。克拉通盆地基底固结程度高，地温梯度一般偏低，构造沉降稳定，以大范围的区域热变质为主；断陷型盆地或裂陷型盆地的地温梯度偏高，甚至存在岩浆上涌导致地温梯度剧增现象，一般属高温型或特高温型地温场(王庭斌等，2016)。煤系在最大沉降深度时一般达到了最大古地温时期，对煤系有机质的演化、煤系矿产资源的成矿有着重要的控制作用，后期的抬升剥蚀则会对煤系矿产资源进行改造、重组及再配置。一般而言，盆地后期的抬升对煤系气的赋存较为不利，但后期隆起区则可以作为煤系有益金属矿产资源的有利物源区。

构造运动导致岩浆上涌的热事件的时期、强度、影响范围等对煤系矿产资源的形成与赋存有着重要影响。地幔隆升导致的岩浆上涌一般会造成区域性地壳减薄和地壳增热，从而导致区域性热作用，持续时间长、影响范围大，这对含煤盆地的影响是巨大的，其覆盖范围最大可以涵盖整个盆地，使得整个盆地的有机质热演化程度升高。而由盆地裂陷而导致的岩浆上涌，其盆地热流值一般在裂陷末期达到最大值(李刚等，2017)，而裂陷区一般会成为后期盆地的边缘，对煤系的破坏作用往往会大于对其有利的增温作用。而由于构造运动的影响，岩浆沿着断层或裂缝上涌时，以各种形式侵入煤系或喷发于地表，一期入侵一般持续时间不长，对盆内煤系的影响较为局限，从而导致盆地局部地区煤系有机质的热演化程度较大，如鄂尔多斯盆地东缘地区。对于岩浆入侵发生较早的盆地，其构造-热事件的信息可能会被后期盆地沉降增温所抹去(任战利等，2008)。如果盆地发生多次沉降与岩浆侵入事件，则煤系矿产资源的形成过程将更为复杂，而我国含煤盆地普遍经历了多期次构造运动,因此厘清每一次的构造-热事件是研究煤系矿产资源形成的重要内容。

(三)盆地构造格局控制了煤系矿产资源的赋存状态

成煤原型盆地经历多期构造演化，发生分解破坏、叠合反转，充填在其中的煤系随之变形和变位，失去原有的连续性，被分割为大小不等、埋深各异的块段，由此决定了煤系矿产资源的现今赋存状态和开发利用的难易程度(曹代勇等，2018a)。查明煤盆地构造格局和控矿作用，是煤系综合矿产资源评价和勘查的基础性工作。

盆地的现今构造格局以构造复杂程度决定了煤系矿产资源勘探开发的难易程度，构造越复杂，则代表经历了多期次的构造叠加，煤系矿产资源的赋存状态也越多样，这直接影响了矿产资源的勘探开发。以鄂尔多斯盆地东缘为例，其整体为向西和北西缓倾的大型单斜构造，煤系主要受到燕山运动和喜马拉雅运动的影响，且由北向南存在着明显的构造强度差异。北部保德区块所受构造变形作用不显著，以稳定的缓倾单斜为主，煤体结构较完整，主要发育原生结构煤，煤层气及煤系气赋存比较稳定，在煤层气排采过程中产出煤粉少，利于煤层气开采。而南部临汾区块和韩城区块所受构造变形较为显著，主要发育压性断层、挠曲及次级褶皱，煤体结构破坏严重，发育有碎裂煤、碎粒煤乃至致糜棱煤，煤层气排采过程中产出煤粉多(魏迎春等，2015)，不利于煤层气开采。

构造样式是指一群构造或某种构造形态特征的总和，或一组相关构造的总体特征。控煤构造样式则是指对煤系和煤层的形成、演化和现今赋存状况具有控制作用的构造样式(曹代勇等，2018a)，因此也是探讨煤系矿产资源富集规律、成藏(矿)的基础因素。以青海木里煤田为例，该地区受南部大通山北缘和北部托莱山逆冲断裂系的制约，是一个南北对冲的构造盆地。其依据主要构造组合，划分了压缩、剪切和旋转、滑动三大类共八种类型的控煤构造样式。研究了不同构造样式对煤系气赋存的控制作用，其中，压缩构造样式对煤系气的保存相对有利,主要表现在地层的纵向增厚及构造压应力圈闭(王安民，2018)。

赋煤构造单元是全国煤炭资源潜力评价研究中提出的重要概念(曹代勇等，2018a)，用以描述区域构造格局和构造演化对煤系现今赋存状态的控制作用。由于赋煤构造单元本身的界定，煤系矿产资源在各赋煤构造单元内的形成过程及现今赋存状态亦具有其自身特点。鄂尔多斯盆地六大赋煤构造带的煤系矿产资源的赋存状态表现出较大差别，在构造复杂的西缘及东南缘，煤系矿产资源受构造影响大，煤系气等矿产资源的保存条件相对较差，而在其他赋煤带，构造相对稳定，煤系矿产资源的保存也比较有利。

（四）鄂尔多斯盆地煤系矿产的构造-热演化控制

鄂尔多斯盆地的煤系赋存于石炭系—二叠系与侏罗系，前者主要受控于晚古生代时南北两侧的中亚—蒙古海槽和秦岭海槽的海底扩张和大洋板块俯冲、消减所产生的远程效应（王双明，2017），后者受控于特提斯构造域和滨太平洋构造域对中国大陆的控制（任纪舜，1994）。鄂尔多斯盆地的煤系经历了多期构造-热演化作用改造，对煤系矿产资源的形成和赋存具有重要影响，盆地周缘地区尤为显著。

鄂尔多斯盆地西缘处于特提斯构造域引起的祁连构造带地幔向东蠕散的终端，是地壳深部物质上涌的有利地带，已发现数个燕山晚期的火成岩体，如汝箕沟的玄武岩、炭山的辉绿岩及华亭矿区的花岗岩（万丛礼等，2005），由此促进了有机质热演化程度。形成于燕山运动西缘逆冲推覆构造带内的岩层变形破坏了煤体结构，贺兰山区小松山侏罗系延安组的煤层已严重片理化（万丛礼等，2005）。构造-热事件导致了古地温异常偏高，西缘地区中生代晚期古地温梯度升至 3.5～4.1℃/100m（任战利，1996），使得烃源岩在侏罗纪末达到生烃高峰，并促进排烃。

印支期鄂尔多斯盆地东缘处于南北向挤压构造格局中，伴随着特提斯洋的消减闭合和扬子-华北板块的陆-陆碰撞作用，海水从中国大陆基本退出。含煤地层主要是石炭系—二叠系太原组和山西组，前者以陆表海沉积体系为主，后者主要是浅水三角洲沉积组合（中国煤炭地质总局，1996）。中生代时煤系埋藏加深进入深成变质阶段，但燕山期时，受侵入岩体的影响，鄂尔多斯盆地东缘的南部地区，如离石、柳林等地的煤系热演化程度升高，煤层以中变质烟煤为主，也有高变质烟煤产出，同时，也使得这些地区的煤系气含量增加，而北部煤系烃源岩的热演化程度则较中、南部低（汤达祯等，1999）。

鄂尔多斯盆地北部（伊盟隆起）在印支期主要受华北克拉通东北部隆升、西南缘沉降过程的影响，上三叠统与中下三叠统、中下侏罗统与上三叠统呈假整合或角度不整合接触关系。早中侏罗世燕山运动早期，盆地北部处于相对稳定的构造阶段，在拗陷环境下发育中下侏罗统内陆河湖相含煤碎屑岩沉积建造，侏罗纪末发生挤压构造变形，如北缘石合拉沟逆冲推覆构造（刘正宏等，2004）。在早白垩世晚期发生较为强烈的伸展构造事件并伴有大量的岩浆活动，如在杭旗锦黑石头沟下白垩统顶部发现的玄武岩（邹和平等，2008）。从始新世开始，盆地北部进入了拉张隆升剥蚀阶段，现今构造格局基本定型。

鄂尔多斯盆地南部在晚三叠世时期受秦岭造山带的影响，发生沉积事件形成了延长组湖盆充填，同时存在火山喷发的凝灰岩层（刘璇等，2014）。侏罗纪晚期由于盆地总体抬升，缺失上侏罗统。白垩纪早期盆地南部持续沉降，沉积了一套近南北向展布的西厚东薄的箕状断拗陷河湖相沉积，此时，下伏地层受深成热变质和深部岩浆热力作用的改造，石炭系—二叠系及侏罗系烃源岩在早白垩世末达到产油气高峰期（刘池洋等，2006a）。从早白垩世末到古新世甚至始新世早中期，鄂尔多斯盆地南部地层记录基本缺失，晚白垩世地层遭受不同程度的区域剥蚀，至始新世早中期开始，鄂尔多斯盆地南部才开始大范围接受沉积。古近纪末，鄂尔多斯盆地普遍抬升，遭受剥蚀，鄂尔多斯盆地南部也由断陷转为隆起。新近纪以来，鄂尔多斯盆地区构造演化和区域地球动力学环境发生重大转换，盆地西缘隆升，而盆地南部则持续性接受沉积。

鄂尔多斯盆地中东部(陕北斜坡)的石炭纪—二叠纪煤系于中三叠世埋深达到 2000 余米，燕山运动时期，鄂尔多斯盆地整体进入大型内陆拗陷盆地阶段，陕北斜坡煤系也在早白垩世末埋深超过 4000m，达到了历史最大埋深，此时陕北斜坡古地温梯度较高，且大于西侧的天环拗陷和北部的伊盟隆起，煤系有机质古地温达到了近 200℃(姚海鹏等，2017)。至喜马拉雅期时，鄂尔多斯盆地整体抬升，煤系抬升，古地温降低，现今埋深为 3000 余米。

鄂尔多斯盆地中西部(天环拗陷)石炭纪—二叠纪和侏罗纪含煤地层埋深超过 2000m，目前的研究认为烃源岩生油气高峰发生在中侏罗世，而燕山期、喜马拉雅期形成的扩张裂缝和剪切裂缝是油气运移的通道。天环拗陷紧邻西缘断褶带，构造坡度大，断层发育以逆断层为主，断距纵向上表现为下大上小，反映多期活动继承发育的特征，构造破碎，在油气勘探中以断块圈闭为主(苏幽雅等，2017)。

第二章

区域地质和煤田地质

鄂尔多斯盆地是世界级的巨型能源盆地，煤炭资源丰富、煤种齐全、煤质优良，是我国煤炭工业的战略基地。鄂尔多斯盆地特定区域的地质背景，决定了该盆地具有连续沉降、继承性发育的演化历史，是一个主体构造简单的大型多旋回克拉通盆地，有利于沉积矿产富集成矿和保存。鄂尔多斯盆地自晚古生代至中生代共发育石炭系—二叠系、三叠系和侏罗系3套煤系，其中石炭纪—二叠纪煤系和侏罗纪煤系分布广泛、资源储量巨大，是本书研究的主要对象。

第一节　研究区概况

一、位置、范围及自然地理及气候条件

鄂尔多斯盆地是我国多种能源大型沉积盆地之一，行政区域横跨陕、甘、宁、蒙、晋5个省区，呈矩形，面积约25万km^2，位于东经106°20′～110°30′、北纬35°～40°30′。周邻被渭河(关中)、银川、河套等地堑盆地镶嵌，外围被秦岭、六盘山、贺兰山、大青山及吕梁山环绕。

鄂尔多斯盆地周边分布着一系列的山脉，山脉海拔一般在2000m，盆地内部海拔相对较低，一般为800～1400m。盆地内部大致以长城为界，北部为干旱沙漠、草原区，著名的有毛乌素沙漠、库布齐沙漠等。南部为半干旱黄土高原区，黄土广布，地形复杂。盆地外围邻近三大冲积平原，即西边的银川平原、南边的渭河平原和北边的河套平原，地形平坦，交通便利。

鄂尔多斯盆地内水系发育，多为季节性河流，且流量通常不大。泾河、环江、葫芦河、洛河、延河、清涧河、无定河、秃尾河、窟野河等自西北流向东南；清水河、苦水河、都思兔河等自东南流向西北，均汇入黄河。鄂尔多斯盆地属大陆性干旱和半干旱气

候。北部沙漠草原区，年平均温度为 8℃；全年降雨量为 250～300mm，夏、秋季降雨量约占 70%，而蒸发量在 2000mm 以上，冬、春季节多风沙，霜降期在 10 月初，结冰期在 11 月初。南部黄土高原区年平均温度为 9～10℃；无霜期为 6 个月左右，年降雨量为 300～600mm，7～9 月的降雨量占一半以上，且多暴雨，时有冰雹。

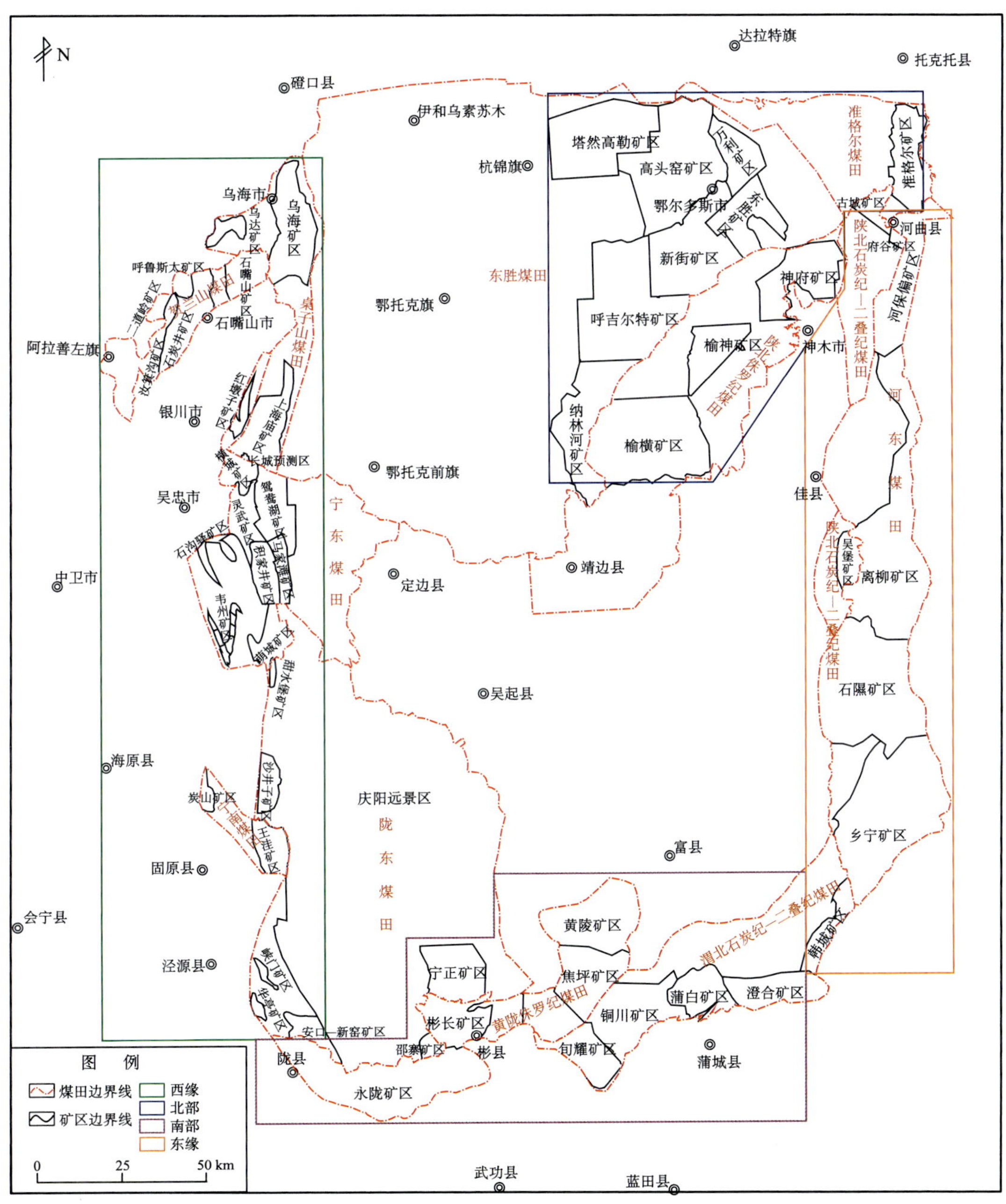

图 2.1　鄂尔多斯盆地各分区及规划矿区划分图

表 2.1　鄂尔多斯盆地各分区规划矿区一览表

分区	煤田	规划矿区	分区	煤田	规划矿区
西缘	桌子山煤田	乌海矿区	南部	黄陇侏罗纪煤田	彬长矿区
		乌达矿区			焦坪矿区
		上海庙矿区			黄陵矿区
	贺兰山煤田	石嘴山矿区		渭北石炭纪—二叠纪煤田	旬耀矿区
		石炭井矿区			铜川矿区
		汝箕沟矿区			蒲白矿区
		二道岭矿区			澄合矿区
		呼鲁斯太矿区	北部	东胜煤田	塔然高勒矿区
	宁东煤田	红墩子矿区			高头窑矿区
		横城矿区			万利矿区
		鸳鸯湖矿区			东胜矿区
		灵武矿区			新街矿区
		马家滩矿区			呼吉尔特矿区
		积家井矿区			纳林河矿区
		石沟驿矿区		准格尔煤田	准格尔矿区
		韦州矿区		陕北侏罗纪煤田	神府矿区
		萌城矿区			榆神矿区
	陇东煤田	甜水堡矿区			榆横矿区
		沙井子矿区	东缘	陕北石炭纪—二叠纪煤田	古城矿区
		峡门矿区			府谷矿区
		华亭矿区			吴堡矿区
		安口—新窑矿区		河东煤田	河保偏矿区
	宁南煤田	炭山矿区			离柳矿区
		王洼矿区			石隰矿区
南部	陇东煤田	宁正矿区			乡宁矿区
		邵寨矿区		渭北石炭纪—二叠纪煤田	韩城矿区
	黄陇侏罗纪煤田	长陇矿区			

二、研究范围与对象

鄂尔多斯盆地位于华北赋煤区西部，是华北赋煤区内煤系赋存最为稳定的地区，自晚古生代至中生代沉积形成了 3 套煤系，分别是石炭纪—二叠纪煤系、晚三叠世煤系和中侏罗世煤系。其中，石炭纪—二叠纪煤系形成于晚古生代盆地“填平补齐”阶段，为海陆过渡相煤系，晚三叠世煤系形成于“大型内陆拗陷”阶段，为湖泊相煤系，中侏罗世煤系形成于内陆盆地鼎盛时期，发育冲积扇、河流、湖泊和三角洲体系，沉积形成一套河流-湖泊相煤系(郭英海和刘焕杰，2000；汪正江等，2002；赵俊峰等，2006)。因此，不同时代的沉积地质背景及后期构造运动的改造决定了煤系的分布特征。由于晚三叠世煤系分布范围局限，不作为本书研究的对象。

本书的研究对象为石炭系—二叠系和中侏罗统两套煤系，调查评价范围为煤系(底界)埋深 2000m 以浅。由于盆地范围大且发育众多煤田，为了更加详细、系统地研究鄂尔多斯盆地煤系矿产资源的赋存规律及其控制因素，分析不同赋煤构造单元煤系矿产资源的类型、分布、保存的差异性，为盆地煤系矿产资源评价及有利区带的划分提供坚实可靠的基础，结合盆地赋煤单元的划分，将鄂尔多斯盆地划分为西缘、北部、南部、东缘 4 个分区分年度开展研究，每个分区以规划矿区为基本研究单元(图 2.1)。

西缘分区主要包括桌子山煤田、贺兰山煤田、宁东煤田、宁南煤田和陇东煤田(除宁正矿区、邵寨矿区)5 个煤田对应的 24 个矿区；南部分区主要包括陇东煤田(宁正矿区、邵寨矿区)、黄陇侏罗纪煤田和渭北石炭纪—二叠纪煤田 3 个煤田对应的 10 个矿区；北部分区主要包括东胜煤田、准格尔煤田和陕北侏罗纪煤田 3 个煤田对应的 11 个矿区；东缘分区主要包括陕北石炭纪—二叠纪煤田、河东煤田和渭北石炭纪—二叠纪煤田对应的 8 个矿区(表 2.1，图 2.1)。

第二节　区域地层和含煤地层

一、区域地层

地层的发育受控于大地构造环境。根据构造演化和地层发育的总体特征，中国煤炭地质总局(1996)将鄂尔多斯盆地及邻近地区分为天山—兴安地层区、华北地层区和秦祁地层区。研究区位于华北地层区西部，包括鄂尔多斯分区、鄂尔多斯西缘分区、鄂尔多斯南缘分区、阿拉善分区、阴山分区、山西分区及豫西分区。其中鄂尔多斯分区、鄂尔多斯西缘分区和鄂尔多斯南缘分区构成了研究区的主体，其他分区位于研究区外围。

鄂尔多斯分区包括陕西中北部、内蒙古河套及其以南、甘肃陇东等地区，被广厚的新生代地层覆盖。在其东部和南部的河谷中，由东到西、由老到新出露有古生代和中生代的地层，其中缺失志留纪、泥盆纪、早石炭世和晚白垩世地层。其中，中生代地层为该区地层的主体。在保德经榆林、靖边—庆阳一线的两侧，各地层单位的沉积特征及含煤性均有显著的差别，推测与基底断裂的影响有关，华亭至黄陵一带处于盆地的南缘翘起部分，地层的沉积和含煤特征与其以北地区亦有差别。

鄂尔多斯西缘分区包括宁夏东部、内蒙古桌子山和甘肃平凉地区。该区地层的总体面貌与鄂尔多斯分区相比有一定差异，大部分中晚元古代和早古生代地层均有不同程度的轻微变质，且发育了晚奥陶世晚期和早石炭世早期地层等。

鄂尔多斯南缘分区包括陕西渭河以北至韩城、陇县一线以南的长条状地带和山西西南部的河津至临猗一带。该分区内，东、西部的地层有一定的差别。东部中、晚奥陶世沉积以碳酸盐岩为主，而西部则以碎屑岩为主，且晚古生代缺失较多地层。

华北地层区自太古宙末至古元古代，地层为活动型至准活动型沉积类型，是一套中高级变质岩系；中元古代至奥陶纪，地层为准稳定及稳定型沉积，由海相碎屑岩、碳酸盐岩和部分火山岩、冰碛岩组成；自石炭纪转为稳定型沉积、晚石炭世—二叠纪为近海相至陆相含煤沉积；中、新生代，地层除三叠纪时在其西南有少量海相沉积外，其余地层均为陆相含碎屑沉积、红色砂砾岩沉积及黄土堆积。

鄂尔多斯盆地基底由太古界和古元古界变质岩组成，其沉积盖层以地层发育齐全、沉积类型多、旋回性明显为显著特征，各地层之间多以整合和假整合接触沉积。按其沉积特征可分为 5 个大的沉积发育时期，即中—晚元古代、早古生代、晚古生代—三叠纪、晚三叠世—白垩纪及新生代。

加里东运动使鄂尔多斯盆地隆起遭受长期侵蚀，缺失志留系、泥盆系和下石炭统的沉积。晚古生代鄂尔多斯盆地沉积地层主要有上石炭统靖远组、本溪组(羊虎沟组)、太原组、下—中二叠统山西组、中—上二叠统(上、下)石盒子组和石千峰组。鄂尔多斯盆地晚古生界地层最下部的层位从上石炭统靖远组开始，分布于鄂尔多斯西缘分区，厚约 188.45m，以灰黑色粉砂质泥岩、灰白色石英砂岩夹薄层生物碎屑灰岩、钙质泥岩和薄煤为主。本溪组和羊虎沟组属层位基本相当的两个地层单位，前者分布于鄂尔多斯分区及鄂尔多斯南缘分区，主要由下部的铁铝质泥岩和上部的灰-灰黑色泥岩夹石英砂岩和灰岩透镜体构成，厚 2～40m，后者分布于鄂尔多斯西缘分区，主要由灰黑色泥岩夹砂岩、薄煤层和灰岩构成。太原组由泥岩、砂岩、灰岩和煤层组成，厚 40～200m。山西组以砂岩、泥岩夹煤层为特征，厚约 100m。石盒子组以泥岩、粉砂岩和砂岩组成，厚 80～280m。石千峰组为暗紫色泥岩、粉砂岩夹中、粗粒砂岩，厚 180～240m。

中生代地层中下侏罗统富县组岩性岩相变化大，沉积类型多样，一般为砂岩、泥岩，局部夹油页岩和煤线，厚 0～152m；中侏罗统包括延安组、直罗组和安定组。下侏罗统富县组仅在局部地区见有煤线或薄煤层，一般没有开采价值。中侏罗统延安组下部以假整合接触关系覆于富县组之上或以微角度不整合直接覆于上三叠统延长组之上，上部与直罗组呈平行不整合接触，主要为一套河湖沼泽相煤系，为该区的主要含煤地层。

二、含煤地层

鄂尔多斯盆地内的含煤地层有石炭系—二叠系靖远组、本溪组(羊虎沟组)、太原组和山西组，三叠系瓦窑堡组，侏罗系富县组、延安组。不同时代煤系之间，无论是含煤性还是沉积特征、岩性组合均具一定的差异。本书的研究对象主要为石炭系—二叠系太原组、山西组含煤地层及侏罗系延安组含煤地层。

（一）太原组

根据岩性组合，太原组可分为上、下两段(分别简称为太一段、太二段)，分别沉积于晚石炭世晚期和早二叠世早期(图 2.2)。其中，太原组下段是鄂尔多斯盆地东、西部海水连通之前沉积的一套地层，就全盆地来讲仍具有填平补齐的性质。因此，其沉积类型较复杂，归纳起来有以下 3 种。

(1) 华北近海型：该沉积类型连续沉积于本溪组上，主要发育于鄂尔多斯分区东部。由灰-灰白色石英砂岩和灰黑色粉砂岩、泥质岩等组成。中、下部夹 1～3 层生物碎屑泥晶灰岩，顶部煤层厚度较大，发育较好，是鄂尔多斯盆地内一主要可采煤层，称 11 号煤层。生物碎屑泥晶灰岩在盆地中偏北地区的陕西府谷—内蒙古乌审旗一带最发育，向南和向北均相变为含动物化石的钙质泥岩。

(2) 华北滨海湖泊型：该沉积类型发育于鄂尔多斯分区中部的榆林—延安和北部的东胜—杭锦旗及鄂尔多斯南缘分区的韩城—铜川小区。与华北近海型相比，其砂岩含量增高，粒度变粗，底部以一层含砾粗砂岩与本溪组分界。该类型地层缺少灰岩或海相泥岩沉积。常超覆于奥陶系风化面上，因此厚度变比较大。顶部的 11 号煤层不及前述的华北近海型发育，厚度一般较薄。

(3) 祁连近海型：该沉积类型发育于鄂尔多斯西缘分区。其岩性有泥质岩、砂质泥岩、石英砂岩、石灰岩及薄煤层等。与前两种沉积类型相比，其显著的特征是地层厚度大，石灰岩层数多，岩层中多有菱铁矿条带及薄层，顶部 11 号煤层发育最差(厚度小而不稳定)，石灰岩中常见腕足类、腹足类化石及植物化石。

太原组上段是鄂尔多斯盆地内东、西连通后形成的地层。3 个分区具有类似的沉积，岩性、岩相较稳定，变化规律明显。由灰-灰白色各粒级石英砂岩，深灰色与灰黑色粉砂岩、泥质岩、生物碎屑灰岩和薄煤层等组成，是石炭纪—二叠纪地层中石灰岩和海相泥质岩最集中的一段，除鄂尔多斯分区最北端外，其他地区发育了较稳定的 4 层海相灰岩。

该组地层厚度 50～140m，总的变化趋势是西厚东薄，鄂尔多斯西缘分区的韦州煤田最厚达 300m 以上。大多数地区含煤较差，局部地区含有主要可采煤层，如鄂尔多斯南缘分区的 10 号煤层，鄂尔多斯分区东北部的 6 号煤层和 8 号煤层，均为当地的重要可采煤层。

（二）山西组

山西组连续沉积于太原组之上，总体为一套河流、三角洲和湖泊相含煤沉积，地层厚度在西部一带为 50～60m，苏里格庙地区地层厚度为 30～50m，在鄂尔多斯盆地中东部地层厚度为 70～120m，厚度总体变化趋势是自东西两侧向中部变薄。岩性主要为深灰-灰黑色泥岩、粉砂岩及中细砂岩，中下部常有厚层块砂岩与煤层、煤线组合存在。依据岩性组合可分为上、下两段(分别简称为山一段、山二段)。与太原组相比，山西组砂岩稳定性较差，厚度变化也大。砂岩中的炭屑及白云母片含量高，构成特有的“油毛毡砂岩”(图 2.2)。

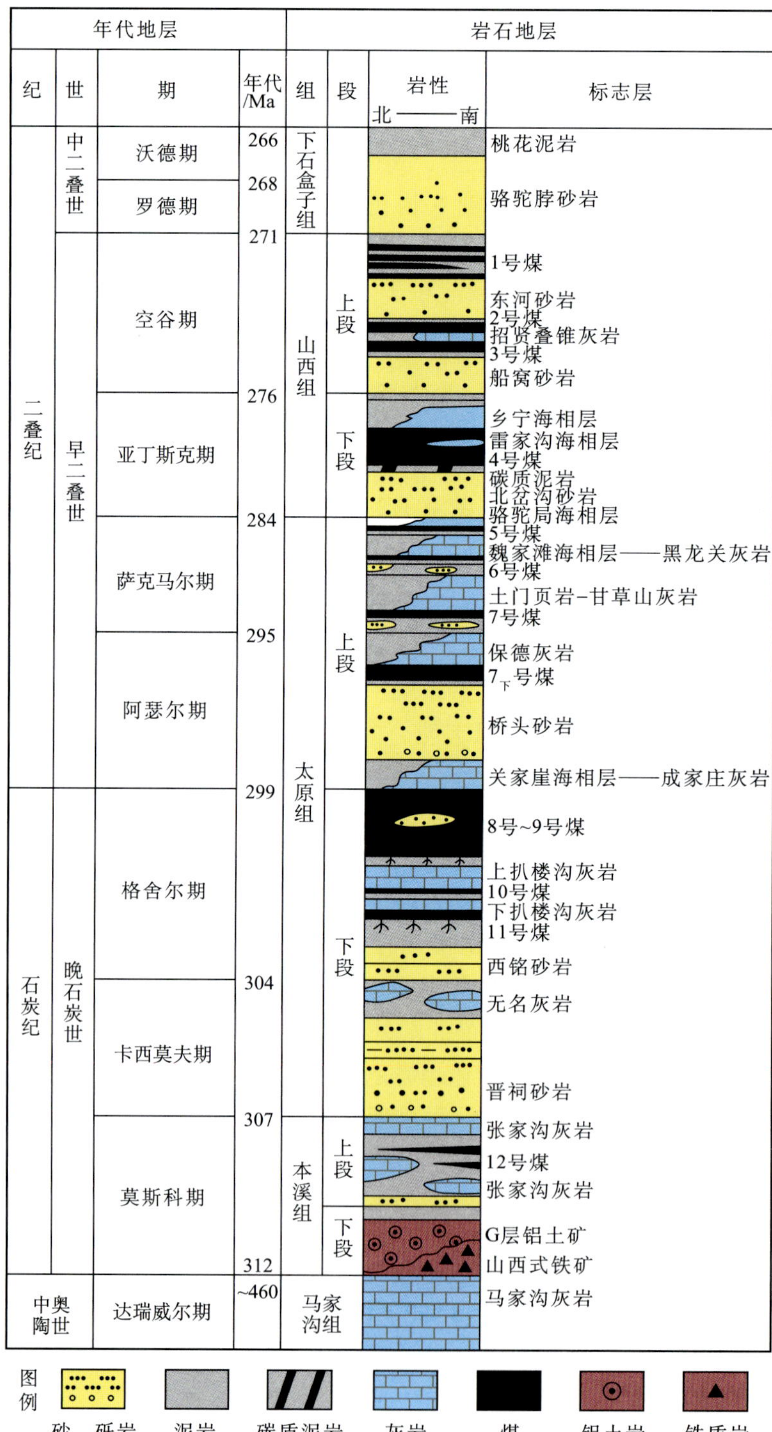

图 2.2 鄂尔多斯盆地石炭纪—二叠纪含煤地层综合柱状图

(三)延安组

延安组沉积于富县组之上或超覆于二叠纪地层的不同层位之上，为一套以河流-湖泊相为主的含煤地层，由灰-灰白色中-细粒砂岩，深灰色粉砂岩、泥质岩、泥灰岩、油页岩及煤层等组成。延安组在垂向上的三分结构明显，即上、下部岩性粗，赋存的煤层厚而稳定性差；中部岩性细，赋存的煤层多而较薄。在横向上亦有变化。鄂尔多斯盆地的正宁—佳县一带不含煤或只含薄煤和煤线，底部发育一层中粗粒砂岩，该砂岩以厚度大、延伸长、交错层理发育为特点，当地地质工作者称“宝塔山”砂岩；中部岩性较细，含瓣鳃类及介形类化石的泥质岩、泥灰岩及油页岩发育，层数多而沉积稳定，可以在大范围内追索对比；上部岩性变粗，多为中粒至细粒砂岩和粉砂岩，还有少量的粗粒砂岩和砂质泥岩，局部层段为暗红色、咖啡色或灰绿色。其他分区及小区含厚而稳定的可采煤层 5 组，共 5～10 层，底部的砂体规模较小，中部的岩性略粗，上部的颜色偏灰黑色。此外，在鄂尔多斯盆地东北部靠近该组顶部常发育一层成分成熟度较高的含石英砾砂岩或风化黏土，推测在延安组与直罗组之间可能存在沉积间断，其性质与富县组和延长组之间的间断类似，但其时间间隔比前者短得多。

该组地层在 3 个分区内保存情况相差较大。鄂尔多斯盆地北部陕西、内蒙古边界处，中部延安一带及鄂尔多斯西缘分区灵(武)盐(池)煤田惠 3—金 1 一线地层最全。其余广大地区均遭受不同程度的剥蚀，尤其是鄂尔多斯盆地南部的焦坪—华亭小区，地层仅保存下部三段或二段。该组厚度一般在 200～300m，总的趋势是西厚东薄，西部一般厚 300～400m，最厚者为鄂尔多斯西缘分区马家滩—平凉小区，在石沟驿 400m 处尚未见底。

根据岩性，自下而上可划分为 5 段，每个岩段含 1～2 个沉积旋回。第一段、第五段粒度较粗，其他 3 个岩段相对较细(图 2.3)。

第一段：习惯称“宝塔山砂岩段”，为黄灰、灰白色厚层-块状中粗粒长石砂岩，夹含砾砂岩，底部为灰紫色含砾砂岩或砾状砂岩夹砾岩透镜体；上部含透镜状泥岩，其中夹煤及炭屑。

第二段：为一套深灰、灰绿色泥岩、粉砂质泥岩、页岩夹灰色粉砂岩及细砂岩透镜体，以及少量碳质页岩夹煤层。该层厚度变化不大，一般为 20m。

第三段：下部为黄绿色、黄白色、灰白色中细粒长石砂岩与灰色、灰黑色泥岩、粉砂质泥岩和页岩互层；上部为灰绿色、灰黑色泥岩、粉砂质泥岩和页岩；中间夹一层块状细粒长石砂岩或岩屑砂岩，习惯称“裴庄砂岩”，局部为碳质页岩夹煤线或菱铁矿泥灰岩透镜体；顶部发育煤层。该段一般厚 20～40m，空间展布稳定。

第四段：下部为灰白色细砂岩与灰黑色粉砂质泥岩、泥岩及页岩互层；上部为灰黑色页岩、碳质页岩夹灰白色粉砂岩，往往夹 2～3 层煤层。厚度为 40～50m，空间展布稳定。

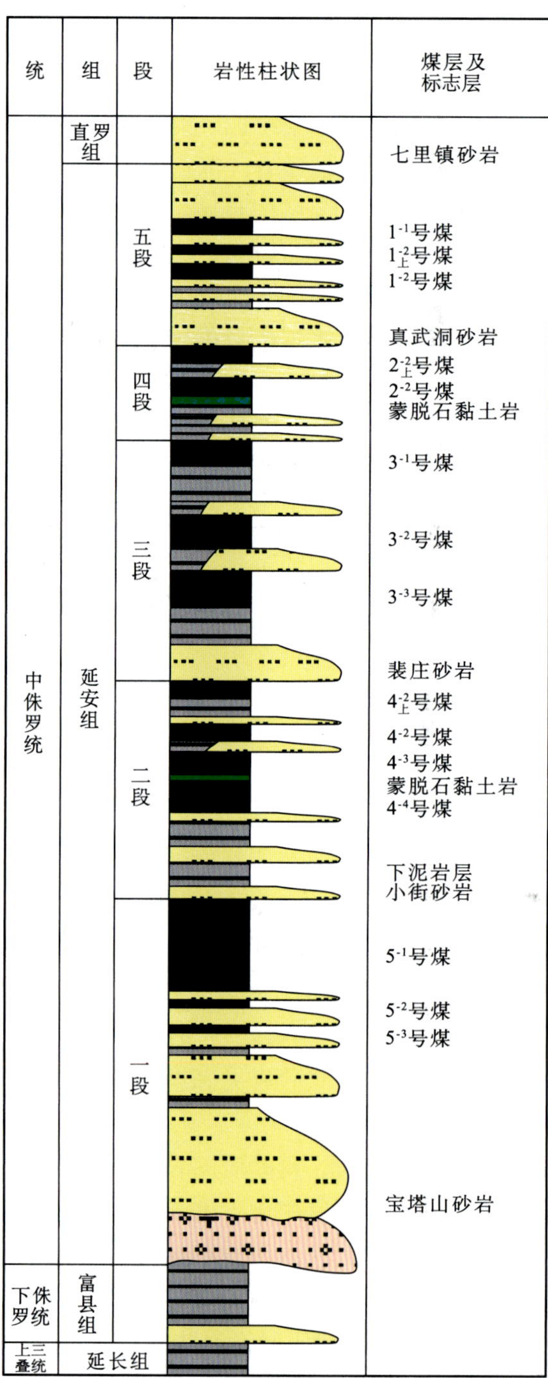

图 2.3　鄂尔多斯盆地中侏罗统延安组综合柱状图

第五段：下部为灰白色带黄色调细粒长石砂岩，含泥砾及黄铁矿结核(习惯称“真武洞砂岩”)，与灰褐、灰绿色粉-细砂岩、泥岩、页岩互层；上部为黄绿色细粒长石砂岩，与蓝绿、灰绿色，局部为紫红色砂、泥岩互层；顶部发育煤层，因遭受剥蚀，厚 0～96.5m。

三、主采煤层

本书含煤地层的煤层编号主要依据 2011 年晋、陕、蒙三省区煤炭资源潜力评价报告及《鄂尔多斯盆地聚煤规律及煤炭资源评价》(中国煤炭地质总局，1996)。太原组下段所含主要可采煤层为 8 号～9 号煤层，以其上的成家庄灰岩(L_1灰岩)和其下的扒楼沟灰岩(L_0灰岩)为划分对比标志，两层灰岩以产不同的蜓类化石而区别。8 号～9 号煤层在鄂尔多斯盆地内发育普通，且 L_1 灰岩在横向上较易追索，因而 8 号～9 号煤层对比可靠。在鄂尔多斯盆地东北的兴县—伊金霍洛旗一带，厚度也最大，由此向北迅速变薄乃至尖灭；向南分岔、变薄比较缓慢，至保德一带有 2～3 个分层，分层之间发育了 1～2 层砂岩，上部一层当地称桥头砂岩，继续向南下分层相继尖灭，至乡宁、韩城一带仅余一层，厚 2～3.5m，至渭北煤田中部全部尖灭。鄂尔多斯盆地西缘相当层位上发育一组厚煤层，韦州煤田共有可采煤层 6 层，其中最上一层为 11 号煤层。

太原组上段所含煤层为 5 号、6 号、7 号、$7_下$号，其中 $7_下$号煤层以其上保德灰岩(L_2灰岩)为标志，对比较可靠，并且在渭北煤田、准格尔煤田和鄂尔多斯盆地西缘的某些矿区中厚度较大，成为局部可采煤层。由于黑龙关灰岩(L_5灰岩)或海相泥岩特征明显，沉积稳定，其下的 6 号煤层对比可靠程度较高。6 号煤层大部分地区较薄不可采，只在鄂尔多斯盆地北部较小范围可采。

山西组下段两个可采煤层为 5 号及 4 号煤层。其中 5 号煤层以其下的雷家沟海相层和本身厚度较大为对比标志，可靠程度较高；4 号煤层位于该段内第二个粒度旋回中，常有局部发育的砂岩等作辅助标志层进行对比，其可靠程度低。

延安组第一段的可采煤层为 5 号煤组，位于该段顶部。鄂尔多斯盆地南缘由于该煤层显著厚于其他煤层，易于与其他煤层区别，盆地北部对比标志有 5 号煤组中的低阻夹矸及普遍发育的 5 号煤组顶板泥岩。

延安组第二段的主要可采煤层为 4^{-2} 号煤层，其余尚有 $4^{-2}_{上}$号、4^{-3} 号、4^{-4} 号等煤层。4^{-2} 号煤层位于该段顶部。4^{-3} 号煤层与 4^{-4} 号煤层之间的蒙脱石黏土岩是它们的良好对比标志。该段内的含瓣鳃类化石泥岩在局部地区可作为 4 号煤组对比的辅助性标志层。

延安组第三段含 3 号煤组。顶部 3^{-1} 号煤层为主要可采煤层。第三、四段界线附近的高阻段、3^{-1} 号煤层上高下低的电测井曲线为其对比的主要依据。

延安组第四段内含 2 号煤组。其中顶部 2^{-2} 号煤层为主要可采煤层，可采范围很大。主要分布于鄂尔多斯盆地中部和北部。直接对比标志是其下的蒙脱石黏土岩及其在曲线上的反映。2^{-2} 号煤层较易分岔、变薄，在鄂尔多斯盆地内最发育地区为陕西、内蒙古边界和内蒙古乌审旗一带。

延安组第五段含 1 号煤组。该段常被上覆地层底部砂岩冲刷。该段地层较全的地区一般有 3 个粒度旋回，最上部一个旋回含 1^{-1} 号煤层，中部一个旋回含 1^{-2} 号煤层。两个煤层的划分标志是上面一个旋回底部的砂岩，这一砂岩便是前面已经提到的成分成熟度高的含砾石英砂岩。在靖边、定边到盐池一带，1^{-2}号煤层厚度较大而且稳定，其本身就是一个很好的标志层。下面一个旋回一般不含煤层或只含不稳定煤层。但最下面的真武洞砂岩却能辅助1^{-2}号煤层的对比。

第三节　区域构造特征

一、区域构造

中国大陆位于欧亚、太平洋(包含菲律宾海板块)、印度-澳大利亚三大板块的拼合部位，由众多小块体经多期耦合相干和多重作用叠加拼合而成，因此表现出既有稳定陆块又有强烈活动造山带的特征。华北板块位于中国北部中央造山带，即昆仑—秦岭—大别复合造山带的东部。华北板块经历了构造体制转换、克拉通分化和“活化”及岩石圈大范围大幅度的减薄，其演化历程受周缘板块之间的相互作用，尤其受西部特提斯构造域的中小地块多次“开”和“合”、印度-欧亚板块碰撞和青藏高原的隆升等重要事件的影响，为鄂尔多斯盆地构造-热演化历程提供动力学条件(任纪舜，1994)。

鄂尔多斯盆地位于华北陆块西部，是华北陆块的次一级构造单元，原属于晚古生代华北克拉通盆地的一部分，受中生代印支运动、燕山运动的作用，其东部边界退至吕梁山以西。晚侏罗世—早白垩世吕梁山隆起以后，鄂尔多斯盆地进入独立的发展阶段，主体部位具有稳定的基底，与晚古生代克拉通盆地继承性发育，仅在盆地周缘发育断裂和褶皱等构造，因此被称为残延内克拉通盆地(赵重远，1988；王桂梁等，2007)。

二、基底特征

地壳和岩石圈不同层次之间存在着密切的联系，含煤盆地基底的大地构造属性决定构造演化的活动性，从而决定含煤盆地现今的构造格局，由于盆地边部发育多个拗拉槽，岩石抗压强度较小，在挤压过程中易隆起，与之相反，盆地中部变形弱，形成拗陷。鄂尔多斯盆地的结晶基底可从太古宇到下古生界，在鄂尔多斯盆地本部主要为太古宇和古元古界，而在盆缘及邻区则包括一部分中元古界和下古生界。鄂尔多斯盆地广大范围被巨厚沉积盖层覆盖，结晶基底主要出露于盆地周缘地区。

鄂尔多斯盆地周缘地区变质岩基底广泛出露，其时代可从太古宇至下古生界，对其岩性、变形程度及其时代与分布的研究，有助于盆地基底结构、构造认识及煤系矿产物源等方面的研究。

北缘阴山：该区西起阿拉善，经狼山、乌拉山、包尔腾山、大青山到晋北地区。其基底由新、古太古界到元古宇多套变质岩系组成。其中太古宇以高角闪岩相-麻粒岩相的深变质大理岩、麻粒岩及角闪岩为主；元古宇下部以各种片岩、混合岩为主，上部为一套轻微变质的碎屑岩及碳酸盐岩。

东缘山西地区：结晶基底由新太古界阜平群、界河口群和涞水群，古元古界下部五台群、绛县群和古元古界上部滹沱群、中条群等组成，以各种片麻岩、角闪岩和变质岩为主。

南缘秦岭地区：属华北克拉通南缘地带，其结晶基底与华北一样仍为太古宇和古元古界，主要为遭受轻微变质的沉积岩型地层，原岩物质主要来源于古老的秦岭隆起区的硅铝质地壳，其有别于内生火山和深部的岩浆型地壳。

西缘桌子山—西华山地区：该区基底以青铜峡—固原断裂为界，北东侧属华北克拉通基底，地层为新太古界贺兰山群，出露在桌子山、北贺兰山等地，古元古界赵池沟组出露较小，多以捕虏体形式分布在贺兰山中段中条期花岗岩中。断裂南侧为古秦祁海槽，基底与华北克拉通基底截然不同。

受多期构造运动的影响，鄂尔多斯盆地基底断裂发育，尤其是盆地边缘断裂密集发育。盆地内部断裂发育虽然较为稀疏，但断裂的走向具有明显的分带性：鄂托克旗以北主要表现为纬向的断裂带，鄂托克旗以南至环县—华池—延安以北，主要表现为北东—北西向呈“X”形排列的断裂带；南部主要表现为北西向断裂带。

三、盆地构造

鄂尔多斯盆地地处我国东、西部构造域的结合部位，是一个多期构造、沉积演化旋回控制下的叠合盆地。盆地内部构造简单、地层平缓、活动微弱，主要表现为隆起、拗陷、宽缓褶皱等构造形式，而盆地边缘表现为断裂、褶皱密集发育，岩浆活动发育，活动性较强，为活动的褶皱山系和地堑系，总体构成稳定地块被活动构造带所环绕的构造格局(图 2.4)。

中生代，盆缘受区域构造应力改变强度大，多发育指向盆内的逆冲断层或逆冲推覆构造，煤系遭受变形、抬升剥蚀，向盆地方向，随着构造应力作用的减弱，变形迅速减弱，鄂尔多斯盆地主体煤系变形程度低，连续性好。新生代，盆缘挤压构造带被伸展构造体系改造，构成断陷盆地与边缘隆起相邻排列的构造格局。鄂尔多斯盆地现今的构造格局为：盆地西缘为逆冲推覆构造，总体表现为由盆缘向盆内的逆冲推覆；盆地东缘以阶状构造为主，盆缘向盆内构造形态由褶曲构造变为挠褶；北部为东西向的继承性隆起；南部为同斜褶曲，向内变为宽缓褶曲，与一系列逆冲断层相伴生。

根据鄂尔多斯盆地现今构造发育形态及时空分布特征将其划分为 6 个构造单元：西缘褶皱逆冲带、东缘挠曲带、伊盟隆起、天环拗陷、陕北单斜和渭北断隆(张泓等，2005；刘池洋等，2006a；王桂梁等，2007)。

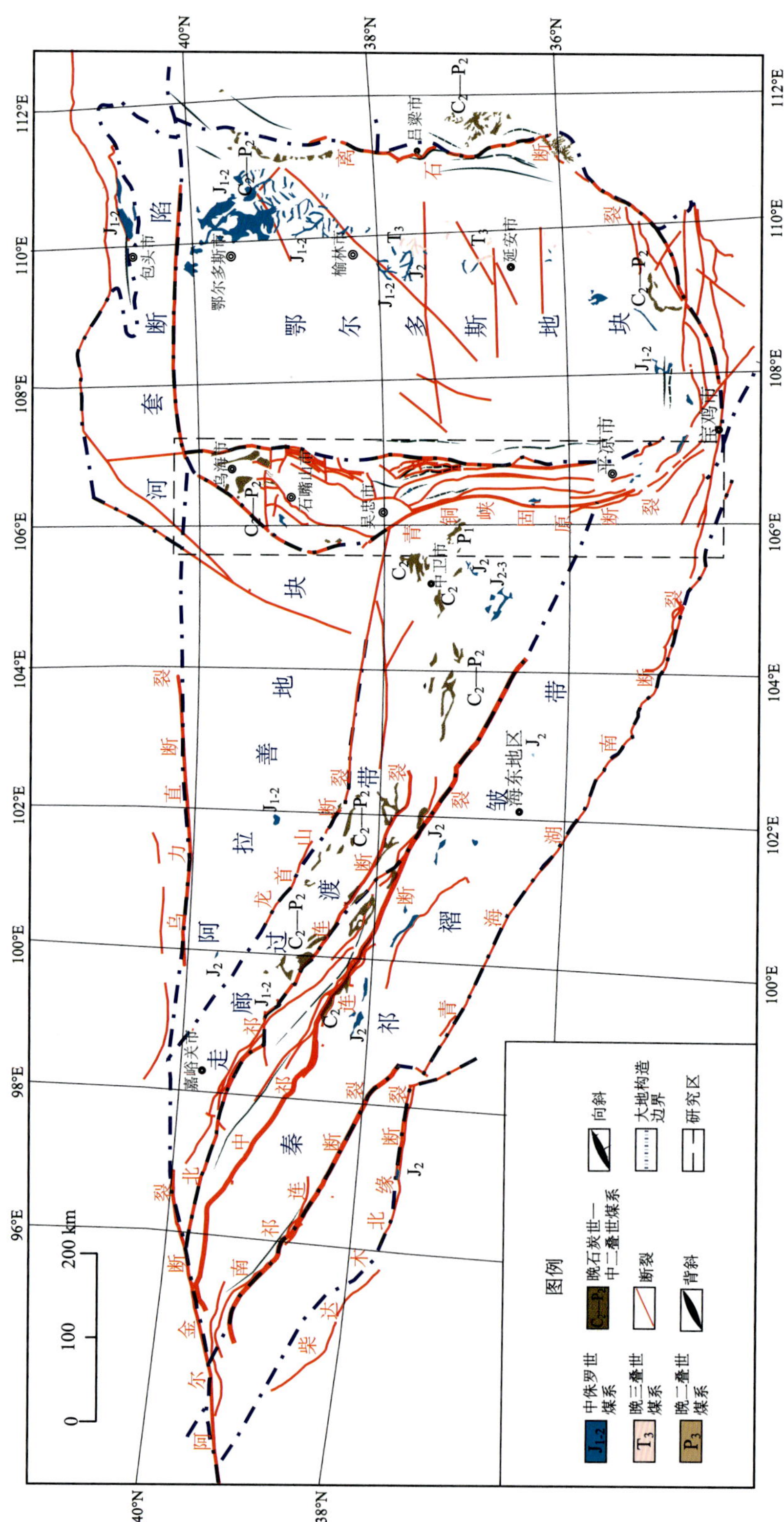

图 2.4 鄂尔多斯盆地区域构造图

第四节　煤炭资源概况

鄂尔多斯盆地煤炭资源涉及内蒙古、山西、陕西、宁夏和甘肃 5 个省区的相关矿区，煤炭资源丰富，煤类分布齐全，是世界级的超大型煤盆地。

一、煤炭资源储量

据全国煤炭资源勘查开发研究课题(2016 年度)资料(陈美英等，2017)，截至 2015 年年底，鄂尔多斯盆地煤炭累计探获资源储量 521.19 亿 t，保有资源储量 427.19 亿 t，已利用资源储量 209.75 亿 t，未利用资源储量 311.41 亿 t，其中勘探资源量 76.75 亿 t，详查资源量 70.47 亿 t，普查资源量 70.21 亿 t，预查资源量 93.98 亿 t(表 2.2)。

表 2.2　鄂尔多斯盆地煤炭资源分布　　(单位：亿 t)

分区	煤田	累计探获资源储量	保有资源储量	已利用资源储量	尚未利用资源储量				
					勘探	详查	普查	预查	合计
西缘	贺兰山煤田	6.96	6.96	2.84	1.50	1.54	1.08		4.12
	桌子山煤田	24.82	21.87	1.42	14.67	0.44	5.35	2.94	23.40
	宁东煤田	35.62	33.27	27.47	2.85	1.81	1.14	2.35	8.15
	宁南煤田	4.58	4.58	1.12	0.35	0.69	2.42		3.46
	陇东煤田(除宁正矿区、邵寨矿区)	8.65	8.40	4.77	1.13	0.79	1.71	0.25	3.88
小计		80.63	75.08	37.62	20.50	5.27	11.70	5.54	43.01
北部	准格尔煤田	38.68	38.68	13.30	20.43	0.22	4.73		25.38
	东胜煤田	13.93	13.93	0.07	3.87	6.03	3.96		13.86
	陕北侏罗纪煤田	205.82	154.90	91.03	17.09	33.97	12.80	50.92	114.78
小计		258.43	207.51	104.40	41.39	40.22	21.49	50.92	154.02
南部	陇东煤田(宁正矿区、邵寨矿区)	11.59	11.59		4.22	1.85	5.53		11.60
	黄陇侏罗纪煤田	17.91	17.82	13.15	2.98	0.30	1.39	0.08	4.75
	渭北石炭纪—二叠纪煤田(除韩城矿区)	8.09	8.09	4.29	0.07	3.19	0.53		3.79
小计		37.59	37.50	17.44	7.27	5.34	7.45	0.08	20.14
东缘	渭北石炭纪—二叠纪煤田(韩城矿区)	3.66	3.66	2.17	1.00		0.49		1.49
	陕北石炭纪—二叠纪煤田	1.63	1.63		1.63				1.63
	河东煤田	139.25	101.81	48.12	4.96	19.64	29.08	37.44	91.14
小计		144.54	107.10	50.29	7.59	19.64	29.57	37.44	94.26
总计		521.19	427.19	209.75	76.75	70.47	70.21	93.98	311.41

二、煤质煤类情况

鄂尔多斯盆地煤炭种类齐全，低-高变质烟煤、无烟煤均有分布，煤变质程度整体由北向南递增，石炭纪—二叠纪煤较侏罗纪煤高，部分地区受构造和岩浆活动影响，煤类分布复杂，盆地4个分区主要煤田的煤类分布见表2.3。

表2.3 鄂尔多斯盆地煤类分布

分区	煤田	时代	R_{omax}/%	煤类
盆地西缘	贺兰山煤田	C—P、J	1.0～3.0	以瘦煤和焦煤为主
	桌子山煤田	C—P	1.0～1.8	以肥煤为主，焦煤和1/3焦煤次之
	宁东煤田	C—P、J	0.5～1.8	C—P：气煤—无烟煤；J：不黏煤为主
	宁南煤田	J	0.5～0.6	以长焰煤和不黏煤为主
	陇东煤田(除宁正矿区、邵寨矿区)	J	0.5～0.6	长焰煤、不黏煤
盆地北部	准格尔煤田	C—P	0.57～0.59	东部以长焰煤为主，预测西部为气煤
	东胜煤田	C—P、J	0.4～0.7	C—P：长焰煤、弱黏煤和气煤；J：弱黏煤
	陕北侏罗纪煤田	J	0.46～0.69	上部煤层以长焰煤为主，下部煤层以不黏煤和弱黏煤为主
盆地南部	陇东煤田(宁正矿区、邵寨矿区)	J	0.63～0.98	主要为不黏煤、弱黏煤
	黄陇侏罗纪煤田	J	0.52～0.84	长焰煤－气煤
	渭北石炭纪—二叠纪煤田(除韩城矿区)	C—P	1.29～2.12	以贫煤、贫瘦煤、瘦煤为主，含少量焦煤
盆地东缘	渭北石炭纪—二叠纪煤田(韩城矿区)	C—P	1.91～3.06	以贫煤、贫瘦煤、瘦煤为主，含少量无烟煤
	陕北石炭纪—二叠纪煤田	C—P	0.61～1.43	主要为肥煤和焦煤，含少量气煤
	河东煤田	C—P	最高可达2.0%	主要有气煤、肥煤、焦煤和瘦煤

(一)盆地西缘

鄂尔多斯盆地西缘石炭纪—二叠纪煤系分布于桌子山煤田、贺兰山煤田，以及宁东煤田北部的韦州矿区；侏罗纪煤系主要分布于宁东煤田、宁南煤田及陇东煤田(除宁正矿区、邵寨矿区)。煤的变质程度受区域变质作用、动力变质作用和岩浆热变质作用影响，由北向南变质程度递减，在北部贺兰山煤田、桌子山煤田以肥煤、焦煤、瘦煤为主，向南宁东煤田以不黏煤为主，至宁南煤田、陇东煤田(除宁正矿区、邵寨矿区)以长焰煤和不黏煤为主。

贺兰山煤田大多矿区属中变质煤，受区域变质作用和动力变质作用的双重影响，以瘦煤和焦煤为主，往东南部变质程度均逐渐加深，其中二道岭矿区煤类为高变质无烟煤，多数观点认为该矿区附近深部有岩浆岩体存在，所以该矿区主要变质因素除了区域变质和动力变质作用外，岩浆热变质作用也是主要变质因素。太原组煤类以瘦煤为主，有1/3焦煤、肥煤、焦煤、贫煤、无烟煤，洗煤挥发分平均值为19.68%；山西组煤类以焦煤为主，有肥煤、瘦煤、贫煤、无烟煤，洗煤挥发分平均值为21.81%。

桌子山煤田煤的变质程度较高，受区域变质作用和动力变质作用控制，以肥煤为主，焦煤和1/3焦煤次之，其变化规律为北肥南焦。太原组和山西组煤类主要属焦煤、肥煤、气煤，长焰煤、弱黏煤次之。太原组洗煤挥发分平均值为27.30%，山西组洗煤挥发分平均值为30.00%。

宁东煤田主要是侏罗系延安组煤层，少部分矿区为石炭纪—二叠纪煤层。其中石炭纪—二叠纪煤层一般为中高变质的烟煤及部分无烟煤，太原组煤层灰分以中灰为主，普遍在15%～30%，硫分一般在1.7%～3.7%，以富硫为主，中硫次之；山西组煤层属中灰，以特低硫、低磷煤为主，相对太原组较低。其中韦州矿区煤变质较为复杂，煤类分布从气煤至无烟煤均有，虽与埋深有关系，但不明显，矿区内煤种分布表现为由东向西为气、肥、焦、瘦煤—无烟煤，分带明显，煤变质表现为西高东低，所以煤质是在深成变质作用下，受区域构造运动产出的动力作用影响。延安组煤层以不黏煤为主，含少量长焰煤，一般为低灰、特低硫。

宁南煤田主要是延安组煤层，变质程度较低，煤类以长焰煤和不黏煤为主。王洼矿区以不黏煤为主，含少量长焰煤，各煤层的挥发分变化在35.05%～40.72%，灰分一般在11.68%～20.27%，硫分在1.15%～2.77%；炭山矿区以长焰煤为主，挥发分均大于37%，煤层灰分普遍较高，硫分为中硫。

陇东煤田（除宁正矿区、邵寨矿区）主要受区域变质作用影响，煤类为不黏煤和弱黏煤；煤质全硫平均含量都小于1.06%。华亭、安口、新窑、沙井子延安组煤层煤类多为长焰煤，宁县南部为不黏煤，宁县中部为弱黏煤。

（二）盆地北部

鄂尔多斯盆地北部石炭纪—二叠纪煤系分布于准格尔煤田、东胜煤田；侏罗纪煤系主要分布于陕北侏罗纪煤田。煤的变质程度主要受区域变质作用影响，变质程度较低，多数为低-中变质煤，煤类主要分布在长焰煤—气煤，且有从东向西变质程度加深的趋势。

准格尔煤田为石炭纪—二叠纪煤田，太原组和山西组是该煤田主要的含煤地层，主要是受区域变质作用影响，煤的变质程度低于全国同纪煤田，属于特例，镜质组最大反射率（R_{omax}）为0.57%～0.59%，煤的种类为长焰煤，主要是埋藏浅、长期接近地表、缺乏压力与温度所致。预测在煤田西部（深部）随着埋深的加深，煤的变质程度会增高，煤类发生变化。据现有资料，1000m以深主体煤类以气煤为主。

东胜煤田主要含煤地层为石炭系—二叠系太原组和山西组、中—下侏罗统延安组，石炭纪—二叠纪煤层煤类主要是长焰煤、弱黏煤和气煤；侏罗纪煤层煤类以不黏煤为主，少量长焰煤。煤田内煤的变质因素以区域变质作用为主，变质程度低，镜质组最大反射率在 0.4%～0.7%，且有从东向西变质程度加深的趋势，为特低灰-低灰、特低硫-低硫、特低磷、中高热值煤。

陕北侏罗纪煤田的延安组是该区主要的含煤地层，主要是受区域变质作用的影响，煤的变质程度较低，主要可采煤层的镜质组最大反射率一般在 0.46%～0.69%，属低变质烟煤类，上部煤层以长焰煤为主，下部煤层以不黏煤和弱黏煤为主，深部出现有少量气煤。垂向上，煤的镜质组最大反射率随着煤层的埋深而逐渐增高，挥发分产率有随着煤层的埋深而呈现逐渐降低的趋势。

（三）盆地南部

鄂尔多斯盆地南部石炭纪—二叠纪煤系分布于渭北石炭纪—二叠纪煤田(除韩城矿区)；侏罗纪煤系主要分布于黄陇侏罗纪煤田及陇东煤田。煤的变质程度从低变质到较高变质烟煤均有分布。

陇东煤田(宁正矿区、邵寨矿区)含煤地层为延安组，主要为低中灰、低-低中硫、高-特高热值煤，煤类主要为不黏煤、弱黏煤及少量长焰煤。

黄陇侏罗纪煤田各主要可采煤层的镜质组最大反射率变化在 0.52%～0.84%，属低变质烟煤，分布在长焰煤－气煤。煤的变质程度由煤田东北部向西南部有逐渐降低的趋势，各矿区平面上由浅部到深部随着煤层的埋深挥发分有逐渐降低的趋势，变质类型属于区域变质作用类型。黄陇侏罗纪煤田由西南至东北煤类分别为：永陇矿区为长焰煤和不黏煤；彬长矿区、旬耀矿区和焦坪矿区均为长焰煤、不黏煤和弱黏煤；黄陵矿区为弱黏煤、1/2 中黏煤，其北部地区还出现少量气煤。

渭北石炭纪—二叠纪煤田(除韩城矿区)主要可采煤层的镜质组最大反射率在 1.29%～2.12%，属较高变质烟煤，煤类以贫煤、贫瘦煤、瘦煤为主，含少量焦煤。煤变质规律垂向上由上部煤层到下部煤层煤的挥发分产率逐渐降低，平面上由浅部到深部煤的挥发分产率也逐渐降低，煤的变质作用属区域变质作用类型。垂向上焦煤一般分布在浅部，瘦煤分布在中深部，贫瘦煤、贫煤及无烟煤分布在深部，各煤层变质程度自上而下逐渐增高，挥发分逐渐降低，黏结指数也逐渐降低，构成了“希尔特定律”的典型特征。

（四）盆地东缘

鄂尔多斯盆地东部均为石炭纪—二叠纪煤田，包括渭北石炭纪—二叠纪煤田(韩城矿区)、陕北石炭纪—二叠纪煤田和河东煤田。煤的变质程度由北向南逐渐增高，从低变质到较高变质烟煤均有分布，河东煤田中部受紫金山岩体侵入的影响，可能存在天然焦和无烟煤。

渭北石炭纪—二叠纪煤田(韩城矿区)煤的变质程度较高，镜质组最大反射率为 1.91%～3.06%，煤类主要为贫煤、贫瘦煤和瘦煤，煤阶由北向南递减，西北部煤阶最高。

陕北石炭纪—二叠纪煤田主要可采煤层镜质组最大反射率介于 0.61%～1.43%，属低-中变质阶段的烟煤，且由上向下镜质组最大反射率逐渐增高，煤变质属区域变质作用类型。府谷矿区浅部勘查区可采煤层煤类以长焰煤为主，不黏煤、弱黏煤次之，含少量气煤。古城子勘查区可采煤层煤类以气煤为主。

河东煤田中部受紫金山岩体侵入的影响，在紫金山附近镜质组最大反射率最高可达2.0%，并且均有向四周逐渐降低的特点，煤类主要有气煤、肥煤、焦煤和瘦煤。推断紫金山岩体附近煤层在接触变质作用下，围绕岩体可能有天然焦、无烟煤、贫煤、瘦煤等呈环带状分布。中部的离石、柳林到陕西吴堡一带，由东向西依次为焦煤、1/3 焦煤、瘦煤。

第三章

鄂尔多斯盆地煤系矿产资源综述

煤系是一套含有煤层并有成因联系的沉积岩系，其特点是沉积物源丰富、岩性类型多样、沉积旋回性强、有机质含量高、含煤盆地构造-热演化进程中煤系与地质环境之间的能量交换和物质交换导致丰富而复杂的成矿作用。煤系除煤层即煤炭资源自身之外，还赋存共生或伴生的不同相态的多种矿产资源，包括气态的煤层气、煤系页岩气、致密砂岩气，液态形式的煤成油，固态形式的油页岩、砂岩型铀矿、铝土矿，分散在煤系和煤层中的镓、锗、锂等稀有金属矿床，以及在特定条件下存在的特殊固态形式的天然气水合物等。这些有机和无机、金属与非金属矿产同源共生、同盆共存，构成一个资源丰富、类型多样、相对独立又具有不同程度成因联系与耦合关系的成矿环境和矿产赋存单元。近年来，我国在煤炭资源综合评价和综合勘查方面取得重大进展，充实了“煤炭资源”术语的内涵，扩展了其外延，显示了煤系综合矿产资源开发利用的广阔前景。

鄂尔多斯盆地煤系矿产资源丰富、类型齐全、时空分布广泛。煤系能源矿产包括煤炭、煤层气、煤系页岩气、致密砂岩气、油页岩及砂岩型铀矿；煤系金属矿产包括铝土矿，煤中镓、锂、稀土等金属元素矿产；煤系非金属矿产包括高岭土和耐火黏土等。

第一节　煤系矿产资源的概念

一、含煤岩系矿产资源及其类型划分

煤炭资源的多重价值体现在煤系中多种矿产资源的共生组合与共采潜力，从赋存空间和评价方法角度，可以建立煤系矿产资源分类层次或圈层结构(曹代勇等，2016b)：①内层为煤层矿产资源，包括煤炭、煤层中(煤岩型)有益元素、煤层夹矸(高岭土、铝土矿等)、煤层气等煤和煤层共伴生矿产；②中层为煤系矿产资源(煤系中的矿产资源)，包括煤系气资源(页岩气、致密气、天然气水合物等)、油页岩、煤系高岭土等；③外层为

煤盆地矿产资源(与煤系同盆共存、同源或近源共生的沉积矿产)，包括源于煤系有机质的煤成气、煤成油、与煤系还原作用有关的砂岩型铀矿，以及同盆地中的常规油气及化工矿产等(图 3.1)。

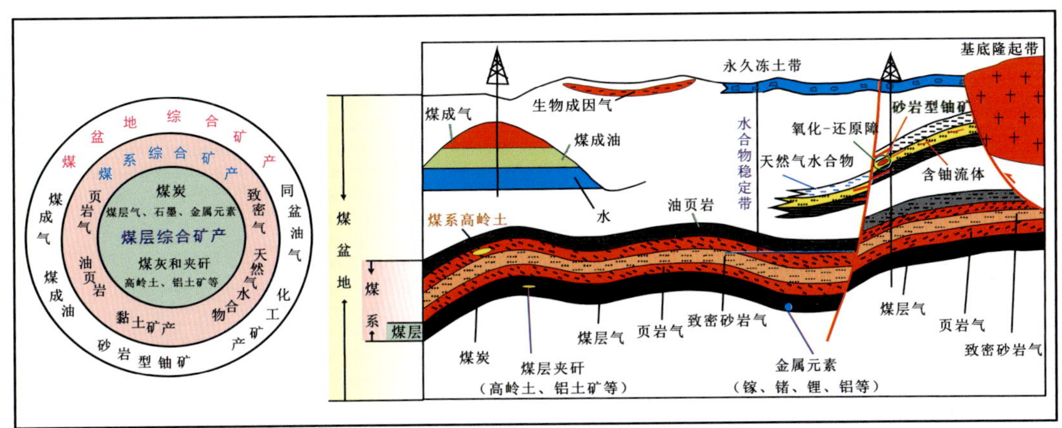

图 3.1　煤系矿产资源层次结构概念模式

在系统收集梳理已有研究成果的基础上，通过多次专题学术研讨，重新厘定了煤系矿产资源的概念，采用较宽泛的定义：煤系矿产资源(煤系综合矿产资源，煤系共、伴生矿产)是指赋存于煤和煤系及邻近地层中与煤有成因联系或空间组合关系的所有矿产资源。这里的邻近地层主要指煤炭地质勘查中可能钻遇的煤系上覆层位和紧邻煤系基底的层位，如山西煤下铝 G 层铝土矿、山东德州煤下铁、西南玄武岩和东北 K_1 煤系下伏变质岩系矿产等。

煤系矿产资源的矿种较多，除煤矿床之外，还共、伴生丰富的能源矿产、金属矿产和非金属矿产。当前，煤层气、煤系页岩气、煤系致密砂岩气等非常规天然气资源，天然气水合物，砂岩型铀矿，煤中铝、镓、锗、锂、稀土等金属矿产，以及高岭土、石墨等非金属矿产相继成为煤系综合矿产资源评价和开发的热点。本书在总结前人研究成果的基础上，对煤系(除煤之外)矿产资源从经济性、赋存特征、成因、相态、工业 5 个方面进行了分类(表 3.1)。为保持与《中华人民共和国矿产资源法实施细则》的矿产资源分类一致，推荐使用工业分类，本书重点研究煤系能源矿产和煤中金属元素矿产。

表 3.1　煤系矿产资源类型划分一览表

分类依据	分类方案	
经济性分类	共生矿产	煤层和煤系中，存在一种或多种有用组分(矿石、矿物、元素，下同)，分别达到工业品位，或虽未达到工业品位但已达到边界品位以上，经论证后可以制定综合工业指标的一组矿产
	伴生矿产	煤层和煤系中未达到工业品位但已达到综合评价参考指标，或虽未达到综合评价参考指标但可在加工选冶过程中单独出产品或富集且达到计价标准，通过开采煤层可综合回收利用的其他有用组分矿产

续表

分类依据	分类方案	
赋存特征分类	煤层矿产	赋存在主矿种——煤矿床中的其他矿产，包括煤、夹矸、煤层直接顶底板中的各类矿产，即煤层的同体矿产
	煤系矿产	指赋存在含煤地层中煤层(含夹矸、煤层直接顶底板)之外的其他矿产，属于异体矿产
	煤盆地矿产	主要指煤炭资源综合勘查中可能钻遇的煤系上覆层位的各种矿产，属于异体矿产
成因分类	同生矿产	与成煤作用同期、同环境形成的有成因联系、共同出现的其他矿产
	后生矿产	与成煤作用不同时期、不同环境形成的，共同出现的其他矿产
相态分类	固体矿产	金属类、非金属类及可燃有机岩三大类
	流体矿产(液体、气体)	煤层气、煤系页岩气、煤系致密砂岩气、煤成气、地下热水等
工业分类	能源矿产	煤层气、煤系页岩气、煤系致密砂岩气、油页岩、砂岩型铀矿等
	金属矿产	Li、Ga、Ge“三稀”金属元素，铝土矿/Al_2O_3，菱铁矿等
	非金属矿产	高岭土、耐火黏土、隐晶质石墨、硫铁矿、硅藻土、膨润土、叶蜡石等
	水气矿产	地下热水、CO_2气体等

二、含煤岩系基本特征——矿产资源的物质基础

煤系是一套含有煤层并有成因联系的沉积岩系，其特点是沉积旋回性强、岩性类型多样、有机质含量高，为煤系矿产资源的形成奠定了丰厚的物质基础。

(一)岩性特征——以黏土岩和细碎屑岩类为主

煤系一般是在温暖潮湿的气候环境下沉积形成的，主要由灰色、灰黑色及黑色的沉积岩组成，除煤层外，以黏土岩类和粉砂级细碎屑岩岩类为主(图 3.2)。黏土岩类由于其层状结构，有利于吸附烃类气体；粉砂级细碎屑岩类提供了较为有利的储气空间。

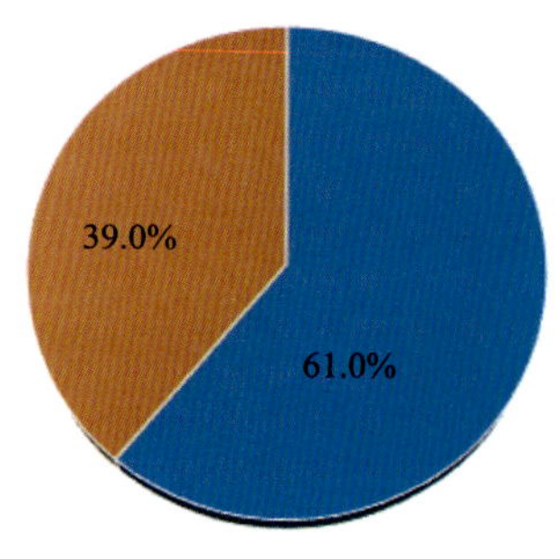

图 3.2　鄂尔多斯盆地准格尔煤田酸刺沟旧 35 钻孔岩性百分比含量图

(二)岩性组合——旋回性强

砂、泥岩旋回性出现的岩性组合格局，形成多套“生储盖组合”，在适宜条件下或可以形成多套非常规气藏(图 3.3)。纵向上，页岩气与煤层气共生组合，而页岩与煤层作为烃源岩，逸散出的气体在紧邻的致密砂岩中富集成藏形成致密砂岩气。实际气测显示，越靠近煤层，砂岩和泥页岩气显越好。煤炭开采过程中，在砂岩质的煤层顶板中，常常出现瓦斯气体富集的情况，这一现象证实了煤层大量生烃且向外运移。多旋回的生储层相间分布组合，有利于提高煤系气的成藏效率。

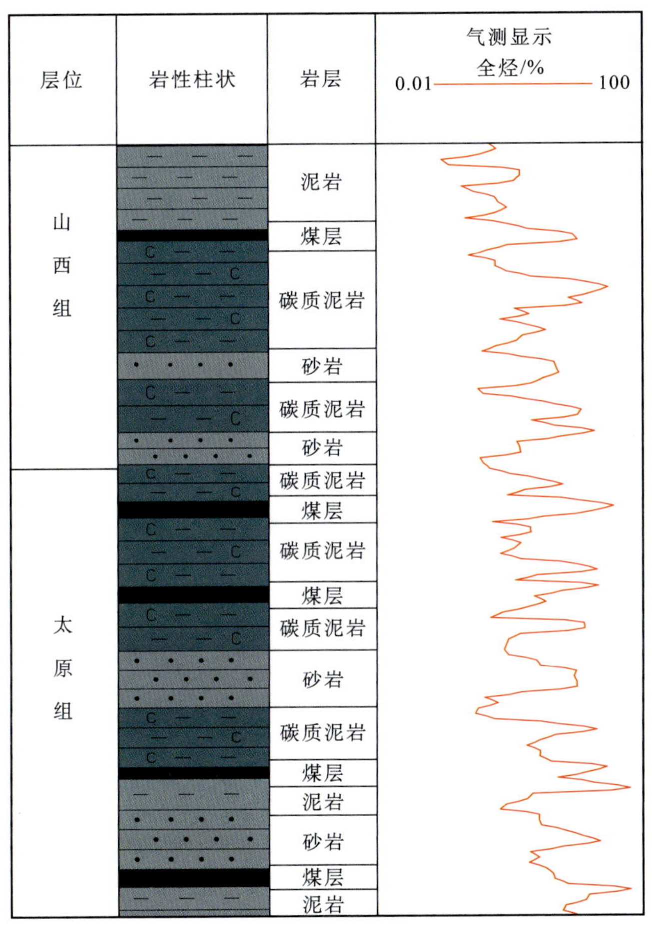

图 3.3　煤系气气测剖面图

沉积盆地是煤系的载体，盆地沉降和充填提供了煤系综合矿产的物质基础。煤系通常发育于盆地边缘，植物繁盛，邻近剥蚀区，陆源碎屑搬运距离较短，物源充足而多样，此外，不同门类的成煤植物的元素组成和含量不同，这些都为煤和煤系矿产提供了丰富的物质基础。

煤系中丰富多样的物源对盆地中煤系矿产资源的分布赋存具有重要意义。一般认为，除了气候、地形、搬运距离和成岩作用，碎屑岩组分主要受物源区母岩性质和构造背景影响，而碎屑岩组分的差异又造成了煤系气藏储层的多样性。聚煤盆地陆源区母岩的性质决定了盆地充填物的矿物成分和化学性质、盆地水介质的化学性质，也决定了泥炭沼泽发育的地球化学背景，陆源区母岩中微量元素的高含量可为煤中相应高含量元素的形成提供物质基础(任德贻等，2006)。

(三)煤系烃源岩有机质含量高

煤系烃源岩由煤、碳质泥岩、暗色泥岩、油页岩等组成，具有较高的有机质含量。煤系烃源岩的有机质丰度是形成煤系气的重要参数，决定了含气量的高低，对煤系气尤其是页岩气赋存的评价起到至关重要的作用，有机质含量越高，页岩生烃潜力越大。

以鄂尔多斯盆地西缘桌子山煤田和贺兰山煤田为例，桌子山煤田太原组页岩TOC主要分布在1%～2%，而贺兰山煤田太原组页岩TOC主要分布在2%～4%，后者较前者而言具有较高的有机质含量(图3.4)。

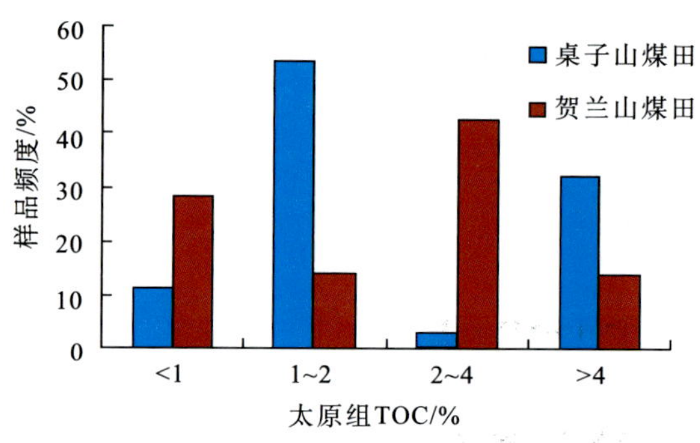

图3.4　桌子山煤田、贺兰山煤田TOC频率图

煤系烃源岩有机质含量越高，其吸附作用越强，不仅对烃类具有较强的吸附性，对无机矿产也具有一定的吸附能力，如煤中微量元素能够被束缚在羧基(—COOH)、酚羟基(—OH)、亚氨基(═NH)等有机基团上，微量元素与煤大分子结构中的侧链和官能团之间呈离子交换或配位化合物(唐修义和黄文辉，2004)。

(四)有机质类型——Ⅲ型干酪根

煤系沉积环境多为滨海沼泽或内陆沼泽相，高等植物发育，由此决定了其干酪根类型以Ⅲ型为主，部分为$Ⅱ_2$型，Ⅲ型干酪根以生气态烃为主，具有相对长期、缓慢排烃的特点。煤系一般有机质丰度高，生烃留下的孔隙为吸附气与游离气提供了有效的储集空间。此外，相比于Ⅰ型、Ⅱ型干酪根，当气体向外运移到致密储层时，Ⅲ型干酪根不会出现液态烃类堵塞孔喉、阻碍气态烃类运移的情况。例如，鄂尔多斯盆地西缘煤系暗色泥岩不论是太原组、山西组还是延安组，都以Ⅲ型干酪根为主，部分为$Ⅱ_2$型(表3.2)。

表 3.2　鄂尔多斯盆地西缘煤系暗色泥岩有机质类型评价

层位	钻孔	S_1+S_2		$T_{YC}=S_2/S_3$	
		均值/(mg/g)	评价	均值	评价
太原组	桌子山 Z 钻孔	1.10	Ⅲ型	0.46	Ⅲ型
	贺兰山 G 钻孔	0.34	Ⅲ型	0.24	Ⅲ型
山西组	桌子山 Z 钻孔	0.21	Ⅲ型	1.1	Ⅲ型
	贺兰山 G 钻孔	0.20	Ⅲ型	0.30	Ⅲ型
延安组	宁东 J 钻孔	5.16	$Ⅱ_2$型	1.36	Ⅲ型
	陇东 A 钻孔	8.21	$Ⅱ_1$型	9.85	$Ⅱ_2$型
评价标准	《陆相烃源岩地球化学评价方法》(SY/T 5735—1995)	>20	Ⅰ型	>20	Ⅰ型
		6～20	$Ⅱ_1$型	10～20	$Ⅱ_1$型
		2～6	$Ⅱ_2$型	5～10	$Ⅱ_2$型
		<2	Ⅲ型	<5	Ⅲ型

注：S_1为可溶烃量；S_2为热解烃量；S_3为热解CO_2量；T_{YC}为烃源岩热解类型指数。

（五）储层特征——低孔低渗、脆性矿物含量高

相比于海相巨厚泥岩层而言，含煤地层中有更高的陆源碎屑岩物质含量，石英、长石、方解石等脆性矿物的含量显著提高，使储层可改造性增强。以鄂尔多斯盆地贺兰山煤田清水沟勘查区 G702 钻孔为例，煤系地层中石英含量较高，使得储层具有很高的脆性，易产生裂隙，可为游离气提供运移通道及储集空间(图 3.5)。

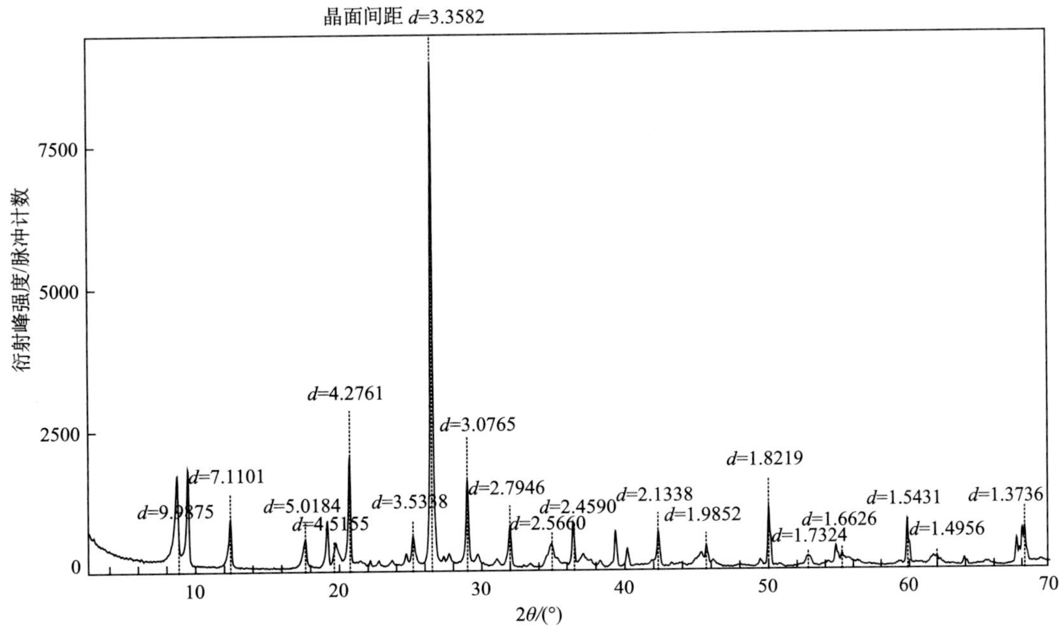

图 3.5　贺兰山煤田 G702 钻孔粉砂岩样 X 射线衍射(XRD)图谱

晶面间距的单位为 mm

(六)成煤原型盆地类型多

成煤原型盆地系指在有利的成煤古气候条件下，存在相应的构造运动并形成适合聚煤的古地理环境，伴有大量成煤古植物生长、繁殖、堆积在原始沉积盆地，是构造格局控制下聚煤作用发生的载体。不同大地构造背景下的成煤原型盆地具有不同的沉积环境和物源供给，决定了煤系综合矿产的类型、数量和质量(表 3.3)。

表 3.3　成煤原型盆地类型划分表

划分指标	指标描述和分级
构造类型	陆内裂陷、弧后裂陷、克拉通拗陷、被动大陆边缘断陷、主动大陆边缘拗陷、前陆盆地、山间盆地、走滑拉分盆地
基底属性	太古宇—元古宇结晶基底、古生界—中生界褶皱基底
形态结构	拗陷、断陷、断拗、拗断
规模	巨型：50 万～100 万 km^2，大型：10 万～50 万 km^2；中型：1 万～10 万 km^2、小型<1 万 km^2
动力学环境	挤压、拉张、剪切、复合
古地理	陆相、海陆交互相、海相
聚煤作用	全盆地发育连续稳定，盆地大部发育较连续稳定，部分发育不连续不稳定

(七)煤系后期改造显著

中国煤盆地的显著特点是经历了多期构造-热事件，后期改造显著，成为煤系矿产成矿和赋矿的重要控制因素。构造运动破坏了煤系原有的完整性和连续性，抬升剥蚀、沉降深埋。构造-热-热液活动导致煤层和煤系中成矿物质迁移、富集成矿。构造-热作用使煤系有机质进入成熟-过成熟演化阶段，有利于形成产气高峰。构造变形形成各种类型的构造煤，成为制约煤层气排采和诱发矿井瓦斯事故的重要因素。多期构造变动导致构造裂隙发育，改善了煤系储层物性。

(八)盆地构造-热演化史决定了煤系多种矿产的耦合成矿过程

成煤原型盆地经历的多期构造-热作用，对煤系有机质热演化和成矿物质迁移聚散具有显著影响，尤其是富集型有机质——煤层和煤系中的分散有机质，在煤系多矿种同盆共生耦合成矿过程中，起到了至关重要的作用。

煤是一种对温度、压力、热液等地质环境因素特别敏感的有机岩，地质历史中的各种构造-热事件必然导致煤发生物理、化学、结构和构造变化。煤化作用系统与构造-热事件耦合效应主要表现为系统(煤)与外界(地质环境)的能量和物质交换作用。

覆岩压力、围限压力及构造压力等机械能，结合岩浆热、区域热、构造热等热能，会导致煤阶增加、组分变化、结构演化和变形变位。同时，构造运动和岩浆活动产生的动力场和热力场，能使煤系和煤层遭受叠加变质或改造作用，促进煤与环境之间的物质交换，影响煤中共、伴生元素的迁移和富集。

第二节　鄂尔多斯盆地煤系矿产资源类型及其时空分布

鄂尔多斯盆地煤系矿产资源类型主要有 3 类：能源矿产，包括煤炭、煤层气、页岩气、致密砂岩气、油页岩及铀矿；金属矿产，包括铝土矿、镓、锂、稀土等；非金属矿产，包括高岭土和耐火黏土等。受晚古生代—中生代不同的构造和沉积环境的控制，鄂尔多斯盆地自下而上发育石炭系—二叠系和侏罗系两套煤系，不同煤系赋存着不同的煤系矿产资源种类。

一、煤系矿产资源类型

(一)石炭纪—二叠纪煤系

鄂尔多斯盆地石炭纪—二叠纪煤系主要含煤层段为太原组和山西组，主要分布在盆地西缘桌子山煤田、贺兰山煤田大部以及宁东煤田北部及韦州矿区、萌城矿区，东北部准格尔煤田、河东煤田，盆地南部渭北石炭纪—二叠纪煤田，煤系矿产资源种类主要有能源矿产煤层气、煤系页岩气、煤系致密砂岩气、金属矿产铝土矿/Al_2O_3、Ga、Li、稀土元素(REY)，以及非金属矿产高岭土和耐火黏土等(表 3.4)。

表 3.4　鄂尔多斯盆地煤系矿产资源类型一览表

时代	石炭纪—二叠纪煤系	侏罗纪煤系
类型	煤炭、煤层气、煤系页岩气、煤系致密砂岩气、铝土矿/ Al_2O_3、Ga、Li、稀土元素、高岭土、耐火黏土等	煤炭、煤层气、煤系页岩气、油页岩、砂岩型铀矿

(二)侏罗纪煤系

鄂尔多斯盆地侏罗纪煤系主要含煤层段为延安组，分布于盆地西缘宁东煤田、宁南煤田、陇东煤田，以及贺兰山煤田汝箕沟矿区，盆地东北部东胜煤田及盆地南部黄陇煤田，煤系矿产资源种类主要有能源矿产煤层气、煤系页岩气、油页岩、砂岩型铀矿等(表 3.4)。

二、煤系矿产资源时空分布概述

鄂尔多斯盆地石炭纪—二叠纪煤系中以太原组和山西组为主要含煤层段，煤系和煤层在全盆地均有分布，埋深 2000m 以浅的煤层分布在盆地边部，不同部位煤类不同，北部主要是长焰煤和气煤，中部为焦煤，南部为瘦煤、贫煤和无烟煤；侏罗纪煤系以延安组为主要含煤层段，延安组在全盆地均有分布，除西部局部地区埋深大于2000m外，其余埋深均小于2000m，煤层除在盆地中部延安、延长、延川一带不发育外，其他地区均有分布，为低变质的褐煤和长焰煤(中国煤炭地质总局，1996)。

鄂尔多斯盆地煤层气有利区块主要沿盆缘分布，石炭纪—二叠纪煤层煤阶高、含气量高；侏罗纪煤层煤阶低、含气量相对较低。盆地东部吴堡地区，石炭系—二叠系厚度大，埋深小于1500m，煤岩热演化适中，生气量大，含气饱和度达60%～80%，含气量为12～17m^3/t，保德地区石炭纪—二叠纪煤层气潜力较大，煤厚5～14.1m，含气量为4～12m^3/t；东南部大宁—吉县地区主力煤层仍为石炭系—二叠系，分布稳定，含气饱和度大于80%，含气量为8～18m^3/t；南部韩城地区石炭系—二叠系含气量为10～18m^3/t。黄陵地区侏罗系延安组煤层含气量为5～10m^3/t，含气饱和度达50%～80%，郭家河、陈家山、大佛寺煤层气含量也较高；北部乌审旗地区以侏罗系富县组和延安组煤层为主，含气量为8m^3/t(常象春等，2006)。

鄂尔多斯盆地石炭系—二叠系太原组和山西组页岩为与煤系相伴生的海陆过渡相页岩，TOC高，平均为2.70%，厚度大，平均介于60～100m，有机质类型多为混合型-腐殖型，目前正进入大量生气阶段。鄂托克旗鄂页1井太一段最大产能为5万m^3/d，稳定产量为1.95万m^3/d，气体中CH_4含量为87.7%，这一重大进展对我国北方海陆过渡相页岩油气的资源评价、战略选区等方面研究具有重要意义。在银川—定边—靖边—榆林—子长—离石一带的山西组及盆地的西北、东北地区高有机质丰度的上古生界海陆过渡相页岩具备形成页岩气藏的潜力(王社教等，2011)。通过前人实测资料分析发现，泥页岩中吸附量与TOC和压力呈正相关关系，且认为山西组是页岩气藏形成的最有利层位，神木—大保当—王家砭—米脂一线是页岩气成藏的最有利区带。此外，鄂尔多斯盆地东南部下寺湾—云岩区二叠系山西组具有良好的页岩气形成地质条件，黄陵北部延安组泥岩分布范围和厚度较大，已进入生物成因气和热催化生气的中间阶段，有机质丰度较高，具备形成页岩气的成藏条件，页岩气潜力巨大(李智学，2014)。

鄂尔多斯盆地上古生界致密砂岩气烃源岩均为煤系，特别是山西组和下石盒子组，主要有苏里格气田、榆林—子洲气田、米脂气田和大牛气田。烃源岩成熟度由北向南逐渐增高，储集层物性由南向北逐渐变好。在紫金山附近煤岩受到紫金山岩体的岩浆热作用，煤岩的镜质组最大反射率出现异常高值，最大达到4.0%以上。北部保德地区太原组砂岩平均孔隙度为7.3%，个别样品孔隙度可达17.7%，平均渗透率为$8.4\times10^{-3}\mu m^2$，最高可达$56.7\times10^{-3}\mu m^2$，多数样品渗透率还是在$0.1\times10^{-3}\mu m^2$左右；山西组平均孔隙度为2.6%，平均渗透率为$0.084\times10^{-3}\mu m^2$。中部临县地区太原组平均孔隙度为4.19%，平均渗透率为$1.28\times10^{-3}\mu m^2$；山西组平均孔隙度为1.7%，平均渗透率为$0.036\times10^{-3}\mu m^2$。南部韩城地区太原组不发育，山西组砂岩平均孔隙度为2.5%，平均渗透率为$0.016\times10^{-3}\mu m^2$。

鄂尔多斯盆地油页岩分布在二叠系山西组及侏罗系延安组等层位，多呈层状展布于盆地内部而隐伏于地下，仅在盆地边部、盆地深切谷及部分钻孔中可见其分布。下二叠统山西组中的油页岩主要见于宁夏石嘴山、中卫地区及保德—洪洞一带，和煤紧密伴生，底部常有一层约 0.5m 厚的含油率较高的腐泥煤。中侏罗统下部延安组中的油页岩露头主要见于盆地西部的宁夏固原炭山、甘肃华亭一带。陕西彬县油页岩主要赋存在上三叠统延长组第三段，与上覆中侏罗统延安组呈假整合接触，油页岩呈层状展布，在区域内普遍稳定，埋深一般小于 500m(白云来等，2009)。

铀矿分布在鄂尔多斯盆地周缘侏罗纪煤系中，主要富集于东北的东胜地区、东南的店头地区、西缘的甜水堡地区、南部的黄陵地区[双龙、焦坪—照金镇(庙湾)两个明显的铀矿化集中区]和西部的马家滩地区(任中贤等，2014)。区域构造上分布在伊盟隆起、西缘逆冲推覆带、渭北隆起等后期构造比较活跃的地区，并接近物源区。

鄂尔多斯盆地煤系金属矿产是近年来我国煤系矿产资源的关注重点，主要赋存在盆地周缘石炭纪—二叠纪煤系中。研究发现，准格尔煤田太原组 6 号煤普遍为高铝煤，煤灰中 Al_2O_3 含量在牛连沟、黑岱沟、哈尔乌素一带含量高达 50%左右，准格尔煤田高铝煤中富集 Ga、Li、REY 等金属元素。其中，煤中 Ga 含量在哈尔乌素露天矿、黑岱沟露天矿等异常值分布较为明显，含量均值分别为 44.5μg/g、45μg/g。煤中 Li 含量异常相对煤中 Ga 含量异常更为普遍，在小鱼沟(80～116μg/g)、魏家牟(80.7μg/g)、黄玉川(97.4μg/g)、哈尔乌素(120～203μg/g)、黑岱沟(151～124μg/g)及官板乌素露天矿(265～710μg/g)等均有异常值出现。此外，桌子山煤田、贺兰山煤田、渭北石炭纪—二叠纪煤田等也出现金属元素的富集，达到或超过边界品位。

煤系非金属矿产资源，如高岭土和耐火黏土等资源主要赋存在石炭纪—二叠纪煤系中，在鄂尔多斯盆地北缘准格尔煤田、河东煤田等较为丰富。

综上所述，在平面上，由于赋煤单元的控制，煤炭资源全区发育，煤系气资源在东缘最佳，砂岩型铀矿在盆地东北部最为发育，油页岩主要发育在盆地西缘，在盆地东部地区略有分布，而煤中金属元素以盆地东北部及南部相对较为富集，煤系非金属矿产主要分布于盆地东部。

垂向上，煤分布于石炭系—二叠系太原组、山西组和侏罗系延安组地层；煤层气主要产于石炭纪—二叠纪煤系，侏罗纪煤的含气量实测资料比较少，煤田地质勘探资料表明，鄂尔多斯盆地侏罗纪煤层含气量大多很低，在局部地区和煤层深部区，含气量将增高；煤系页岩气主要产于上古生界山西组；煤系致密砂岩气主要分布于上古生界山西组和下石盒子组；油页岩在下二叠统山西组、中侏罗统下部延安组均有分布；铀矿主要位于中侏罗统；煤中稀散金属元素和煤系非金属矿产主要在石炭纪—二叠纪煤系富集(表 3.5)。

表 3.5　鄂尔多斯盆地煤系矿产资源时空分布一览表

大类	主要矿种	C—P 煤系	J 煤系
煤系能源矿产	煤炭	桌子山煤田、贺兰山煤田、宁东煤田、准格尔煤田、渭北石炭纪—二叠纪煤田、河东煤田	贺兰山煤田、宁东煤田、宁南煤田、陇东煤田、东胜煤田、黄陇煤田
	煤层气	石嘴山矿区、韦州矿区、韩城矿区、保德矿区、吴堡地区	靖边矿区、横山矿区、乌审旗矿区、郭家河煤矿、陈家山煤矿、大佛寺煤矿、汝箕沟煤矿、横城矿区、华亭矿区

续表

大类	主要矿种	C—P 煤系	J 煤系
煤系能源矿产	煤系页岩气	鄂托克旗矿区、乌达矿区、沙巴台矿区、石炭井矿区、大宁吉县矿区	黄陵矿区、环县地区、安口地区、积家井井田
	煤系致密砂岩气	乌审旗、榆林—子洲矿区、米脂矿区、大牛地矿区、神木矿区、苏里格气田、临县矿区、大宁吉县矿区	
	油页岩	石嘴山矿区、中卫地区、保德—洪洞地区	炭山矿区、华亭矿区、彬县矿区
	砂岩型铀矿		东胜煤田、黄陵矿区、甜水堡矿区、马家滩矿区
煤系金属矿产	铝土矿/ Al_2O_3	黑岱沟煤矿、哈尔乌素煤矿	
	镓矿	黑岱沟煤矿、串草圪旦煤矿	
	锂矿	唐公塔煤矿、黑岱沟煤矿、官板乌素煤矿	
	稀土元素	小鱼沟煤矿、黑岱沟煤矿、串草圪旦煤矿	
煤系非金属矿产	高岭土 耐火黏土	准格尔煤田、河东煤田	

第三节 煤 层 气

鄂尔多斯盆地的煤层气勘探始于20世纪90年代，华北地质矿产局率先在盆地东缘中部的柳林杨家坪钻煤层气探井7口，各井均获得2000m³/d以上的煤层气产量，煤柳5井获得7000m³/d的高产，首次在鄂尔多斯盆地东缘发现了煤层气富集区，从而揭开盆地煤层气勘探的序幕。之后几年我国成立了相应的煤层气勘探开发机构——中联煤层气有限责任公司，对煤层气的研究更加深入。

现有勘探开发表明，鄂尔多斯盆地煤层气资源丰富，其中东缘的石炭纪—二叠纪煤层气资源已经实现商业化开发，2015年日产气400万m^3，成为我国继沁水盆地之后的第二大煤层气生产基地。鄂尔多斯盆地煤层气开发的最有利区块包括东缘的河东煤田和陕北石炭纪—二叠纪煤田、盆地南缘的渭北煤田，有利区块包括鄂尔多斯盆地南部黄陇煤田、盆地西部庆阳含煤区和灵武—盐池—韦州含煤区。煤层气最有利和有利区块主要沿盆缘分布。鄂尔多斯盆地东缘、渭北煤田、黄陇煤田是目前煤层气勘探的热点地区，勘探成果预示其有良好的开发前景。

一、煤层展布特征

（一）石炭纪—二叠纪煤层

鄂尔多斯盆地晚古生代煤层主要分布于石炭系—二叠系太原组和山西组。煤层总厚以北厚南薄为特征（图3.6，图3.7）。西北部乌海及东北部府谷煤层累计厚度达20～

35m，柳林—神木一带厚度达 10～20m，而南部铜川等地煤层总厚度仅 5m 左右(张松航，2008)。

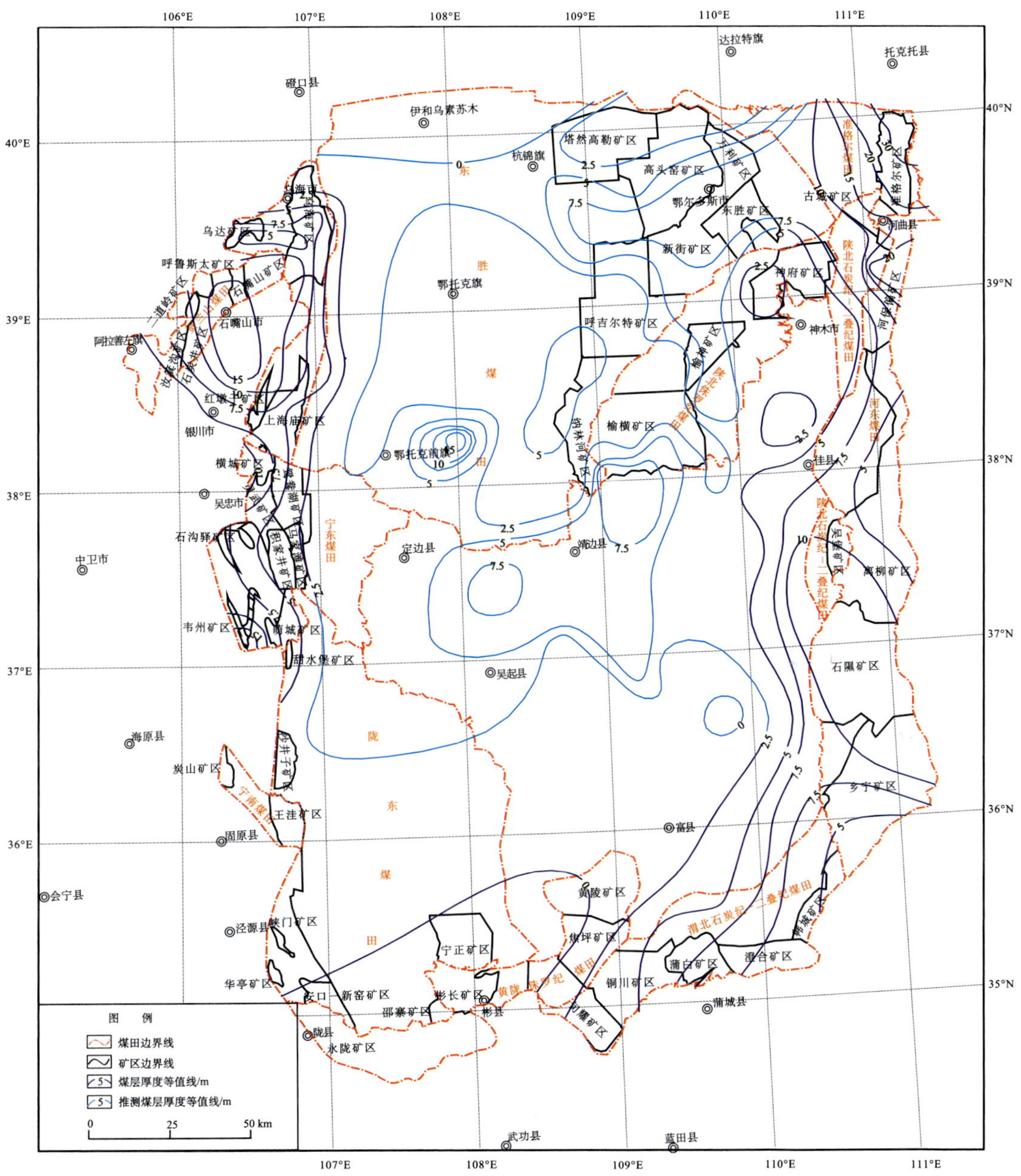

图3.6　石炭系—二叠系太原组煤层厚度等值线图(据中国石化华东分公司石油勘探开发研究院，2011，修编)

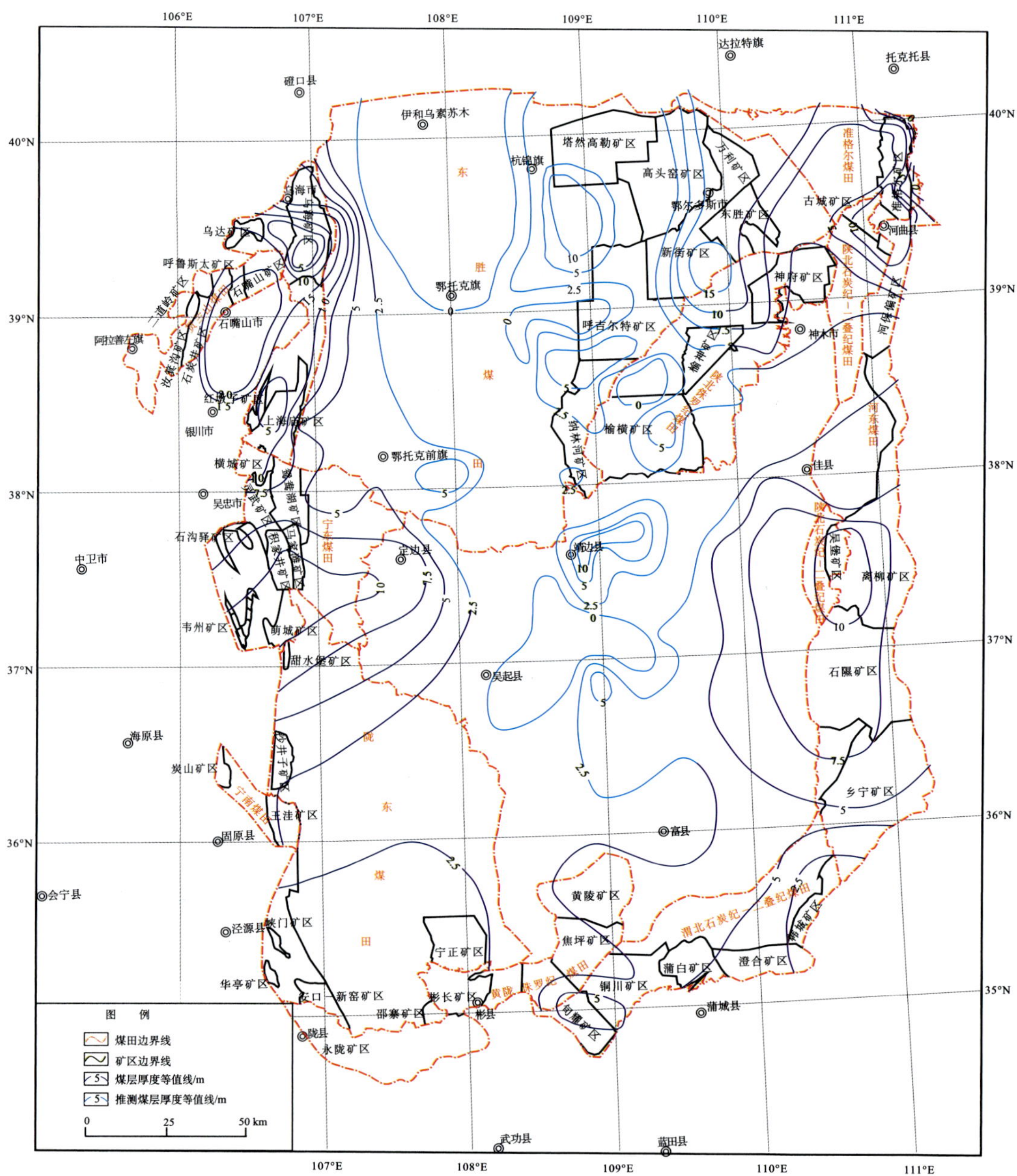

图3.7　石炭系—二叠系山西组煤层厚度等值线图(据中国石化华东分公司石油勘探开发研究院,2011,修编)

太原组各煤系总体上形成于广阔的滨海平原环境，在成煤过程中形成了广泛的富煤区。盆地内太原组含煤层数较少，煤层厚度薄，可采煤层最大累计厚度达36.50m，含煤系数平均为17.51%，最高达32.30%。吴堡矿区以南至韩城一带的广大地区，太原组煤层分布连续，厚度变化较小，含煤3～7层，一般厚度为4～8m，最大为12.42m，含煤系数为 5.1%～15%，平均为 7.0%，多以单层产出，局部有分岔现象。煤层厚度以东北为最厚，在准格尔地区可达 20m；西北次之，在石嘴山地区达到 15m 左右。

山西组煤层分布于全区，累计厚度以鄂尔多斯盆地西北部为最厚，厚度可达 20m，向南煤层厚度逐渐减小，在南部彬县一带仅有 2.5m，东部最厚在吴堡—离石柳林一带。山西组 5 号煤层主要发育在盆地的中东部及西北部，3 号煤层主要发育在盆地的东部及西北部，东部最厚在大宁—韩城一带，由东向西逐渐变薄。

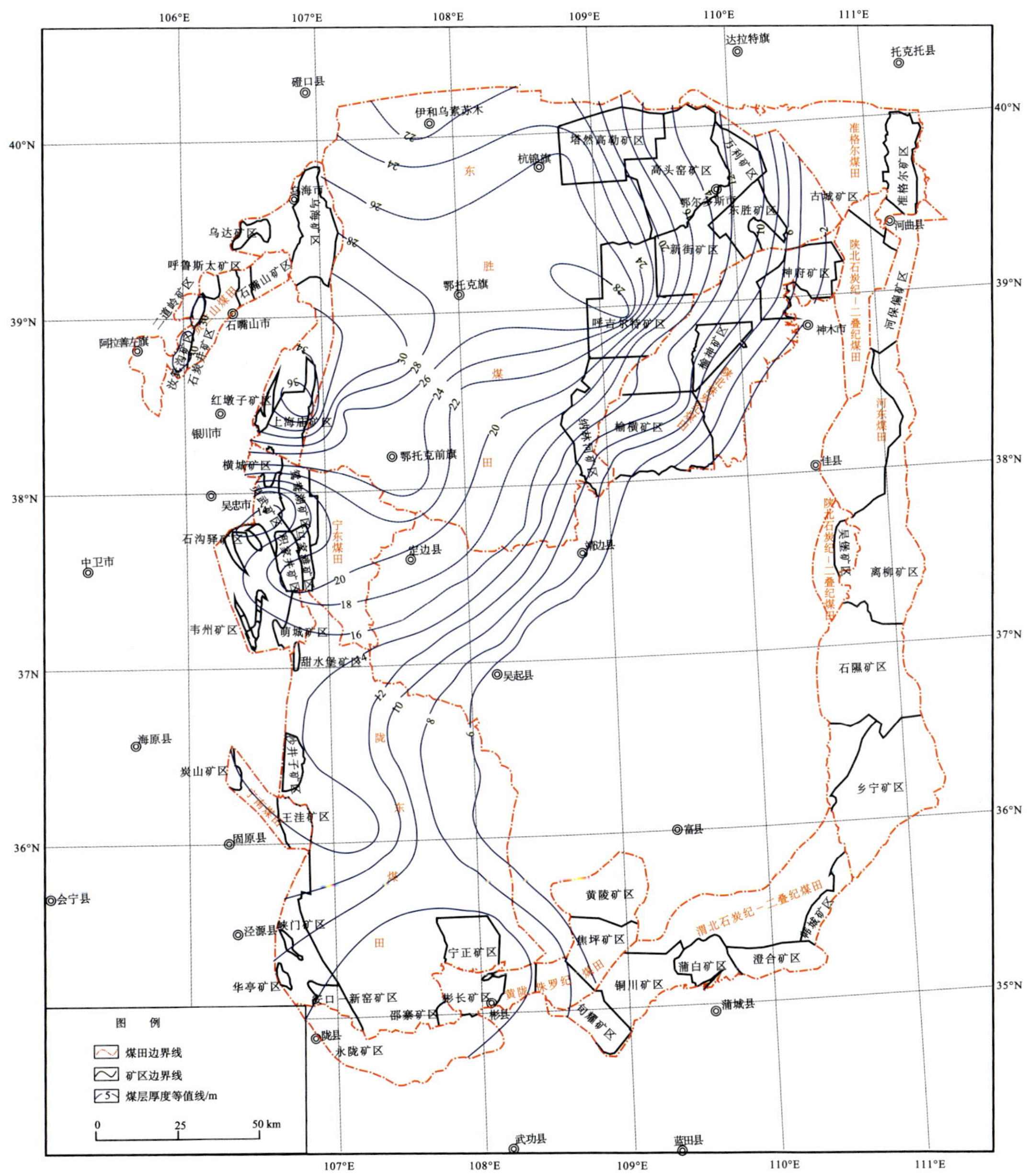

图 3.8 侏罗系延安组煤层厚度等值线图(据中国石化华东分公司石油勘探开发研究院，2011，修编)

(二)侏罗纪煤层

鄂尔多斯盆地内延安组是侏罗纪的主要含煤层位。侏罗系在盆地东部神木—延安—黄陵一线尖灭，以煤层单层厚度大、分布范围广、煤岩储层条件好、煤层气资源量大为主要特点，是我国低煤阶煤层气勘探的热点地区和重要层位之一(孙粉锦等，2018)。

图 3.9 太原组煤层含气量等值线图(据中国石化华东分公司石油勘探开发研究院，2011，修编)

延安组煤层厚度等值线图如图 3.8 所示。在东西方向上，延安组地层展布以东薄西厚为主，煤层变化趋势也是向东部变薄直至尖灭，煤层层数减少。在南北方向上，延安组地层自北向南减薄，煤层厚度变化趋势大致相同，自北向南减薄直至尖灭。盆地内部地层、煤层发育总体保存较完整，煤层层数多，煤层累计厚度大，但单层厚度一般较小。盆地中北部地区延安组煤层相对较厚，而南部地区煤层较薄，在东南部甚至无延安组煤层赋存。

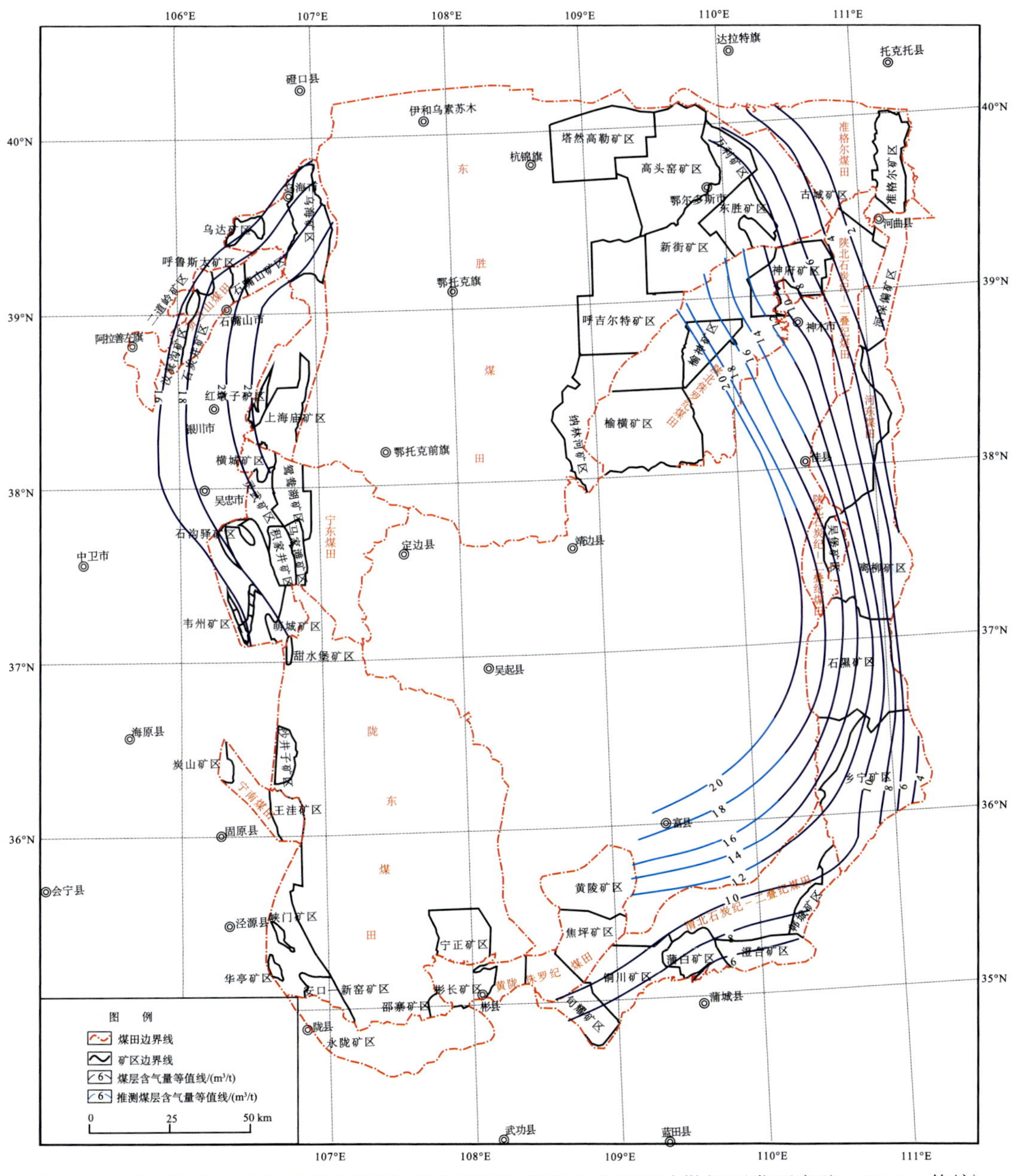

图 3.10　山西组煤层含气量等值线图(据中国石化华东分公司石油勘探开发研究院，2011，修编)

二、煤层含气性特征

从太原组煤层含气量等值线图中可以看出，鄂尔多斯盆地东缘含气性比较好，从河曲到神木、临县一带，含气量从 $4m^3/t$ 上升到 $8m^3/t$，从榆林、临县往南含气量逐渐增高，最高可达到 $20m^3/t$，含气量最高点在乡宁—韩城一带。太原组时期盆地的西北部含气量也较高，相对东部来说含气量低，并且，西北部大的构造断裂发育，对于煤层气的开采不是很有利(图 3.9)。

从山西组煤层含气量等值线图 3.10 中可以看出，鄂尔多斯盆地东缘含气量从东往西逐渐升高，最高在 $20m^3/t$；盆地东北部含气量低于 $2m^3/t$，主要原因是该地区煤层埋深较浅，不利于煤层气的赋存；盆地西北部，煤层发育较厚的地方，煤层气含气量也较高，在 16～$20m^3/t$，从西往东即由盆地的边缘向中心逐渐升高。

鄂尔多斯盆地南部石炭纪—二叠纪煤层变质程度较高，对 CH_4 具有很强的吸附能力，朗缪尔压力中等-高，易于排水降压，利于煤层气的开采。鄂尔多斯盆地南部侏罗纪煤层含气量普遍偏低，在 0.12～$6.34m^3/t$，平均为 $4.45m^3/t$。煤层 CH_4 浓度分布较为离散，多为 60%～90%，CH_4 浓度与含气量基本呈线性正相关关系，随含气量的增高而递增，当煤层气含量超过 $3m^3/t$ 时，CH_4 含量多超过 60%。考虑到低煤阶含气量较低及测试时空气混入等因素，南部地区 300m 以深地区可能已经脱离风氧化带，煤层气风化带下限平均含气量多超过 $3m^3/t$。

侏罗系延安组煤层含气性普遍较差，多分布在 1～$5m^3/t$，东胜煤田东部矿区风氧化带较深，含气量较差，但深部矿区埋藏条件比较好，预测含气量较高，可达到 $8m^3/t$。鄂尔多斯盆地南部彬长矿区大佛寺地区煤层气井显示煤层含气性较好，而北部新街矿区附近含气性较差(表 3.6，图 3.11)。

表 3.6 彬长矿区煤层实测含气量统计表(陕西煤田地质局综合实验室，1995)

样品编号	估算储层压力/(kg/cm²)	理论含气量/(m³/t)	实测含气量/(m³/t)	含气饱和度
175	62.69	9.97	6.26	0.63
180-1	44.27	9.02	3.85	0.43
180-2	44.45	9.03	4.89	0.54
180-3	44.65	9.04	5.68	0.63
181-1	31.59	7.98	3.55	0.44
181-2	31.71	7.99	4.17	0.52
214	70.74	10.27	6.34	0.62
D24	43.55	8.97	3.55	0.40
D29	41.11	8.80	4.15	0.47
D30	32.12	8.03	3.35	0.42
D31	44.92	9.06	3.98	0.44
D32	41.80	8.85	4.52	0.51

续表

样品编号	估算储层压力/(kg/cm^2)	理论含气量/(m^3/t)	实测含气量/(m^3/t)	含气饱和度
D33	54.23	9.59	4.73	0.49
D36	46.94	9.19	3.67	0.40
D41	40.62	8.76	4.38	0.50
D5	43.66	8.98	3.78	0.42
D6	39.71	8.69	3.50	0.40
D78	53.74	9.57	6.12	0.64
D80	42.18	8.87	4.80	0.54
T2	39.55	8.68	3.43	0.40
T9	39.86	8.70	3.64	0.42

三、储层特征

(一)孔隙结构

煤储层的孔隙结构是储层特征的重要组成部分，选取块煤样制成 2.5cm 直径的圆柱样品，采用美国康塔仪器公司生产的全自动压汞仪 PoreMaster，测定煤的孔隙结构参数。根据测试样品的采样点分别进行分析。

鄂尔多斯盆地西缘贺兰山煤田汝箕沟矿区煤样的毛细管压力曲线的特点是在 0.1MPa 之前基本无进汞量；在 0.1～20MPa 进汞量约为 17%；在 20MPa 以后进汞量继续增加，且一直增加到 61.988%。这说明煤样以发育小孔为主。试验统计表明，排驱压力为 0.422MPa，中值压力为 63.728MPa，中值半径为 0.012μm。退汞效率高，达到 93.441%。有利于煤层气的储存及开采。

鄂尔多斯西缘南部陇东煤田华亭矿区煤样的毛细管压力曲线的特点是在 0.1MPa 之前基本无进汞量；在 0.1～20MPa 进汞量约为 48%；在 20MPa 以后进汞量继续增加，但增加量有限。说明煤样以发育大孔和中孔为主。试验统计表明，排驱压力为 1.387～1.417MPa，中值压力为 27.135～29.381MPa，中值半径为 0.025～0.027μm。退汞效率低，仅为 13.01%～14.829%。有利于煤层气的储存，但不利于开采。

鄂尔多斯盆地北部石炭纪—二叠纪煤层孔隙孔容值分布在 0.0312～0.0414mL/g，而孔隙比表面积分布为 0.9630～2.0300m^2/g，渗透率变化不大，为 3.64×10^{-3}～26×10^{-3}μm^2，平均为 8.50×10^{-3}μm^2。各样品间大孔、中孔和小孔的孔容和比表面积的分布，在绝对的数量上有较大差异，但是在组合形式上却表现出较强的相似性。样品的总孔容主要由小孔孔容构成，在大部分样品中，小孔孔容占了 50%以上的总孔容。总体来看，鄂尔多斯盆地北部不同宏观煤岩类型的样品间，表现出了类似的孔径分布特征(表 3.7)。

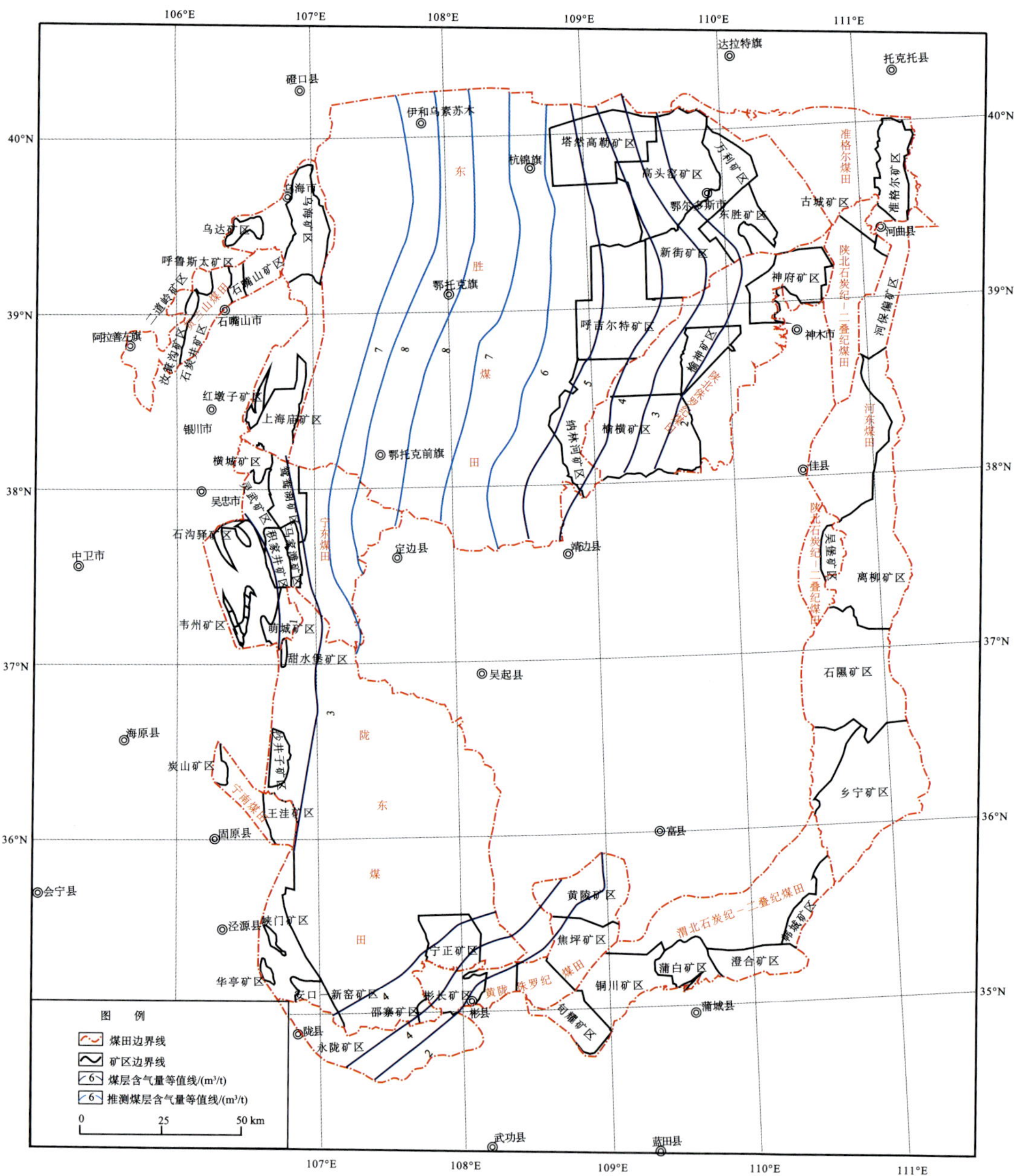

图 3.11 延安组煤层含气量等值线图(据中国石化华东分公司石油勘探开发研究院，2011，修编)

液氮吸附测试表明鄂尔多斯盆地北部石炭纪—二叠纪煤样的平均孔直径范围分布在4.9～6.6nm，为煤层气提供了主要的吸附空间，BJH 总孔容为 0.0165～0.0265mL/g，BET 比表面积变化为 10.24～14.22m^2/g(表 3.8)。

表 3.7　鄂尔多斯盆地北部石炭纪—二叠纪煤样孔隙孔容、比表面积分布

样品	孔容/(mL/g)				比表面积/(m^2/g)				孔隙度/%
	大孔	中孔	小孔	小计	大孔	中孔	小孔	小计	
镜煤	0.0148	0.0054	0.0128	0.0330	0.0030	0.0350	0.9250	0.9630	3.60
亮煤	0.0102	0.0077	0.0235	0.0414	0.0030	0.0570	1.4280	1.4880	5.60
暗煤	0.0034	0.0045	0.0328	0.0407	0.0010	0.0280	2.0010	2.0300	3.91
煤样	0.0080	0.0058	0.0174	0.0312	0.0030	0.0330	1.2510	1.2870	7.40

表 3.8　鄂尔多斯盆地北部石炭纪—二叠纪煤样液氮吸附测试的孔隙分布

样品	BET 比表面积/(m^2/g)	BJH 总孔容/(mL/g)	平均孔直径/nm	镜质组/%	惰性组/%	壳质组/%	矿物/%
镜煤	13.55	0.0165	4.9	83.1	8.0	6.7	2.2
亮煤	12.49	0.0214	6.0	71.0	14.7	13.0	1.3
暗煤	14.22	0.0265	6.6	51.9	26.4	17.3	4.4
煤样	10.24	0.0170	6.0	50.9	32.3	14.6	2.3

鄂尔多斯盆地北部石炭纪—二叠纪煤层孔隙以微孔为主，其孔隙体积分数为71.44%～88.15%；大孔次之，为6.74%～15.31%。煤层的孔隙度在垂向上具有一定的差异性，其中3号煤层孔隙度为3.47%～4.66%，平均为4.1%；5号煤层孔隙度为2.86%～7.69%，平均为5.33%；11号煤层孔隙度为4.12%～6.03%，平均为5.16%。煤孔径分布有利于煤层气富集，而煤层孔隙度普遍小于7%，则不利于煤层气开采。低温氮吸附测定分析煤孔隙参数发现：微孔中孔径以2.5～4.3nm所占比例最高，占微孔容的41.73%～43.07%；煤层孔容为0.001～0.015mL/g，比表面积为0.0027～7.479m^2/g，煤孔隙储层表现出强烈的不均匀性，加大了煤层气的开采难度。

鄂尔多斯盆地北部侏罗纪煤样平均孔径比较大，为10.500～14.500nm，平均为12.85nm；BET比表面积比较小，为0.497～1.527m^2/g(表3.9)。研究区样品孔径大、BET比表面积小的特点，反映了研究区内煤层整体孔隙度比较大、大中孔比较发育、吸附的微小孔不发育。

表 3.9　鄂尔多斯盆地北部侏罗纪煤样液氮吸附孔隙测试参数表

地点	样品编号	BET 比表面积/(m^2/g)	BJH 总孔容/(mL/g)	BJH 平均孔容/(mL/g)	BJH 累计比表面积/(m^2/g)	平均孔径/nm	中值孔径/nm
东胜矿区鑫源煤矿	XY74	0.497	0.0038	30.65	0.490	13.500	33.7
	XY75	1.207	0.0068	31.07	0.878	10.500	29.7
	XL76	0.699	0.0056	27.91	0.800	14.180	30.0
东胜矿区营家壕煤矿	YJH3-2	0.828	0.0027		1.332	11.800	5.9
	YJH3-6	1.492	0.0049		1.849	12.800	6.4
	YJH3-8	1.390	0.0052		1.740	14.500	7.2
	YJH2-4	1.527	0.0050		1.927	12.700	6.3

鄂尔多斯盆地南部侏罗纪煤层渗透率介于 0.040×10^{-3}～$45.100\times10^{-3}\mu m^2$，平均为 $8.79\times10^{-3}\mu m^2$(表 3.10)，区域渗透率非均质性较高，区域变化大。

表 3.10　鄂尔多斯盆地南部侏罗纪煤储层孔隙度、渗透率成果

样品编号	有效孔隙度/%	渗透率/$10^{-3}\mu m^2$	岩石密度/(g/cm^3)	煤岩类型
T2	2.7	0.500	2.21	暗淡煤
T4	2.4	0.040	1.22	光亮煤
T5 大	5.0	3.260	1.30	半亮煤
M1	12.5	0.363	1.34	暗淡煤
H1	7.8	0.040	1.28	暗淡煤
H3-4 大	4.8	0.160	1.32	暗淡煤—半亮煤
H6 下	12.4	0.170	1.26	半暗煤
HG3	20.1	25.300	1.15	半亮煤
HG9	13.1	13.000	1.40	半暗煤
HG 大 1	14.7	45.100	1.18	暗淡煤

低温氮吸附测试表明(表 3.11)，鄂尔多斯盆地南部侏罗纪煤储层的 BET 比表面积为 5.379～$28.250m^2/g$，平均为 $12.404m^2/g$，平面上区块中西部 BET 比表面积较小，向东部增大。煤储层的 BJH 总孔容为 0.0091～0.0266mL/g，平均为 0.01714mL/g，分布较平均。煤样的平均孔直径为 4.20～9.36nm，为微孔孔隙类型，平均为 6.93nm。

表 3.11　鄂尔多斯盆地南部侏罗纪煤储层低温氮吸附测试结果表

样品编号	BET 比表面积/(m^2/g)	BJH 总孔容/(mL/g)	平均孔直径/nm
T2	5.694	0.0132	8.65
T4	8.074	0.0146	7.10
T5 大	15.422	0.0191	5.46
H1	8.233	0.0173	8.12
H3-4 大	8.222	0.0198	9.36
H6 下	6.952	0.0126	7.50
HG3	28.250	0.0266	4.47
HG9	25.410	0.0220	4.20
HG 大 1	5.379	0.0091	7.50

鄂尔多斯盆地东缘煤储层孔隙度为 2.55%～8.43%，平均为 4.83%，显示孔隙度偏低。平面上自北向南孔隙度总体呈明显降低趋势。山西组 4 号煤在中部柳林地区孔隙度显示为低值，均小于 4%，低于南部相当层位。垂向上山西组煤层孔隙度一般较太原组稍高，且随变质程度的加深差别增大。

鄂尔多斯盆地东部煤层孔隙以小孔、微孔含量为主，尤以小孔含量占优势，其孔隙体积分数在 26.06%～66.78%，均值为 48.75%；微孔变化在 14.89%～39.39%，平均为 27.47%；大孔次之，介于 5.56%～44.24%，均值为 16.43%；中孔最弱，为 2.35%～32.98%，平均为 7.33%。不同地区不同层位，煤储层孔隙分布变化较大。垂向上，研究区北部除河曲火山村矿的个别层位外，太原组大孔、中孔的发育优于山西组。平面上，山西组煤层自北向南大孔含量呈增加趋势，中孔含量变化不大，小孔、微孔含量呈减少趋势；太原组煤层自北向南大孔均呈增加趋势，中部柳林地区明显为高值异常区，究其原因与该地区变质气孔发育相关，中孔、小孔发育减弱。

低温液氮吸附测试表明，鄂尔多斯盆地东缘煤储层的 BET 比表面积为 0.092～20.480m^2/g，平均为 2.046m^2/g，其中研究区北部较大，平均为 4.083m^2/g，中部和南部较小。

整体上看各煤样低温液氮测试结果亦表现出明显的层位及地域特征。地域上，研究区北部保德、河曲、府谷各煤层样品(北部样品)BET 比表面积总体比较高，多数样品介于 1.369～9.115m^2/g。中部柳林地区 BET 比表面积呈现明显的两极特征，总体上煤层的 BET 比表面积较小，但存在异常高值，达到 20.84m^2/g。南部韩城、澄合、蒲白各矿煤样(南部样品)BET 比表面积整体上较北部低，而略高于中部柳林地区。层位上，一般太原组较山西组煤层 BET 比表面积值高。各样品 BJH 总孔容差异性与比表面积差异性表现一致，平均孔直径差异性总体较小，基本与比表面积差异表现相反。区内煤层 BJH 总孔容为 0.00057～0.02050mL/g，平均为 0.005395mL/g，其中山西组煤层 BJH 总孔容平均为 0.00450mL/g，而太原组 BJH 总孔容平均为 0.00594mL/g。所有煤样平均孔直径平均为 8.874nm，其中山西组煤样中值半径平均为 9.00nm，太原组煤样中值半径平均为 8.79nm。

(二)煤储层吸附性

从煤储层吸附能力来看，鄂尔多斯盆地西缘北部贺兰山煤田、桌子山煤田因叠加岩浆热变质作用，煤阶高，煤的吸附能力相对较强；而在盆地西缘中部及南部宁东煤田、陇东煤田煤阶相对较低，煤的吸附能力相对较差；宁夏中部及韦州等地区煤储层朗缪尔体积(V_L)相对较小，多小于 16m^3/t，内蒙古桌子山—宁夏石炭井一带煤储层朗缪尔体积为 16～20m^3/t。

从开采的难易程度来讲，鄂尔多斯盆地南部一带朗缪尔压力(P_L)较大，最大达到 5.88MPa，有利于煤层气的开采，但对煤层气的保存不利，如果盖层条件不好更容易逸散。而鄂尔多斯盆地西缘北部朗缪尔压力较小，最小只有 2MPa 左右，对煤层气的开采不利，但对保存较有利(表 3.12)。

表 3.12　鄂尔多斯盆地西缘侏罗纪煤样等温吸附试验测试结果

样品编号	试验参数	平衡水分基	空气干燥基	干燥无灰基
华亭矿区砚峡乡煤矿-5M	V_L/(m^3/t)	7.9000	8.2600	9.8700
	P_L/MPa	5.8800	5.8800	5.8800
	R	0.9994	0.9994	0.9994

续表

样品编号	试验参数	平衡水分基	空气干燥基	干燥无灰基
华亭矿区西华镇煤矿-5M	V_L / (m^3/t)	6.0500	6.2400	7.4100
	P_L /MPa	2.9000	2.9000	2.9000
	R	0.9949	0.9949	0.9949
汝箕沟矿区汝箕沟煤矿-5M	V_L / (m^3/t)	27.1100	27.6800	29.9600
	P_L /MPa	2.0000	2.0000	2.0000
	R	0.9993	0.9993	0.9993

鄂尔多斯盆地北部石炭纪—二叠纪煤样朗缪尔体积变化不大，平衡水分基等温吸附朗缪尔体积平均为 10.65m^3/t，空气干燥基等温吸附朗缪尔体积平均为 11.47m^3/t，干燥无灰基等温吸附朗缪尔体积平均为 13.26m^3/t。鄂尔多斯盆地北部石炭纪—二叠纪煤层朗缪尔压力较大，最大达到 6.5800MPa，有利于煤层气的开采，如果盖层条件不好，更容易逸散，不利于煤层气的保存(表 3.13)。

表 3.13　鄂尔多斯盆地北部石炭纪—二叠纪煤样等温吸附特征

样品编号	试验参数	平衡水分基	空气干燥基	干燥无灰基
K3	V_L / (m^3/t)	9.8400	9.9900	13.8400
	P_L /MPa	4.4700	4.4700	4.4700
	R	0.9995	0.9995	0.9995
JZT6	V_L / (m^3/t)	8.6400	10.9200	11.8300
	P_L /MPa	5.3900	5.3900	5.3900
	R	0.9959	0.9959	0.9959
BD	V_L / (m^3/t)	14.9600	15.2000	16.6100
	P_L /MPa	4.4300	4.4300	4.4300
	R	0.9972	0.9972	0.9972
DF	V_L / (m^3/t)	9.1500	9.7500	10.7500
	P_L /MPa	6.5800	6.5800	6.5800
	R	0.9994	0.9994	0.9994

而对鄂尔多斯盆地北部侏罗纪煤样进行甲烷等温吸附测试发现，全区朗缪尔体积变化较大，平衡水分基等温吸附朗缪尔体积分布在 5.9800～18.2300m^3/t，空气干燥基等温吸附朗缪尔体积分布在 6.2300～18.7400m^3/t，干燥无灰基等温吸附朗缪尔体积分布在 7.6500～20.2500m^3/t(表 3.14)。鄂尔多斯盆地北部侏罗纪朗缪尔压力总体较大，加之区内煤层埋藏深度浅、煤变质程度低，是导致煤层气含量较低的主要因素。

鄂尔多斯盆地南部全区朗缪尔体积变化不大，平衡水分基等温吸附朗缪尔体积平均为 8.70m^3/t，空气干燥基等温吸附朗缪尔体积平均为 9.22m^3/t，干燥无灰基等温吸附朗缪尔体积平均为 11.85m^3/t(表 3.15)。朗缪尔压力可以反映煤层气的开采难易程度及是否有利于保存，通常朗缪尔压力越大越有利于降压过程中吸附气的产出，但不利于保存。从开采的难易程度来讲，鄂尔多斯盆地北部石炭纪—二叠纪煤层朗缪尔压力较大，最大达到6.2600MPa，有利于煤层气的开采，但对煤层气的保存不利，如果盖层条件不好，则容易逸散。

表 3.14　鄂尔多斯盆地北部侏罗纪煤样等温吸附特征

样品编号	试验参数	平衡水分基	空气干燥基	干燥无灰基
MD3-1	V_L /(m^3/t)	10.6900	10.9900	11.9500
	P_L /MPa	5.2900	5.2900	5.2900
	R	0.9961	0.9961	0.9961
MDCD	V_L /(m^3/t)	18.2300	18.7400	20.2500
	P_L /MPa	2.5300	2.5300	2.5300
	R	0.9996	0.9996	0.9996
CNL5	V_L /(m^3/t)	5.9800	6.2300	7.6500
	P_L /MPa	5.4500	5.4500	5.4500
	R	0.9956	0.9956	0.9956

表 3.15　鄂尔多斯盆地南部侏罗纪煤样等温吸附特征

样品编号	试验参数	平衡水分基	空气干燥基	干燥无灰基
QY	V_L /(m^3/t)	9.5800	10.1800	12.7300
	P_L /MPa	5.8700	5.8700	5.8700
	R	0.9916	0.9916	0.9916
GJH	V_L /(m^3/t)	7.8200	8.2600	10.9700
	P_L /MPa	6.2600	6.2600	6.2600
	R	0.9945	0.9945	0.9945

鄂尔多斯盆地东部韩城地区煤储层朗缪尔体积较高，可达25.36m^3/t，山西河东煤田煤储层朗缪尔体积为9.9～22m^3/t。其中临兴地区等温吸附参数见表3.16，该区朗缪尔体积分布有一定差别，空气干燥基等温吸附朗缪尔体积从12.9400～21.9700m^3/t均有分布，表明区内煤储层吸附能力不尽相同；朗缪尔压力较小，主要分布在3～4MPa。

表 3.16　鄂尔多斯盆地东部煤样等温吸附特征

样品编号	试验参数	平衡水分基	空气干燥基	干燥无灰基
样品 1	V_L /(m^3/t)	12.9600	13.6300	16.0200
	P_L /MPa	3.3200	3.3200	3.3200
	R	0.9998	0.9998	0.9998
样品 2	V_L /(m^3/t)	20.7400	21.9700	25.0000
	P_L /MPa	3.4200	3.4200	3.4200
	R	0.9997	0.9997	0.9997
样品 3	V_L /(m^3/t)	12.0300	12.9400	15.0300
	P_L /MPa	3.8100	3.8100	3.8100
	R	0.9998	0.9998	0.9998

第四节　煤系页岩气

煤系(泥)页岩气主要是指富有机质的煤系泥页岩经过生、排烃后残留在泥页岩层段(及砂岩夹层)内的天然气。其烃源岩有机质来源主要是陆生高等植物，干酪根类型为III型和II_2型，TOC 高，主要为海陆交互相与陆相沉积。含气页岩在垂向上与砂岩、煤层呈互层分布，旋回性明显(曹代勇等，2014b)。鄂尔多斯盆地是泥页岩资源最为丰富的盆地之一，主要发育两套煤系页岩，分别为山西组—太原组海陆交互相煤系页岩与延安组陆相煤系页岩，同南方及国外大套海相非煤系(泥)页岩地层有很大区别，但由于煤系(泥)页岩发育层数多，累计厚度大，其页岩气资源潜力不容忽视。本书所涉及的煤系页岩是广义的概念，指煤系中主要由粒径小于 62.5μm 的黏土级和粉砂级颗粒形成的沉积岩，其主要成分包含黏土矿物、粉砂、碳酸盐、有机质、碳质等(Hinai and Rezaee，2015)。岩石类型包括泥岩、碳质泥岩、粉砂质泥岩、砂质泥岩、泥质粉砂岩、粉砂岩和泥灰岩多种。

一、页岩发育特征

在评价煤系页岩发育特征时需要综合考虑页岩的厚度和连续性，煤系页岩层常被薄层的煤、砂岩或灰岩等隔开，但一般厚度较小、比例较低的夹层可以忽略不计；另外，多数研究指出页岩中的 TOC 大于 2%是形成高产页岩气储藏的必要前提(Burnaman et al.，2009)。所以，本书以暗色煤系页岩为研究对象，在数据统计过程中剔除了颜色较浅、TOC 低的泥页岩层。

(一)太原组泥页岩

太原组泥页岩厚度变化较大，在鄂尔多斯盆地西部银川以东地区泥页岩厚度大，最厚可达 60m，泥页岩层数多，颜色深；总厚度大于 20m 的泥页岩主要集中在银川以东，以及鄂尔多斯盆地东北部；太原组泥页岩层段中夹层以薄层粉、细砂岩及煤层为主，泥页岩层段累计厚度大，其中太原组泥页岩平均厚度为 18.5m。鄂尔多斯盆地东缘太原组泥页岩沉积于三角洲平原和潮坪-潟湖环境，沉积厚度为 30～70m，东南部自东向西变薄；太原组下段即太二段泥页岩主要分布在鄂尔多斯盆地西北缘及东部地区，中部地区泥页岩局部不发育或发育较薄。泥页岩厚度不均匀，局部可达 100m。东北部泥页岩从边缘向中部加厚，东南部泥页岩从中部向河东煤田方向加厚(图 3.12)。太原组上段即太一段泥页岩全盆地发育，且发育较好，整体上呈现向盆地中心加厚的趋势(图 3.13)。

(二)山西组泥页岩

山西组岩性分布变化较大，在鄂尔多斯盆地西部和东部，泥页岩层数多，厚度大，一般总厚度大于 10m，最厚可达 100m 以上；在鄂尔多斯盆地南北边缘区域，泥页岩厚

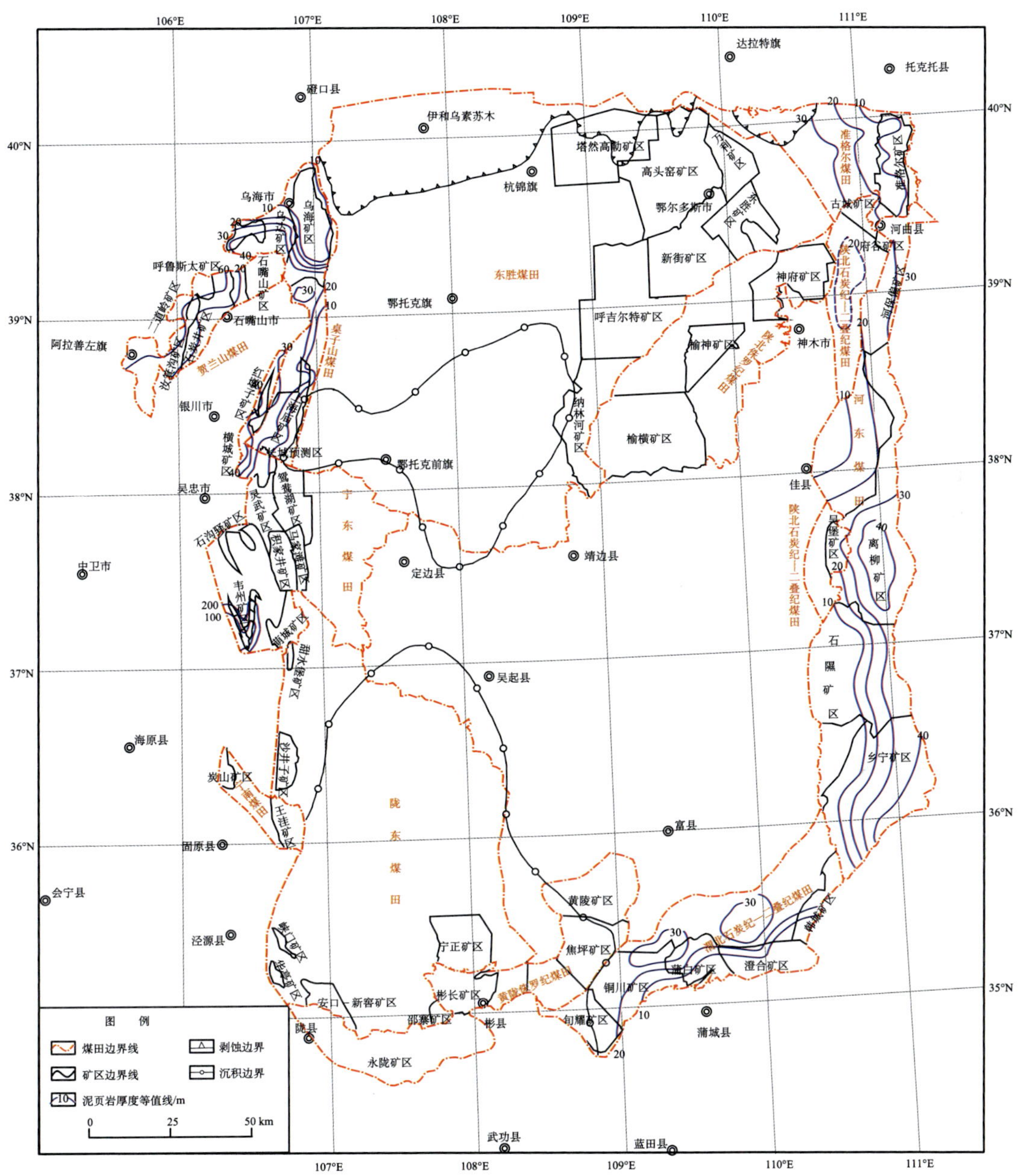

图 3.12　太二段暗色泥页岩厚度等值线图

度小，层数增多。与太原组相比，总厚度大于 20m 的泥页岩几乎覆盖全盆地。山西组泥页岩层段中夹层同样以薄层粉、细砂岩及煤层为主，泥页岩层段累计厚度更大，平均为 48m。山二段和山一段沉积环境相似，泥页岩展布情况大体一致，均呈现从边缘向中心增厚的趋势(图 3.14，图 3.15)。

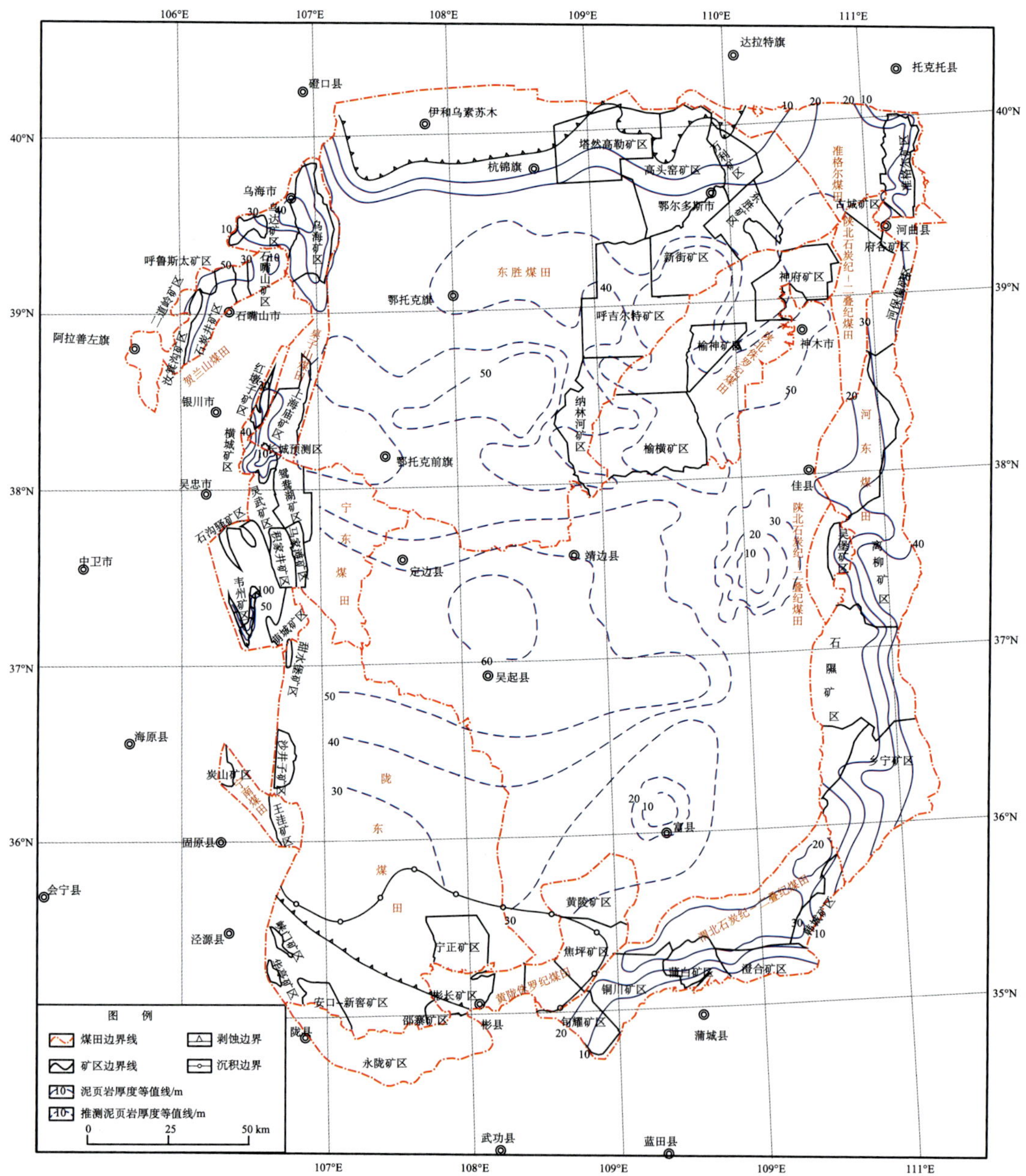

图 3.13 太一段暗色泥页岩厚度等值线图

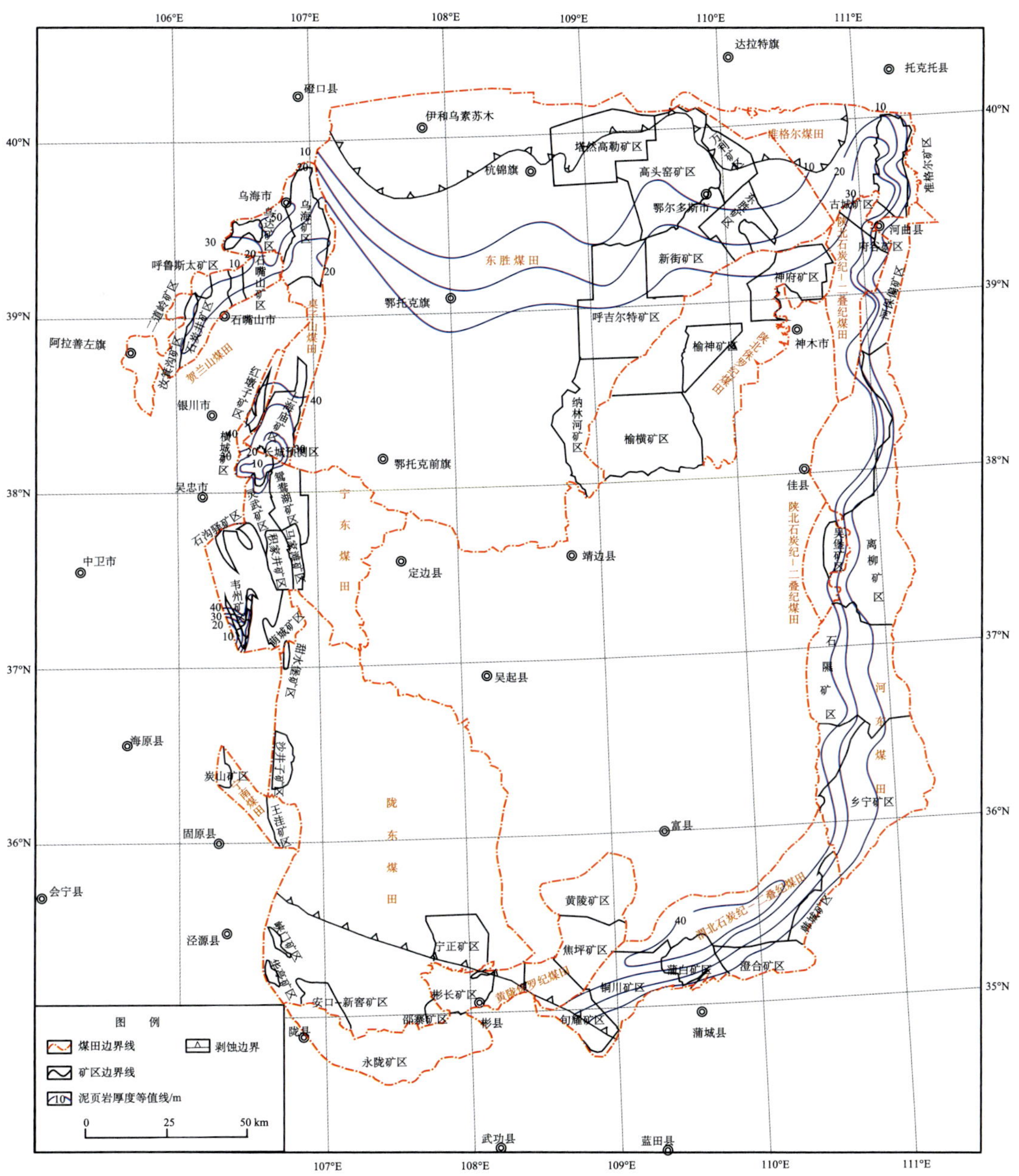

图 3.14　山二段暗色泥页岩厚度等值线图

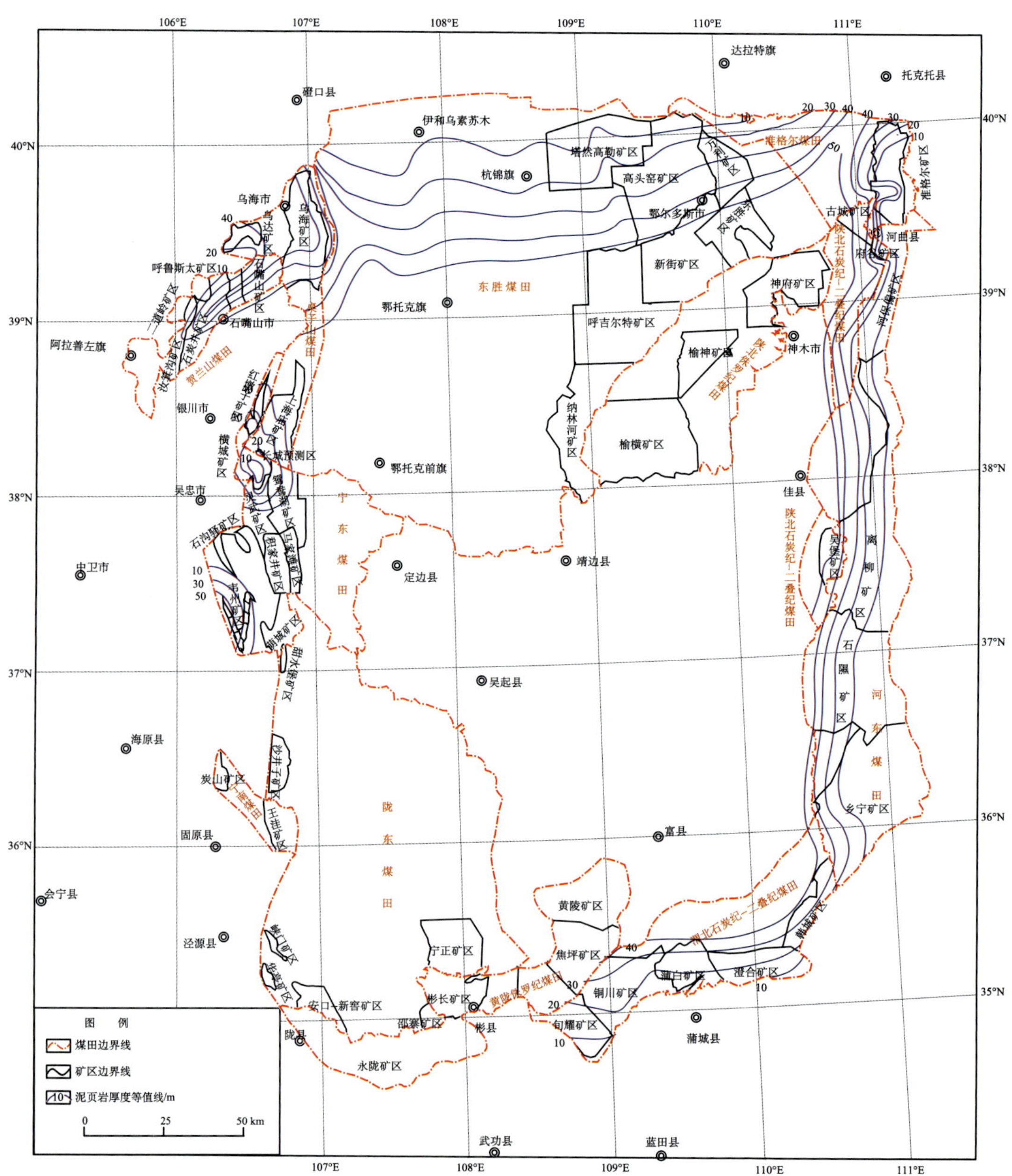

图 3.15 山一段暗色泥页岩厚度等值线图

（三）延安组泥页岩

相对于太原组—山西组煤系泥页岩，鄂尔多斯盆地侏罗系延安组煤系泥页岩地层厚度较大，主要展布区域为盆地北部及西南部。鄂尔多斯盆地北部最大可达 200m，总体呈由盆缘向盆内增大的趋势，盆地西南部为主要的含煤地层，其累计总厚度较大，且泥页岩厚度的变化也较大(图 3.16)。

图 3.16　延安组暗色泥页岩厚度等值线图

二、页岩地球化学特征

(一)有机质丰度

页岩中的有机质是页岩生气的物质基础，决定了页岩的生烃强度，也是吸附气的载体之一。较高的有机质含量还是页岩孔隙空间增加的重要因素之一，会影响页岩储存游离气的能力。由此可见，有机质丰度是煤系页岩储层评价中的一项重要参数。评价页岩中有机质丰度的指标主要是 TOC、氯仿沥青“*A*”、总烃(HC)和热解生烃潜量(S_1+S_2)4项。有时热解氢指数(HI)、氯仿沥青“*A*”/TOC 及 HC/TOC 也可以成为烃源岩有机质丰度的评价指标。其中，TOC 因其具有稳定性强、受成熟度的影响小和测定简单快速且精确度高等特点成为评价有机质丰度最常用、最有效的方法。

众所周知，当烃源岩进入高成熟-过成熟阶段时，有机质丰度评价指标都会受到不同程度的影响，S_1+S_2、HI、氯仿沥青“*A*”和 HC 受影响最为明显，在此情况下若不进行恢复(涉及成熟度、母质类型和原始有机质丰度)，就不能再作为评价烃源岩的指标。这种问题在研究海相页岩储层时常常出现。但对于煤系烃源岩，特别是有机质类型为腐殖型烃源岩，其评价指标 TOC 受成熟度的影响相对要小得多。在过成熟阶段一般其恢复系数也不会超过 1.25。这就是说，无论成熟度高低，煤系页岩的有机质丰度高低都可以以 TOC 为主来判断(程克明，1995)。

选取鄂尔多斯盆地范围内 11 个钻孔的 337 个暗色煤系页岩样品，依据《沉积岩中总有机碳的测定》(GB/T 19145—2003)中的测定标准，利用 CS230 型碳硫分析仪，进行有机碳含量测试，测试结果见表 3.17。从表 3.17 中可以看出，鄂尔多斯盆地煤系泥页岩 TOC

表 3.17　鄂尔多斯盆地太原组—山西组暗色煤系页岩 TOC 均值　(单位：%)

煤田	西缘				北部		南部			东缘	
	桌子山煤田	贺兰山煤田	宁东煤田	陇东煤田	准格尔煤田	东胜煤田	黄陇煤田	渭北煤田		河东煤田	
勘查区	棋盘井	清水沟	马儿庄	安家庄	黄玉川	布尔台	彬县	渑池	韩石庄	保德	临兴
太原组	0.2～1.8 1.35	0.3～3.9 2.13	—	—	0.4～21 7.35	—	—	0.3～17 3.61	0.4～14 2.92	0.2～15 6.13	0.9～18 3.34
山西组	0.2～4.3 1.06	0.2～4.6 1.09	—	—	0.4～32 2.06	—	—	0.3～23 0.92	0.2～13 2.63	0.3～13 3.16	0.7～12 2.1
延安组			0.6～6.2 2.77	0.3～5.3 2.26		0.3～22 2.4	0.7～21 6.53				

普遍较高，且变化范围大，变化速度快，煤层附近的碳质泥岩 TOC 最高可达 30%左右。除桌子山煤田太原组—山西组、贺兰山煤田和渭北煤田山西组地层外，各地层 TOC 均值均能达到 2%以上，且呈现出太原组高于山西组的明显特征。就区域而言，鄂尔多斯盆地东缘一带太原组—山西组泥页岩中有机质丰度最高，尤以保德地区最为显著；而延安组泥页岩的有机质丰度则属盆地南部的彬县地区最高。

（二）有机质类型

页岩中的有机质（干酪根）可划分为 4 种类型：Ⅰ型干酪根（腐泥型）、II_1 型干酪根（腐殖腐泥型）、II_2 型干酪根（腐泥腐殖型）和Ⅲ型干酪根（腐殖型）。基本的有机质类型划分方法有干酪根元素分析法、显微组分分析法和烃源岩热解分析法等，本书采用烃源岩热解分析法进行有机质类型的判断。依据《岩石热解分析》（GB/T 18602—2012）中的测试标准，利用 OGE-VI 岩石热解仪，对盆地范围内的 11 个钻孔的 217 块暗色煤系泥页岩样品进行岩石热解实验测试，获得了热解峰温 T_{max}、热解氢指数 HI 等一系列热解参数，部分样品的参数见表 3.18 和表 3.19。根据样品的热解参数，绘制 T_{max} 与 HI 关系图（图 3.17）。

表 3.18　鄂尔多斯盆地太原组—山西组煤系泥页岩岩石热解参数

煤田		勘查区	样品	TOC（计算）/%	T_{max} /℃	S_1 /(mg/g)	S_2 /(mg/g)	S_3 /(mg/g)	氢指数 HI /(mg/g)	生烃潜力 S_1+S_2 /(mg/g)	产率指数 PI /%	R_o（估算）/%
南部	渭北煤田	韩城韩石庄	L42	2.45	523	0.06	0.65	0.73	26.53	0.71	8.45	2.25
			L46	13.56	509	0.28	8.16	0.77	60.18	8.44	3.32	2.00
			L47	3.63	520	0.04	1.12	0.77	30.85	1.16	3.45	2.20
			L53	5.56	541	0.08	0.80	0.93	14.39	0.88	9.09	2.58
			L61	8.74	535	0.06	1.25	0.82	14.3	1.31	4.58	2.47
			L67	4.00	555	0.12	0.90	1.03	22.5	1.02	11.76	2.83
			L77	2.66	509	0.03	0.05	1.19	1.88	0.08	37.50	2.00
		铜川演池	H12	3.23	498	0.07	0.84	1.77	26.05	0.91	7.69	1.80
			H23	18.61	502	0.61	38.52	0.92	206.94	39.13	1.56	1.88
			H27	2.29	505	0.23	0.88	1.84	38.48	1.11	20.72	1.93
			H28	14.29	500	0.89	22.08	1.87	154.48	22.97	3.87	1.84
			H31	3.97	496	0.40	2.01	2.24	50.62	2.41	16.60	1.77
			H38	2.00	502	0.09	0.33	2.6	17.51	0.42	21.43	1.88
			H83	4.86	569	0.13	1.59	1.05	32.7	1.72	7.56	3.08
			HM6	8.70	543	0.47	9.25	0.95	106.27	9.72	4.84	2.61
			H84	6.26	584	0.37	1.5	2.31	23.96	1.87	19.79	3.35

续表

煤田		勘查区	样品	TOC（计算）/%	T_{max}/℃	S_1/(mg/g)	S_2/(mg/g)	S_3/(mg/g)	氢指数HI/(mg/g)	生烃潜力S_1+S_2/(mg/g)	产率指数PI/%	R_o（估算）/%
北部	准格尔煤田	黄玉川	M11-1	6.34	432	0.26	9.29	0.9	146.53	9.55	2.72	0.62
			M16	5.29	453	0.09	3.16	0.47	59.74	3.25	2.77	0.99
			M29	11.51	436	1.60	24.88	0.8	216.16	26.48	6.04	0.69
			M30	7.58	446	0.63	9.47	0.82	124.93	10.10	6.24	0.87
			M31	26.88	435	0.77	39.18	0.96	145.76	39.95	1.93	0.67
			M39	7.33	434	0.45	6.76	0.84	92.22	7.21	6.24	0.65
			M40	7.67	437	0.20	5.53	0.88	72.10	5.73	3.49	0.71
			M42	5.68	443	0.15	5.93	0.81	104.40	6.08	2.47	0.81
东缘	河东煤田	保德	K24	3.18	449	0.07	0.44	1.03	13.84	0.51	13.73	0.92
			K25	5.92	440	0.10	2.80	1.07	47.30	2.90	3.45	0.76
			K26	4.30	444	0.07	1.57	1.3	36.51	1.64	4.27	0.83
			K30	4.78	447	0.10	1.25	1.19	26.15	1.35	7.41	0.89
			K32	4.49	445	0.14	1.85	1.6	41.20	1.99	7.04	0.85
			K41	3.98	449	0.02	1.23	0.69	30.90	1.25	1.60	0.92
			K42	4.34	442	0.13	2.26	0.91	52.07	2.39	5.44	0.80
			K58	10.36	434	0.54	19.15	0.82	184.85	19.69	2.74	0.65
			K72	37.12	440	4.82	69.78	1.38	187.98	74.60	6.46	0.76
		临兴	X11	1.8	477	0.07	0.5	0.66	27.78	0.57	12.28	1.43
			X14-2	2.1	472	0.2	1.29	0.55	61.43	1.49	13.42	1.34
			X19	1.93	470	0.18	0.91	0.51	47.15	1.09	16.51	1.30
			X26	1.64	473	0.09	0.55	0.54	33.54	0.64	14.06	1.35
			X35	1.48	479	0.1	0.59	0.93	39.86	0.69	14.49	1.46
			X40	1.27	471	0.14	0.44	0.67	34.65	0.58	24.14	1.32
			X46	2.04	473	0.21	1.87	0.25	91.67	2.08	10.10	1.35
			X48	2.55	470	0.63	2.89	0.42	113.33	3.52	17.90	1.30
			X52	2.03	472	0.27	1.54	0.69	75.86	1.81	14.92	1.34
			A6	1.22	470	0.14	0.56	0.68	45.90	0.70	20.00	1.30
			A14	1.08	473	0.14	0.4	0.58	37.04	0.54	25.93	1.35
			A16	1.35	468	0.1	0.62	0.54	45.93	0.72	13.89	1.26
西缘	桌子山煤田	棋盘井	Z17	0.21	453	0.06	0.19	0.77	90.48	0.25	24.00	0.99
			Z46	1.53	472	0.07	0.60	0.79	39.22	0.67	10.45	1.34
			Z59	0.34	433	0.06	0.16	0.41	47.06	0.22	27.27	0.63
			Z68	1.34	461	0.08	0.16	0.46	11.94	0.24	33.33	1.14
			Z71	10.39	455	3.02	22.90	0.53	220.40	25.92	11.65	1.03
			Z79	1.50	456	0.4	1.02	0.98	68.00	1.42	28.17	1.05
			Z84	1.22	456	0.35	1.30	0.58	106.56	1.65	21.21	1.05

续表

煤田		勘查区	样品	TOC（计算）/%	T_{max} /℃	S_1 /(mg/g)	S_2 /(mg/g)	S_3 /(mg/g)	氢指数 HI /(mg/g)	生烃潜力 S_1+S_2 /(mg/g)	产率指数 PI /%	R_o（估算）/%
西缘	贺兰山煤田	清水沟	G8	0.21	566	0.06	0.22	0.83	104.76	0.28	21.43	3.03
			G21	6.59	598	0.05	0.23	0.9	3.49	0.28	17.86	3.60
			G26	0.70	587	0.04	0.09	0.37	12.86	0.13	30.77	3.41
			G32	1.40	582	0.03	0.09	11.45	6.43	0.12	25.00	3.32
			G41	0.42	501	0.05	0.15	0.56	35.71	0.20	25.00	1.86
			G49	2.07	588	0.06	0.16	0.49	7.73	0.22	27.27	3.42

表 3.19 鄂尔多斯盆地延安组煤系泥页岩岩石热解参数

煤田		勘查区	样品	TOC（计算）/%	T_{max} /℃	S_1 /(mg/g)	S_2 /(mg/g)	S_3 /(mg/g)	氢指数 HI /(mg/g)	生烃潜力 S_1+S_2 /(mg/g)	产率指数 PI /%	R_o（估算）/%
北部	东胜煤田	布尔台	B20	4.20	425	0.06	2.97	1.08	70.71	3.03	1.98	0.49
			B21	34.24	426	2.50	86.57	2.43	252.83	89.07	2.81	0.51
			B22	8.89	426	0.75	15.21	1.44	171.09	15.96	4.70	0.51
			B25	7.18	425	0.24	9.23	1.08	128.55	9.47	2.53	0.49
			B26	4.47	431	0.13	5.19	0.97	116.11	5.32	2.44	0.60
			B29	3.49	426	0.24	5.65	1.13	161.89	5.89	4.07	0.51
			B53	4.14	432	0.08	6.04	0.87	145.89	6.12	1.31	0.62
			B73	4.63	423	0.05	5.03	1.65	108.64	5.08	0.98	0.45
			B77	3.46	436	0.02	4.06	0.91	117.34	4.08	0.49	0.69
			B81	15.68	442	0.18	24.79	1.59	158.10	24.97	0.72	0.80
			B91	7.23	428	0.14	15.72	1.31	217.43	15.86	0.88	0.54
			B94	8.80	442	0.16	15.48	1.25	175.91	15.64	1.02	0.80
南部	黄陇侏罗纪煤田	彬县	31	11.84	432	0.07	5.69	1.37	48.06	5.76	1.22	0.62
			47	1.95	436	0.01	0.17	0.66	8.72	0.18	5.56	0.69
			48	1.01	447	0.01	0.04	1.13	3.96	0.05	20.00	0.89
			49	0.74	466	0.01	0.02	0.67	2.70	0.03	33.33	1.23
			52	9.50	439	0.02	3.32	0.91	34.95	3.34	0.60	0.74
			53	34.05	426	2.60	99.94	1.27	293.51	102.54	2.54	0.51
			54	21.2	425	1.00	61.55	1.27	290.33	62.55	1.60	0.49
			55	5.20	435	0.59	6.15	0.62	118.27	6.74	8.75	0.67
			59	5.84	432	0.22	11.46	0.70	196.23	11.68	1.88	0.62
			60	9.78	425	0.31	26.24	0.70	268.30	26.55	1.17	0.49
			64	6.79	431	0.16	15.83	0.65	233.14	15.99	1.00	0.60
			69	5.00	424	0.10	6.06	0.84	121.20	6.16	1.62	0.47

续表

煤田		勘查区	样品	TOC（计算）/%	T_{max}/℃	S_1/(mg/g)	S_2/(mg/g)	S_3/(mg/g)	氢指数 HI/(mg/g)	生烃潜力 S_1+S_2/(mg/g)	产率指数 PI/%	R_o（估算）/%
南部	黄陇侏罗纪煤田	彬县	70	6.52	423	0.14	9.38	0.95	143.87	9.52	1.47	0.45
			75	7.35	423	0.14	5.57	1.13	75.78	5.71	2.45	0.45
			77	12.87	423	1.01	21.72	1.09	168.76	22.73	4.44	0.45
			80	8.36	427	0.22	11.27	1.09	134.81	11.49	1.91	0.53
			81	4.50	431	0.13	6.11	3.88	135.78	6.24	2.08	0.60
			82	10.49	425	0.69	25.17	1.34	239.94	25.86	2.67	0.49
			83	42.11	423	4.13	90.93	2.41	215.93	95.06	4.34	0.45
			84	34.48	432	2.49	76.39	1.54	221.55	78.88	3.16	0.62
			92	25.22	442	1.23	12.14	1.15	48.14	13.37	9.20	0.80
			93	5.07	434	0.02	0.51	0.67	10.06	0.53	3.77	0.65
			95	31.21	444	0.58	20.38	3.71	65.30	20.96	2.77	0.83
			101	20.11	441	0.49	19.29	1.73	95.92	19.78	2.48	0.78
			102	4.60	445	0.01	0.99	0.77	21.52	1.00	1.00	0.85
			103	1.35	463	0.01	0.01	0.80	0.74	0.02	50.00	1.17
			107	4.67	441	0.01	0.50	0.71	10.71	0.51	1.96	0.78
			113	2.03	438	0.01	0.09	0.72	4.43	0.10	10.00	0.72
西缘	宁东煤田	马儿庄	J5	2.57	500	0.06	0.15	0.43	5.84	0.21	28.57	1.84
			J20	0.75	575	0.10	0.23	2.53	30.67	0.33	30.30	3.19
			J36	1.67	435	0.10	0.95	0.51	56.89	1.05	9.52	0.67
			J48	23.58	427	1.07	43.62	1.16	184.99	44.69	2.39	0.53
			J67	1.16	438	0.07	0.34	1.01	29.31	0.41	17.07	0.72
			J72	9.40	432	0.40	24.75	0.61	263.30	25.15	1.59	0.62
			J88	4.64	433	0.14	6.68	1.57	143.97	6.82	2.05	0.63
			J96	2.73	438	0.09	3.42	1.15	125.27	3.51	2.56	0.72
			J102	3.56	434	0.10	4.62	2.36	129.78	4.72	2.12	0.65
			J110	1.78	428	0.09	4.12	1.59	231.46	4.21	2.14	0.54
			J115	3.91	434	0.15	5.08	1.59	129.92	5.23	2.87	0.65
	陇东煤田	安家庄	A5	34.34	427	0.47	17.18	0.72	50.03	17.65	2.66	0.53
			A8	3.26	434	0.26	5.59	0.66	171.47	5.85	4.44	0.65
			A10	5.47	435	0.57	17.00	0.57	310.79	17.57	3.24	0.67
			A18	0.44	483	0.04	0.07	0.99	15.91	0.11	36.36	1.53
			A20	0.70	439	0.01	0.05	0.50	7.14	0.06	16.67	0.74
			A26	11.43	437	2.24	27.16	0.61	237.62	29.40	7.62	0.71
			A30	2.88	433	0.17	3.44	0.62	119.44	3.61	4.71	0.63
			A32	59.43	433	9.18	100.57	0.84	169.22	109.75	8.36	0.63
			A37	0.41	445	0.30	0.57	0.52	139.02	0.87	34.48	0.85

鄂尔多斯盆地北部和西南部的延安组泥页岩热解峰温 T_{max} 基本均分布在 420～450℃，热解生烃潜力 S_1+S_2 分布范围广，在 0.03～109.75mg/g，高值样品主要为碳质泥岩。HI 最高可达 310.79mg/g。有机质类型有III型和II_2型两类，主要为II_2型。

整体而言，与延安组泥页岩相比，太原组—山西组泥页岩具有较高的 T_{max}、较低的氢指数和生烃潜力，其中，鄂尔多斯盆地西缘的贺兰山地区 T_{max} 值最高，其次为东南缘的韩城和铜川地区，然后依次是鄂尔多斯盆地东缘中部的临兴、西缘北部的桌子山煤田、东缘北部的保德，而鄂尔多斯盆地东北缘的准格尔煤田最低。有机质类型主要为III型，存在少量II_2型。

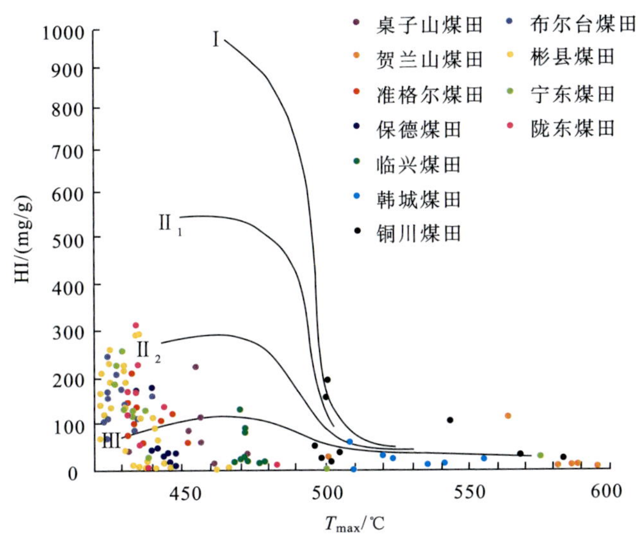

图 3.17 鄂尔多斯盆地泥页岩 HI 与 T_{max} 关系图

(三) 有机质成熟度

有机质成熟度是固态有机质向油气转化的热演化程度，只有当有机质成熟度达到一定程度时才会有烃类生成。目前用于判别有机质成熟度的常用指标包括镜质组反射率 R_o、热解峰温 T_{max}(℃)、沥青质反射率及生物标志化合物等。其中，T_{max} 是能够反映热成熟度的重要地球化学参数，本书就利用岩石热解实验获得的 T_{max} 值，通过 Jarvie 等(2001)确定的公式计算：$\%R_o = 0.018 \times T_{max} - 7.16$(当 $S_2 < 0.2$mg/g 时，T_{max} 不可靠)，估算研究区富有机质页岩的镜质组反射率 R_o 值，所得结果见表 3.18 和表 3.19。

将估算得到的 R_o 值与全区的构造演化历程和煤阶分布综合分析发现，鄂尔多斯盆地山西组、太原组泥页岩有机质成熟度较高，R_o 为 0.62%～3.60%，平均为 1.58%。变质程度最高的泥页岩分布在贺兰山煤田汝箕沟矿区附近，最高可达到 3.60%以上，属于过成熟阶段，其次为东南缘的韩城和铜川地区，然后依次是东缘中部的临兴、西缘北部的桌子山煤田、东缘北部的保德，而盆地东北缘的准格尔煤田最低。

延安组构造-热演化史较简单，在印支期构造沉降达到最大，燕山期后发生剧烈抬升，热演化停止。泥页岩有机质热演化程度普遍较低，R_o大都在0.9%以下，平均为0.72%，多处于未成熟-低成熟阶段。以盆地中南部的延安—庆阳一带热演化程度最高，向四周逐渐降低，有机质大都处于热催化生油气阶段。

三、储层物性特征

（一）矿物成分特征

页岩矿物成分的定性分析可通过岩心观察、岩石薄片鉴定及扫描电镜等技术手段获得，精确的定量数据则需要通过XRD全岩矿物分析获得。本书同样对鄂尔多斯盆地内11个钻孔的127个暗色泥页岩样品进行了取样和化验分析。实验仪器为日本理学TTRIII多功能X射线衍射仪，依据标准为《沉积岩中黏土矿物和常见非黏土矿物X射线衍射分析方法》（SY/T 5163—2010）。

分析结果表明，盆地内暗色煤系泥页岩的矿物成分共13种，包括黏土矿物、石英、钾长石、斜长石、方解石、白云石、文石、菱铁矿、菱镁矿、赤铁矿、黄铁矿、硬石膏和锐钛矿（表3.20），其中黏土矿物、石英、长石、方解石分布最为广泛，其他矿物往往只出现在少数样品中，且在纵向上呈聚集分布。黏土矿物为泥页岩中含量最高的矿物种类，均值可达53.90%。其次为石英，均值为25.87%。其他矿物含量普遍较低，除方解石外均值均在5%以下。太原组—山西组和延安组两套煤系泥页岩的矿物成分特征未显示出规律性差别。

表3.20　鄂尔多斯盆地暗色泥页岩全岩矿物组成一览表　（单位：%）

矿物成分	全岩矿物组成	
	变化区间	均值
黏土矿物	3.0～98.7	53.90
石英	0.7～53.4	25.87
钾长石	0.2～20.7	2.18
斜长石	0.2～16.9	1.39
方解石	0.6～96.9	6.94
白云石	0.6～79.8	3.22
文石	6.5	0.05
菱铁矿	0.6～47.9	3.67
菱镁矿	0.5～11.1	0.16
赤铁矿	1.1～41.2	0.84
黄铁矿	0.2～25.5	1.65
硬石膏	2.3	0.02
锐钛矿	0.7～4.4	0.11

(二)孔裂隙发育特征

页岩中的孔隙主要有原生孔隙、次生溶蚀孔、有机质孔隙、黏土矿物孔隙及微裂缝。较高的孔隙度为页岩气的富集提供了储存空间，也为页岩气储量提供了保障。

借助氩离子抛光-扫描电镜技术，通过对鄂尔多斯盆地煤系页岩微观储集空间进行观察，并借鉴前人(Loucks et al.，2009；Slatt and O'Brien，2011)对页岩孔隙的分类特征，根据孔隙成因、结构特征等将研究区泥页岩储层孔隙成因类型分为无机孔、有机孔和微裂缝三大类，其中无机孔包括层间孔、粒间孔、粒内孔和晶间孔四小类，将生物孔统归为有机孔中，微裂缝根据其成因不同分为构造微裂缝、溶蚀微裂缝和成岩收缩微裂缝三小类(表 3.21)。

表 3.21　孔隙类型分类表

孔隙类型			特征简述	成因机制	连通性	影响因素
无机孔		层间孔	多发育在黏土矿物中，呈扁平状和长条状	矿物发生压实脱水作用形成	较好	黏土矿物的沉积环境、水动力条件
		粒间孔	主要发育在矿物颗粒接触处，呈多角形、线性、不规则状杂乱排列	矿物颗粒堆积形成	较差	沉积作用
		粒内孔	主要为发育在颗粒内部的溶蚀孔，数量较多，形状不规则，呈港湾状、墨水瓶状或分散状成群发育	矿物成岩转化、溶蚀形成	差	随有机酸的产生而增多
		晶间孔	发育在矿物集合体内部，孔隙边缘平整	晶体生长过程中不紧密堆积	较好	—
有机孔			在有机质间和有机质内发育，呈凹坑状、椭圆形或多角形等成群分布	有机质成熟生烃	好	有机质含量、热演化程度
微裂缝		构造微裂缝	呈明显的锯齿弯曲状，缝壁比较平直，延伸性较好	构造应力形成	好	构造应力
	非构造微裂缝	溶蚀微裂缝	主要在黏土矿物中发育，缝壁较为光滑弯曲	酸性流体形成	好	溶蚀作用
		成岩收缩微裂缝	呈蛇曲状、透镜状、分叉状沿层面成群定向发育	成岩过程中脱水、干裂或重结晶	好	埋深、成岩作用

实验前采用国家能源局发布的《岩石样品扫描电子显微镜分析方法》(SY/T 5162—2014)先对页岩样品进行氩离子抛光，避免机械抛光对样品表面孔隙的破坏，然后在页岩表面喷一层厚约 10nm 的金膜。实验采用场发射扫描电镜，在北京市理化分析测试中心完成。

1. 无机孔

无机孔主要发育在矿物颗粒间、晶体间及矿物颗粒内部，分为层间孔、粒间孔、粒内孔和晶间孔。

1）层间孔

通常发现为黏土矿物层间孔（图 3.18）。在页岩沉积初期，原始细粒沉积物通过静电聚集形成一种抗压实能力很强的“絮凝体”结构，从而很好地保护了原生孔隙。在压实作用中，黏土矿物发生脱水作用析出大量的层间水，从而在层间形成孔隙。据观察统计，黏土矿物层间孔多呈扁平状和长条状，孔隙间连通性较好，有利于煤系页岩气的渗流。

2）粒间孔

通常发育在埋藏较浅的地层中。主要发育在矿物颗粒接触处，包括脆性矿物和黏土矿物，呈多角形、线性、不规则状杂乱排列[图 3.19(a)]，其孔径多大于 100nm，这与矿物颗粒的大小和埋深有关。在页岩储层中，矿物颗粒越大，其粒间孔通常也越大；粒间孔与埋深呈明显的负相关，随着埋深的增加，压实和成岩作用增强，粒间孔快速减少。在压实过程中，黏土矿物颗粒和有机质会发生塑性变形充填到孔隙中，同时也加速了粒间孔的减少，甚至使其消失。分析认为，多角形孔多为软硬颗粒间经压实胶结后剩余的孔隙空间，线型孔多与层状黏土矿物有关。泥页岩样品中常见黏土矿物粒间孔，并多发育于绿泥石聚合体（絮状）中[图 3.19(b)]，内部具开放型纸房子微观构造，存在大量的孔隙空间，孔隙之间具有一定的连通性，能为气体导流提供微观运移通道，同时增强气体渗透能力。

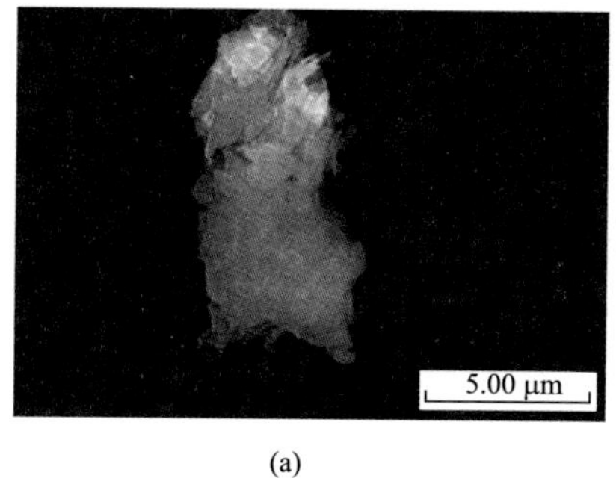

(a)

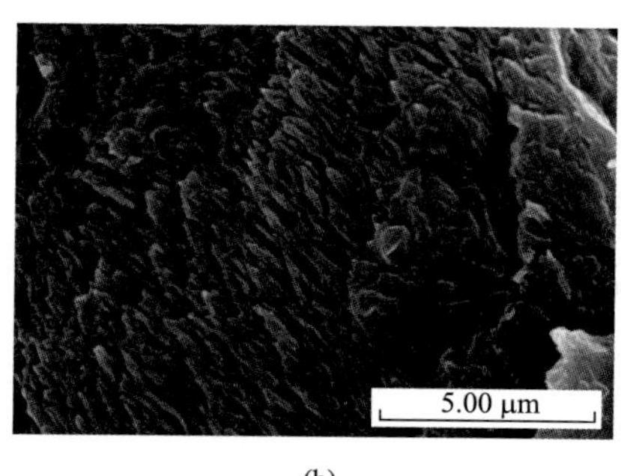

(b)

图 3.18　层间孔

(a) 絮凝体结构；(b) 黏土矿物层间孔

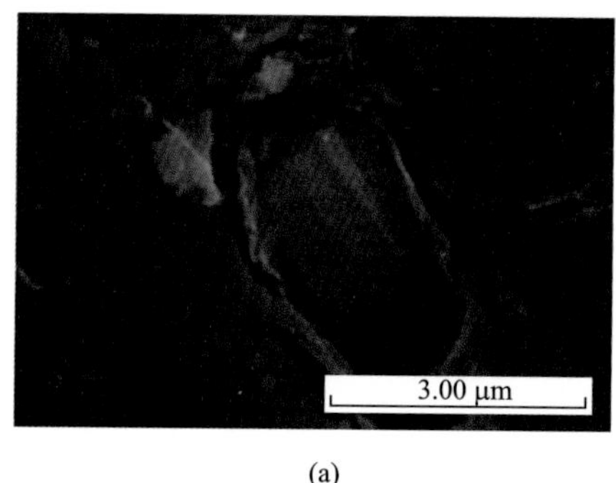

(a)

(b)

图 3.19　粒间孔

(a) 脆性矿物粒间孔；(b) 花瓣状绿泥石充填孔隙

3）粒内孔

粒内孔主要由溶蚀作用而成，发育在颗粒内部。随着埋深的增加，酸性水或干酪根热解发生脱碳酸基作用产生的有机酸使石英、长石等不稳定矿物的易溶部位发生溶蚀作用，在颗粒内部及其表面产生溶蚀孔，这个过程发生在 80～120℃。发育在颗粒内部的溶蚀孔连通性差，后期改造对其作用也不大，不利于页岩气渗流，但有利于页岩气储集，而且发育在颗粒边缘的溶蚀孔可增加粒间孔的大小，从而改善页岩气的储集性能，有利于其赋存。粒内孔是实验中广泛发育的孔隙类型[图 3.20(a)]，数量较多，形状不规则，呈港湾状、墨水瓶状或分散状成群发育[图 3.20(b)～(h)]，孔隙壁呈曲线，孔径相对较小，分布不均，从几纳米至几十纳米均有发育[图 3.20(i)]，也有部分黏土矿物充填到其他矿物产生的粒内孔中[图 3.20(j)]，这会使得储层孔容变小，对于页岩气的渗流不利。黏土矿物，特别是化学性质不稳定的矿物，如蒙脱石在沉积埋藏转变为伊/蒙混层或伊利石的过程中会产生大量粒内孔，大大增加了页岩气的赋存空间。

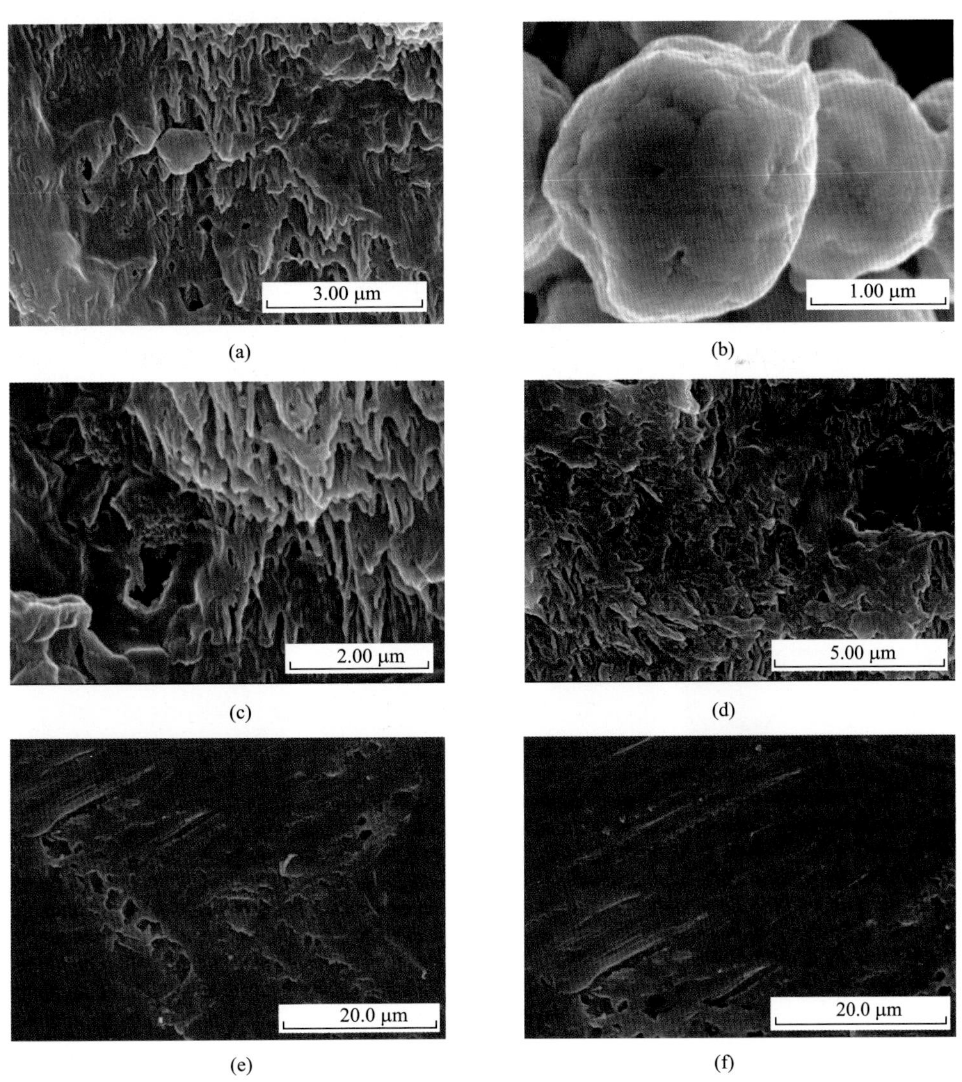

(a) (b) (c) (d) (e) (f)

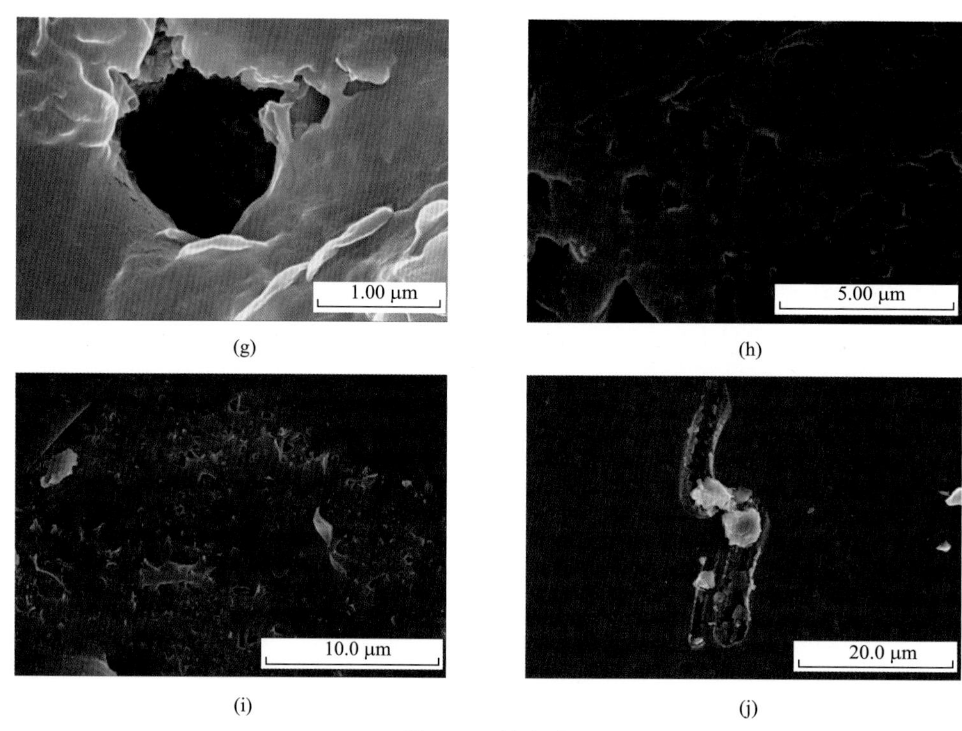

图 3.20 粒内孔

(a)黏土矿物粒内溶蚀孔；(b)分散状溶蚀孔；(c)不规则溶蚀孔；(d)粒内溶蚀孔群簇状分布；(e)墨水瓶状孔；(f)粒内溶蚀孔定向排列；(g)粒内孔被黏土矿物充填；(h)粒内孔大小不一，杂乱排列；(i)溶蚀孔分选差；(j)黏土矿物充填孔

4）晶间孔

晶体生长过程受外界环境干扰，导致晶体不紧密堆积出现缝隙。观察发现作为骨架矿物的石英，以及作为填隙物的微球粒状/莓状黄铁矿晶间存在少量晶间孔（图 3.21）。这种孔隙边缘平整，发育在矿物集合体内部，相互之间有一定的连通性，对页岩气的赋存和渗流有一定作用。

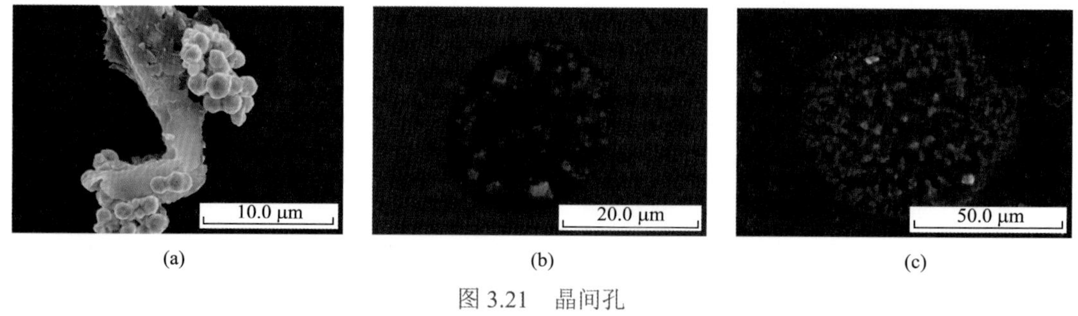

图 3.21 晶间孔

2. 有机孔

有机孔主要在有机质间和有机质内发育。有机质内发育的孔隙，其富集和分布受有

机质成熟生烃控制，主要由有机质生成流体聚积成气泡产生。此外，有机质大多呈分散状分布，受黏土矿物强烈的吸附作用，一部分有机质在多孔絮状体内吸附聚集，形成黏土矿物和有机质的集合体，这些被吸附的有机质中也发育一定的孔隙(图 3.22)。有机孔呈凹坑状、椭圆形或多角形等多种形态，孔径主要集中在 5～150nm，多属中孔范围。研究表明，有机孔的形成主要受干酪根类型、有机质丰度及热演化程度的控制，Ⅱ型干酪根比Ⅲ型干酪根更倾向于发育有机孔。据观察统计，鄂尔多斯盆地煤系泥页岩中有机孔数量不多，这主要是由于煤系泥页岩的埋藏深度较浅，热演化程度较低，且富含Ⅲ型干酪根。另外发现，同粒内孔相似，有机孔也呈群簇状分布，能够大大提高岩石的基质孔隙度，且具有一定程度的连通性，对提高泥页岩的渗透率有很大帮助。

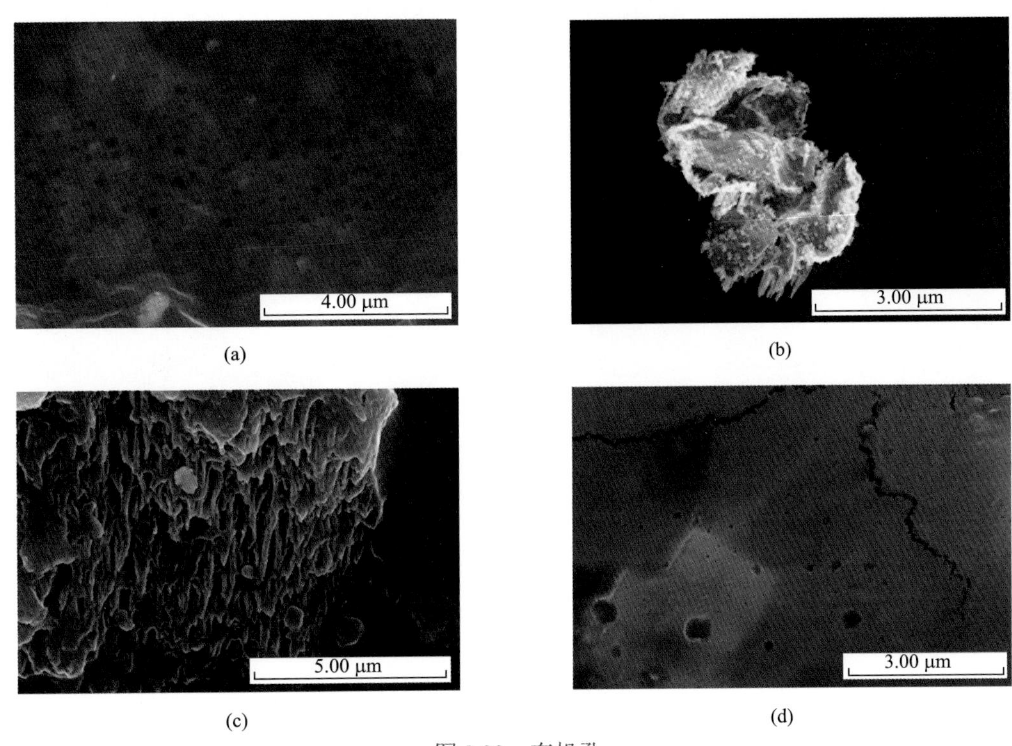

图 3.22　有机孔

(a)有机孔呈群簇状分布；(b)有机质；(c)有机质吸附于黏土矿物；(d)椭圆形有机孔

3. 微裂缝

微裂缝为较好的储渗空间，具有天然气的储集和渗流运移能力。从成因上我们可将其分为构造微裂缝和非构造微裂缝，非构造微裂缝又可进一步分为溶蚀微裂缝和成岩收缩微裂缝。据观察分析，鄂尔多斯盆地泥页岩储层发育大量的微裂缝，以构造微裂缝为主，也发育一定数量的非构造微裂缝。

1) 构造微裂缝

受构造及地应力作用影响而形成的微裂缝，呈明显的锯齿弯曲状，缝壁一般比较平直[图 3.23(a)、(b)]，裂缝切割过刚性矿物颗粒或岩层，一般以低角度-高角度缝为主。延伸性较好，长度多在 180μm，宽度在 1.72μm 左右。一般在构造应力区局部大量发育，通常以成组成套裂缝发育，随着应力的释放，裂缝发育具有方向性和规律性。

2) 非构造微裂缝

非构造微裂缝主要受沉积作用、成岩作用和溶蚀作用控制，主要包括成岩收缩微裂缝和溶蚀微裂缝。非构造微裂缝比构造微裂缝的规模小。成岩收缩微裂缝呈蛇曲状、透镜状、分叉状沿层面成群定向发育[图 3.23(c)]；溶蚀微裂缝主要在黏土矿物中发育，缝壁较为光滑弯曲，长 11～90.22μm，宽 1μm 左右[图 3.23(d)～(f)]。

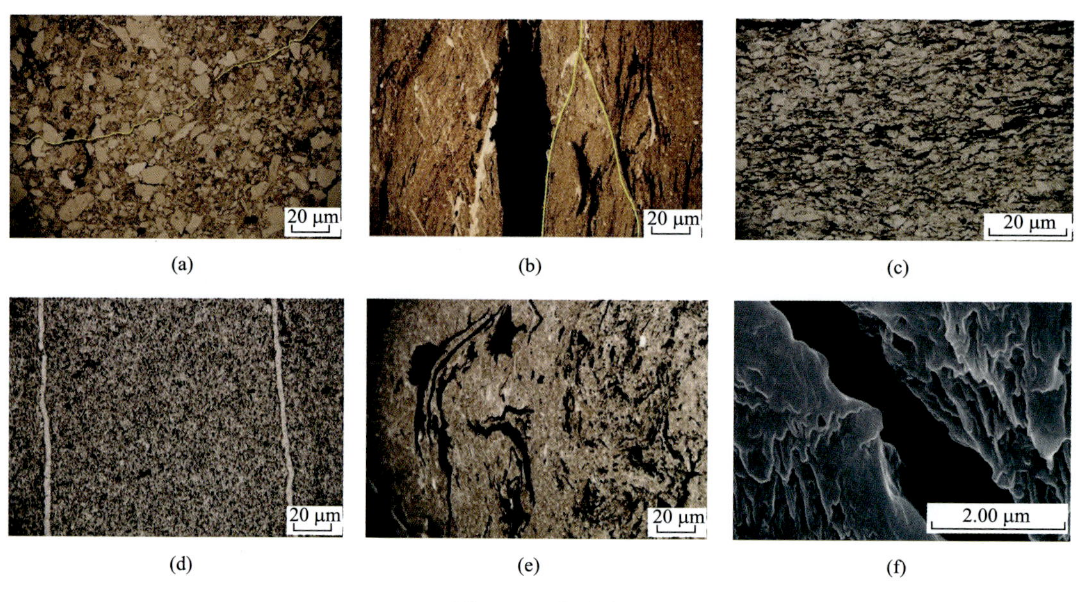

图 3.23 微裂缝

(a)锯齿状构造微裂缝；(b)构造微裂缝壁平直光滑；(c)透镜状成岩收缩微裂缝定向排列；(d)溶蚀微裂缝平行排列；(e)分叉状溶蚀微裂缝；(f)溶蚀微裂缝壁较为光滑

微裂缝的形成主要与岩石脆性、有机质生烃、地层孔隙压力、差异水平压力、断裂和褶皱等因素相关。开启的或相互连通的微裂缝，不仅为页岩气赋存提供了空间，还为游离态页岩气的运移提供了有效的微疏导通道。此外，当微裂缝与较大型的断裂沟通时，加速页岩气的渗流，不利于其保存，地层水也可能会通过微裂缝进入泥页岩储层。

(三) 孔渗特征

泥页岩的孔隙度、渗透率是储层物性研究的关键参数，在各类岩石中，页岩几乎具有最低的渗透率值，实现页岩气的成功开发面临巨大挑战。通过氩离子抛光-场发射扫描电镜观察及低温氮吸附实验发现，鄂尔多斯盆地煤系泥页岩发育孔径极小，主要处于纳米级别，孔径主体在 100nm 以下，孔隙类型复杂，形态多样，以层间孔、粒内孔最为发育，粒间孔也较为发育，有机孔发育较少，微裂隙发育较多，对储层渗透率有较大改善(张岩等，2017）。

本书通过压汞实验，对鄂尔多斯盆地范围内的煤系泥页岩孔渗特征有了初步的了解，各项参数见表 3.22。通过分析可知，鄂尔多斯盆地太原组—山西组泥页岩孔隙度一般为 1.00%～4.70%；太原组(C_2t)泥页岩孔隙度较山西组(P_1s)略高。太原组—山西组泥页岩渗透率相对较低，主要集中在 0.001200×10^{-3}～$0.007093\times10^{-3}\mu m^2$。鄂尔多斯盆地延安组($J_2y$)陆相泥页岩的孔渗特征较太原组—山西组过渡相泥页岩好，孔隙度为 2.70%～14.00%，平均为 4.86%，渗透率一般为 0.010132×10^{-3}～$0.037187\times10^{-3}\mu m^2$，比太原组—山西组的渗透率高一个数量级，其中鄂尔多斯盆地北部东胜地区泥页岩孔渗特征最好，最有利于页岩气的赋存、扩散及渗流。

表 3.22 鄂尔多斯盆地暗色煤系泥页岩孔隙度、渗透率统计表

煤田		勘查区	样品	地层	岩性	孔隙度/%	渗透率/$10^{-3}\mu m^2$
东缘	河东煤田	保德	K41	P_1s	灰黑色泥岩	1.00	0.007093
			K72	C_2t	黑色泥岩	1.78	0.001200
			K79	C_2t	灰黑色粉砂岩	2.65	0.002900
北部	准格尔煤田	黄玉川	M30	C_2t	灰黑色泥岩	4.70	0.003749
			M42	C_2t	碳质泥岩	3.00	0.003040
西缘	宁东煤田	马儿庄	J82	J_2y	灰黑色泥岩	2.70	0.010133
			J72	J_2y	黑色泥岩	3.10	0.020265
	陇东煤田	安家庄	A5	J_2y	灰黑色泥岩	3.00	0.010133
			A26	J_2y	黑色泥岩	3.60	0.002027
北部	东胜煤田	布尔台	B21	J_2y	灰黑色泥岩	14.00	0.037187
			B81	J_2y	灰黑色粉砂质泥岩	6.70	0.020265
			B94	J_2y	灰黑色泥岩	7.10	0.020265
南部	黄陇侏罗纪煤田	彬县	59	J_2y	灰黑色泥岩	8.60	0.020265
			77	J_2y	灰黑色泥岩	4.30	0.010132
			94	J_2y	黑色泥岩	6.60	0.030398

第五节 煤系砂岩气

煤系砂岩气是指以煤层或煤系暗色泥页岩为烃源岩，就近或经过短距离运移储存在煤系砂岩储层中的非常规天然气(曹代勇等，2014a)。由于煤系砂岩储层多为致密储层，煤系砂岩气又常被称为煤系致密砂岩气，是一种十分重要的非常规天然气，在未来 10～20 年有望成为接替常规油气资源的重要来源。截至 2014 年，致密砂岩气产量为 360 亿 m^3，约占全国天然气总产量的 27%(邹才能等，2015)。

鄂尔多斯盆地煤系砂岩气资源十分丰富，煤系烃源岩分布广泛，有机质演化成熟度高、生烃强度大、具有“广覆式”生烃特征；储集层主要为太原组障壁岛-潟湖体系沉积的砂体和山西组及煤系上覆下石盒子组的大型缓坡型辫状河三角洲沉积砂体，与烃源岩在空间上呈近邻垂向叠置；盖层巨厚，为上石盒子组厚层状泥岩。

目前伊陕斜坡的东南部和鄂尔多斯盆地的东缘为煤系砂岩气勘探开发的热点地区，已经在斜坡的东南部新发现了延长气田；在东缘临兴地区和韩城地区煤系砂岩气的勘探也取得了一定的突破。鄂尔多斯盆地西部天环拗陷煤系地层埋深较大(4000m 左右)，西缘逆冲带构造复杂，煤系砂岩气在该地区的勘探程度较浅，未发现有煤系砂岩气藏。鄂尔多斯盆地北缘和南缘煤系砂岩气勘探程度均较浅，其中石炭纪—二叠纪含煤地层埋藏较深，勘探开发难度大；侏罗纪含煤地层虽然埋深合适，但是有机质演化程度低，未达到生气高峰。鄂尔多斯盆地北缘鄂托克旗地区 EY-1 参数井，通过对太原组底部 4m 含砾粗砂岩及 1～3m 粉砂质泥岩及碳质页岩进行压裂，日产气达到 2.05 万 m^3，展现了煤系砂岩气在该地区的巨大勘探潜力(姚海鹏等，2017)。鄂尔多斯盆地南缘在彬长地区延安组煤系砂岩储层取得了浅层煤系砂岩气的突破，但气源为下部延长组的石油伴生气(王巍和马超，2016)。

一、气源分析

目前鄂尔多斯盆地致密气开采的气田主要有苏里格气田、大牛地气田、榆林气田、子洲气田、乌审旗气田、神木气田和米脂气田等大气田，开采层位为太原组、山西组和下石盒子组砂岩储层。根据这些气田天然气样品的 $\delta^{13}C_1$、$\delta^{13}C_2$ 和 $\delta^{13}C_3$ 数据(戴金星等，2012)，通过有机成因气 $\delta^{13}C_1$-$\delta^{13}C_2$-$\delta^{13}C_3$ 鉴别图版判别，发现这些天然气的成因均为煤成气，说明上述大气田的气源为石炭纪—二叠纪煤系烃源岩。

二、烃源岩特征

煤系砂岩气作为一种近源自储(或短距离运移)的非常规天然气，其气源主要由临近的煤层和暗色泥岩供给。鄂尔多斯盆地晚古生代煤系烃源岩分布广泛、厚度大、垂向上层数多且与砂体呈紧邻叠置关系，有机质演化程度高，生气强度中等，生气高峰期处于侏罗纪—早白垩世，具有“广覆式”生气特征，为晚古生代煤系砂岩的成藏提供了充足的气源。中生代延安组煤系烃源岩主要分布在鄂尔多斯盆地中西部，有机质演化程度较低，未达到生气高峰，且以显微组分中惰质组含量较高为特点，整体上生烃潜力较差，未能为延安组煤系砂岩提供充足的气源。

三、砂体发育特征

煤系砂体发育特征直接或间接控制着致密砂岩气的成藏过程，进而影响煤系致密砂岩气的勘探与开发。本书研究的层位主要为晚古生代煤系中太原组和山西组砂体，以及中生代煤系中延安组砂体。根据整个盆地的沉积层序格架特征，将太原组和山西组地层自下而上分为：太二段、太一段、山二段和山一段，将延安组作为一个整体进行研究。通过对整个盆地质勘探钻孔资料的收集统计分析，计算出各个层段的砂体累计厚度，根据内插法画出相应层段的砂体厚度等值线图，对整个盆地的砂岩展布特征取得较为清晰的认识，对于煤系致密砂岩气区块优选及煤系气共探共采具有重要的推动意义。

（一）太原组砂体

太原组为海陆交互相沉积环境，根据沉积体系域的差异将其划分为两段讨论其砂体展布特征，其下部的太二段（图 3.24）属于高位体系域沉积，上部的太一段（图 3.25）为海侵体系域沉积。

图 3.24　鄂尔多斯盆地太二段砂体厚度等值线图

太二段为局限陆表海体系，以浅水三角洲沉积和海湾-潟湖沉积为主，局部为碳酸盐岩台地，总体来说砂岩发育较少，主要集中在鄂尔多斯盆地北部。此时砂体的沉积主要受北部物源控制，主要发育在北部冲积扇沉积环境，以及西北部、东北部和东部中间的河流沉积环境，鄂尔多斯盆地中部和南部砂体不发育(图 3.24)，平均厚度为 10.65m，边缘较厚，最大厚度超过 40m，向盆地中央迅速减薄，直至尖灭，中东部零星展布一些砂体，厚度一般在 10m。

太一段属于海侵体系域，下部以浅水三角洲、障壁-潟湖和浅水碳酸盐岩台地沉积为主，上部为海湾-潟湖沉积，砂岩仅在鄂尔多斯盆地北部发育，中东部零星发育，此时物源以北部物源供给为主(图 3.25)。太一段砂体厚度介于 0～77.60m，平均厚度为 16.92m。在

图 3.25　鄂尔多斯盆地太一段砂体厚度等值线图

鄂尔多斯盆地西部乌海和石嘴山地区，砂体发育，为河流、冲积扇和洪泛平原沉积，呈扇状展布，边缘厚度大于40m，向盆地内部急剧减薄。在韦州地区，太一段砂岩十分发育，累计厚度达到70m以上，但是分布范围较小，未形成大范围展布的砂体。鄂尔多斯盆地北部砂岩主要分布在杭锦旗地区，由北部边缘向盆地呈扇形展开，厚度有40m，向盆内逐渐递减。在鄂尔多斯盆地东部，砂岩主要分布在准格尔—河曲—保德—临县一带，以河流沉积和洪泛平原沉积为主，山体呈南北向长条状展布，北厚南薄。在鄂尔多斯盆地中部，靠近东缘的陕北侏罗纪煤田，当时为三角洲前缘相和河流相沉积，砂体呈不规则椭圆状分布，厚度在10～20m。

太原组砂体分布范围较小，鄂尔多斯盆地北部太原组埋深较大，东缘和西缘分布的连续性较好，早期埋深较大，后期受构造抬升，西缘砂体埋深低于1000m，东缘砂体埋深在2000m左右。晚古生代烃源岩演化程度高，生气强度大，为致密砂岩气成藏提供了充足的气源。综合分析，鄂尔多斯盆地西缘地层抬升较高，盖层遭受构造运动破坏严重，造成气藏后期大量逸散，不利于成藏；而鄂尔多斯东缘埋深适中，气源充足，盖层保存良好，对致密砂岩气的成藏十分有利。

（二）山西组砂体

中二叠世鄂尔多斯盆地受海西构造运动的影响，山西组属于高位体系域，可以进一步细分为两个小层序组，其下部小层序组为山二段，上部层序组为山一段。鄂尔多斯盆地内山西组为陆相沉积，海水从东、西两个方向退出，古地貌和古气候发生巨大变化，全区进入以陆相为主的沉积阶段。

山二段砂体以河流相冲积沉积为主，多分布在鄂尔多斯盆地边缘（图3.26）。砂体厚度介于0～56.40m，平均厚度为23.52m。鄂尔多斯盆地东北边缘的准格尔地区和石嘴山、乌海地区山体发育较厚，最大厚度均大于50m，呈扇状向盆地内部减薄；在北部杭锦旗和鄂尔多斯地区，发育两个冲积扇，由北向南厚度逐渐减小；在东部，砂体呈长条状，厚度由向西减薄，在神木、佳县和乡宁地区，砂体向盆地边缘延伸较远，其余仅在边缘展布；在西缘，除石嘴山、乌海地区发育较厚的砂体外，王洼和韦州地区也有砂体发育。由于南部秦岭物源供给不足，北部物源影响范围有限，鄂尔多斯盆地南部砂体发育较少，仅在东南缘发育，展布范围较小，厚度在0～30m，向盆地内迅速减薄。

山一段砂体分布与山二段砂体展布规律相似，鄂尔多斯盆地北部砂体发育明显多于南部，东北缘砂体已连接成片，说明湖水进一步退却，曲流河和辫状河沉积范围进一步扩大（图3.27）。砂岩累计厚度为0～67.64m，平均厚度为20.10m。鄂尔多斯盆地北部砂体呈不规则扇形向盆地内部展布，由北向南厚度变化较平缓，一直延伸到盆地中部纳林河和榆横地区，在准格尔地区砂体厚度最大，向四周均逐渐减薄；盆地西缘砂体主要分布在乌海、石嘴山、韦州和王洼一带，向盆地内部呈扇状展布；盆地东缘，砂体在中北部呈长条状南北展布，在柳林、石楼地区呈扇状向盆地内部延伸；盆地南部砂体仅在东南边缘发育，厚度介于0～20.36m，由边缘向盆内厚度逐渐减薄。

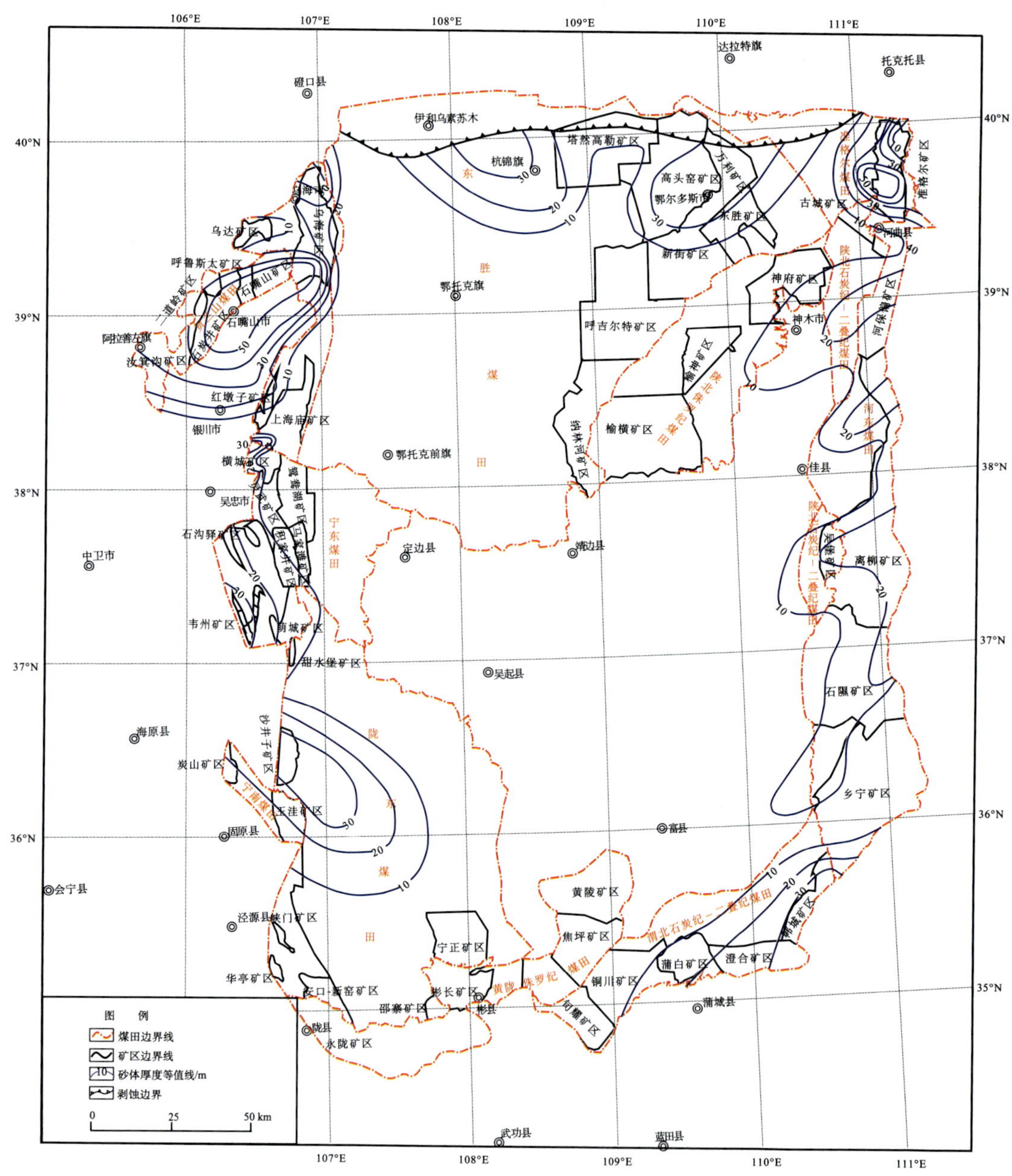

图 3.26　鄂尔多斯盆地山二段砂体厚度等值线图

山一段与山二段砂体展布也存在一定的差异。相比较山二段砂体，山一段砂体展布范围更大，除在鄂尔多斯盆地边缘发育外，中北部发育大片砂体，互相叠置。总体来说，晚古生代烃源岩演化程度高，山西组砂体气源充注充分，考虑到埋深、构造运动和砂体叠置的关系，在鄂尔多斯盆地西缘的王洼地区、东北缘和东缘的山西组砂岩储层有利于气体成藏，其中在东北缘的山一段砂体，最有利于致密砂岩气成藏。

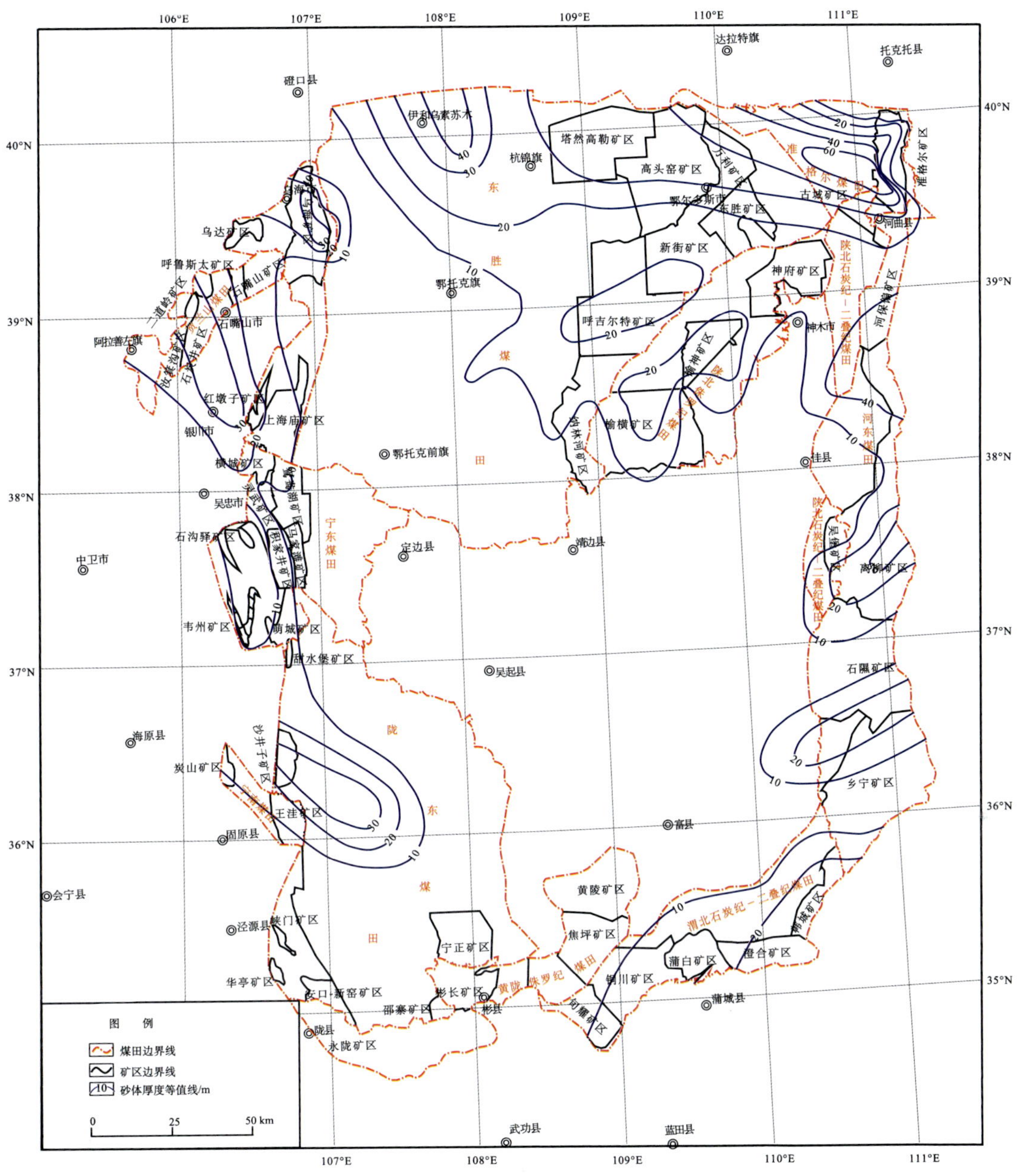

图 3.27　鄂尔多斯盆地山一段砂体等值线图

(三)延安组砂体

延安组砂体以曲流河、辫状河和三角洲相沉积为主，是在沟壑纵横、梁峁林立的丘陵古地貌上充填补齐、整体下沉、陆源物质大量补偿及气候逐渐湖沼化而来，在鄂尔多斯盆地东北、西北和西南方向上广泛发育三角洲分流河道和三角洲前缘相砂体，以及远砂坝砂体，构成了延安组重要的储集体，其累计厚度介于 18.13～229.36m，平均厚度为 117.28m。

延安组砂体主要分布在鄂尔多斯盆地的北部和中北部地区、在西南缘及西缘中部也有少量砂体展布，此外在剥蚀界线外的贺兰山汝箕沟地区还残留部分砂体(图 3.28)。在

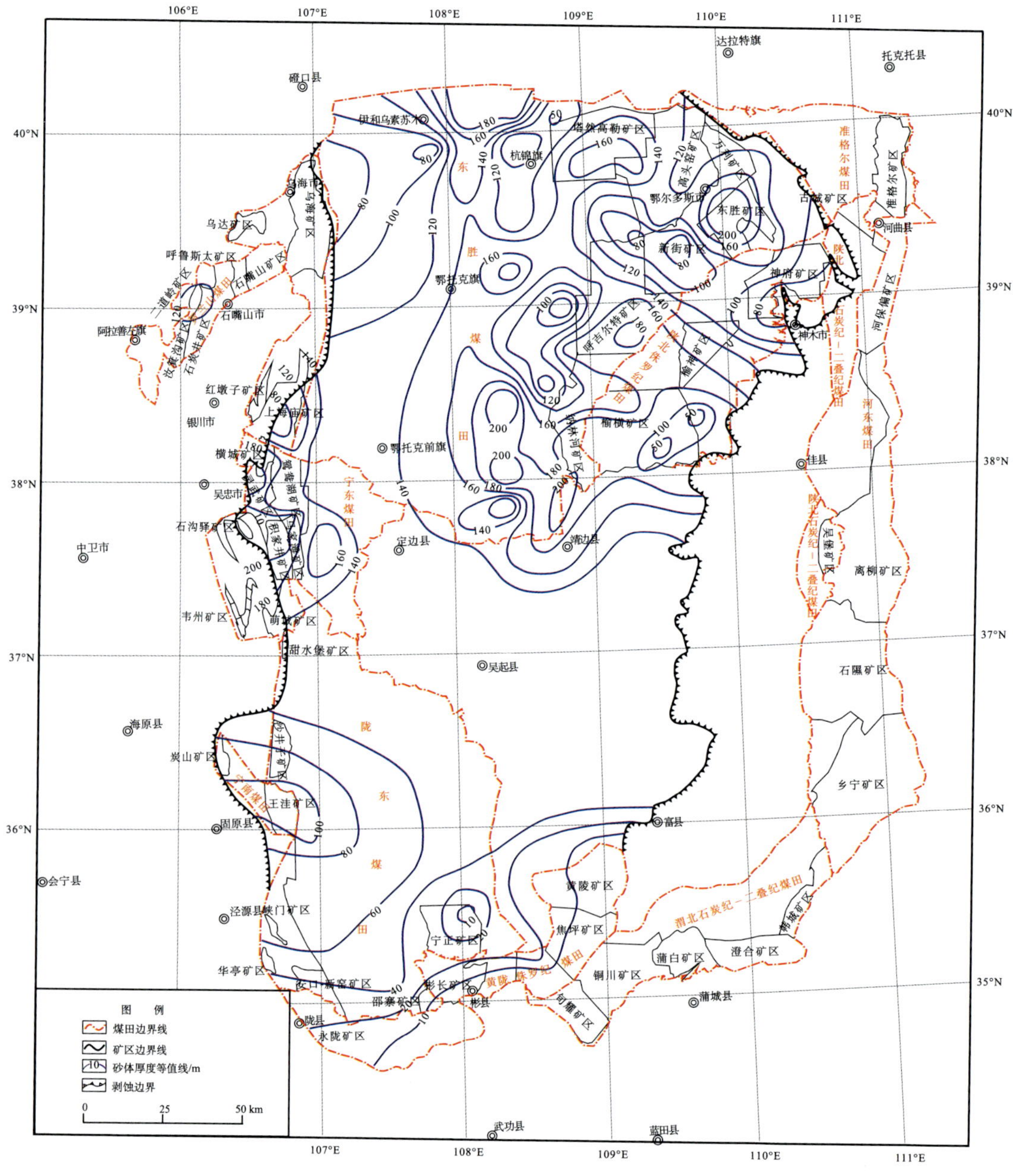

图 3.28 鄂尔多斯盆地延安组砂体厚度等值线图

鄂尔多斯盆地东北及西北，砂体由北部向南延伸到盆地中部，厚度变化剧烈，很不稳定，在西北边缘、东北边缘和靖远、纳林河地区，砂体最大厚均大于 200m，其余地区多处于 100～160m，向东南方向和西北剥蚀边界均有减薄趋势；在盆地西缘横城、灵武和积家井地区，边缘砂体厚度大于 200m，向盆内快速减薄，而在临近的上海庙地区砂体厚度在边缘较薄，向盆内逐渐增厚；在盆地西南缘的王洼地区砂体呈扇状展布，向盆内厚度急剧减薄，而在永陇、彬长和焦坪地区，砂体分布范围广泛，厚度较薄，向盆内缓慢增厚，在宁正地区，出现局部减薄现象。延安组砂岩埋深较浅，大部分埋深均低于 1500m，仅在鄂尔多斯盆地中西部埋深大于 2000m，但分布范围有限。延安组有机质演化程度较低，还未进入大规模生气阶段，气源不充足。综合分析，延安组致密砂岩气成藏条件较差，在鄂尔多斯盆地西南缘和西部天环拗陷地区存在一定的勘探价值。

四、储层物性特征

储层物性特征主要包括储集空间类型、孔隙结构特征、孔隙度和渗透率等，是制约煤系砂岩气勘探和开发的主要地质因素。鄂尔多斯盆地内晚古生代煤系致密砂岩经历了复杂的成岩作用，对储层物性改造强烈，促进储层的非均质性(牛鑫磊等，2018)，加大了有利储集空间预测的难度。查明煤系致密砂岩储层物性特征，是煤系致密砂岩气评价的基础性工作。

通过收集整个盆地煤田、油气勘探资料及前人研究成果，并基于岩心观察、常规薄片、铸体薄片、扫描电镜、常规压汞测试、高压压汞测试等测试分析手段对储层特征进行系统的物性表征，详细地研究了鄂尔多斯盆地致密砂岩物性分布特征，为煤系砂岩气有利区的预测及资源评价提供了地质支撑。本书的研究重点为鄂尔多斯盆地内埋深 2000m 以浅的煤系砂岩储层。

(一)晚古生代煤系砂岩储层

鄂尔多斯盆地晚古生代煤系砂岩储层主要发育在太原组和山西组中，本溪组地层厚度较小，仅在局部发育，非本书的研究重点。鄂尔多斯盆地内 2000m 以浅的晚古生代储层主要分布在盆地边缘和盆地东缘，为目前煤系砂岩勘探的重点地区，西缘和北缘次之。整体来说，鄂尔多斯盆地内晚古生代砂岩储层成分上具有富石英和岩屑、贫长石的特征，以石英砂岩、岩屑石英砂岩为主，物性条件较差，孔喉结构较差，储集空间以次生孔隙为主，属于典型的低孔、低渗储层。孔隙度主要分布在 10% 以下，渗透率主要分布在 $1.0\times10^{-3}\mu m^2$ 以下，其中鄂尔多斯盆地西缘与北缘的砂岩储层物性要优于东缘，但是从烃源岩展布、砂体发育、构造条件等方面综合分析，盆地东缘最具勘探潜力。

鄂尔多斯盆地西缘埋深 2000m 以浅的晚古生代煤系砂储层主要分布在韦州地区，以及其以北的贺兰山和桌子山地区，呈现南厚北薄的趋势，在韦州煤田厚度达到最大。其中太原组以石英砂岩为主，中粗粒结构，分选性好，磨圆度以浑圆状为主，孔隙类型以岩屑溶孔、粒间溶孔为主，粒间余孔及微裂隙次之；山西组以岩屑砂岩为主，中粗粒结构，分选性中等，磨圆度为次圆状至次棱角状，孔隙类型以粒间孔、溶蚀粒间孔等次生孔隙为主。研究区储层孔渗数据统计分析结果表明(肖建喜，2003)，孔隙度主要分布在4%～12%，其中孔隙度小于4%的样品占9.78%，孔隙度为4%～12%的样品占61.01%，孔隙度大于12%的样品占21.03%，渗透率主要分布在1×10^{-3}～$100\times10^{-3}\mu m^2$，占样品总数的48.23%，而渗透率大于$10\times10^{-3}\mu m^2$的样品占11.38%。

鄂尔多斯盆地北缘石炭纪—二叠纪煤系在东北缘埋深较浅，局部出露地表，向西南埋深逐渐增大，在天环拗陷附近埋深可达4000m，仅在东北缘埋深低于2000m。晚古生代煤系砂岩主要为岩屑石英砂岩、岩屑(杂)砂岩和石英(杂)砂岩类，以岩屑石英砂岩为主，大多数样品未见长石或仅见溶蚀残余长石骨架；颗粒分选以中、好为主，次圆、次棱状，多为线-凹凸接触，杂基主要为泥质，含量很高；胶结物主要为铁白云石、硅质胶结物，菱铁矿、自生黏土矿物次之，以孔隙胶结方式为主。储集空间主要有岩屑溶孔、粒间溶孔、粒间残余孔和黏土矿物晶间孔。根据2500余件煤系砂岩样品孔隙度和渗透率分析数据统计(陈安清等，2007)，鄂尔多斯盆地北缘砂岩实测孔隙度为0.05%～13.64%，平均为6.3%，孔隙度主要集中在4%～10%，分布在小于4%和10%～12%的次之；渗透率为2×10^{-3}～$26.90\times10^{-3}\mu m^2$，平均为$0.39\times10^{-3}\mu m^2$，主要分布在$1.0\times10^{-3}$～$10\times10^{-3}\mu m^2$，具有典型的低孔隙、低渗透率特征。

鄂尔多斯盆地东缘为目前煤系砂岩气勘探开发的重点区块，也是本书研究的重点地区。总体来说，东缘煤系砂岩储层物性较差，气测孔隙度范围为0.1%～17.3%，其中低于10%的占到88.84%[图3.29(a)]；水平的渗透率主要分布在0.05×10^{-3}～$50\times10^{-3}\mu m^2$，其中低于$0.1\times10^{-3}\mu m^2$占到62.54%，低于$1\times10^{-3}\mu m^2$占到90.99%[图3.29(b)]。不同地区砂岩物性存在一定的差异，整体呈现北高南低的趋势。北部保德地区太原组砂岩平均孔隙度为7.3%，个别样品孔隙度可达17.7%，平均渗透率为$8.4\times10^{-3}\mu m^2$，最高可达$56.7\times10^{-3}\mu m^2$，多数样品渗透率还是在$0.1\times10^{-3}\mu m^2$左右；山西组平均孔隙度为2.6%，平均渗透率为$0.084\times10^{-3}\mu m^2$。中部临县地区山西组平均孔隙度为1.7%，平均渗透率为$0.036\times10^{-3}\mu m^2$。南部韩城地区太原组不发育，山西组砂岩平均孔隙度2.5%，平均渗透率为$0.016\times10^{-3}\mu m^2$。

对研究区煤系砂岩的孔隙度和渗透率进行了线性拟合，结果如图3.30所示。从图中可以看出，无论太原组砂岩还是山西组砂岩，其孔隙度与渗透率之间都不存在明显的相关性，表明研究区煤系砂岩孔隙与喉道分布关系复杂，孔隙之间连通性较差，封闭的孔隙在研究区煤系砂岩中占有较高的比例，这是与常规砂岩储层孔隙结构的主要区别之一。根据压汞实验毛细管压力可得[图3.29(c)]，驱替压力、中值压力与渗透率之间无明显的相关关系，表明该砂岩样品孔喉结构复杂，是由多种喉道类型共同组成，并不是单一的喉道类型占主导。致密砂岩储层的孔喉半径介于0.073～5.337μm，平均值为1.438μm，主要集中在0.6～4.0μm，占了75.46%[图3.29(d)]。

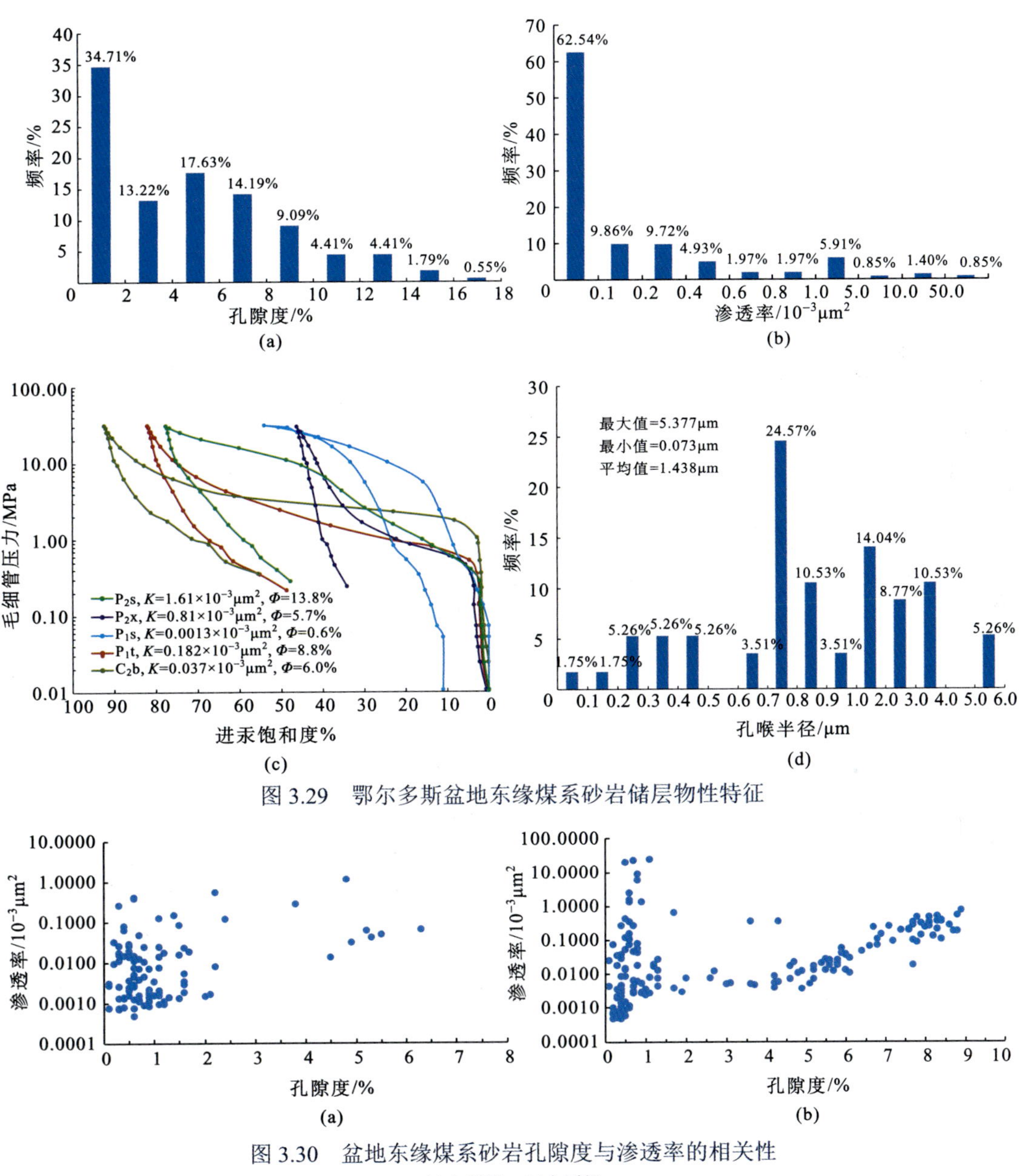

图 3.29 鄂尔多斯盆地东缘煤系砂岩储层物性特征

图 3.30 盆地东缘煤系砂岩孔隙度与渗透率的相关性

(a)山西组；(b)太原组

根据薄片鉴定结果(图 3.31)，太原组砂岩孔隙类型主要为次生孔隙和残余粒间孔，次生孔隙主要为粒内溶孔(长石、岩屑等溶蚀)、粒间溶孔(填隙物溶蚀)和黏土矿物晶间溶孔。次生孔隙占总孔隙度的 69.6%，残余粒间孔占 30.4%，其中粒间溶孔占次生孔隙的 44.8%，粒内溶孔占 12.6%，黏土矿物晶间孔占 12.2%。山西组孔隙类型全部为次生孔隙，主要有粒内溶孔(长石、岩屑等溶蚀)、粒间溶孔(填隙物溶蚀)和黏土矿物晶间孔，其中粒内溶孔占 51.4%，粒间溶孔占 28.7%，高岭石晶间孔占 19.9%。

鄂尔多斯盆地西缘和东北缘煤系砂岩储层物性要好于东缘，但是西缘砂岩展布范围有限，且构造发育，不利于煤系砂岩气成藏，东北缘煤系烃源岩 R_{omax} 值普遍低于 0.6%，演化程度低，生气强度一般，整体埋深较浅，盖层不发育，因此盆地西缘和东北缘煤系砂岩气勘探潜力较低。鄂尔多斯盆地东缘煤系砂岩砂体展布范围广，处于构造斜坡位置，地层产状平稳，倾角低于 3°；与煤系烃源岩紧密叠置，且烃源岩演化程度高，气源充足；盖层巨厚，主要为上石盒子组厚层状泥岩。综合分析，鄂尔多斯盆地东缘有利于煤系砂岩气的成藏，勘探潜力巨大。

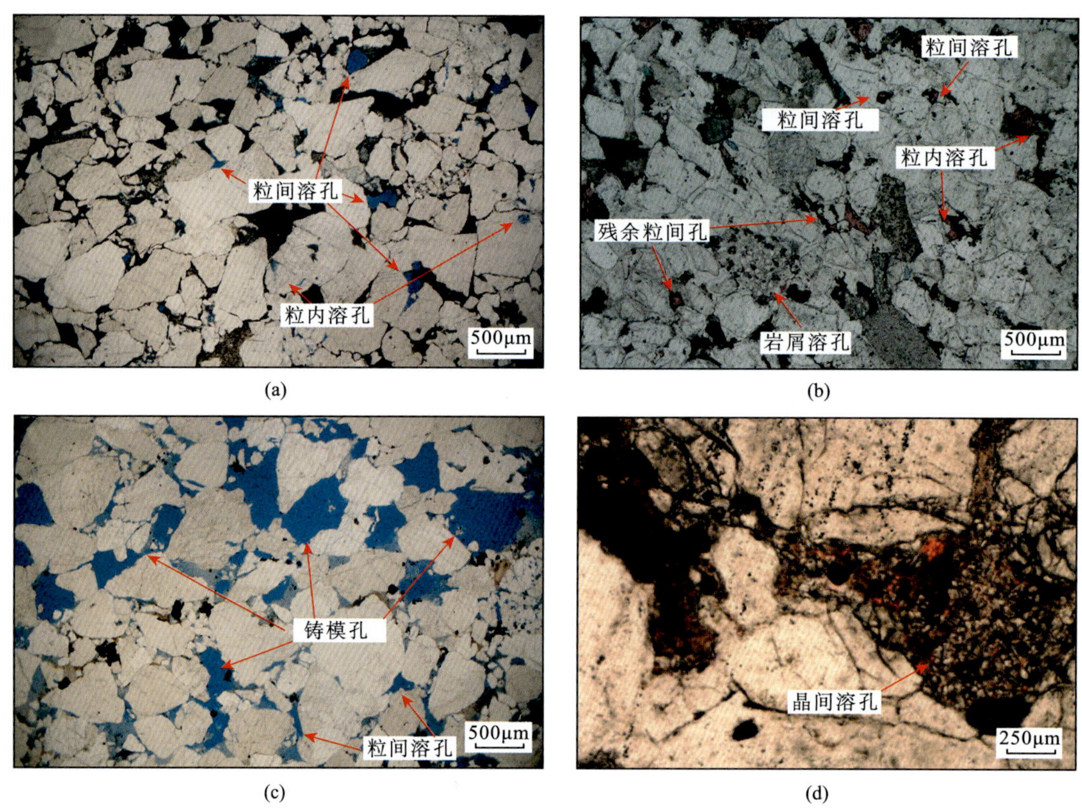

图 3.31　鄂尔多斯盆地东缘煤系砂岩储层主要孔隙类型

(二)延安组砂岩储层

延安组砂岩主要分布在鄂尔多斯盆地中西部，整体埋深较浅，由东北向西南埋深逐渐增大。砂岩储层岩性以岩屑石英砂岩为主，含少量长石岩屑砂岩和岩屑砂岩，以中粗粒和细粒结构为主，储集空间主要为粒间孔和粒内溶孔，孔隙度在 8%～20%(平均值为 12.87%)，渗透率在 0.05×10^{-3}～$434\times10^{-3}\mu m^2$(平均值为 $60.08\times10^{-3}\mu m^2$)，储层物性较好，但是由于延安组煤系烃源岩演化程度低，还未达到生烃高峰，没有充足气源供给，整体上延安组煤系砂岩气勘探潜力较低。从烃源岩演化程度和储层埋深角度分析，在鄂尔多斯盆地西缘和南部最有可能形成煤系砂岩气藏。

鄂尔多斯盆地西缘延安组储层在积家井地区最为发育，累计砂岩的平均厚度在150～250m，最大厚度可达424.66m，且煤层的顶底板多为细砂岩和粉砂岩。

煤层顶底板粉砂岩和细砂岩的压汞实验结果如图 3.32 所示。粉砂岩的排驱压力为0.22MPa，中值压力为31.55MPa，中值半径为0.023μm，退汞效率为23.60%；毛细管压力曲线表明粉砂岩样品大孔、中孔和小孔均较发育，微孔几乎不发育。细砂岩排驱压力

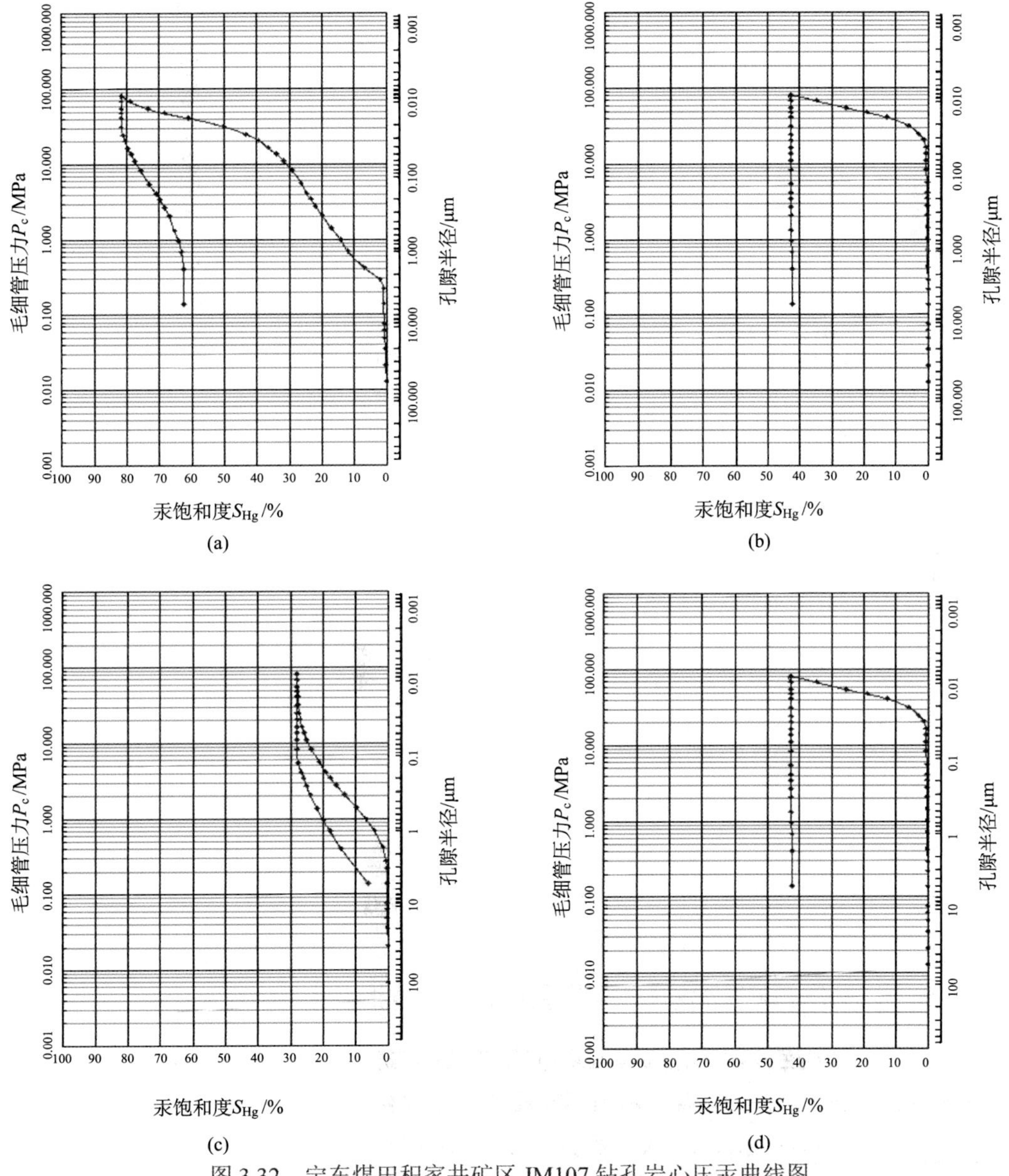

图 3.32　宁东煤田积家井矿区 JM107 钻孔岩心压汞曲线图

(a) J33 粉砂岩(840.3m)；(b) J49 粉砂岩(880.5m)；(c) J65 细砂岩(931m)；(d) J66 细砂岩(933m)

为0.28MPa，中值压力为2.27MPa，中值半径为0.325μm，退汞效率为35.16%；毛细管压力曲线表明细砂岩以发育中孔和小孔为主，大孔发育很少，微孔不发育。根据以上钻孔岩心样的毛细管压力曲线可知侏罗纪煤系的砂岩层段孔隙发育程度较好，且退汞效率高，孔隙连通性较好，且砂岩发育层段邻近层段发育较好的煤层及泥页岩层，因此有利于煤系砂岩气的储集及开采。

鄂尔多斯盆地南缘延安组仅在彬长矿区取得砂岩气的突破。该地区储层岩性主要为细-中粒岩屑砂岩，碎屑组分中石英含量为48%～59%，长石含量为2%～11%，岩屑含量为31%～46%；填隙物以泥质杂基为主，其次为白云石、自生高岭石和黏土矿物等。砂岩的分选中等，磨圆以次圆为主，颗粒支撑，点-线接触，胶结类型以孔隙式胶结为主。根据岩心实测物性资料(王巍和马超，2016)，延安组储层孔隙度为10.9%～15.1%，渗透率为0.84×10^{-3}～$5.67\times10^{-3}\mu m^2$，属于低孔低渗-低孔特低渗储层。延安组煤系烃源岩演化程度低，未进入生气高峰，砂岩储层厚度大，物性条件好，盖层为河漫滩沼泽相的厚层状泥岩。研究区煤系砂岩气的储盖组合条件较好，有利于砂岩气的聚集保存，但是烃源岩成熟度较低，生烃潜力差，因此整体上延安组储层砂岩气勘探潜力较小。

第六节　煤中金属元素矿产

一、煤中微量元素的富集特征

在进行富集系数计算时，Be、V、Cr、Co、Ni、Cu、Zn、Ga、Ge、Mo、Cd、Sb、Tl、Pb、Th、U、In元素的中国煤均值参考《煤的微量元素地球化学》(任德贻等，2006)，Li、Sc、Rb、Sr、Cs、Ba、W、Bi元素的中国煤均值参考《中国煤中微量元素》(唐修义和黄文辉，2004)，世界煤均值参考Ketris和Yudovich(2009)的统计值。同时，采用Dai等(2012)提出的煤中微量元素含量水平的指标进行研究，即富集系数(concentration coefficient，CC=煤中微量元素含量/世界煤中微量元素含量)。

研究发现，与中国煤、世界煤均值相比，总体上鄂尔多斯盆地石炭纪—二叠纪煤中Li、Ga、REY、煤灰中Al_2O_3属于轻度富集或富集状态(CC>2)，其他元素处于正常或亏损状态，侏罗纪煤中元素绝大部分处于正常或亏损状态。由于不同地区受物源、沉积环境、地下水及后期构造-热作用影响程度不同，鄂尔多斯盆地不同部位的富集特征也有差异。

(一)鄂尔多斯盆地西缘

从图3.33中可以看出，与中国煤微量元素含量均值相比，鄂尔多斯盆地西缘石炭纪—二叠纪煤中Li元素为富集状态，Tl、Sc、W、Rb元素属轻度富集。与世界煤中微量元素含量均值相比，Li元素为富集状态，Cs、In、Sc、Ga、Th、Pb、W、U元素属轻度富集，其中Ga元素最高含量为40μg/g，已超过工业品位(30μg/g)。

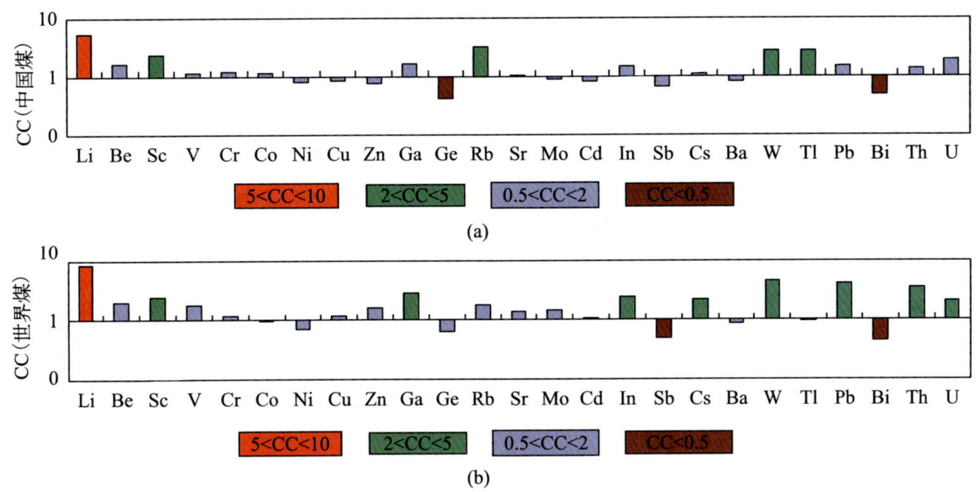

图 3.33　鄂尔多斯盆地西缘石炭纪—二叠纪煤中微量元素富集系数柱状图

与中国煤中微量元素含量均值相比，鄂尔多斯盆地西缘侏罗纪煤中 Li、Sr、Rb、Ga、W 元素属轻度富集；与世界煤中微量元素含量均值相比，W 元素属富集状态，其余元素均处于正常或亏损状态(图 3.34)。

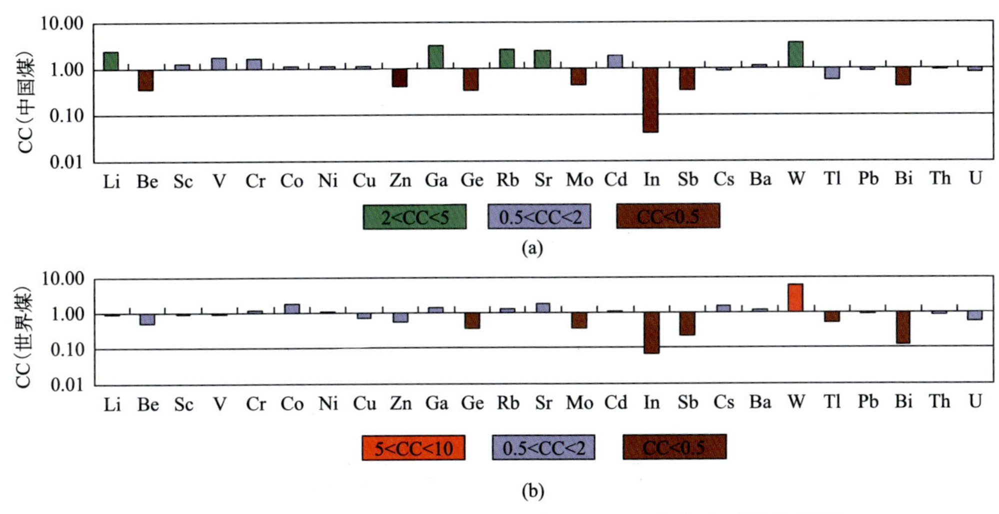

图 3. 34　鄂尔多斯盆地西缘侏罗纪煤中微量元素富集系数柱状图

(二)鄂尔多斯盆地北部

与中国煤中微量元素含量均值相比，鄂尔多斯盆地北部石炭纪—二叠纪煤中 Li、Sr 元素属轻度富集，其他元素均为正常或亏损状态；与世界煤中微量元素含量均值相比，Li 元素为富集状态，Sr、Ga、Th、Pb 元素属轻度富集(图 3.35)。

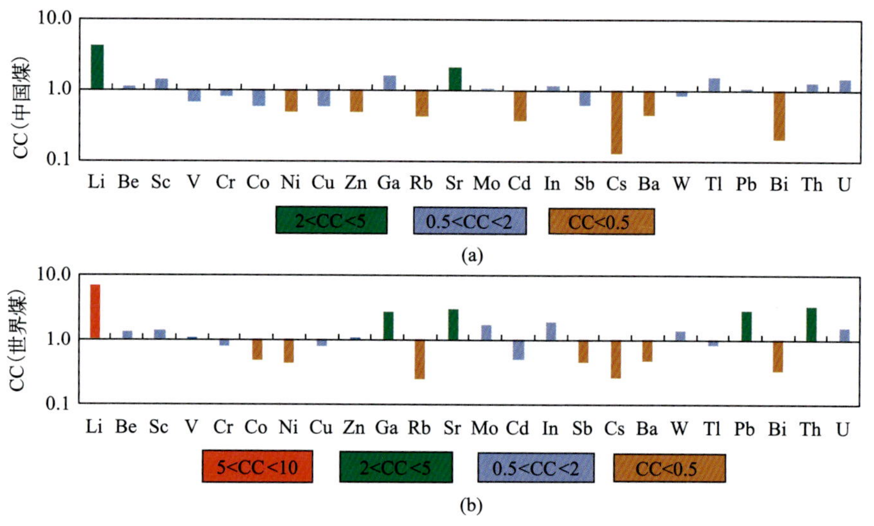

图 3.35　鄂尔多斯盆地北部石炭纪—二叠纪煤中微量元素富集系数柱状图

与中国煤中微量元素含量均值相比，鄂尔多斯盆地北部侏罗纪煤中 Li、Ga、Sr 为轻度富集，其他元素属正常或亏损状态；与世界煤中微量元素含量均值相比，Sr 元素属轻度富集(图 3.36)。

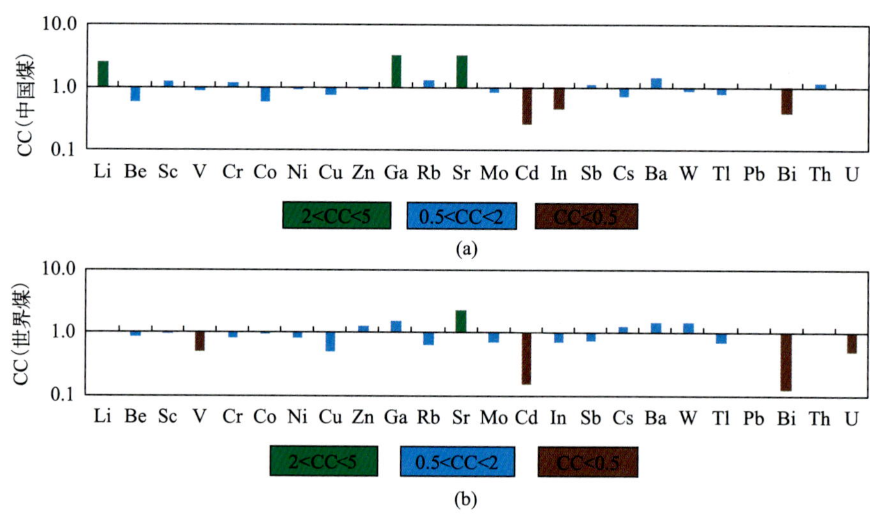

图 3.36　鄂尔多斯盆地北部侏罗纪煤中微量元素富集系数柱状图

(三) 鄂尔多斯盆地南部

鄂尔多斯盆地南部煤中微量元素与中国煤中微量元素含量均值相比，石炭纪—二叠纪煤系东坡煤矿 5^{-2} 煤 W 元素为异常富集状态(10<CC<100)，Li、Bi、Co、In、Pb、Zn 元素属轻度富集(2<CC<5)，Cd 元素处于亏损状态，其他元素为正常状态。与世界煤中微量元素含量均值相比，东坡煤矿 5^{-2} 煤 W 元素为异常富集状态(10<CC<100)，Ga、Li、

Ta、Be、U、Sr 元素属轻度富集(2<CC<5)，V、Cu、Sb、Ba、Cd、Bi、Cs、Tl、Rb 处于亏损状态，其他元素为正常状态(图 3.37)。

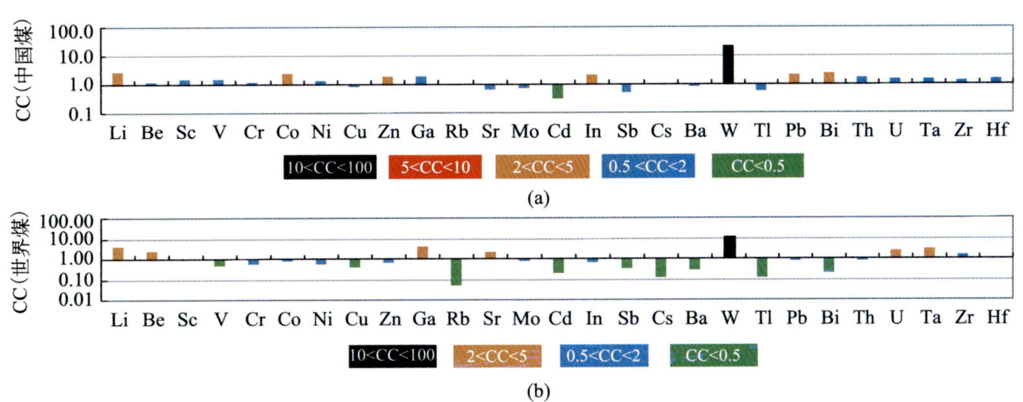

图 3.37　鄂尔多斯盆地南部东坡煤矿石炭纪—二叠纪煤中微量元素富集系数柱状图

鄂尔多斯盆地西南部黄陇侏罗纪煤田煤中微量元素与我国煤中微量元素含量均值相比，仅 Ba 元素处于富集状态，Cr、Sr、Co、Sc、Th、Cu、Ni 元素处于正常状态，其余元素均处于亏损状态；与世界煤中微量元素含量均值相比，除 Sr、Cr、Th、Co、Sc、Ba、Li、Cu、Zn、W、Y、La、Yb、Er、Ce、Tb 元素处于正常状态外(0.5<CC<2)，其他元素均处于亏损状态(图 3.38)。赵存良(2015)研究发现黄陵矿区 2 号煤中 Ba(CC=38)处于高度富集状态，Eu 元素(CC=6.7)处于富集状态，Sr 元素(CC=2.4)处于轻度富集状态。这表明黄陇侏罗纪煤田除黄陵矿区 Ba、Eu、Sr 元素为高度富集-轻度富集外，焦坪矿区、彬长矿区、旬耀矿区及永陇矿区煤中微量元素和稀土元素大部分处于正常或亏损状态。

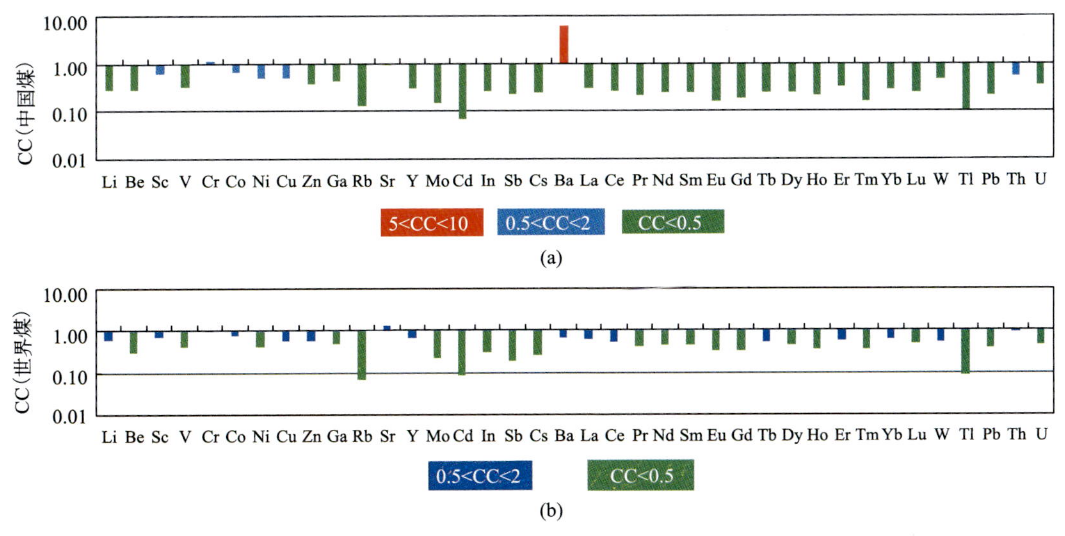

图 3.38　黄陇侏罗纪煤田煤中微量元素富集系数柱状图

(四)鄂尔多斯盆地东缘

与世界煤中微量元素含量均值相比，鄂尔多斯盆地东缘石炭纪—二叠纪 8 号煤中 Hf 元素为高度富集，Zr 和 W 元素属富集，Nb、Pb、Th、Li、In、Y、Er、Tb、Yb、V、Mo、Ga、Sc、Dy 为轻度富集，其余元素则属于正常或亏损状态(图 3.39)。

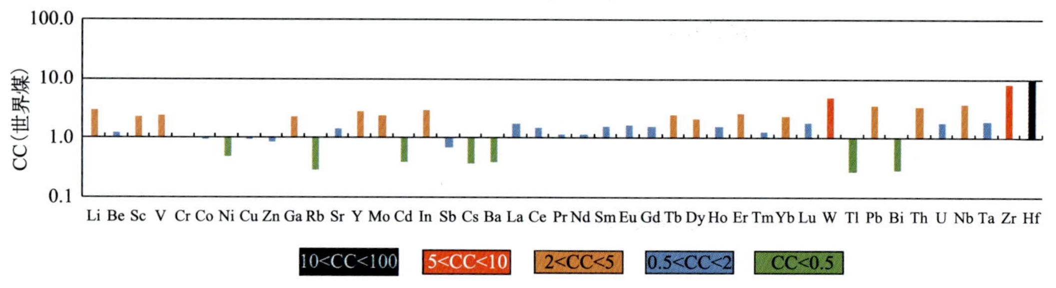

图 3.39　鄂尔多斯盆地东缘 8 号煤中微量元素富集系数柱状图

与 8 号煤相比，鄂尔多斯盆地东部石炭纪—二叠纪 11 号煤中大部分元素属于正常状态，只有 Zn(CC=34.22)和 Cd(CC=18.21)属于高度富集，Pb(CC=4.58)、Cr(CC=2.21)、Li(CC=2.34)属于轻度富集(图 3.40)。

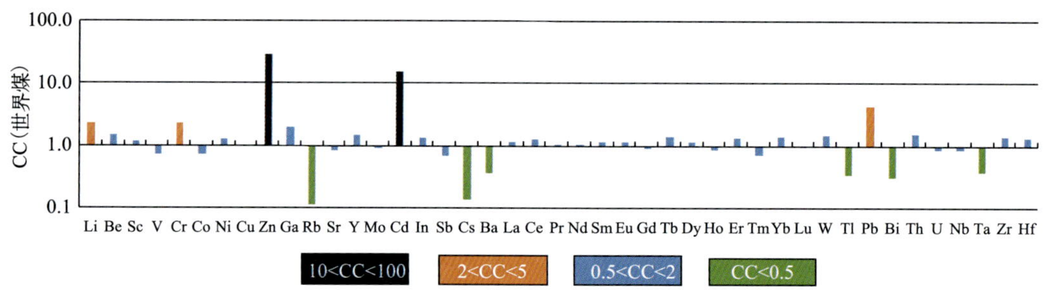

图 3.40　鄂尔多斯盆地东部石炭纪—二叠纪 11 号煤中微量元素富集系数柱状图

二、煤中金属元素的平面展布特征

平面上，由于不同的物源供给，鄂尔多斯盆地煤中 Li、Ga、REY 及煤灰中 Al_2O_3 呈北高南低的总体趋势，且主要富集于盆地周缘地带。

(一)煤灰中 Al_2O_3

鄂尔多斯盆地煤灰中 Al_2O_3 总体呈现东北高、西南低的周缘富集的展布特征(图 3.41)，盆地东北部准格尔煤田、河东煤田中部，盆地南部渭北石炭纪—二叠纪煤田及盆地西缘贺兰山煤田石炭井、沙巴台矿区、宁东煤田红墩子矿区含量较高，均达到边界品位，而在东胜煤田、宁东煤田、宁南煤田、陇东煤田、贺兰山煤田汝箕沟矿区及黄陇侏罗纪煤田等侏罗纪煤灰中 Al_2O_3 含量总体偏低，均未达到边界品位。

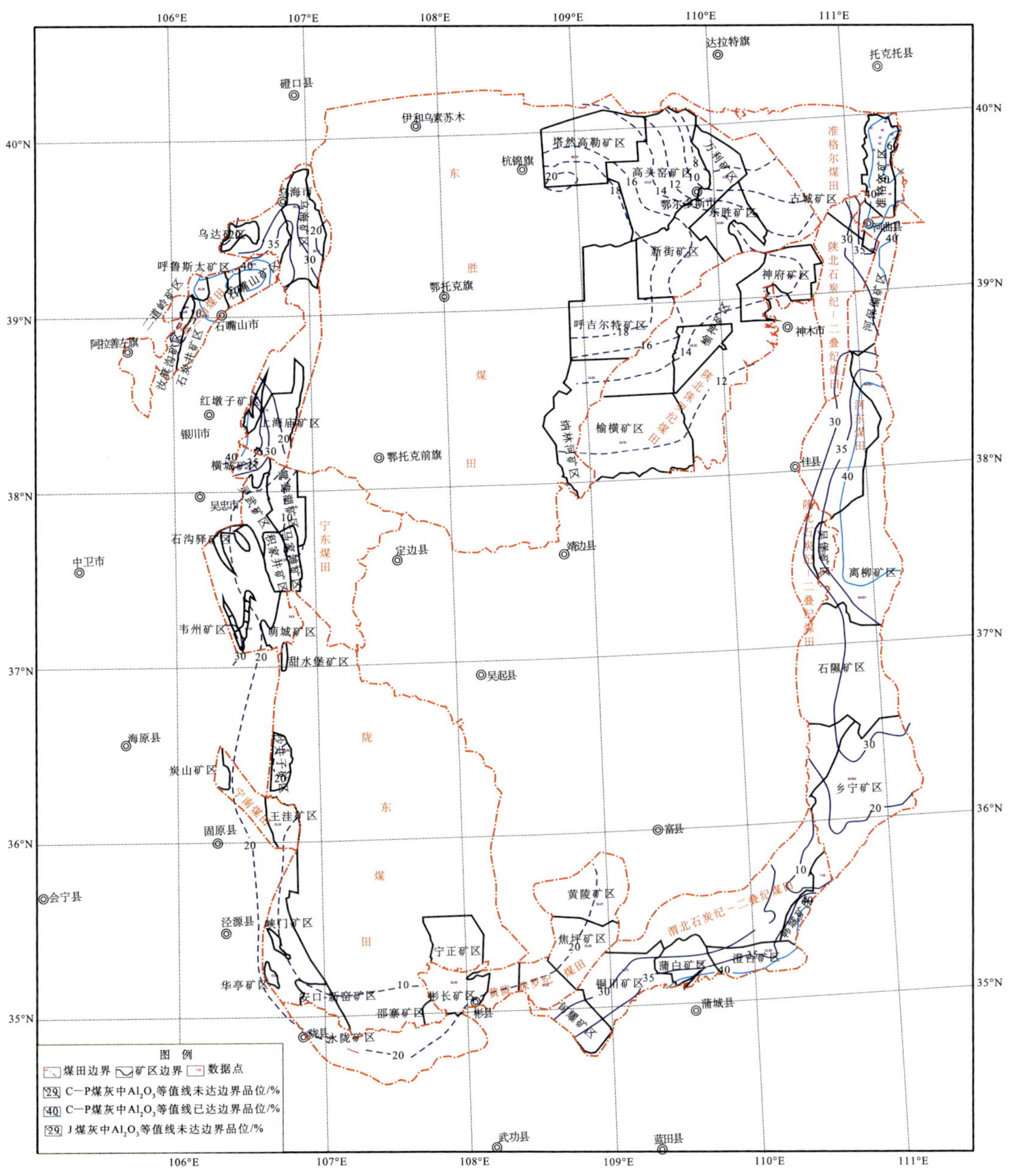

图 3.41　鄂尔多斯盆地煤灰中 Al_2O_3 含量等值线图

(二)煤中 Ga 元素

鄂尔多斯盆地煤中 Ga 元素总体上呈现出北高南低的趋势，在准格尔煤田、宁东煤田红墩子矿区含量最高，达到边界品位，桌子山煤田、贺兰山煤田、渭北石炭纪—二叠纪煤田含量较高，接近边界品位，与煤灰中 Al_2O_3 分布态势相似，煤中 Ga 元素含量在东胜煤田、黄陇侏罗纪煤田含量急剧下降(图 3.42)。

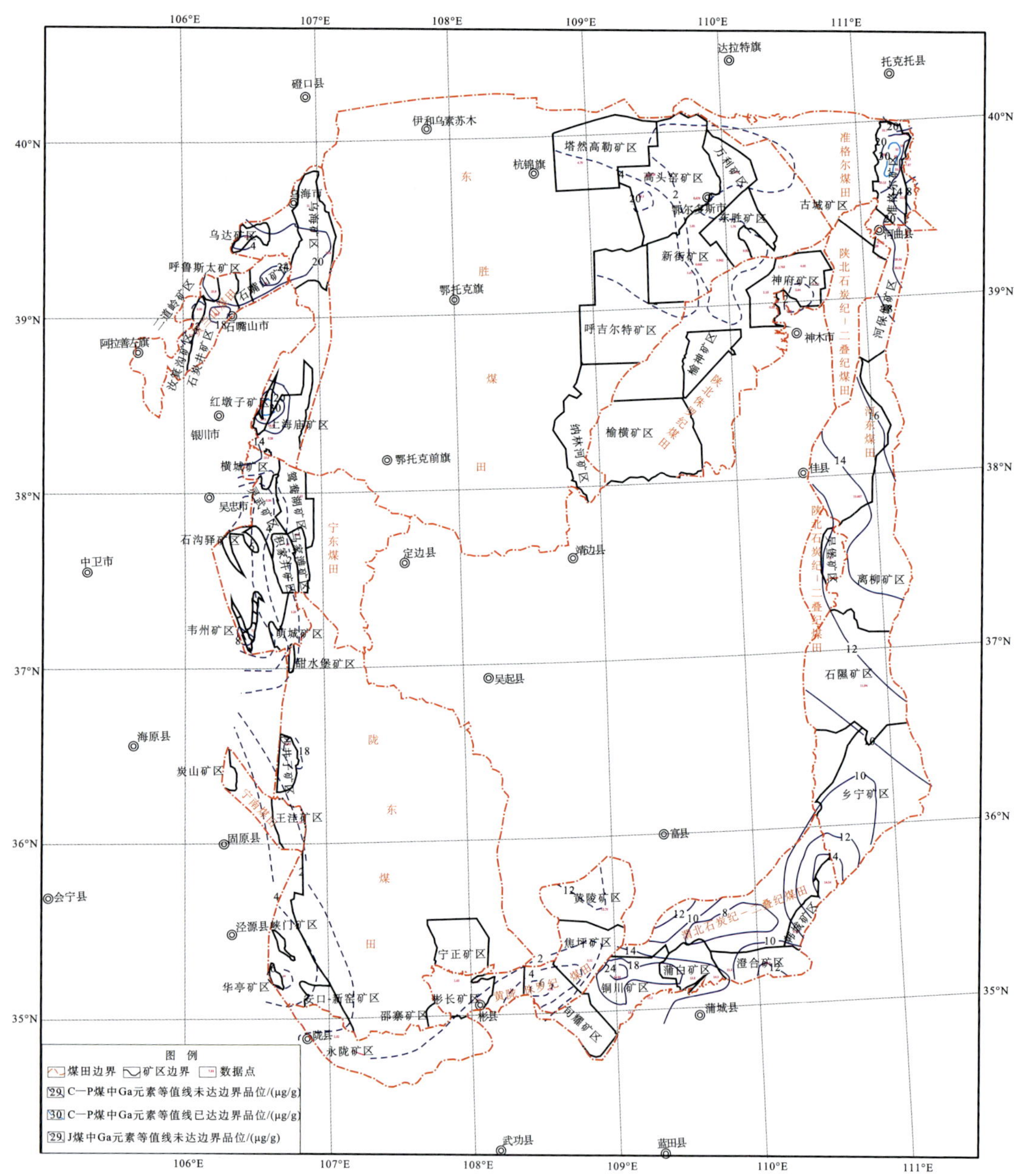

图 3.42　鄂尔多斯盆地煤中 Ga 元素含量等值线图

(三)煤中 Li 元素

鄂尔多斯盆地煤中 Li 元素含量的分布特征与煤灰中 Al_2O_3 的展布情况相似，也在准格尔煤田、贺兰山煤田石炭井矿区、沙巴台矿区及渭北石炭纪—二叠纪煤田出现富集，达到边界品位，而在东胜煤田、黄陇侏罗纪煤田、宁南煤田、陇东煤田等侏罗纪煤系中含量较低，均未达到边界品位，总体呈现出北高南低的周缘聚集的趋势(图 3.43)。

图 3.43 鄂尔多斯盆地煤中 Li 元素含量等值线图

(四) REY

鄂尔多斯盆地煤中 REY 含量总体呈现出北高南低的展布趋势，在发育石炭纪—二叠纪煤系的煤田中 REY 含量较高，而在以发育侏罗纪煤系为主的煤田中 REY 含量急剧降低，同是在以石炭纪—二叠纪煤系为主的煤田中，煤中 REY 含量的分布也有差别。在准格尔煤田、桌子山煤田、宁东煤田及贺兰山煤田石炭井、沙巴台矿区煤中 REY 含量较高，在宁东煤田鸳鸯湖矿区和红墩子矿区含量高达 313.21μg/g，而在鄂尔多斯盆地南部渭北石炭纪—二叠纪煤田中，REY 含量相对降低，最高值为 180μg/g 左右(图 3.44)。

图 3.44 鄂尔多斯盆地煤中 REY 含量等值线图

三、煤层及顶底板中金属元素的垂向分布特征

(一)不同煤系煤中金属元素的垂向分布特征

垂向上，鄂尔多斯盆地石炭纪—二叠纪煤中 Ga 元素含量较侏罗纪煤中 Ga 元素含量明显增高，前者含量范围为 0.731～45μg/g，均值为 15.9μg /g；后者含量在 0.403～20.3μg/g，均值为 2.67μg/g。频率分布显示(图 3.45)，石炭纪—二叠纪煤中 Ga 元素含量在 5～10μg/g 的分布最多，频率达 46%，在 10～15μg/g 的分布次之，频率为 18%，在 0～5μg/g、20～25μg/g、25～30μg/g 及 40～45μg/g 的分布频率均为 9%。侏罗纪煤中 Ga 元素含量 96%均分布在 0～5μg/g，只有 4%的 Ga 元素含量落在 20～25μg/g。

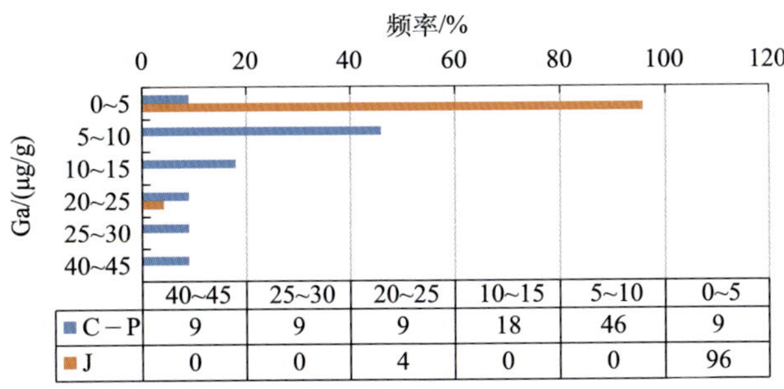

	40~45	25~30	20~25	10~15	5~10	0~5
C－P	9	9	9	18	46	9
J	0	0	4	0	0	96

图 3.45　石炭纪—二叠纪与侏罗纪煤中 Ga 含量频率分布图

石炭纪—二叠纪煤中 Li 元素含量较侏罗纪煤中 Li 元素含量明显偏高，前者煤中 Li 元素含量范围为 2.42～264μg/g，均值为 97.56μg/g；后者煤中 Li 元素含量在 1.06～72.4μg/g，均值为 7.44μg/g(图 3.46)。

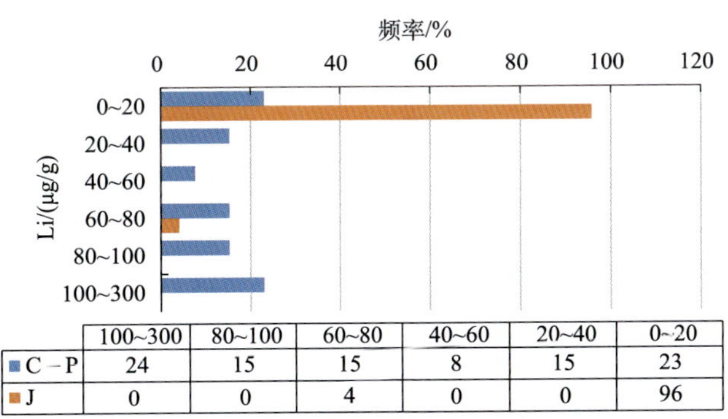

	100~300	80~100	60~80	40~60	20~40	0~20
C－P	24	15	15	8	15	23
J	0	0	4	0	0	96

图 3.46　石炭纪—二叠纪与侏罗纪煤中 Li 含量频率分布图

石炭纪—二叠纪煤中 REY 含量较侏罗纪煤中 REY 含量明显偏高，前者煤中 REY 含量范围为 11.816～255μg/g，均值为 136.9μg/g；后者煤中 REY 含量在 6.192～152.032μg/g，均值为 28.849μg/g(图 3.47)。

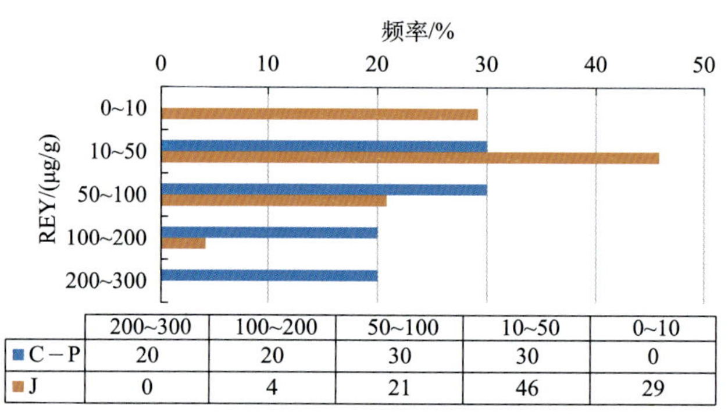

	200~300	100~200	50~100	10~50	0~10
C－P	20	20	30	30	0
J	0	4	21	46	29

图 3.47　石炭纪—二叠纪与侏罗纪煤中 REY 含量频率分布图

(二)煤层及顶底板中金属元素的含量分布规律

在以上研究石炭纪—二叠纪与侏罗纪煤中金属元素分布规律的基础上，为进一步研究鄂尔多斯盆地石炭纪—二叠纪山西组和太原组煤系中金属元素的垂向变化规律，同时充分考虑样品采集的代表性，本节选取鄂尔多斯盆地东部保德地区 K3 钻孔进行详细分析。

1. 常量元素

为更好地研究煤系中 Al_2O_3 的变化规律，也对 Na_2O、TiO_2、P_2O_5、SiO_2、K_2O 等其他常量元素一并进行了研究。通过对比分析以上常量元素在垂向上的变化规律，可划分为以下 5 种类型。

类型 1：包含 Na_2O，呈现锯齿状分布，不论是在山西组还是太原组，均表现为在煤层中明显富集，但在顶底板中含量相对较低的情形(图 3.48)。

类型 2：包含 Al_2O_3 和 TiO_2，这些元素的最高值均出现在山西组。另外，除了 K3-8-4 样品外，表现为明显的在顶底板中含量高于煤中的趋势(图 3.48)。

类型 3：包含 P_2O_5、SiO_2、K_2O，除了这些元素的最高值均出现在太原组外，其他特征与类型 2 相似，均表现为顶底板中的含量高于煤中的趋势(图 3.48，图 3.49)。

类型 4：包含 CaO 和 MnO，这些元素在山西组的含量远远低于太原组的含量。在山西组，这些元素在煤层中含量较高，而在顶底板中含量相对较低。而在太原组，从上到下，表现为先在顶底板中富集，而后在煤层中富集的趋势(图 3.49)。

类型 5：包含 Fe_2O_3、FeO、MgO，这些元素在山西组中的含量低于在太原组中的含量，这与类型 4 有一定的相似性。但是这些元素分别在太原组和山西组的变化无明显规律性(图 3.49)。

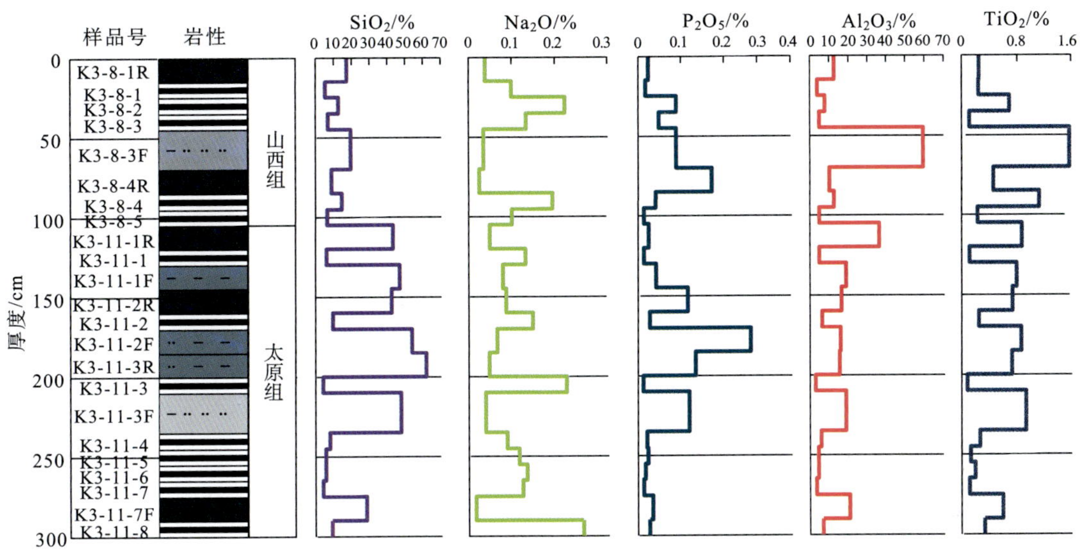

图 3.48　鄂尔多斯盆地保德地区 K3 钻孔 SiO_2、Na_2O、P_2O_5、Al_2O_3、TiO_2 的垂向变化特征

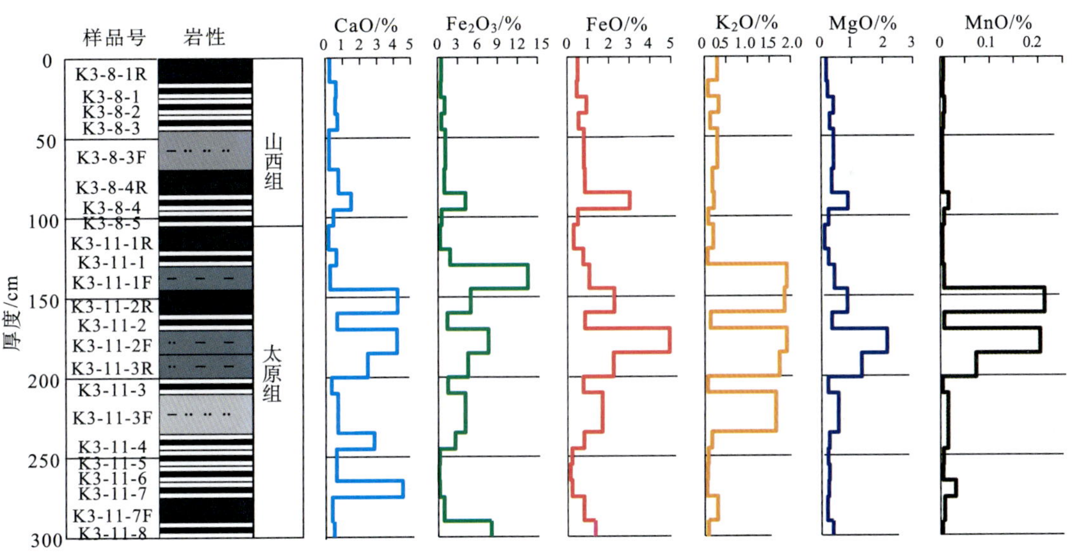

图 3.49　鄂尔多斯盆地保德地区 K3 钻孔 CaO、Fe_2O_3、FeO、K_2O、MgO、MnO 的垂向变化特征

2. 微量元素

对煤层、顶底板中微量元素的垂向分布进行对比分析，将微量元素划分为两个大类，又将第二大类划分为 4 个小类，如下所述。

类型 1：包含 Cd、Zn、Cr，均表现为在山西组中的含量小于在太原组中的含量，最高值均出现在煤中(图 3.50)。

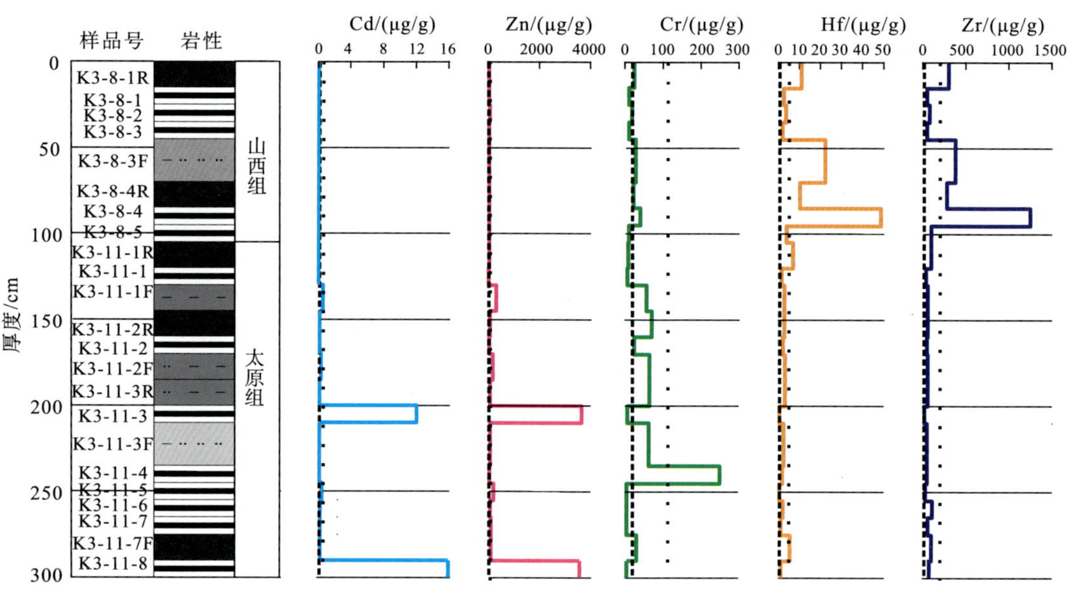

图 3.50　鄂尔多斯盆地保德地区 K3 钻孔煤及顶底板中 Cd、Zn、Cr、Hf、Zr 元素的垂向变化特征

图中稀松的虚线代表世界泥岩中含量均值；更密集的虚线代表世界煤中相应含量均值

类型 2：此类型均表现为在山西组的含量大于在太原组的含量，根据垂向上煤层及顶底板中元素的变化规律，可以进一步分为 4 个亚类。

亚类 1：包含 W、Ga 元素，这些元素在煤层中的含量均小于在煤层直接顶底板中的含量(图 3.51)。

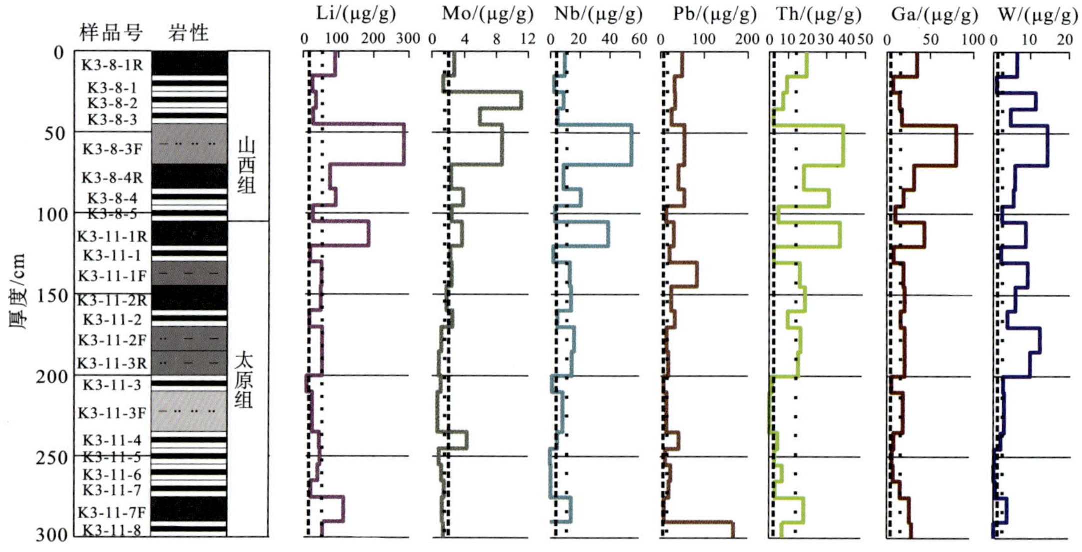

图 3.51　鄂尔多斯盆地保德地区 K3 钻孔煤及顶底板中 Li、Mo、Nb、Pb、Th、Ga、W 的垂向变化特征

图中稀松的虚线代表世界泥岩中含量均值；更密集的虚线代表世界煤中相应含量均值

亚类 2：包含 Nb、Zr、V、Hf，这些元素除了 K3-8-3 样品外，均表现出与亚类 1 相似的性质，即在煤层中的含量均小于在煤层直接顶底板中的含量(图 3.50～图 3.52)。

亚类 3：包含 Tb、Sc、Th、Li 元素，这些元素虽然均表现为在山西组中的含量大于在太原组元素含量的特征，但是在山西组和太原组却表现出不同的特征。在山西组，除 K3-8-3 样品外，表现为在煤中的含量小于在顶底板中的含量；在太原组，在 K3-11-4 样品处出现异常，表现为在煤中的含量大于在直接顶板中的含量，在其余样品处均表现为在煤中的含量小于在煤层直接顶底板中的含量的特征(图 3.51，图 3.52)。

亚类 4：包含 Dy、Er、Y、Yb、Mo 元素，这些元素除均表现出山西组中的含量明显大于在太原组中的含量的特征外，在煤层与顶底板之间并未表现出明显的规律(图 3.51，图 3.52)。

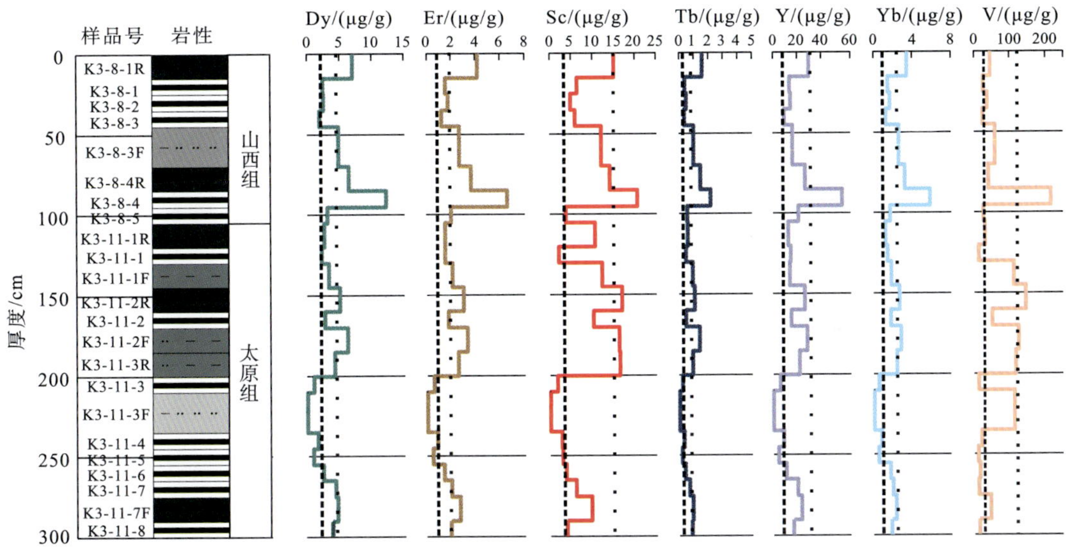

图 3.52　鄂尔多斯盆地保德地区 K3 钻孔煤及顶底板中 Dy、Er、Sc、Tb、Y、Yb、V 的垂向变化特征

图中稀松的虚线代表世界泥岩中含量均值；更密集的虚线代表世界煤中相应含量均值

四、煤层及顶底板中微量元素的赋存特征研究

元素的赋存状态对研究煤中微量元素的来源至关重要。通过研究煤层及顶底板中微量元素与矿物的相关性、微量元素之间的相关性及微量元素与煤岩显微组分和 TOC 的相关性这 3 个层次，结合光学显微镜、XRD、带能谱的扫描电镜(SEM-EDX)、统计分析软件 SPSS 等测试分析方法，对煤中微量元素的赋存状态进行了研究。

(一)矿物学研究

矿物作为煤中微量元素的载体，其分布、类型在一定程度上影响着煤中微量元素的赋存状态，据有关学者研究它们具有一定的成因联系。通过光学显微镜、XRD 及

SEM-EDX，观察了煤样及其顶底板夹矸中矿物分布赋存特征，研究发现煤样及其顶底板中的主要矿物种类有黏土矿物、碳酸盐矿物、硫化物矿物及氧化物矿物(图 3.53，表 3.23)。

常见的黏土矿物有高岭石、伊利石、蒙脱石和绿泥石等。高岭石是风化作用的产物，由长石、云母等碳酸盐矿物在 CO_2 溶液作用下天然蚀变而成，或在低温热液中形成，是陆源沉积的标志，以灰色或灰黑色为主，在扫描电镜下高岭石呈六边形，分布形态有片状[图 3.53(a)]、堆叠状[图 3.53(c)]、条带状[图 3.53(b)]、细胞充填状[图 3.53(d)]，主要为同生黏土矿物。除高岭石外，还有鳞片状伊利石[图 3.53(e)、(f)]及纤维状伊利石[图 3.53(h)]，鳞片状蒙脱石[图 3.53(g)]和绿泥石[图 3.53(m)]。

黄铁矿是煤中常见的硫化物矿物，一般出现在海相沉积环境中。研究区煤及顶底板中主要观测到了五角十二面体黄铁矿[图 3.53(i)]、莓球状黄铁矿[图 3.53(k)]及细胞充填状黄铁矿，充填于丝质体中[图 3.53(l)]，以上黄铁矿主要受控于沉积环境和成岩作用，为同生作用形成。

方解石是典型的后生矿物，其形成需要充足的 CO_2 及弱碱性环境。研究区灰黑色泥质粉砂岩中观测到了板状方解石[图 3.53(j)]。方解石具有多种成因，海水、岩浆等作用都会形成方解石。

通过 SEM-EDX 研究发现，研究区煤中微量元素可能以有机质缔合赋存于煤中，如煤中 Rb[图 3.53(n)]及 Pt、Nb[图 3.53(o)]、Ga[图 3.53(p)]等。有机质在煤中的形态很多种，如有分散有机质[图 3.53(n)]、长方体状有机质[图 3.53(o)]等。

通过 XRD 半定量研究发现，顶底板中矿物多数以黏土矿物为主，石英次之，部分样品中含有少量钾长石、白云石及菱铁矿等(表 3.23)。

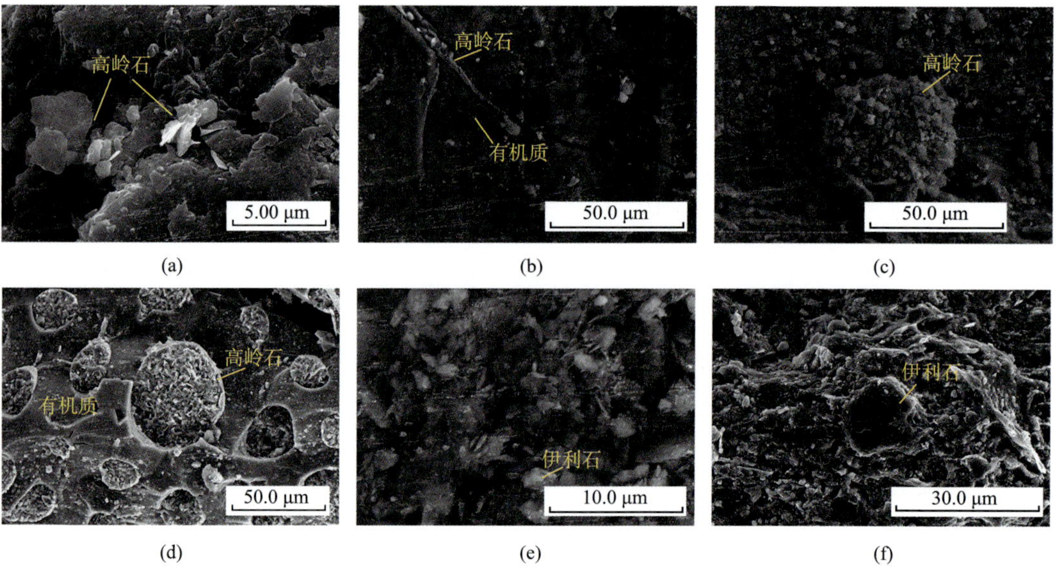

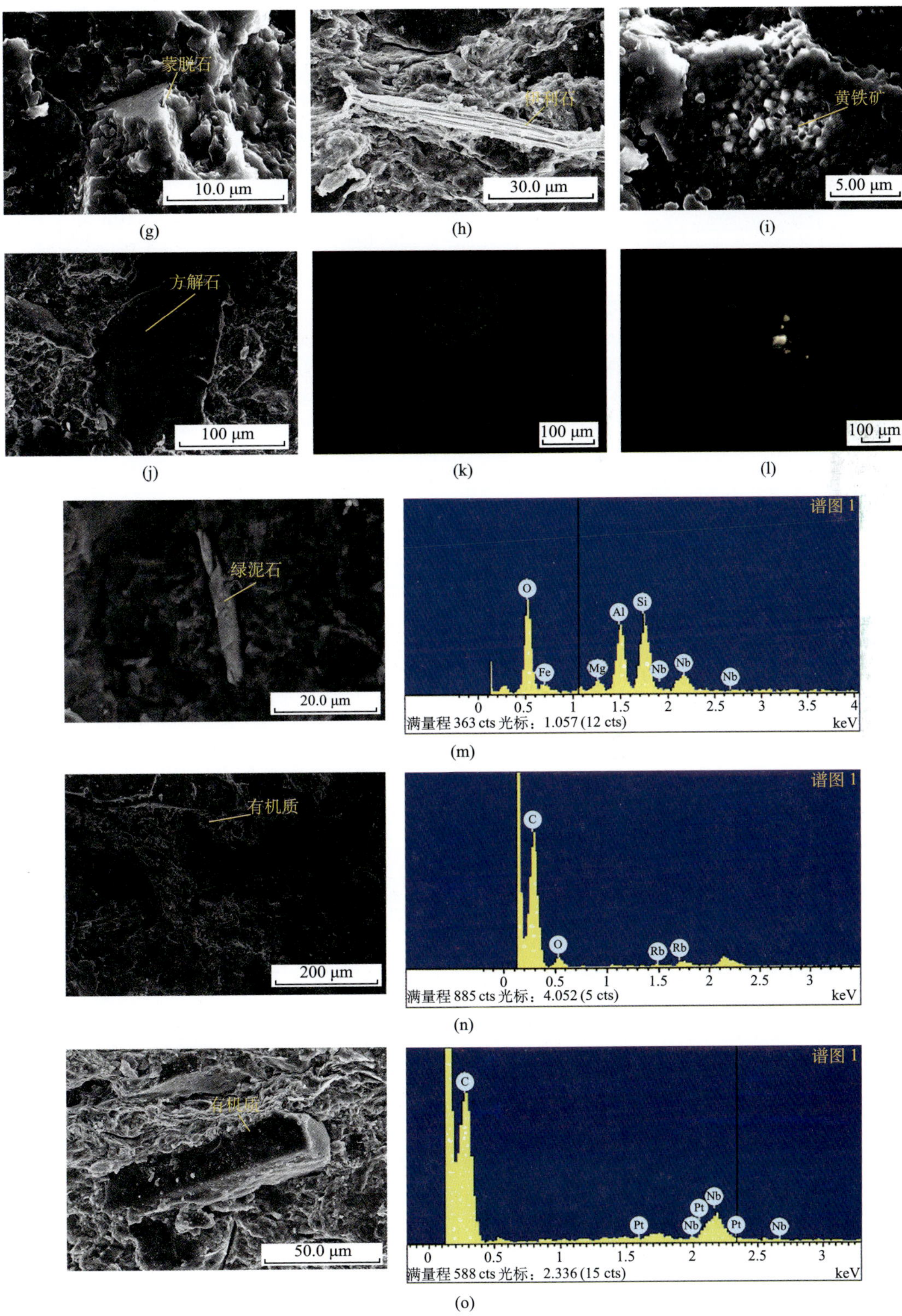

蒙脱石
10.0 μm
(g)
伊利石
30.0 μm
(h)
黄铁矿
5.00 μm
(i)
方解石
100 μm
(j)
100 μm
(k)
100 μm
(l)
绿泥石
20.0 μm
谱图 1
O
Fe
Mg
Al
Si
Nb
Nb
Nb
满量程 363 cts 光标：1.057 (12 cts)
keV
(m)
有机质
200 μm
谱图 1
C
O
Rb
Rb
满量程 885 cts 光标：4.052 (5 cts)
keV
(n)
有机质
50.0 μm
谱图 1
C
Pt
Nb
Pt
Nb
Pt
Nb
满量程 588 cts 光标：2.336 (15 cts)
keV
(o)

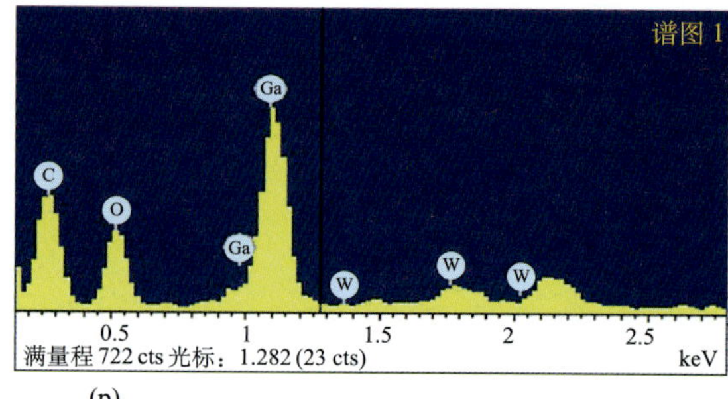

(p)

图 3.53　研究区煤及顶底板中矿物(SEM-EDX，二次电子像)

(a)煤，片状高岭石；(b)煤，高岭石充填于有机质裂隙中；(c)煤，堆叠状高岭石；(d)灰黑色粉砂质泥岩，高岭石充填于有机质细胞腔中；(e)煤，伊利石；(f)灰黑色粉砂质泥岩，伊利石；(g)灰黑色泥岩，蒙脱石；(h)灰黑色泥岩，条带状伊利石；(i)灰黑色泥岩，五角十二面体黄铁矿；(j)灰黑色泥质粉砂岩，方解石；(k)煤，莓球状黄铁矿，油浸反射光；(l)煤，细胞充填状黄铁矿，油浸反射光；(m)灰黑色粉砂质泥岩，绿泥石；(n)煤，有机质；(o)灰黑色泥岩，有机质；(p)煤，Ga被有机质吸附

表 3.23　鄂尔多斯盆地保德地区 K3 钻孔煤层顶底板 XRD 半定量分析一览表　(单位：%)

样品编号	岩性	黏土矿物	石英	钾长石	方解石	白云石	菱铁矿	黄铁矿
K45	黑色碳质泥岩	82.8	11.7	3.3	0.6	0.0	1.6	0.0
K47	灰色泥质粉砂岩	96.4	3.6	0.0	0.0	0.0	0.0	0.0
K48	黑色碳质泥岩	74.7	4.2	0.0	0.6	15.3	5.2	0.0
K53	黑色碳质泥岩	96.9	2.5	0.6	0.0	0.0	0.0	0.0
K54	灰黑色泥岩	49.5	36.3	2.8	1.4	0.0	0.0	10.0
K59	黑色泥岩	41.3	26.7	0.0	5.2	12.7	4.1	10.0
K61	灰黑色粉砂质泥岩	32.8	30.5	4.3	2.1	17.2	8.8	4.3
K64	灰黑色粉砂质泥岩	39.2	45.2	2.5	1.8	0.0	4.6	6.7
K67	灰白色泥质粉砂岩	49.7	35.2	3.1	0.0	0.0	2.8	9.2
K72	黑色泥岩	81.7	10.5	0.0	0.0	0.0	0.5	4.0

(二)数理统计分析

1. 相关性分析

依据元素的地球化学特征，认为在物源、运移、沉积等过程具有相似性的元素相关性较强，因此对元素进行相关性分析有助于研究元素的最终赋存状态及载体。

对微量元素原始数据进行处理后，采用 SPSS 软件得到相关性系数矩阵。当相关系数大于或等于 0.8 时，认为这些元素高度正相关；当相关系数为 0.5～0.8 时，认为这些元素为正相关关系；而当相关系数小于 0.5 时，认为这些元素相关性不明显。分析相关性系数矩阵发现如下规律。

1）石炭纪—二叠纪（表 3.24）

（1）Be 元素与 Ga、Rb、Cs 元素呈高度正相关。

（2）V 元素与 Cr、Cn、In、U、Ta、Zr、Hf 元素呈正相关。

（3）U、Ta、Zr、Hf 元素两两呈高度正相关。

（4）Ga 与 Li 元素、REY 元素呈正相关。

（5）Ga 元素与 Be、Rb、Cs、W、Hf 元素均表现为高度正相关关系。

（6）W、In、Cu、Ni 元素均表现出与 U、Ta、Zr、Hf 元素呈高度正相关。

2）侏罗纪（表 3.25）

（1）Li、Ga、Pb、Bi、Ta、Zr、Hf 元素、REY 两两高度正相关。

（2）Sr 元素除与 Ba、Tl 元素表现出高度正相关外，与其他元素相关系不明显或为负相关。

（3）Ga 元素、Li 元素与 REY 元素有一定的相似性，均与 Sr、Ba、Tl 元素表现为负相关关系。

2. 聚类分析

基于元素之间的相关性，可以通过聚类分析反映煤中微量元素之间的紧密程度，即进一步分析煤中微量元素之间的相互关系。采用 SPSS 软件对煤中微量元素进行聚类分析（聚类分析类型：系统聚类分析；聚类方法：质心聚类法；度量标准：Pearson Correlation；标准转换值：无标准化；转换度量：绝对值）得到二维谱系图，分析元素间的共生组合关系。

（1）通过聚类分析发现鄂尔多斯盆地石炭纪—二叠纪煤中元素可分为 7 个群（图 3.54）。

群 1：包括 Nb、Ta、Bi、Th 4 种元素。Nb、Ta 元素为亲石元素，Bi 元素为亲硫元素，它们的赋存状态可能与黏土矿物有关。

群 2：包括 Li、Sc 两种元素。Li、Sc 元素均为亲石元素，这些元素可能存在于黏土矿物或硅酸盐矿物中。

群 3：包括 Zr、Hf、Ga、U 元素。Zr、Hf、U 元素为亲石元素，它们的赋存状态可能与黏土矿物或有机质缔合有关。

群 4：包括 Cu、Cd 两种元素。Cu、Cd 元素均为亲硫元素，可能赋存于黄铁矿中。

群 5：包括 V、Co、W、Rb、Cs、Cr、Ni 7 种元素。V、Co、Ni 元素为亲硫元素，W、Rb、Cs 元素为亲石元素，它们的赋存状态可能与硫酸盐矿物有关。

群 6：In、Sb、Ba、Zn、REY、Be 元素。Ba、In、Zn 元素为亲硫元素，REY、Be 元素为亲石元素，它们的赋存状态与硫化物矿物或黏土矿物有关。

群 7：Tl、Pb、Sr、Mo 元素。Tl、Pb 元素为亲硫元素，Sr、Mo 元素为亲石元素，它们的赋存状态与硫化物矿物有关。

（2）鄂尔多斯盆地侏罗纪煤中元素可分为 7 个群（图 3.55）。

群 1：包括 Zr、Hf、Li、Bi 4 种元素。Zr、Hf、Li 元素为亲石元素，Bi 元素为亲硫元素，它们的赋存状态可能与硫酸盐矿物有关。

表 3.24　鄂尔多斯盆地石炭纪—二叠纪相关性系数矩阵表

元素	Li	Be	V	Cr	Co	Ni	Cu	Zn	Ga	Rb	Sr	Mo	In	Sb	Cs	Ba	W	Tl	Pb	U	Ta	Zr	Hf	REY
Li	1																							
Be	0.61	1																						
V	0.31	0.07	1																					
Cr	0.47	0.38	0.73	1																				
Co	0.06	0.13	0.42	0.62	1																			
Ni	0.27	0.58	0.37	0.79	0.65	1																		
Cu	0.30	0.50	0.62	0.73	0.45	0.83	1																	
Zn	0.68	0.76	0.09	0.25	0.26	0.28	0.45	1																
Ga	0.58	0.82	0.38	0.62	0.32	0.77	0.76	0.65	1															
Rb	0.62	0.93	0.19	0.51	0.00	0.59	0.43	0.60	0.83	1														
Sr	0.11	0.35	0.16	0.52	0.63	0.74	0.41	0.00	0.40	0.36	1													
Mo	0.30	0.35	0.12	0.09	0.34	0.02	0.02	0.23	0.17	0.36	0.42	1												
In	0.43	0.48	0.76	0.70	0.4	0.67	0.92	0.56	0.77	0.43	0.29	0.10	1											
Sb	0.40	0.04	0.15	0.12	0.01	0.25	0.02	0.43	0.18	0.08	0.15	0.32	0.27	1										
Cs	0.56	0.96	0.10	0.44	0.04	0.60	0.43	0.60	0.82	0.99	0.39	0.36	0.40	0.13	1									
Ba	0.12	0.16	0.40	0.01	0.41	0.38	0.19	0.26	0.32	0.03	0.41	0.45	0.11	0.34	0.08	1								
W	0.34	0.65	0.45	0.75	0.52	0.91	0.90	0.55	0.82	0.58	0.62	0.01	0.85	0	0.59	0.37	1							
Tl	0.26	0.20	0.23	0.13	0.04	0.02	0.02	0.27	0.13	0.17	0.18	0.78	0.26	0.01	0.16	0.21	0.17	1						
Pb	0.01	0.08	0.33	0.41	0.38	0.46	0.55	0.02	0.35	0.13	0.43	0.65	0.36	0.05	0.12	0.19	0.36	0.79	1					
U	0.27	0.44	0.68	0.79	0.57	0.84	0.96	0.37	0.77	0.43	0.38	0.13	0.92	0.04	0.41	0.15	0.89	0.18	0.43	1				
Ta	0.22	0.47	0.62	0.77	0.55	0.87	0.97	0.37	0.74	0.42	0.44	0.11	0.90	0.11	0.42	0.18	0.92	0.17	0.42	0.99	1			
Zr	0.24	0.51	0.63	0.72	0.49	0.85	0.98	0.39	0.76	0.45	0.44	0.11	0.92	0.08	0.45	0.14	0.91	0.16	0.44	0.98	0.99	1		
Hf	0.34	0.53	0.67	0.79	0.52	0.86	0.98	0.43	0.81	0.50	0.45	0.13	0.94	0.03	0.49	0.16	0.92	0.18	0.43	0.99	0.99	0.99	1	
REY	0.36	0.53	0.25	0.43	0.09	0.56	0.82	0.75	0.64	0.34	0.16	0.06	0.75	0.20	0.36	0.39	0.76	0.06	0.42	0.71	0.74	0.73	0.73	1

表 3.25　鄂尔多斯盆地侏罗纪煤中微量元素相关性系数矩阵表

元素	Li	Be	Sc	V	Ni	Cu	Zn	Ga	Rb	Sr	Mo	Cd	Sb	Cs	Ba	W	Tl	Pb	Bi	Ta	Zr	Hf	REY
Li	1																						
Be	0.26	1																					
Sc	0.85	0.52	1																				
V	0.14	–0.12	0.16	1																			
Ni	–0.22	0.32	0.20	0.42	1																		
Cu	0.26	0.05	0.35	–0.02	0.18	1																	
Zn	0.34	0.02	0.41	0.22	0.42	0.75	1																
Ga	0.96	0.47	0.94	0.12	–0.02	0.28	0.37	1															
Rb	0.08	0.13	0.30	0.60	0.62	0.00	0.38	0.20	1														
Sr	–0.17	–0.19	–0.20	–0.17	–0.17	–0.22	–0.35	–0.20	–0.24	1													
Mo	0.80	0.37	0.74	0.36	0.13	0.39	0.53	0.83	0.24	–0.26	1												
Cd	0.23	–0.08	0.23	0.84	0.42	0.26	0.51	0.22	0.60	–0.19	0.58	1											
Sb	0.01	0.68	0.25	0.04	0.22	–0.06	–0.10	0.14	0.21	–0.16	–0.02	–0.08	1										
Cs	0.09	0.17	0.30	0.69	0.63	–0.01	0.36	0.20	0.97	–0.27	0.29	0.66	0.34	1									
Ba	–0.14	–0.23	–0.12	0.33	0.10	–0.04	–0.13	–0.16	0.08	0.81	–0.08	0.21	–0.14	0.09	1								
W	0.06	0.35	0.35	0.18	0.40	–0.01	0.17	0.15	0.31	–0.07	0.19	0.33	0.34	0.32	–0.11	1							
Tl	–0.10	–0.19	–0.15	0.14	0.07	0.33	0.26	–0.10	0.06	0.25	0.26	0.36	–0.19	0.09	0.29	–0.07	1						
Pb	0.87	0.35	0.87	0.24	0.10	0.36	0.54	0.91	0.35	–0.25	0.89	0.47	0.08	0.36	–0.18	0.37	0.08	1					
Bi	0.98	0.33	0.88	0.09	–0.17	0.31	0.36	0.98	0.06	–0.16	0.81	0.18	0.05	0.08	–0.16	0.06	–0.05	0.88	1				
Ta	0.98	0.37	0.90	0.13	–0.10	0.28	0.38	0.99	0.16	–0.18	0.84	0.25	0.05	0.16	–0.16	0.12	–0.07	0.91	0.99	1			
Zr	0.98	0.37	0.89	0.08	–0.12	0.35	0.41	0.97	0.07	–0.18	0.84	0.22	0.05	0.08	–0.17	0.15	–0.06	0.90	0.99	0.99	1		
Hf	0.98	0.36	0.89	0.09	–0.14	0.31	0.38	0.98	0.07	–0.17	0.84	0.21	0.04	0.08	–0.17	0.12	–0.06	0.90	0.99	0.99	1	1	
REY	0.85	0.54	0.92	0.12	0.11	0.24	0.33	0.94	0.30	–0.22	0.76	0.22	0.14	0.28	–0.19	0.27	–0.19	0.87	0.87	0.92	0.89	0.89	1

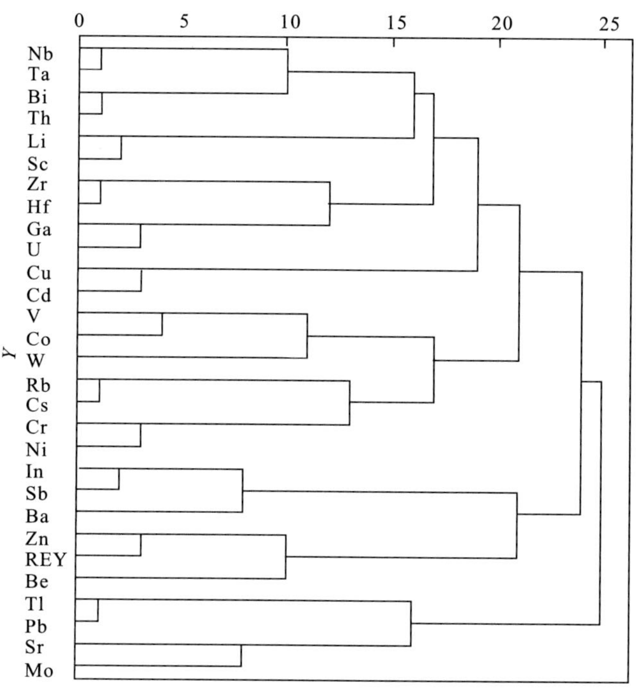

图 3.54　石炭纪—二叠纪煤中微量元素聚类分析图

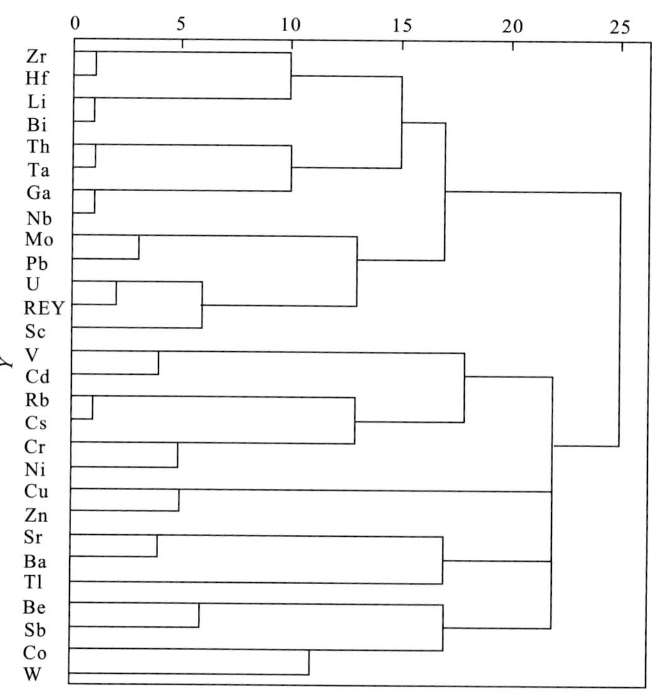

图 3.55　侏罗纪煤中微量元素聚类分析图

群 2：包括 Th、Ta、Ga、Nb 4 种元素。Th、Ta、Ga、Nb 元素均为亲石元素，它们的赋存状态可能与黏土矿物有关。

群 3：包括 Mo、Pb、U、REY、Sc 元素。Mo、U、REY 元素为亲石元素，Pb 元素为亲硫元素，它们的赋存状态可能与黏土矿物或与有机质缔合。

群 4：包括 V、Cd、Rb、Cs、Cr、Ni 6 种元素。Cd 元素为亲硫元素，Rb、Cs 元素为亲石元素，V、Cr、Ni 元素为亲铁元素，它们的赋存状态可能与硫酸盐矿物有关。

群 5：包括 Cu、Zn 两种元素。Cu、Zn 元素均为亲硫元素，这些元素主要可能赋存于硫化物矿物中。

群 6：Sr、Ba、Tl 元素。Sr、Ba 元素为亲石元素，Tl 元素为亲硫元素，它们的赋存状态可能与碳酸盐矿物有关。

群 7：Co、W、Sb、Be 元素。W、Be 元素为亲铁元素，Sb、Co 元素为亲硫元素，它们可能赋存在黄铁矿中。

（三）煤及顶底板中微量元素与有机质的关系研究

1. 石炭纪—二叠纪煤系

1）煤中微量元素

煤中显微组分的成分性质影响着煤中微量元素的分布与赋存。煤的工业分析相关参数可为煤中微量元素的有机或无机亲和力提供初步信息。表 3.26 列出了鄂尔多斯盆地石炭纪—二叠纪煤中微量元素与煤岩组分和工业参数的 Pearson 相关性系数。

表 3.26 鄂尔多斯盆地石炭纪—二叠纪煤中微量元素与煤岩组分和工业参数的 Pearson 相关性系数

元素	水分	灰分	挥发分	全硫	镜质组	惰质组	壳质组
Li	–0.594	0.793*	0.188	0.492	0.131	–0.570	0.426
Be	–0.478	0.427	–0.309	0.263	0.071	–0.092	0.008
Sc	–0.592	0.860*	0.366	0.473	0.205	–0.616	0.390
V	–0.329	0.916**	0.786*	0.214	0.457	–0.896**	0.393
Cr	–0.250	0.918**	0.534	–0.171	0.389	–0.869*	0.437
Co	–0.157	0.630	0.906**	0.006	0.406	–0.757*	0.310
Ni	–0.174	0.747	0.645	–0.246	0.393	–0.831*	0.395
Cu	–0.673	0.658	0.299	0.613	–0.465	–0.388	0.913**
Zn	–0.602	0.244	–0.145	0.608	–0.344	0.166	0.217
Ga	–0.332	0.676	0.782*	0.694	–0.011	–0.613	0.638
Rb	0.041	0.860*	0.653	–0.116	0.510	–0.913**	0.352
Sr	0.392	–0.266	–0.443	0.225	–0.165	0.281	–0.092
Mo	–0.625	–0.008	0.417	0.336	–0.653	0.164	0.565
Cd	–0.612	0.647	0.495	0.415	–0.475	–0.394	0.929**
In	–0.672	0.571	0.440	0.819*	–0.108	–0.291	0.417

续表

元素	水分	灰分	挥发分	全硫	镜质组	惰质组	壳质组
Sb	0.708	–0.254	–0.423	–0.933**	0.373	–0.016	–0.406
Cs	0.224	0.763*	0.536	–0.329	0.618	–.886**	0.202
Ba	0.840*	–0.430	–0.566	–0.845*	0.358	0.193	–0.597
W	–0.697	0.719	0.548	0.226	0.111	–0.440	0.317
Tl	–0.265	–0.104	0.165	0.165	–0.743	0.144	0.688
Pb	–0.383	0.137	0.373	0.266	–0.660	–0.079	0.819*
Bi	–0.315	0.973**	0.641	0.243	0.247	–0.880**	0.611
Th	–0.344	0.971**	0.478	0.281	0.293	–0.859*	0.537
U	–0.176	0.891**	0.672	0.344	0.258	–0.855*	0.577
Nb	–0.297	0.982**	0.614	0.205	0.339	–0.895**	0.524
Ta	–0.286	0.976**	0.546	0.190	0.314	–0.872*	0.528
Zr	–0.478	0.885**	0.648	0.530	0.185	–0.803*	0.605
Hf	–0.428	0.948**	0.636	0.431	0.245	–0.855*	0.590
REY	–0.636	0.171	–0.215	0.617	–0.692	0.240	0.533

*表示在 0.05 置信水平上显著相关。

**表示在 0.01 置信水平上显著相关。

研究发现，煤中不同微量元素与镜质组表现为不同程度的亲和性，Cu、Zn、Ga 等元素与镜质组表现为负相关关系，Li、V、Cs 等元素与镜质组表现出正相关关系，但相关性都很微弱。Li、V 等元素与惰质组的相关性明显，表现为负相关关系(图 3.56)。与壳质组相关性较高的元素有 Cu、Cd 等(图 3.57)。

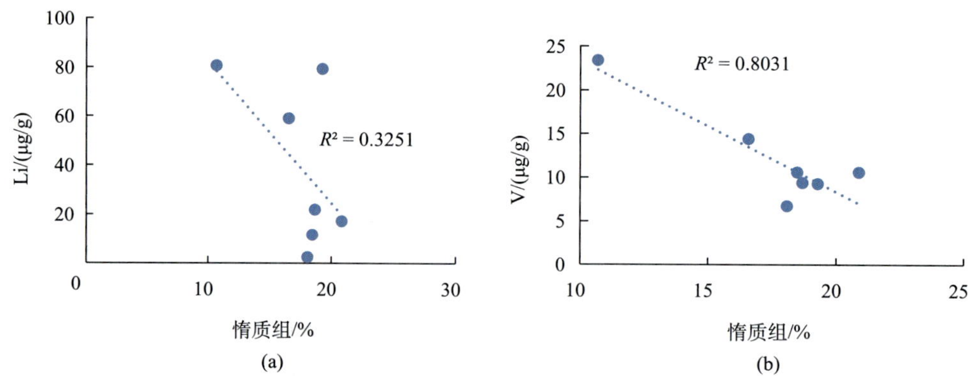

图 3.56 石炭纪—二叠纪煤中 Li、V 元素含量与惰质组的关系图

(a)Li 元素；(b)V 元素

此外，通过煤中微量元素与亚显微煤岩组分的相关性分析可知，煤中 Li、V、In 等元素与基质镜质体呈一定的负相关关系，其相关性系数 R^2 分别为 0.5503、0.4464 和 0.4447[图 3.58(a)～(c)]。Ga 元素与均质镜质体的亲和性较好[图 3.58(d)]。与半丝质

体亲和性较好的元素有 Tl[图 3.58(e)]。煤中 Be 元素与微粒体的亲和性较好，其相关性系数 R^2 为 0.5664。

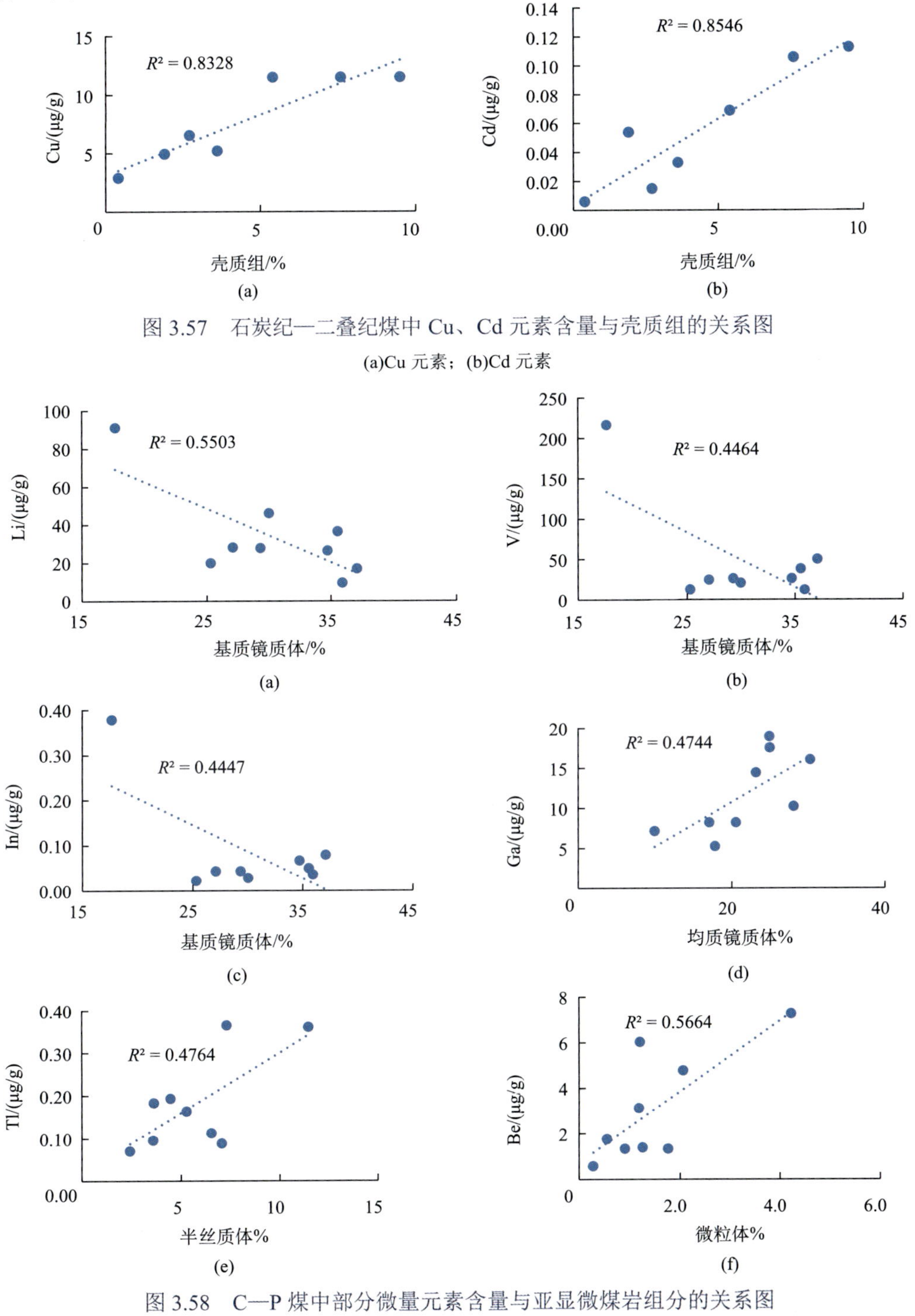

图 3.57　石炭纪—二叠纪煤中 Cu、Cd 元素含量与壳质组的关系图

(a)Cu 元素；(b)Cd 元素

图 3.58　C—P 煤中部分微量元素含量与亚显微煤岩组分的关系图

(a)Li 元素；(b)V 元素；(c)In 元素；(d)Ga 元素；(e)Tl 元素；(f)Be 元素

2）顶底板中微量元素

为了研究煤及顶底板中微量元素的有机亲和性，同时对鄂尔多斯盆地中无机矿产与有机矿产的相互影响进行探讨，本书以保德地区 K3 钻孔和黄玉川地区 OM12 钻孔为例，将煤层顶底板中微量元素与 TOC 进行了 Pearson 相关性分析，并通过散点图加以说明。

通过研究发现，鄂尔多斯盆地保德地区 K3 钻孔煤层顶底板中 Sr 元素、REY 及 Sb 元素均与 TOC 表现出一定的亲和性，其相关性系数 R^2 分别为 0.6778、0.5493 和 0.4710（图 3.59，表 3.27），说明这些元素具有较强的有机亲和性，以有机结合态形式赋存。Li、V、Cr、Co、Ni、Cu、Ga、Cd、W 等元素与 TOC 的 Pearson 相关性系数均为负值，表明这些元素可能以无机结合态形式赋存，而 Be、Sc、Pb、Hf 等元素与 TOC 表现为正相关关系，但这种相关性非常微弱，表明这些元素可能既有有机亲和性，也可能以无机结合态存在。

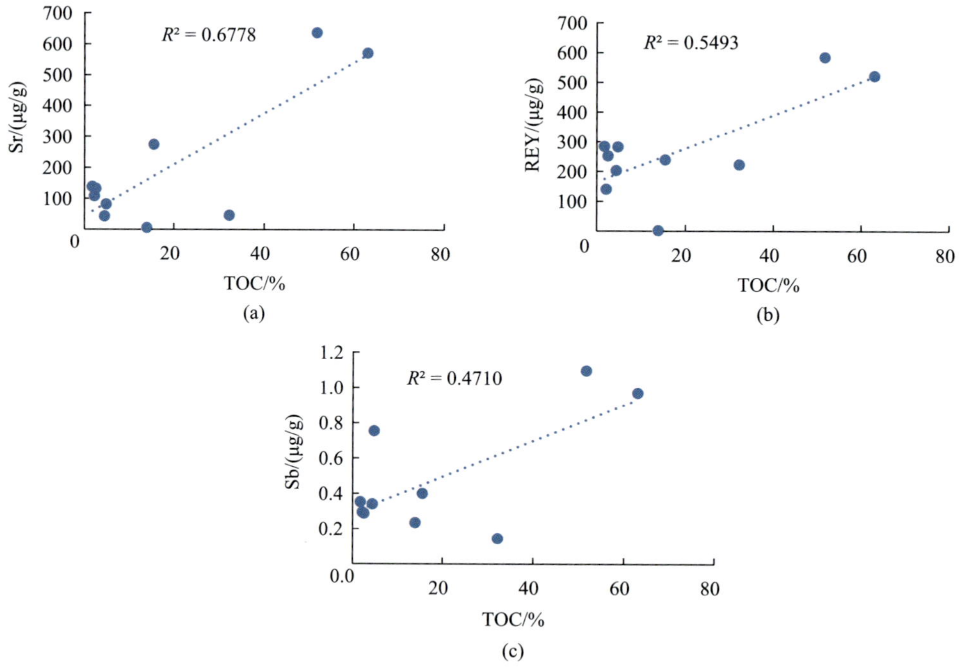

图 3.59　鄂尔多斯盆地保德 K3 钻孔煤中 Sr、REY、Sb 元素与 TOC 的关系

(a)Sr 元素；(b)REY 元素；(c)Sb 元素

表 3.27　鄂尔多斯盆地保德 K3 钻孔顶底板中微量元素与 TOC 的 Pearson 相关性表

元素	相关性系数	元素	相关性系数
Li	−0.174	Sb	0.686*
Be	0.127	Cs	−0.451
Sc	0.072	Ba	−0.419
V	−0.514	W	−0.566
Cr	−0.457	Tl	−0.262

续表

元素	相关性系数	元素	相关性系数
Co	–0.296	Pb	0.042
Ni	–0.256	Bi	–0.440
Cu	–0.206	Th	–0.173
Zn	–0.407	U	–0.083
Ga	–0.084	Nb	–0.465
Rb	–0.489	Ta	–0.514
Sr	0.823**	Zr	0.481
Mo	–0.151	Hf	0.180
Cd	–0.351	REY	0.741*
In	–0.109		

*在 0.05 水平(双侧)上显著相关。

**在 0.01 水平(双侧)上显著相关。

与保德地区 K3 钻孔煤层及顶底板中微量元素和 TOC 的相关性对比发现，黄玉川地区 OM12 钻孔煤层顶底板中微量元素与 TOC 的相关性更为显著，Mo、Sb、W、U 元素均与 TOC 表现出显著的亲和性，其相关性系数 R^2 分别为 0.6596、0.8838、0.7256 和 0.7463(图 3.60，表 3.28)，说明这些元素具有较强的有机亲和性，以有机结合态形式赋

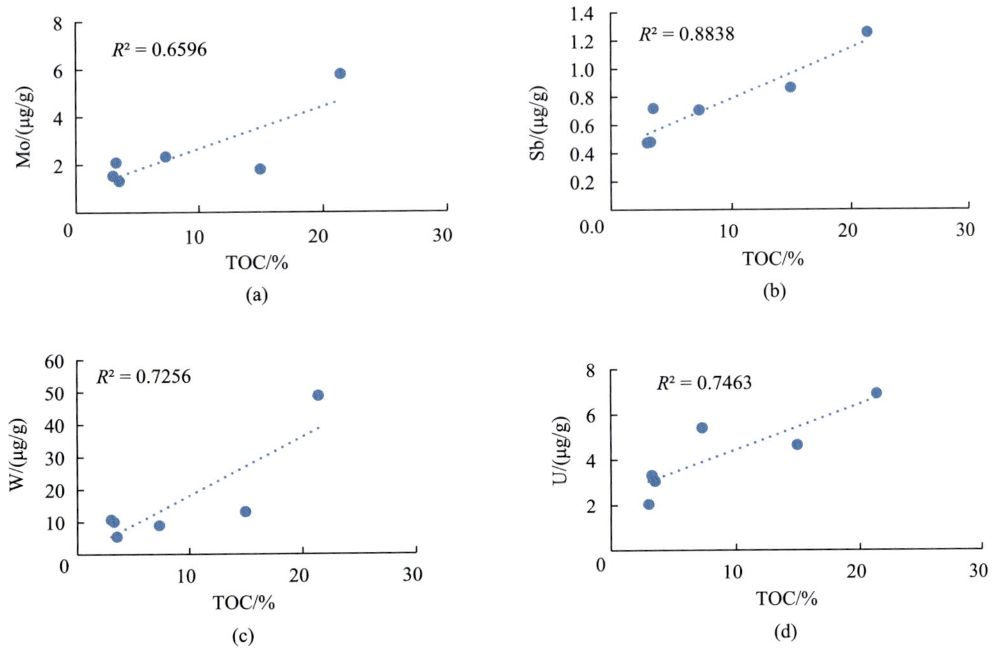

图 3.60　鄂尔多斯盆地黄玉川 OM12 钻孔煤中 Mo、Sb、W、U 元素与 TOC 的关系

(a)Mo 元素；(b)Sb 元素；(c)W 元素；(d)U 元素

存。Li、Ga、REY、In、V、Cr、Co、Zn、Sr 等元素与 TOC 的 Pearson 相关性系数均为负值，表明这些元素可能以无机结合态赋存，而 Ni、Rb、Cs、Ge、Pb 与 TOC 表现为极其微弱的正相关关系，这些元素可能既具有一定的有机亲和性，也可能会以无机结合态存在。

表 3.28　黄玉川地区 OM12 钻孔顶底板中微量元素与 TOC 的 Pearson 相关性表

元素	相关性系数	元素	相关性系数
Li	–0.586	Cd	–0.003
Be	–0.183	In	–0.511
Sc	–0.349	Sb	0.940**
V	–0.218	Cs	0.180
Cr	–0.251	Ba	0.662
Co	–0.082	W	0.852*
Ni	0.075	Ge	0.298
Cu	–0.047	Tl	0.472
Zn	–0.228	Pb	0.053
Ga	–0.579	Th	–0.108
Rb	0.288	U	0.864*
Sr	–0.381	REY	–0.376
Mo	0.812*		

*在 0.05 水平(双侧)上显著相关。

**在 0.01 水平(双侧)上显著相关。

2. 侏罗纪煤系

表 3.29 列出了鄂尔多斯盆地侏罗纪煤中微量元素与煤岩组分和工业参数的 Pearson 相关性系数。

表 3.29　鄂尔多斯盆地侏罗纪煤中微量元素与煤岩组分、工业参数的 Pearson 相关性系数

元素	水分	灰分	挥发分	全硫	镜质组	惰质组	壳质组
Li	–0.262	–0.032	–0.296	–0.093	–0.019	0.028	–0.073
Be	0.201	0.075	–0.147	–0.049	0.431	–0.426	–0.039
Sc	–0.251	–0.025	–0.297	–0.125	0.211	–0.201	–0.073
V	–0.327	–0.137	0.376	–0.217	0.016	–0.041	0.171
Cr	–0.554**	0.045	0.072	–0.137	0.182	–0.183	0.001
Co	0.234	0.067	–0.151	0.079	0.498*	–0.490*	–0.036
Ni	–0.044	0.148	0.190	–0.074	0.389	–0.383	–0.040
Cu	0.032	–0.146	–0.321	–0.052	0.216	–0.173	–0.327
Zn	–0.317	0.049	–0.058	–0.153	0.218	–0.200	–0.136
Ga	–0.252	–0.018	–0.290	–0.139	0.113	–0.097	–0.128
Rb	–0.0651**	–0.070	0.086	–0.242	0.164	–0.163	–0.029

续表

元素	水分	灰分	挥发分	全硫	镜质组	惰质组	壳质组
Sr	–0.019	0.059	0.046	0.028	–0.058	0.068	–0.073
Mo	–0.170	–0.060	–0.057	–0.160	0.233	–0.219	–0.115
Cd	–0.336	–0.156	0.289	–0.210	0.075	–0.085	0.057
Sb	0.020	–0.130	–0.077	–0.122	0.421	–0.442*	0.152
Cs	–0.608**	–0.120	0.138	–0.243	0.240	–0.247	0.023
Ba	–0.160	–0.099	0.186	–0.156	0.003	0.001	–0.041
W	–0.212	–0.030	0.153	–0.042	0.270	–0.314	0.362
Tl	–0.066	–0.222	0.130	–0.044	0.372	–0.363	–0.085
Pb	–0.399	–0.039	–0.162	–0.147	0.181	–0.172	–0.074
Bi	–0.231	–0.022	–0.323	–0.088	0.040	–0.028	–0.100
Th	–0.222	0.026	–0.266	–0.078	0.042	–0.028	–0.113
U	–0.302	0.022	–0.173	–0.111	0.064	–0.057	–0.059
Nb	–0.261	0.010	–0.270	–0.102	0.097	–0.083	–0.108
Ta	–0.256	0.021	–0.294	–0.081	0.030	–0.014	–0.126
Zr	–0.191	0.020	–0.298	–0.041	0.044	–0.030	–0.110
Hf	–0.203	0.002	–0.288	–0.071	0.049	–0.035	–0.104
REY	–0.242	0.130	–0.241	0.020	0.006	0.016	–0.169

*在 0.05 水平(双侧)上显著相关。

**在 0.01 水平(双侧)上显著相关。

通过工业分析的相关性研究发现，侏罗纪煤中 Cr、Rb、Cs 元素与水分呈显著负相关关系。煤中 Li、Ga 元素与水分、灰分、挥发分、全硫均呈不同程度的负相关关系。煤中 REY 与水分、挥发分表现出负相关关系。研究区侏罗纪煤中 Co 元素与镜质组有一定的亲和性，与惰质组呈现负相关关系(表 3.29，图 3.61)，Sb 元素与惰质组显著负相关。煤中 Li 元素除与惰质组具有微弱的正相关关系外，与镜质组、壳质组呈不同程度的负相关关系。煤中 Ga 元素除与镜质组呈微弱的正相关关系外，与惰质组、壳质组呈不同程度的负相关性。煤中 REY 与壳质组表现出负相关关系。值得注意的是，侏罗纪煤中微量元素与煤岩显微组分的相关性较石炭纪—二叠纪煤系，呈现出的亲和性(相关性)总体降低。

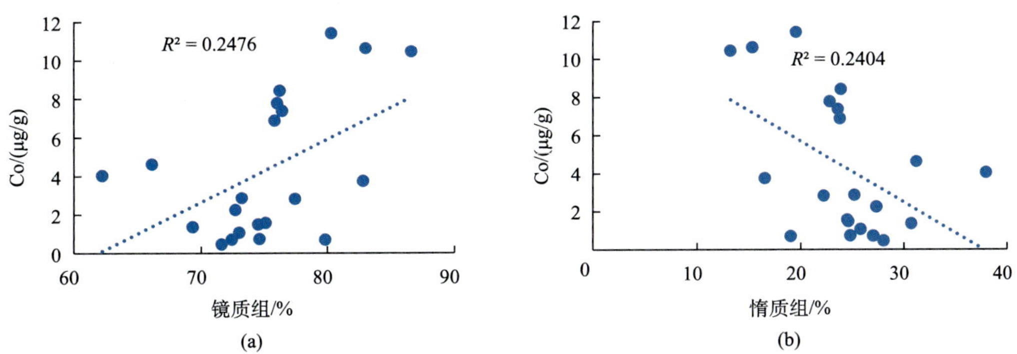

图 3.61 鄂尔多斯盆地侏罗纪煤中 Co 元素与显微煤岩组分的关系图

(a)镜质组；(b)惰质组

第四章

煤系矿产资源形成的原生条件分析

煤系矿产属于沉积、层控矿产，其形成过程涉及沉积和成岩时期从物源区搬运至盆地过程中和在盆地内发生的所有的物理、化学作用。本章讨论的煤系矿产资源形成的原生条件，主要是指煤系矿产沉积作用时期与其形成有关的古构造背景、海平面变化、沉积和古气候条件。构造背景控制着盆地的类型，并与全球海平面变化相互作用控制着盆地级别的可容纳空间变化；构造运动和气候共同作用又控制着沉积物的类型和供给量；而沉积过程主要控制着填充在盆地中的相类型。上述因素共同作用决定了矿产产出类型及时空分布。煤系矿产资源形成的原生条件分析需要在盆地充填格架中分析沉积单元的分布、几何形态和内部非均质性，层序地层学作为一种分析方法，为所有沉积单元提供了地层格架，从而有助于古地理恢复、岩相预测及沉积体系的时空演化解释，为煤系矿产资源的分布预测提供理论依据。

第一节　相组合和沉积体系

根据野外露头(岩性，沉积构造，化石含量及这些因素的垂向、侧向变化)和室内岩石薄片观察，在鄂尔多斯盆地煤系中识别出了 9 种相组合。将这些相组合与特定的沉积过程建立联系，可归纳得到喀斯特、陆架、下切谷海湾、障壁-潟湖、开阔海岸潮坪、河控三角洲、浪控三角洲或海滨平原、河流和湖泊 9 种沉积体系。

一、相组合 1：喀斯特体系

相组合 1 主要发育在奥陶系—上石炭统不整合之下的马家沟碳酸盐岩地层中[图 4.1(a)，图 4.2(a)、(c)和(d)]。该相组合侧向上呈广泛分布的席状，在鄂尔多斯盆地东缘约 30m 厚，是盆地范围内对比的关键标志层。相 1.1(混杂喀斯特角砾)主要由角砾灰岩和白云岩组成[图 4.1(a)，图 4.2(d)、(g)]。灰岩成分主要为泥晶[图 4.2(e)]。方解石通常小于 30μm，其晶形主要为他形或半自形。小部分泥晶已经重结晶形成假亮晶(50～100μm)。白云岩的主要成分为白云石。白云石也呈他形或半自形，晶体主要为微晶[4～30μm；图 4.2(f)]。古喀斯特面之下的灰岩坑、通道和凹坑向下穿透达几米，并可以和初始呈水平方向展布的洞穴合并[图 4.1(b)～(e)，图 4.2(a)]。这些洞穴通常呈不规则的长条状，长可达几十米，高可达几米[图 4.1(b)]。这些通道和洞穴通常被粉红色-棕色(相 1.2)到灰绿色(相 1.3)富铝铁质沉积物、流石或红土充填[图 4.1(c)、(e)和(f)；图 4.2(b)]。另外，相 1.4(沿层理面溶蚀的碳酸盐岩)表现为沿灰岩的层理面发育溶蚀缝，这些灰岩一般位于奥陶系—上石炭统不整合面之下[图 4.2(c)]。

图 4.1　相组合 1：喀斯特体系(扒楼沟剖面)

(a)角砾灰岩(马家沟灰岩)和富铝铁质泥岩(山西式铁矿)之间的突变，解释为古喀斯特面；(b)掘开的古喀斯特洞穴(包气带)，初始被富铝铁质泥岩充填；(c)照片(b)矩形框内的特写；(d)照片(c)矩形框内的特写，展示了包气带通道和被粉红色和灰绿色富铝铁质沉积物和流石充填的洞穴；(e)古喀斯特面之下的圆柱形、浅的凹坑，充填有灰绿色富铝铁质流石；(f)包气带洞穴被铝红土所充填

相组合 1 代表喀斯特体系。喀斯特是碳酸盐岩地表暴露的产物，一个完整的喀斯特剖面在垂向上可分为渗滤带、渗漏带、浅潜水带、混合带和深潜水带(图 4.3)，长条形洞穴一般沿着渗漏带和浅潜水带的边界呈水平展布，通常标志着区域地下水饱和的水平面(潜水面)。研究认为，相 1.1 形成于土壤和渗滤带的溶蚀坍塌，相 1.2 形成于偏氧化环境的渗滤带和渗漏带，相 1.3 形成于偏还原环境的浅潜水带，相 1.4 形成于浅潜水带。

图 4.2　相组合 1：喀斯特体系（澄城三眼桥剖面）

(a) 马家沟灰岩顶部的灰岩坑；(b) 照片 (a) 矩形框内的特写，展示了充填在灰岩坑中的黄土质土壤，土壤中含白色高岭土；(c) 马家沟灰岩顶部沿层理面发育的溶蚀缝；(d) 喀斯特灰岩（马家沟灰岩）与红色铁质泥岩之间的突变（K3 钻孔），右下角灰岩角砾化；(e) 照片 (d) 中喀斯特灰岩的显微照片，展示了重结晶、蚀变的泥晶灰岩；(f) 照片 (d) 中白云岩的显微照片，展示了半自形晶形的白云岩；(g) 马家沟灰岩顶部的喀斯特角砾（X1-1 钻孔）

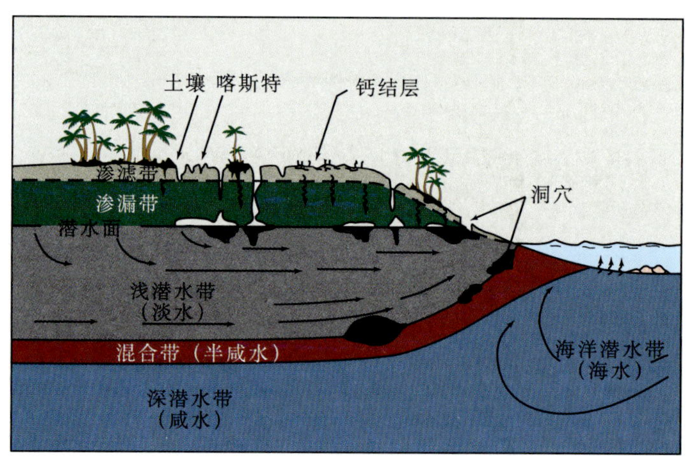

图 4.3　喀斯特体系垂向分带示意图（据 James 和 Choquette，1984，修改）

二、相组合 2：陆架体系

相组合 2 包括远端陆架、中陆架（相组合 2.1）和近端陆架（相组合 2.2）3 个沉积元素。其中，远端陆架沉积在研究区未观察到。相组合 2.1 和相组合 2.2 主要发育在太原组上段，与相组合 3、相组合 4 和相组合 5 呈指状交错。

(一)相组合 2.1：中陆架

相组合 2.1 主要由颗粒支撑的泥粒灰岩和粒状灰岩组成，层理发育明显[图 4.4 (a)]。该岩相在侧向上呈席状广泛分布，是露头和钻孔剖面对比的重要标志层。相组合 2.1 的单层厚度在几厘米到 1m 或更厚，但通常在 20～100cm。其层理由薄页岩-泥岩夹层限定，层理面通常呈水平-波状[图 4.4(b)]。生物碎屑含量一般在 30%～60%，大部分生物碎屑大小在毫米级，主要包括单列有孔虫、双列有孔虫、蜓类有孔虫、浮游有孔虫、介形虫、网格长身贝、海百合和三叶虫[图 4.4(d)～(i)]。生物碎屑通常富集呈透镜状，长 10～30cm，厚 10cm[图 4.4(c)]。相组合 2.1 指示了高-中等能量的中陆架沉积相带。该相带对应从风暴浪基面到碳酸盐生产陆向最远端，在这里陆源碎屑对碳酸盐生产具有最大的损害效应。中陆架的水深一般在 5～30m，生物碎屑大量富集及波状层理的良好发育支持了这一解释深度。

(a)　(b)　(c)　(d)　(e)　(f)　(g)　(h)　(i)

图 4.4　相组合 2.1：中陆架沉积

(a)大约 10m 厚的粒泥-泥粒灰岩，层理发育明显(甘草山灰岩；韩家垣剖面)；(b)照片(a)矩形框内的特写，展示了具波状层理的泥粒灰岩夹毫米级页岩层和厘米级泥岩层；(c)具透镜状生物碎屑群的粒泥-泥粒灰岩(保德灰岩；成家庄剖面)；(d)和(e)含化石泥粒灰岩(甘草山灰岩；扒楼沟剖面)；(f)含化石粒泥-泥粒灰岩，含大量的三叶虫(LT3-7 钻孔)；(g)～(i)含化石泥粒灰岩的显微照片(LT3-7 钻孔)

（二）相组合 2.2：近端陆架

相组合 2.2 主要由杂基支撑的泥岩和粒泥灰岩组成，具浪成波痕交错纹层、水平-低角度交错纹层和递变层[图 4.5（d）]。泥岩和粒泥灰岩中含大量的生物化石，如三叶虫、海百合、有孔虫、腕足动物、双壳类和苔藓虫[图 4.5（e）～（h）]，这些化石或者杂乱分散[图 4.5（h）]，或者呈具波状底面的介壳层分布在泥岩或粒泥灰岩中[图 4.5（e）、（g）]。圆面包状菱铁矿结核成群分布在相组合 2.2 中[图 4.5（b）]，这些结核长轴一般大于 70mm，无明显的骨骼核。相组合 2.2 解释为低能量的近端陆架沉积相带，对应从碳酸盐生产陆向最远端到正常浪基面，该相带海水为半局限环流，且频繁受到风暴溢流作用的影响。形成大型菱铁矿结核需要长期处于稳定的氧化还原带，因此无明显骨骼核的大型菱铁矿结核指示了近端陆架的沉积物供给不足（Thomka and Lewis, 2013）。

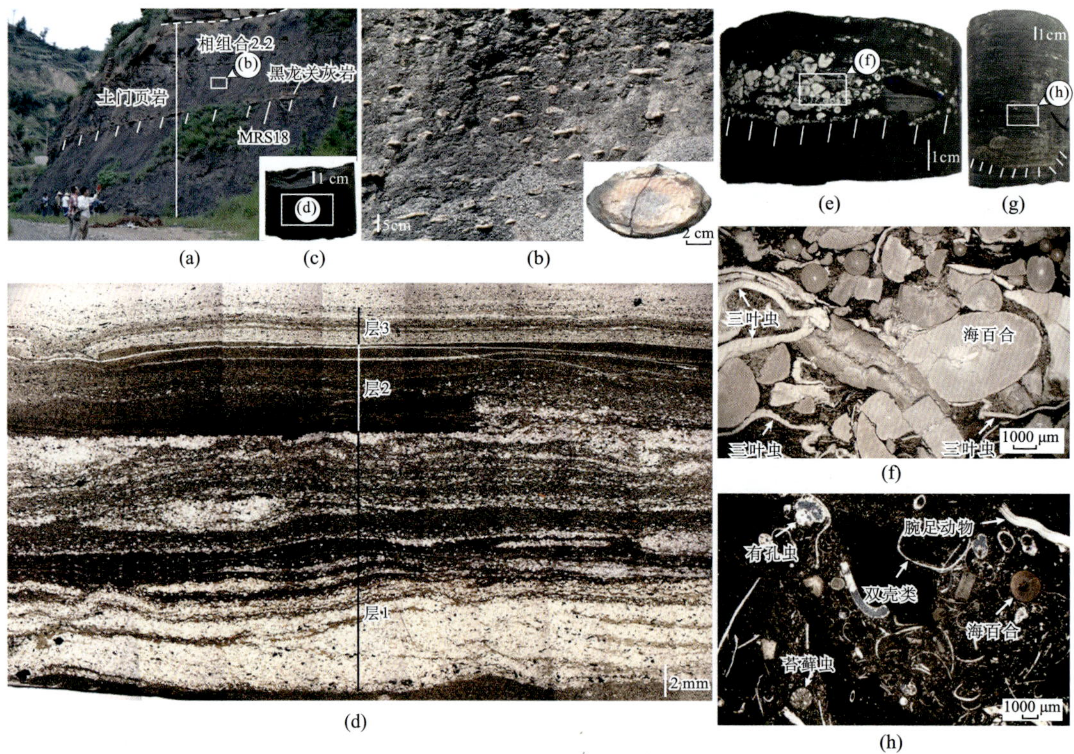

图 4.5　相组合 2.2：近端陆架沉积

（a）纹层状页岩和泥岩（土门页岩，扒楼沟剖面）；（b）照片（a）矩形框内的特写，展示了圆面包状菱铁矿结核群；（c）太原组中段的黑色页岩（K3 钻孔）；（d）照片（c）中黑色页岩的显微照片，展示了浪成波痕交错纹层（层 1）具弯曲冲刷底面和被削蚀顶面；水平-低角度交错纹层泥岩（层 2）具软沉积物变形；递变层（层 3）；（e）和（g）白云质粒泥灰岩中发育的具波状侵蚀底面的介壳层（箭头所指；K3 钻孔）；（f）照片（e）介壳层的显微照片，展示了大量的海百合和三叶虫碎屑；（h）照片（g）中白云质粒泥灰岩的显微照片，展示了大量的、杂乱分散的有孔虫、腕足动物、双壳类、海百合和苔藓虫

三、相组合 3：下切谷海湾体系

相组合 3 包括潮汐-河流通道(相组合 3.1)、潮汐砂坝(相组合 3.2)、潮坪(相组合 3.3)和沼泽(相组合 3.4)4 个沉积元素。相组合 3 主要发育在本溪组和太原组中，封装在相组合 2、相组合 4、相组合 5 和/或相组合 7 组成的复合地层中。相组合 3 的下切谷通常大于单个河道，其侵蚀地形(从河谷底界到原始泛滥平原之间)的高度超过 10m[图 4.6(a)、(b)和(d)]。

图 4.6 相组合 3：下切谷海湾体系

(a)大牛地气田下切谷的地震图像展示了凹入的底界面和上超的河道充填(据 Jiang 等，2012，有修改)；(b)区域分布的 8 号～9 号煤层被河流-海湾充填砂岩切割(旧县剖面；肖建新摄，2011)；(c)中陆架灰岩(扒楼沟灰岩)直接超覆在古土壤层之上(扒楼沟剖面；肖建新摄，2011)；(d)下切谷海湾体系切割下伏 10 号煤层(K3 钻孔；MFS 为最大海泛面)；(e)～(h)照片(d)中的特写：(e)交错层理；(f)撕裂屑；(g)具波纹层理的石英砂岩；(h)石英砂岩中的泥盖夹层截面；(i)照片(g)中石英砂岩的显微照片，显示潮汐泥盖侵蚀界面通常由界面之下被削蚀的地层和界面之上超覆的河流相地层证实，被削蚀的地层或者呈现为一区域标志层[如 8 号～9 号煤层；图 4.6(a)、(b)]，或者呈现为一局部标志层(如 K3 钻孔的 10 号煤)。该侵蚀界面侧向可以与下切河谷之外的不整合型滨岸海蚀面(SR-U)进行对比，在这里中陆架碳酸盐岩直接超覆于发育良好的古土壤或根土岩层之上[图 4.6(c)]。相组合 3 解释为下切谷海湾体系。其中，下切谷形成于基准面下降时期，海湾形成于滨岸海侵时期。海湾相地层只在下切河谷内超覆于河谷底面和侧面之上，这是下切谷充填沉积的典型特征，泥盖、沉积再作用面、条纹层理、韵律层和透镜状层理指示了受潮汐作用影响的沉积环境(Davis Jr，2012)。

(一)相组合 3.1：潮汐-河流通道

相组合 3.1 由粗-中粒、大型槽状和板状交错层理的石英砂屑岩组成，一般呈向上变细序列，具侵蚀底面，并发育沉积再作用面和泥岩撕裂屑，未发现遗迹化石。该相组合中的石英砂屑岩含有少量薄的泥盖，表明二者位于下切谷海湾的向海侧，侵蚀底面和上覆含稀少泥岩层段的交错层解释为低可容纳空间背景下沙丘和坝的侧向迁移(Longhitano et al.，2012)，砂岩层组之间的泥质交错层代表了涨潮和退潮之间的低能静水期沉积。

(二)相组合 3.2：潮汐砂坝

相组合 3.2 由粗-中粒石英砂屑岩组成，具低角度交错层理、波纹和泥盖。相组合 3.2 中的石英砂屑岩含有少量薄的泥盖，表明其位于下切谷海湾的向海面，在那里沉积物会频繁受到强的潮汐和海浪作用。

(三)相组合 3.3：潮坪

相组合 3.3 包括具条纹层理的砂岩、砂泥韵律层和具透镜状层理的泥岩。该相组合记录了潮汐-河流通道和潮汐砂坝附近的潮间坪环境。其中，砂和粉砂层代表了涨潮和/或退潮期碎屑沉积，而泥质层代表了静水期沉积(Longhitano et al.，2012)。

(四)相组合 3.4：沼泽

相组合 3.4 主要由煤层和碳质泥岩组成，代表了远离潮汐-河流通道和活动滨岸碎屑输入的潮上带沼泽沉积。

四、相组合 4：障壁-潟湖体系

相组合 4 代表障壁-潟湖体系(图 4.7)，包括障壁滩复合体(相组合 4.1)、潟湖-潮坪和沼泽(相组合 4.2)及潮道和潮汐三角洲(相组合 4.3)3 个沉积元素。该相组合形成于海侵过程中，以波浪作用为主的相对平直的海岸线上，在垂向上具有向上变深的相序[图 4.8(b)]。相组合 4 主要发育在本溪组和太原组中，与相组合 2、相组合 3、相组合 4、相组合 5 和相组合 7 呈指状交错。

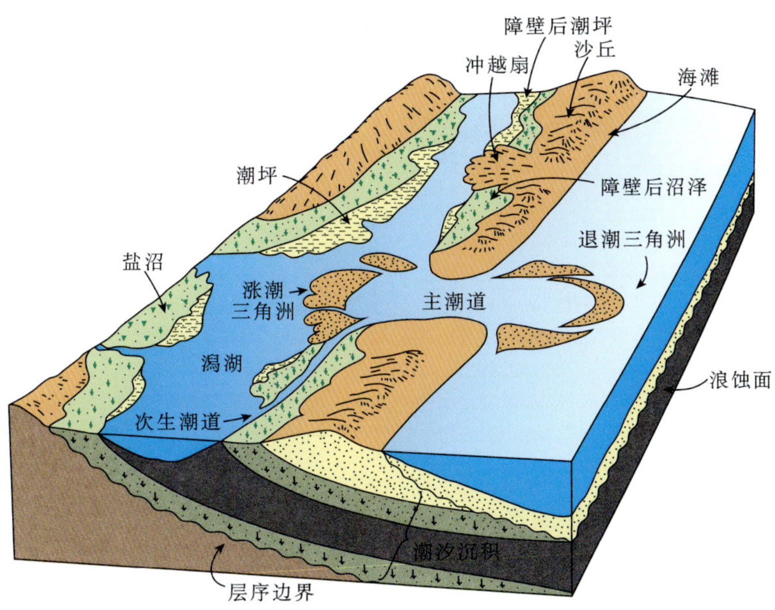

图 4.7 海侵障壁-潟湖体系的各种沉积亚环境示意图(据 Reinson，1992)

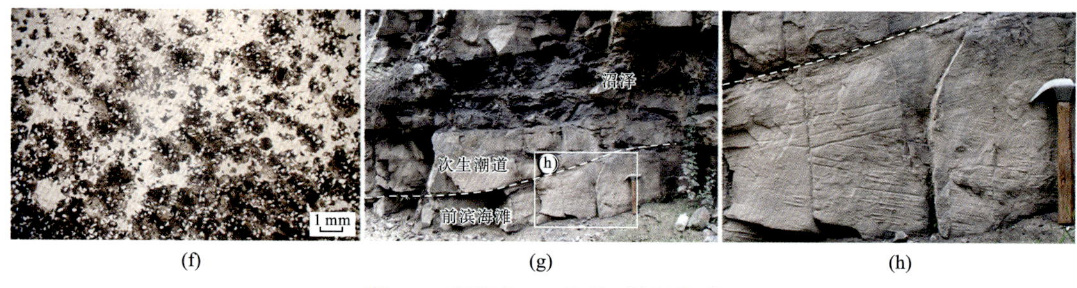

(f) (g) (h)

图 4.8 相组合 4：障壁-潟湖体系

(a)向上变深相序：下部为近端下临滨的合并、槽状交错层理砂体，中部为远端下临滨的具丘状交错层理的砂泥互层，顶部为近端陆架纹层状页岩和泥岩；(b)向上变深相序，从下到上依次为潟湖、主潮道、前滨沙滩、上临滨、下临滨、近端陆架(相组合 2.2)和中陆架(相组合 2.1)沉积(河津剖面；肖建新摄，2011)；(c)涨潮三角洲的向上变粗砂体嵌入潟湖细纹层页岩和泥岩中(太原组下段，府谷剖面)；(d)保德 K3 钻孔；(e)照片(d)中一涨潮三角洲底部特写，菱铁矿结核富集在细粒石英砂岩底部；(f)照片(e)中含菱铁矿结核石英砂岩的显微照片；(g)障壁上的次生潮道和盐沼沉积(太原西山剖面)；(h)照片(e)中矩形框内的特写，展示了冲洗交错层理

(一)相组合 4.1：障壁滩复合体

相组合 4.1 包括临滨、前滨海滩、后滨沙丘和冲越扇 4 个沉积亚环境。其中，临滨、前滨海滩和后滨沙丘在海侵过程中遭受广泛的波浪侵蚀。下临滨一般由下部的槽状交错层理的砂体和上部丘状交错层理的细砂岩夹泥岩构成[图 4.8(a)]。上临滨由槽状和板状交错层理的中粒石英砂岩构成。前滨海滩主要由具平行面状纹层的中粒石英砂岩构成。冲越扇主要由薄层、席状砂层构成，上下均以潟湖相泥岩为界，展示了近水平层理和平的侵蚀底面[图 4.8(d)]，解释为风暴期片流在障壁后冲溢河道口和临时潮道口形成的溢流沉积(Reading and Collinson，1996)。

(二)相组合 4.2：潟湖、潮坪和沼泽

相组合 4.2 包括潟湖、潮坪和沼泽 3 个沉积亚环境。其中，潟湖为障壁后在低潮时仍充满残留海水的地区，以细纹层的泥和粉砂沉积为主，常见菱铁矿结核。潮坪为障壁后或潟湖向陆侧紧邻沼泽的平坦地区，以含透镜状砂层的泥岩和砂泥韵律沉积为主。沼泽位于障壁后或潟湖向陆侧的潮上带，以泥炭和煤层沉积为主。

(三)相组合 4.3：潮道和潮汐三角洲

相组合 4.3 包括潮道和潮汐三角洲两个沉积亚环境。其中，潮道又包括主潮道和次生潮道两种类型。主潮道连通潟湖和海洋，一般由具有侵蚀底面的、低角度(10°～20°)交错层理的砂体构成，解释为顺岸漂移方向上由潮道侧向迁移形成的进积斜坡[图 4.8(b)](Reading and Collinson，1996)。次生潮道位于潮汐三角洲和障壁后潟湖边缘附近，具有凹面向上的底部冲刷，该冲刷凹面的深度较小，一般小于 1m[图 4.8(g)]。潮汐三角洲又包括涨潮三角洲和退潮三角洲。其中，退潮三角洲发育在障壁的向海侧，受波浪产

生的沿岸流影响，退潮三角洲很难保存下来。涨潮三角洲位于障壁的向陆侧，由向上变粗的砂体构成，受波浪和风力影响作用较小，因而，能够作为潟湖充填沉积的一部分被很好地保存[图 4.8(c)]。

五、相组合 5：开阔海岸潮坪体系

相组合 5 包括潮下坪(相组合 5.1)、潮间坪(相组合 5.2)和潮上坪(相组合 5.3)3 个沉积元素，属于海岸平原一侧向海敞开的开阔海岸潮坪体系。该相组合主要发育在本溪组和太原组中，与相组合 2、相组合 3、相组合 4 和相组合 7 呈指状交错。

(一)相组合 5.1：潮下坪

相组合 5.1 形成在平均低潮线以下，主要由中-粗粒石英砂岩岩组成，在剖面上具潮汐束状体[图 4.9(a)]，在层理面上具对称的、直波脊线的、小型波纹[图 4.9(b)]。潮汐束状体通常呈交错层组，其中，单个潮汐束状体岩性单一，厚度为 10～20cm。这些束状体呈多期垂向叠置，并具有同一朝向。该相组合形成于小型沙丘在潮道边缘和底部的侧向迁移，反映了潮下带相对较强的水动力和高沉积物保存潜力。

(二)相组合 5.2：潮间坪

相组合 5.2 形成于平均高潮线和平均低潮线之间，由海向陆依次可分为下潮间坪、中潮间坪和上潮间坪。其中，下潮间坪位于平均低潮线附近，以砂质沉积为主，发育板状或楔状交错层理；中潮间坪由薄层的砂泥互层构成，发育脉状层理和波状层理[图 4.9(c)]；上潮间坪主要由含透镜状砂体的纹层状泥岩构成[图 4.9(d)]。相组合 5.2 反映了开阔海岸潮坪上潮汐旋回的涨潮—滞潮—退潮—滞潮的情形，单个砂岩纹层代表了涨潮或退潮期沉积，而泥岩纹层代表了高滞潮和低滞潮期沉积。

(三)相组合 5.3：潮上坪

相组合 5.3 形成于平均高潮线之上，通常由底部的煤层和上覆的细粒沉积物夹煤层组成[图 4.9(e)～(g)]。石膏层局部分布在细粒沉积物和煤层的接触面上[图 4.9(f)]。该相组合解释为潮上带被植被覆盖的盐沼上的片流沉积，分布在盐沼沉积物中的石膏层代表了潮水溢流到沼泽表面经过蒸发作用后的硫酸盐沉淀，盐沼沉积通常发生在开阔海岸潮坪朝陆一侧平均高水位附近。

六、相组合 6：河控三角洲体系

相组合 6 包括近端前三角洲(相组合 6.1)、河口坝(相组合 6.2)、终端分流河道(相组合 6.3)、分流河道(相组合 6.4)和分流间湾(相组合 6.5)5 个沉积元素。该相组合的厚度通常为几米到十米不等，具有典型的不规则向上变粗的相序，展示了从偏泥质相组合 6.1

图 4.9 相组合 5：开阔海岸潮坪体系

(a)同一朝向的、多期叠置的潮汐束状体（晋祠砂岩，扒楼沟剖面）；(b)棋盘井剖面太原组中对称的、直波脊线的、小型波纹；(c)澄城三眼桥剖面太原组下段的潮汐韵律层，展示了交互的砂泥纹层；(d)柳林韩家垣剖面太原组上段的透镜状层理，展示了漂浮在泥岩中的砂岩透镜体；(e)河曲县黄河水利枢纽工程南岸 8 号～9 号煤层解释为开阔海岸潮坪体系的潮上带沉积（肖建新摄，2011）；(f)盐沼煤层中的石膏夹层（澄城三眼桥剖面）；(g)河曲旧县剖面的开阔海岸潮坪体系垂向剖面（肖建新摄，2011）。MFS 为最大海泛面；FS 为海泛面；PS 为准层序

过渡到偏砂质相组合 6.2 和相组合 6.3，如果相序是完整的，最终会过渡到相组合 6.4 和相组合 6.5[图 4.10(a)～(d)]。相组合 6 的沉积物直接由分流河道提供，所以其向海突出，且在相对海平面下降（强制海退）和上升（正常海退）期均可形成（Boyd et al.，1992），含有泥岩夹层的不规则向上变粗序列由河流供给系统的流量变化导致。此外，相组合 6 在顺倾向的剖面图中会呈现典型的三分结构：顶积层、前积层和底积层。前积层和相组合 6.2 有关，展示出休止角[图 4.10(d)、(e)]；底积层的倾角小于前积层，和相组合 6.1 有关；顶积层的层面平坦或呈波状，由相组合 6.3 构成。相组合 6 主要发育在山西组、下石盒子组、上石盒子组和延安组中，与相组合 8 和相组合 9 呈指状交错。

（一）相组合 6.1：近端前三角洲

相组合 6.1 主要由纹层状-薄层状泥岩含砂岩夹层构成[图 4.10(a)～(c)]。其中，砂岩夹层代表了洪泛期三角洲分流河道所携带的沉积物搬运到前三角洲地区的沉积，洪泛期过后，背景沉积将占主导。

（二）相组合 6.2：河口坝

相组合 6.2 由细-中粒砂岩组成，含少量的粉砂岩夹层，具块状-层状层理。相组合 6.2 主要反映了分流河口坝环境下单向流的快速减速卸载沉积，块状和层状砂岩反映了高流量期在河口形成的高密度流沉积。

图 4.10　相组合 6：河控三角洲体系（肖建新摄，2011）

(a) 乡宁台头山西组上段；(b) 澄城三眼桥剖面下石盒子组；(c) 乡宁下石盒子组；(d) 韩城黄河龙门渡口北山西组吉尔伯特型湖泊三角洲；(e) 照片 (d) 中矩形框内特写；(f) 保德扒楼沟剖面山西组

（三）相组合 6.3：终端分流河道

相组合 6.3 主要由分选差的中-粗粒砂岩构成，具槽状交错层理，偶尔含泥岩碎屑、流痕和植物碎屑。该相组合的河道相比三角洲平原上的分流河道更浅、更窄，沉积厚度更小，且与河口坝紧密相连[图 4.10(a)、(b)]。

（四）相组合 6.4：分流河道

相组合 6.4 具典型的向上变细正粒序，底部具明显的冲刷面，发育槽状、板状交错层理。该相组合中的向上变细粒序反映了整体向上变深的相序，和以河流供给相为主到偏海水或半咸水相的转变有关。

（五）相组合 6.5：分流间湾

相组合 6.5 由含植物根的碳质泥岩和煤层组成，具向上变细相序[图 4.10(f)]，和从偏海相沉积到偏陆相沉积的转变有关。

七、相组合 7：浪控三角洲或海滨平原体系

相组合 7 包括下临滨(相组合 7.1)、上临滨(相组合 7.2)、海滩(相组合 7.3)和三角洲或海滨平原(相组合 7.4)4 个沉积元素(图 4.11)。相组合 7 具有典型的相对连续的向上变粗相序，主要发育在太原组和山西组底部，与相组合 2、相组合 3、相组合 4 和相组合 5 呈指状交错。

图 4.11　相组合 7：浪控三角洲或海滨平原体系

(a)保德桥头剖面七里沟砂岩；(b)柳林成家庄北岔沟砂岩；(c)～(f)保德扒楼沟北岔沟砂岩；(g)和(h)乌达靖远组(肖建新摄，2011)

（一）相组合 7.1：下临滨

相组合 7.1 由具丘状交错层理的细砂岩层夹薄页岩层构成，且页岩夹层向上变薄，数量减少，解释为风暴期砂岩与晴天期泥岩和粉砂岩的交互沉积，代表了下临滨环境。

（二）相组合 7.2：上临滨

相组合 7.2 由具槽状、板状交错层理的包含古水流信息的中砂岩构成，古水流方向近平行于区域古滨线方向。该相组合中的交错层理记录了顺岸流导致的沙丘的迁移，这是由晴天波浪向滨线斜交的侵蚀作用导致的，解释为上临滨环境。

（三）相组合 7.3：海滩

相组合 7.3 主要由平行面状纹层的中砂岩构成，含植物根。相组合 7.3 中的水平到平行纹层是由碎浪导致的高能、冲洗回流沉积，解释为前滨海滩环境。

（四）相组合 7.4：三角洲或海滨平原

相组合 7.4 主要由碳质泥岩或煤层构成。

八、相组合 8：河流体系

相组合 8 包括河道充填（相组合 8.1）、天然堤和泛滥平原（相组合 8.2）3 个沉积元素。其中，天然堤分布局限，在露头中很难识别，在此不做详述。相组合 8 主要发育在山西组、下石盒子组、上石盒子组和延安组中，与相组合 6 和相组合 9 呈指状交错。

（一）相组合 8.1：河道充填

相组合 8.1 平均厚度为 6m，通常由一单层砂体构成，具侵蚀底面，砂体内部无主要的侵蚀面[图 4.12（a）]，垂向上具向上变细的粒序及一系列沉积构造，包括槽状交错层理[图 4.12（d）]、板状交错层理[图 4.12（e）]、波形交错纹理[图 4.12（b）]、平行层理和块状层理[图 4.12（c）]。单层砂体在井间很难进行追踪。相组合 8.1 解释为河道充填沉积。其中含砾石滞留沉积的槽状交错层理来源于更小的河道充填沉积，板状交错层理解释为记录了横向和舌形底形（二维沙丘）的迁移，中粒和粗粒砂的交互层解释为沙丘向流面上的波纹迁移，波纹交错纹理解释为一串具有低沉积速率、经过悬移沉积形成的波纹的迁移，平行层理解释为片流（超临界流）沉积，块状砂岩解释为重力流沉积，可能来源于小河道的堤岸崩塌（Miall，2010）。

（二）相组合 8.2：泛滥平原

相组合 8.2 包括漫滩和决口扇两个沉积亚环境。其中，漫滩由席状、纹层状黏土或粉砂岩单元构成[图 4.12（h）]，解释为低能量环境下的片流及随后的悬移沉积形成的越岸沉积，这些单元侧向可以延伸数百米甚至几千米。岩石中通常含有菱铁矿结核和碳质碎片。决口扇表现为夹在漫滩泥岩中的砂岩透镜体，底部具有明显的冲刷现象[图 4.12(f)]。

图 4.12　相组合 8：河流体系

(a)柳林成家庄山西组下段(肖建新摄，2011)；(b)照片(a)中矩形框内的特写；(c)柳林成家庄山西组下段砂岩中发育的块状层理和平行层理；(d)～(f)、(h)保德扒楼沟山西组砂岩中发育：(d)槽状交错层理；(e)板状交错层理；(f)漫滩和决口扇；(g)柳林成家庄剖面山西组中点坝的侧向迁移(肖建新摄，2011)；(h)泛滥平原沉积。FAC 为河流加积旋回

九、相组合 9：湖泊体系

相组合 9 包括深湖(相组合 9.1)、浅湖(相组合 9.2)、滨湖(相组合 9.3)和后滨-湖岸平原(相组合 9.4)4 个沉积元素。该相组合主要发育在太原组上段、山西组、下石盒子组、上石盒子组和延安组中，经常与相组合 6[图 4.13(a)]和相组合 8 共生。

(一)相组合 9.1：深湖

相组合 9.1 由纹层状、富有机质页岩和泥岩组成，含氢氧化铁纹层[图 4.13(g)]。该相组合指示了低能量的深湖环境。其中，纹层状黑色页岩中氢氧化铁纹层的发育归因于湖水分层模式或湖平面的季节性或非周期性变化(Renaut and Gierlowski-Kordesch,

2010)。在湖水分层期(如温暖的夏季)，湖底静水层会富集只有在缺氧的环境下才能够稳定的离子。在湖水对流期(如冬季)，富氧水会带入湖底静水层与之混合，导致在之前缺氧的湖水中形成氢氧化铁纹层。

(二)相组合 9.2：浅湖

相组合 9.2 由不同类型的、纹层状-薄层泥岩和白云质粉砂岩组成[图 4.13(f)]。该相组合代表了湖泊潮下带沉积。

(三)相组合 9.3：滨湖

相组合 9.3 由均质的、被赤铁矿染色的[图 4.13(b)]或斑状白云质粉砂岩[图 4.13(d)]构成，具弱水平纹理，或由纹层状白云质粉砂岩、薄层状白云质砂岩组成，偶尔发育干裂纹，并充填有氢氧化铁脉[图 4.13(h)]。该相组合指示了高能浅水的、周期性干燥的湖泊潮间带沉积，白云岩具有部分叠层石成因，充填在该岩相的干裂纹中的氢氧化铁脉主要来源于上覆的深湖相地层。

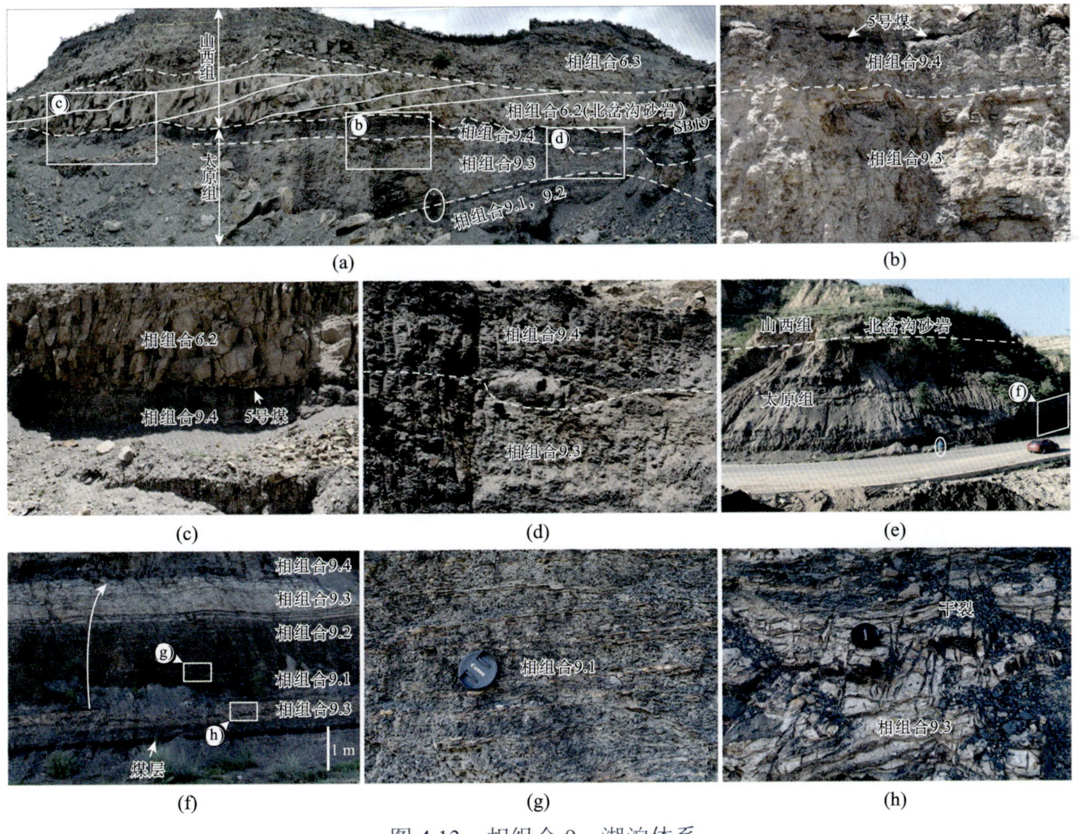

图 4.13　相组合 9：湖泊体系

(a)澄城三眼桥剖面；(b)～(d)照片(a)中矩形框内的特写；(e)柳林韩家垣剖面；(f)照片(e)中矩形框内的特写；(g)照片(f)中含氢氧化铁纹层的富有机质泥岩；(h)含氢氧化铁脉的白云质砂岩

（四）相组合 9.4：后滨-湖岸平原

相组合9.4由块状-弱纹层状被赤铁矿染色的或斑状泥岩组成，偶尔发育灰岩透镜体，顶部含煤层和粉末状盐类矿物[图 4.13（c）、（d）]。该相组合指示了后滨-湖岸平原环境。其中，被赤铁矿染色或斑状泥岩指示了沿古湖岸边富氧的非常浅的水体环境（Caillaud et al.，2017）；煤层和粉末状盐类矿物的发育解释为湖岸平原的浮现和蒸发作用；小的灰岩透镜体解释为沉积在环湖地带的排水不畅的低地（如岸边水池）（Bohacs et al.，2007）。

第二节　含煤岩系层序地层

一、层序地层方法

根据层序地层学的标准化方法（Catuneanu，2017）可知，层序是由岩石记录中同一类型层序地层界面的重现所定义，对应地层叠置样式的一个旋回性变化。考虑到可利用的资料不足以在盆地范围内对强制海退面（BSFR）和可对比整合面（CC）进行可靠的识别和对比（图 4.14），本书采用的层序地层界面和单元的定义遵从 Embryt 和 Johannessen（2017）所描述的归纳法层序地层学，该方法要求任何类型层序的所有边界必须是物理界面，包括陆上不整合面（SU）、不整合型滨岸海蚀面（SR-U）、最大海退面（MRS）和最大海泛面（MFS）（图 4.14）。此方法还用到沉积 T-R（海侵-海退）层序和海侵（TST）、海退（RST）体系域（图 4.14）。根据 Embry 和 Johannessen（2017）的观点，缓坡背景的沉积 T-R 层序在盆地边缘以 SU 和 SR-U 为界，在盆地内部以 MRS 为界（图 4.15），MRS 与 SU 通过过渡边界 SR-U 连接形成连续的层序边界，一个顶底面以 SR-U 和/或 MRS 为边界的地层单元无论是否存在 SU 均可划分为一个沉积 T-R 层序。这些物理界面不仅适用于硅质碎屑背景，也适用于碳酸盐-硅质碎屑混合背景，并且允许区域沉积层序边界的对比从以硅质碎屑为主的地区延伸到以碳酸盐为主的地区。由于演绎法能够提供更高的分辨率和解释洞察力，在已经建立的归纳法层序地层格架内，也会运用 Embry 和 Johannessen（2017）所描述的演绎法进行层序地层学分析（图 4.14）。

层序和层序边界级别的区分与指定遵从 Catuneanu（2017）及 Embry 和 Johannessen（2017）所描述的归纳法。一级层序对应特定构造背景下的整个沉积盆地的充填（图 4.16），一级层序边界指示了沉积序列中最重要的事件，标志着构造背景的改变，一级层序可以细分为二级或更高级层序。层序级别的确定需要根据与层序形成有关的相迁移的强度，而与层序形成的控制机制无关，不同级别的层序只具有相对地层重要性的含义，而不具有时间或厚度的含义。

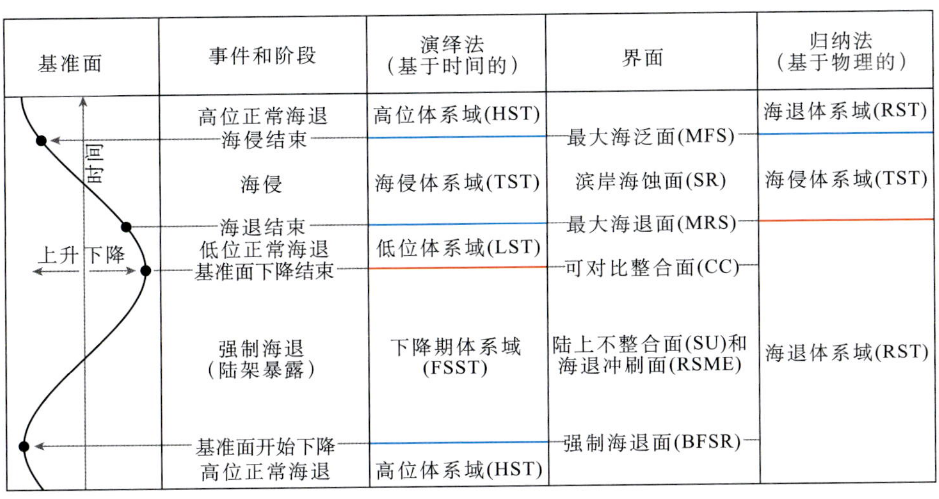

基准面
事件和阶段
演绎法（基于时间的）
界面
归纳法（基于物理的）
时间
上升
下降
高位正常海退
海侵结束
海侵
海退结束
低位正常海退
基准面下降结束
强制海退（陆架暴露）
基准面开始下降
高位正常海退
高位体系域(HST)
海侵体系域(TST)
低位体系域(LST)
下降期体系域(FSST)
高位体系域(HST)
最大海泛面(MFS)
滨岸海蚀面(SR)
最大海退面(MRS)
可对比整合面(CC)
陆上不整合面(SU)和海退冲刷面(RSME)
强制海退面(BFSR)
海退体系域(RST)
海侵体系域(TST)
海退体系域(RST)
层序边界
体系域边界

图 4.14　演绎法沉积层序Ⅳ与归纳法沉积海侵—海退(T-R)层序的对比(据 Embry 和 Johannessen, 2017, 有修改)

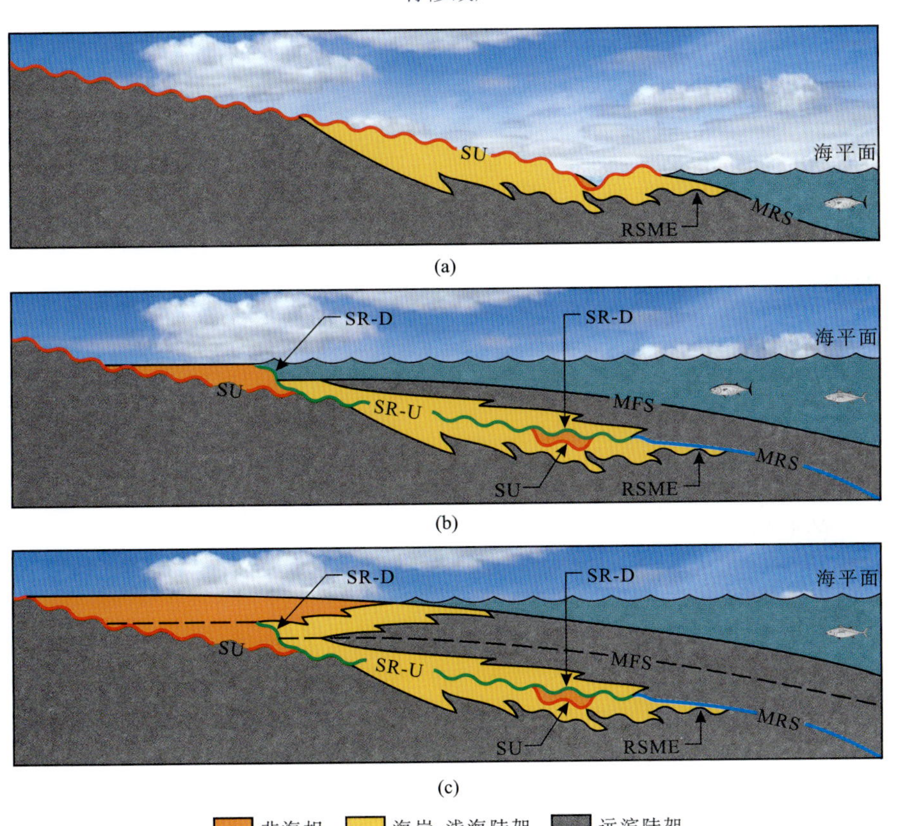

图 4.15　缓坡背景下的归纳法层序地层演化示意图(据 Embry 和 Johannessen，2017)

SU 代表陆上不整合面；SR-U 代表不整合型滨岸海蚀面；SR-D 代表间断型滨岸海蚀面；MRS 代表最大海退面；MFS 代表最大海泛面；RSME 代表海退冲刷面

(a)基准面下降结束；(b)基准面上升至最大海泛面；(c)基准面上升晚期

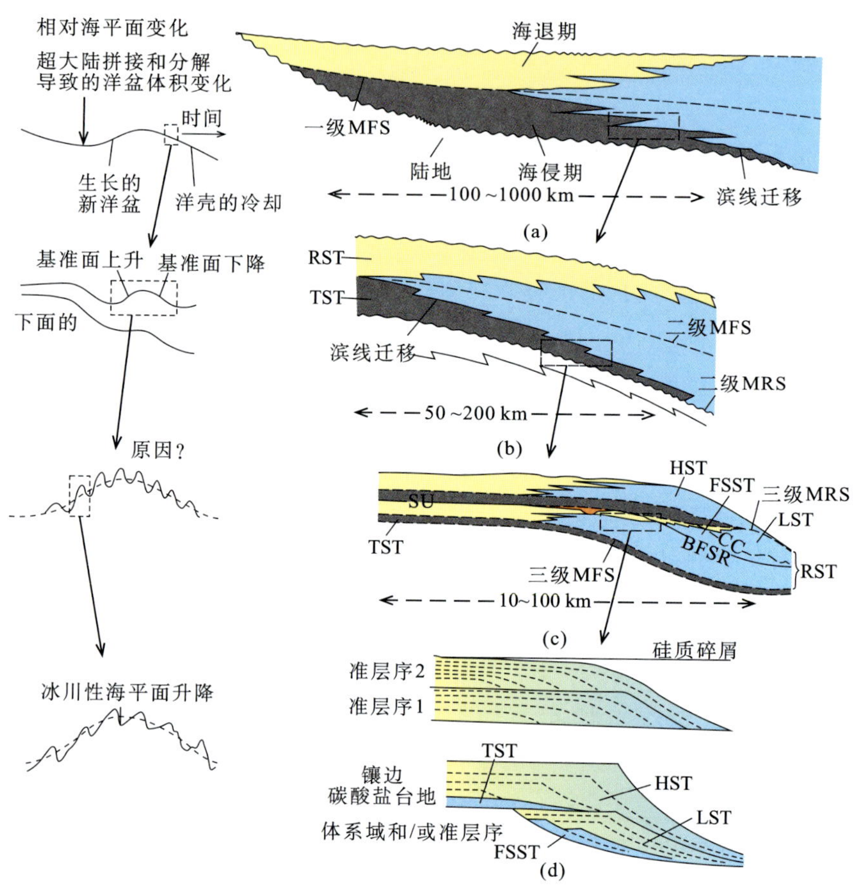

图 4.16 相对海平面变化及其对应的层序分级系统(据 Einsele，2000，有修改)

(a)一级层序(大陆进侵旋回)；(b)二级海侵-海退层序；(c)三级层序；(d)四级(准)层序

二、层序地层划分

(一)石炭纪—二叠纪层序地层划分

根据归纳法层序级别划分方法，鄂尔多斯盆地石炭系—二叠系本溪组、太原组、山西组、下石盒子组和上石盒子组一起形成一个一级层序(即层序Ⅰ)，该层序上下分别以华北克拉通范围陆上不整合面(即 SU1 和 SU29)为界(图 4.17，图 4.18)。层序Ⅰ不仅具有最大的区域对比，而且其顶底界 SU1 和 SU29 相比嵌入层序Ⅰ中的更高级层序边界具有最大的陆上侵蚀和相迁移。SU1 位于奥陶纪灰岩与宾夕法尼亚纪富铝铁质泥岩之间(图 4.17 和图 4.18)，该区域不整合已被许多学者发现(Li et al.，1999；吕大炜等，2009；邵龙义等，2014)。鄂尔多斯盆地东缘露头(如扒楼沟剖面)马家沟灰岩中发育的溶蚀扩大的孔隙被铝铁土充填指示陆上侵蚀，这表明 SU1 是一个喀斯特不整合。该不整合是一个跨越 140Ma 的沉积间断，代表了典型的一级层序边界，它将界面之下的中—晚奥陶世离散

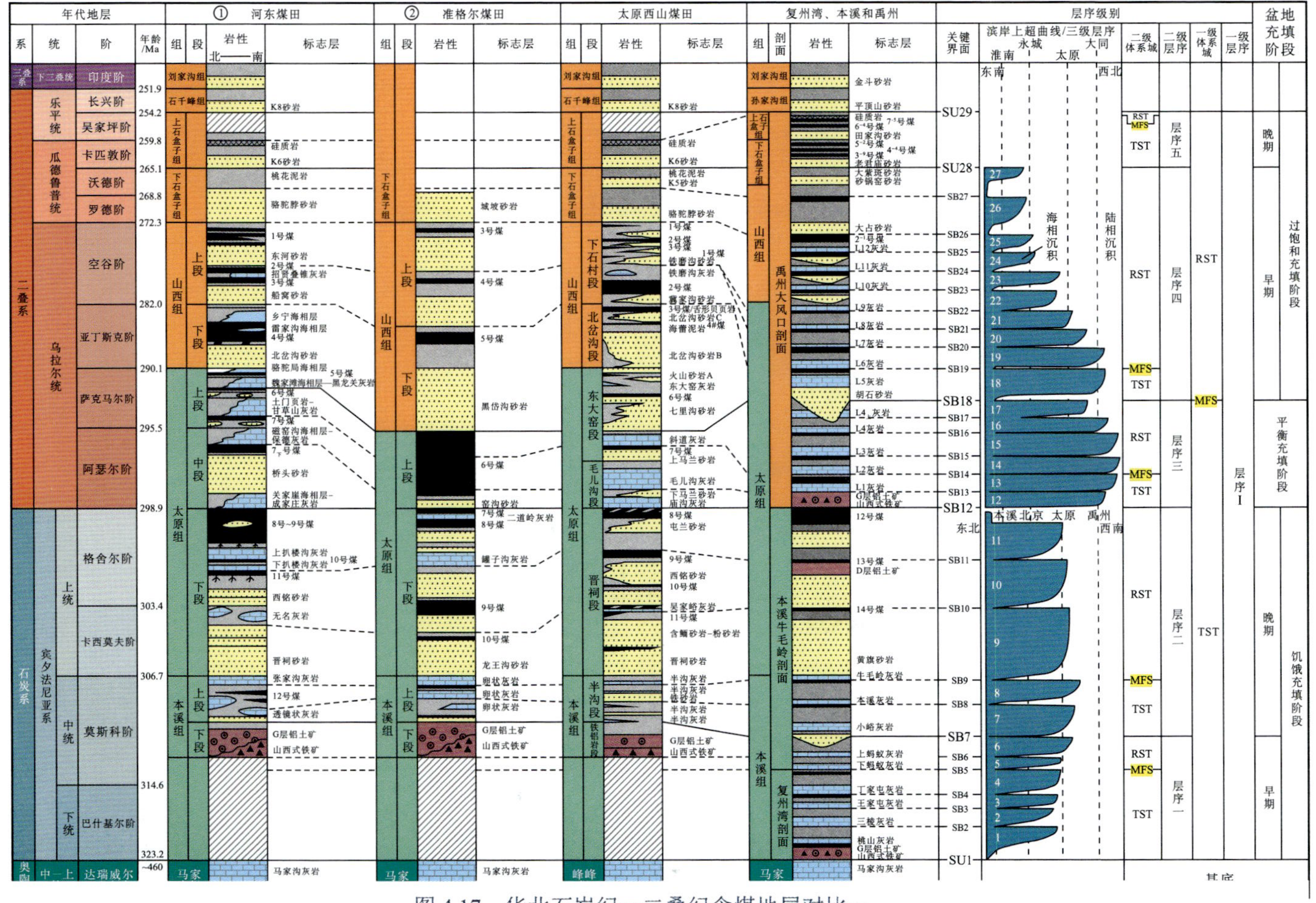

图 4.17　华北石炭纪—二叠纪含煤地层对比

石炭纪—二叠纪国际年代地层据 Ogg 等，2016；岩性和标志层据河东煤田据陈钟惠等，1989；准格尔煤田据刘焕杰等，1991；太原西山煤田据杨锡禄等，1987；复州湾剖面据 Liu 等，1998；本溪牛毛岭剖面据黄振裕，1990 和 Liu 等，1998；禹州大风口剖面据杨起，1987；滨岸上超曲线据黄振裕，1990 和 Liu 等，1998 修改；华北石炭系-二叠系与国际年代地层的对比主要根据生物数据；展示标志层位置的岩性柱未按比例

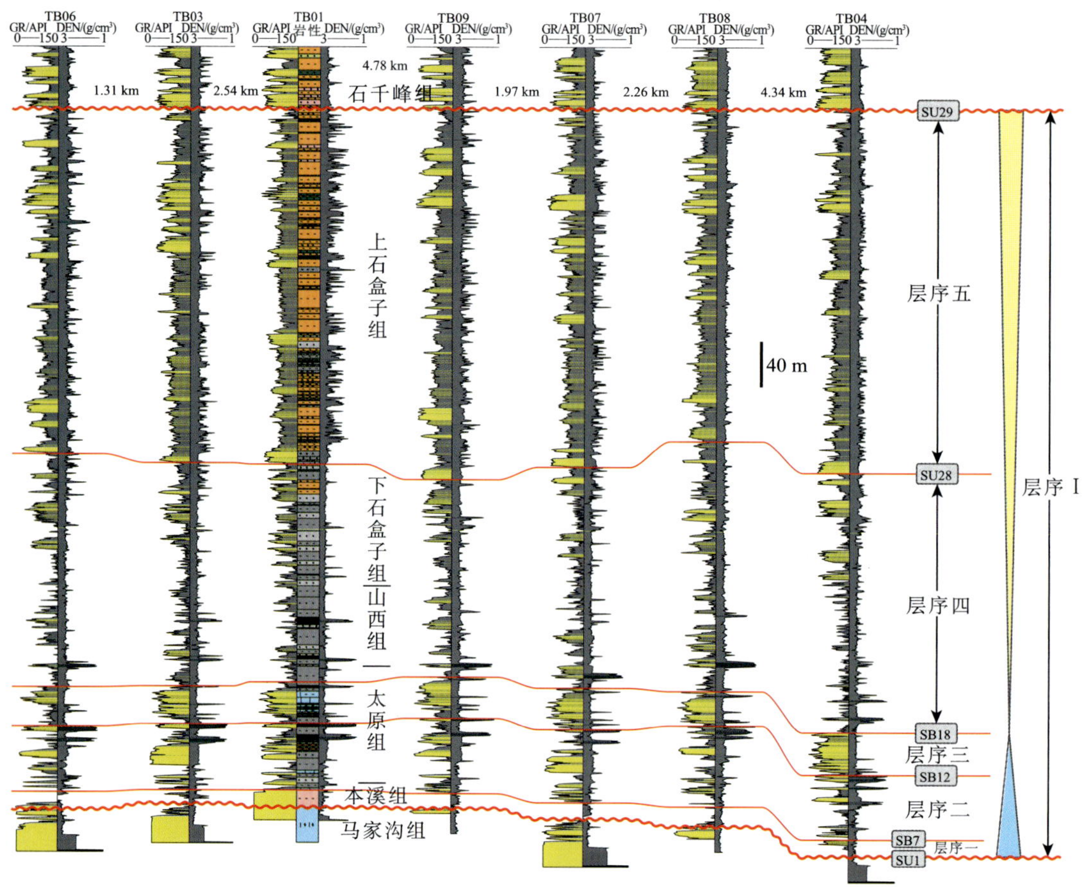

图 4.18 鄂尔多斯盆地东缘临兴区块测井曲线横剖面展示了石炭纪—二叠纪层序地层划分

板块背景的碳酸盐岩台地盆地沉积与界面之上的石炭纪—二叠纪会聚板块背景的陆缘近海盆地沉积分隔开(Yang et al.，2005)。河东煤田临县地区 G 层铝土矿的 Rb-Sr 全岩同位素年龄为 309.1Ma±10.5Ma(赵社生等，2001)和 315.5Ma±1.3Ma(王银喜等，2003)，准格尔煤田东侧清水河地区 G 层铝土矿的 U-Pb 年龄为 311Ma±7Ma(Liu et al.，2014)，这些年龄标志着华北西部鄂尔多斯内克拉通盆地旋回的开始。该盆地的诞生与宾夕法尼亚纪莫斯科期华北克拉通北缘的古亚洲洋向下俯冲有关，该俯冲事件解释为内克拉通盆地形成的机制，它导致了层序 I 的沉积。因此，该俯冲事件不仅解释了鄂尔多斯盆地石炭纪—二叠纪初期的构造倾斜和随之而来的 SU1 的形成，还解释了火山和碎屑锆石的存在，从该火山和碎屑锆石中可以获得第一沉积层(即 G 层铝土矿)的年龄。

SU29 是位于上石盒子组和石千峰组之间的与区域沉积间断(1～6Ma)有关的层序边界(图 4.17，图 4.18)，该沉积间断为一陆上不整合面，将界面之下的晚石炭世—中二叠世陆缘近海盆地沉积与界面之上的晚二叠世—三叠纪弧后前陆盆地沉积分隔开，其形成与华北克拉通和蒙古地体南缘的碰撞导致的地壳收缩有关(Ma et al., 2014)，所以，SU29解释为层序Ⅰ的顶界。有些学者将层序Ⅰ的顶界置于二叠系—三叠系的界线(吕大炜等，2009；邵龙义等，2014)，然而，许多学者已经证实华北盆地二叠系—三叠系为连续沉积，不存在沉积间断或不整合(万天丰，2011)。根据层序Ⅰ的地层特征，一级MFS解释位于甘草山灰岩和黑龙关灰岩之间，将层序Ⅰ分成下部TST和上部RST(图4.17)。

层序Ⅰ被层序边界SB7、SB12、SB18和SU28分为5个二级层序，这里分别指定为层序一、层序二、层序三、层序四和层序五。层序1～27包含在二级层序(层序一—层序四)中，因此，解释为三级层序(图4.17)。

(二)早—中侏罗世层序地层划分

下-中侏罗统富县组、延安组、直罗组和安定组一起形成一个一级层序(即层序Ⅱ)，该层序上下分别以跨鄂尔多斯盆地范围的陆上不整合面(即SU1和SU10)为界(图4.19)。层序Ⅱ不仅具有最大的区域对比，而且其顶底界SU1和SU10相比嵌入层序Ⅱ中的更高级层序边界具有最大的陆上侵蚀和相迁移。其中，SU1位于上三叠统延长组与下侏罗统富县组；SU10位于中侏罗统安定组与上侏罗统芬芳河组之间。SU1和SU5代表了典型的一级层序边界，SU1将界面之下的晚三叠世离散板块背景的复合盆地沉积与界面之上的早—中侏罗世会聚板块背景的内克拉通盆地沉积分隔开，该区域不整合归因于晚三叠世末期逆冲和断裂作用停止后的均衡回弹(Liu et al., 2013)；SU10将界面之上的晚侏罗世会聚板块背景的前陆盆地的磨拉石沉积分隔开(Liu et al., 2013)。层序Ⅱ被层序边界SB2和SB7分为3个二级层序，分别指定为层序一、层序二和层序三(图4.19)；层序1～8包含在二级层序(即层序二和层序三)中，因此，解释为三级层序。

三、层序地层特征

(一)层序地层模型

根据相组合的垂向叠置样式并与一系列沉积过程相联系，鄂尔多斯盆地石炭纪—二叠纪和早—中侏罗世含煤地层主要以3种相组合序列中的某种来沉积，这3种相组合序列与特有的沉积物搬运和堆积方式所呈现的沉积机制及水底能量和含氧量的变化有关。本书将这3种相组合序列解释为沉积物在鄂尔多斯内克拉通盆地不同部位上的沉积记录，3种相组合序列分别为：下部碳酸盐-上部硅质碎屑(相组合序列1)、海岸-浅水硅质碎屑(相组合序列2)和河流-湖泊序列(相组合序列3)。每一种相组合序列记录了一个典型的三级层序类型。

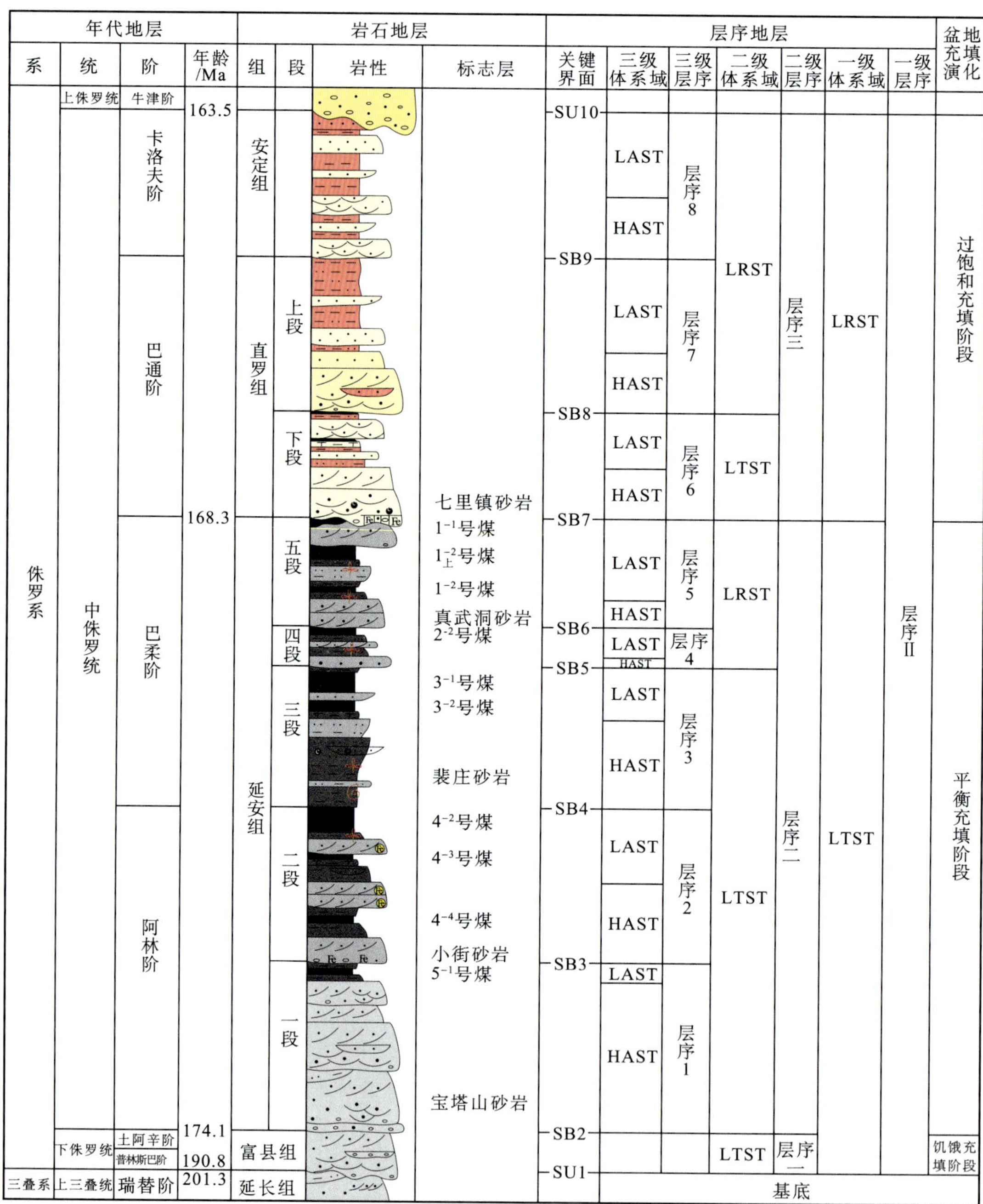

年代地层
系
统
阶
年龄/Ma
岩石地层
组
段
岩性
标志层
层序地层
关键界面
三级体系域
三级层序
二级体系域
二级层序
一级体系域
一级层序
盆地充填演化
上侏罗统
牛津阶
163.5
卡洛夫阶
巴通阶
168.3
巴柔阶
阿林阶
174.1
土阿辛阶
普林斯巴阶
190.8
201.3
侏罗系
中侏罗统
下侏罗统
三叠系
上三叠统
瑞替阶
安定组
直罗组
上段
下段
延安组
五段
四段
三段
二段
一段
富县组
延长组
七里镇砂岩
1^{-1}号煤
$1_{上}^{-2}$号煤
1^{-2}号煤
真武洞砂岩
2^{-2}号煤
3^{-1}号煤
3^{-2}号煤
裴庄砂岩
4^{-2}号煤
4^{-3}号煤
4^{-4}号煤
小街砂岩
5^{-1}号煤
宝塔山砂岩
SU10
SB9
SB8
SB7
SB6
SB5
SB4
SB3
SB2
SU1
LAST
HAST
层序8
层序7
层序6
层序5
层序4
层序3
层序2
层序1
LRST
LTST
层序三
层序二
层序一
层序II
过饱和充填阶段
平衡充填阶段
饥饿充填阶段
基底

图 4.19 鄂尔多斯盆地早—中侏罗世层序地层划分

1. 相组合序列 1：下部碳酸盐-上部硅质碎屑层序

相组合序列 1 以海相和近海含煤地层海侵-海退沉积的旋回模式为特征[图 4.20(a)]。

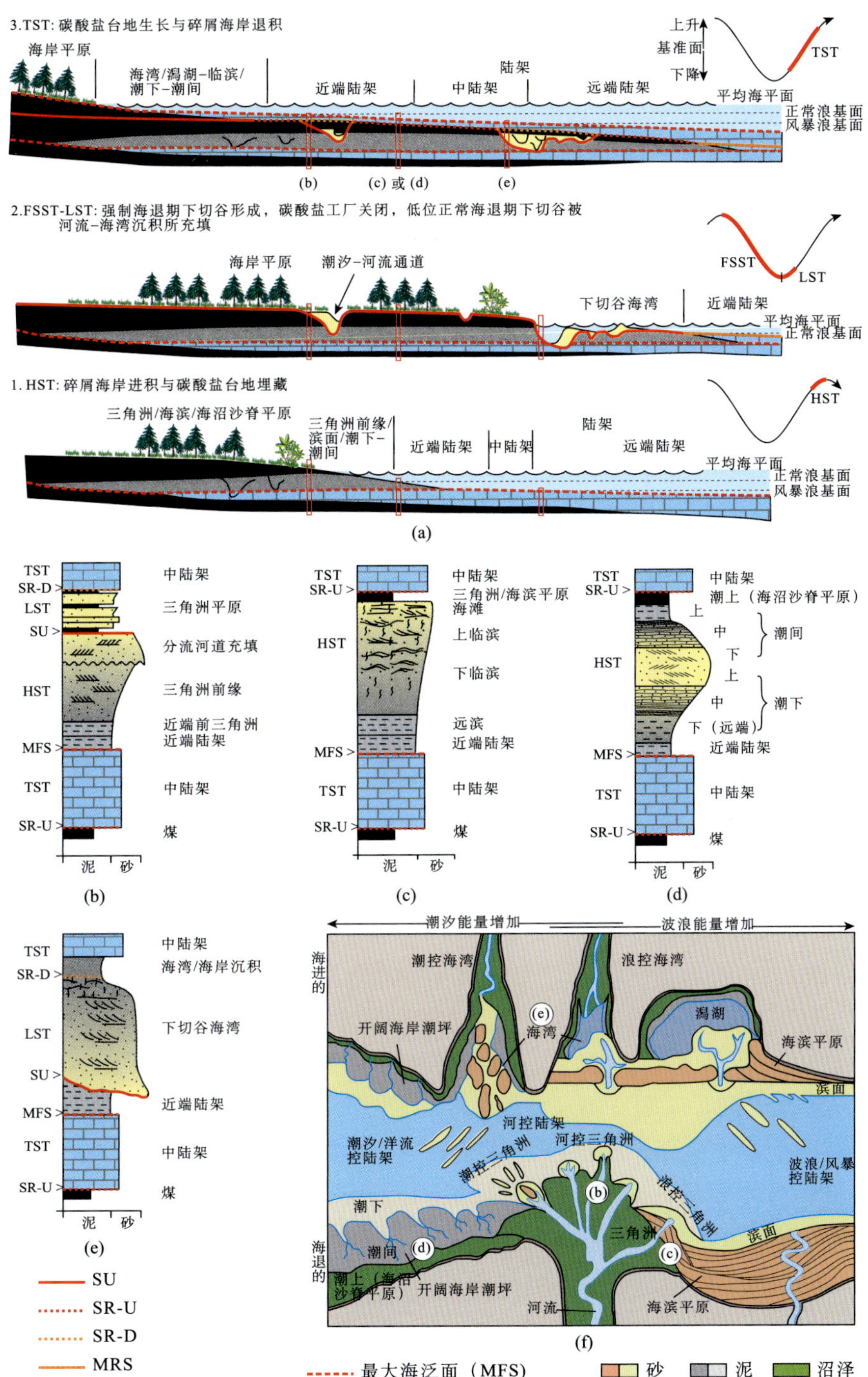

图4.20　鄂尔多斯盆地石炭纪—二叠纪碳酸盐-硅质碎屑混合型层序地层模型（据 Boyd et al., 1992; Steel and Milliken，2013，有修改）

(a)下部碳酸盐-上部硅质碎屑层序及同时期海岸-浅水硅质碎屑层序的演化模型；(b)～(e)4 种类型的下部碳酸盐-上部硅质碎屑层序的沉积剖面示意图：(b)河控三角洲型；(c)浪控三角洲或海滨平原型；(d)开阔海岸潮坪型；(e)下切谷海湾型；(f)海岸-浅水沉积体系划分

Sakamoto（1957）首次在华北东部开滦煤田石炭系—二叠系中发现这种岩性旋回，后来也有学者也在华北南部灵川地区和鄂尔多斯盆地东部发现了这种沉积旋回，汪寿松和陈安宁（1989）将这种旋回解释为“约代尔”旋回。相组合序列 1 主要区域或局部发育在本溪组和太原组对应的层序 7～18 中（图 4.17，图 4.21），也发育在华北盆地东北部（如复州湾和本溪）的层序 1～9 及华北盆地南部（如禹州）的层序 13～25 中（图 4.17）。这些层序的厚度在 1～40m，通常以一个厚度达 5m 的碳酸盐岩层开始，向上逐渐过渡到碎屑岩段，顶部以煤层或根土岩层结束，其中，碎屑岩段岩性从泥岩或页岩变化到砂岩。相组合序列 1 上、下通常以 SR-U 或 MRS 二者为界，其中，SR-U 由中陆架灰岩沉积向陆迁移不整合超覆于被削蚀地层之上形成，而 MRS 仅仅反映沉积趋势从向上变粗转变为向上变细，并不存在地层削截或上超。典型的相组合序列 1 被解释为海侵期的碳酸盐岩沉积和上覆的海退期碎屑岩沉积［图 4.20（a）］，中陆架碳酸盐岩构成 TST，碳酸盐岩和上覆的近端陆架碎屑岩的接触面相当于 MFS，向上变粗的河控三角洲［图 4.20（b）］、潮控三角洲或海滨平原［图 4.20（c）］或开阔海岸潮坪沉积［图 4.20（d）］构成 HST，典型相组合序列顶部的煤层和古土壤构成晚 HST/FSST-LST/早 TST。向下切割 HST 的下切谷形成于强制海退期，并在低位正常海退期被下切谷海湾充填，紧接着沉积下一个层序的海侵碳酸盐岩［图 4.20（e）、（f）］。然而，在非典型相组合序列 1 中，从碳酸盐到硅质碎屑沉积的转换时刻是高度变化的，取决于被检查的地方，因为，该转换时刻可以位于 MFS［图 4.20］或 RST 中［图 4.22］。所以，碳酸盐与硅质碎屑岩相的接触面在盆地级别是穿时的，通常，三级层序内硅质碎屑与碳酸盐沉积之间的比例从物源区到盆地内递减。

2. 相组合序列 2：海岸-浅水硅质碎屑层序

下部碳酸盐-上部硅质碎屑层序向陆可相变成海岸-浅水硅质碎屑层序［图 4.20（a）］，该类层序主要发育在华北盆地北部和中部太原组或华北盆地东南部山西组—上石盒子组中（图 4.17）。海岸-浅水硅质碎屑层序由海侵期陆表海近端、潟湖、海湾和/或开阔海岸潮坪沉积向上过渡到海退期三角洲、滨海平原和/或开阔海岸潮坪沉积［图 4.20（a）］，也就是说，海岸-浅水硅质碎屑层序包含海侵期和海退期沉积。因此，此类层序中既包含海侵成煤，也包含海退成煤，层序可以煤层沉积开始，也可以煤层沉积结束，类似于 Diessel（1992）的模型。海湾、潟湖和/或开阔海岸潮坪沉积形成于相对海平面上升时期，构成 TST，泥炭堆积在相对海平面上升之前滨岸近陆一侧，随着海平面的进一步上升，泥炭被退积的海湾、潟湖和/或陆表海近端泥岩沉积淹没。最终，海水向陆侵入达到 MFS，之后，三角洲、海滨平原和/或开阔海岸潮坪沉积开始向海进积在 MFS 之上，构成 RST，泥炭堆积在进积台地之上。这种上下均以煤层为界的旋回形成一个煤层分叉，代表被海相沉积楔所分隔的海侵-海退煤层配对（Diessel，1992）。相组合序列 2 主要发育在本溪组和太原组对应的层序 6～18 中（图 4.21）。

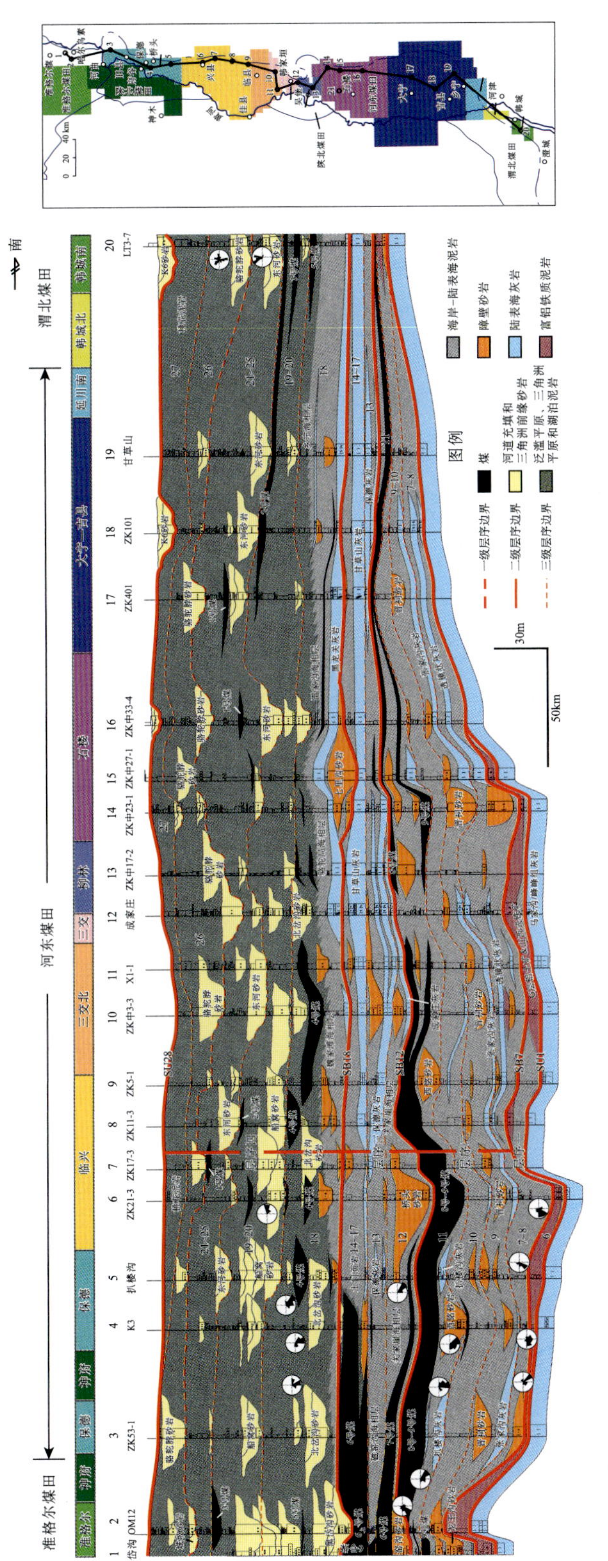

图 4.21 鄂尔多斯盆地东缘石炭纪—二叠纪煤系层序地层格架

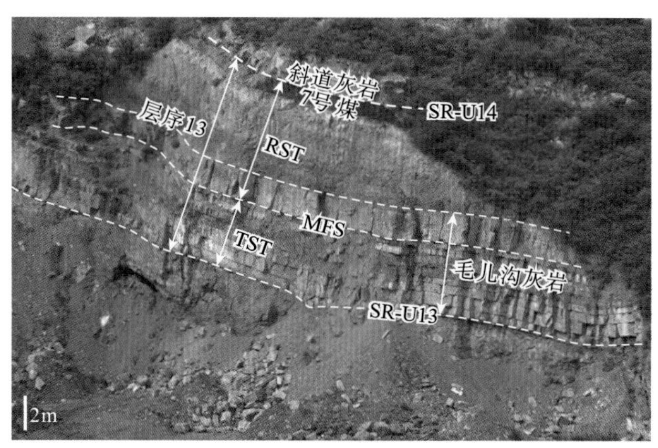

图 4.22 下部碳酸盐-上部硅质碎屑层序露头(太原西山剖面)

碳酸盐到硅质碎屑沉积的转换面位于 RST 中

3. 相组合序列 3：河流-湖泊层序

河流加积旋回(FAC)是华北盆地北部和中部山西组—上石盒子组和鄂尔多斯盆地早—中侏罗统中最显著和最基本的旋回地层单元[图 4.23(b)]，它们是米级规模的相对整合序列，该序列或者由成因上相互关联的、沉积和保存在河道中的坝或坝组构成[图 4.12(g)]，或者由沉积在泛滥平原上的层或层组构成[图 12(h)，图 4.24]。FAC 具有典型的向上变细粒序，这种粒径趋势主要归因于河道冲裂时期沉积物的堆积及随后河道稳定时期冲裂沉积物的风化，所以，FAC 具有一个不整合型底界和一个顶界，两个或两个以上具有相同地层叠置样式的 FAC 可以叠加形成百米河流-湖泊层序内的 10m FAC 组(Atchley et al.，2013)[图 4.23(a)～(c)]。河流-湖泊层序主要发育两种类型的 FAC 组：高合并和低合并 FAC 组。每一个河流-湖泊层序由以河道充填砂岩为主的高合并 FAC 组向上逐渐过渡到以泛滥平原和/或湖泊泥岩为主的低合并 FAC 组[图 4.23(c)]，其中，低合并 FAC 组顶部发育或不发育古土壤。根据层序地层学的标准化命名，这两种 FAC 组分别命名为高合并体系域(HAST)和低合并体系域(LAST)。

在研究区，河流-湖泊层序主要发育在山西组—下石盒子组对应的层序 18～27(图 4.17，图 4.21)和上石盒子组对应的层序五中(图 4.18)。其中，层序 18～25 主要沉积在受海平面变化影响的朝陆侧，它们向海(东南)可与海岸-浅水硅质碎屑层序同步(图 4.17)。以河道为主的 HAST 对应海岸-浅水硅质碎屑层序的 TST 早期；以泛滥平原和/或湖泊为主的 LAST 对应 TST 晚期—HST 早期；河流-湖泊层序上部以古土壤为主的 LAST，其顶部被层序边界覆盖，对应 HST 晚期；而 FSST 在河流-湖泊层序中没有对应部分。另外，煤层或湖泊地层均指示了相对沉积面的高的潜水位，可以与海岸-浅水硅质碎屑层序的 MFS 对比。层序 26～27 和层序五为完全非海相背景下的内陆河流-湖泊层序(图 4.18，图 4.21)，主要受构造和气候变化控制，可能与华北盆地东南部同时期的海岸-浅水硅质碎屑层序不同相。

图 4.23　河流加积旋回、河流加积旋回组和河流-湖泊层序的露头呈现(肖建新摄，2011)

(a)和(b)保德扒楼沟山西组；(c)柳林成家庄山西组

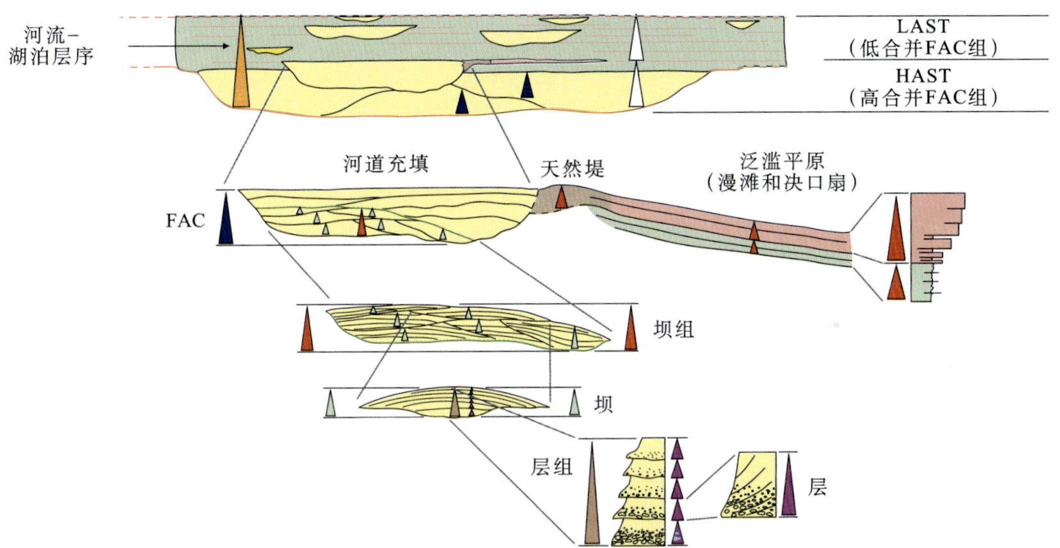

图 4.24　河流-湖泊层序分级系统示意图(据 Patterson 等，2012，有修改)

FAC.河流加积旋回；LAST.低合并体系域；HAST.高合并体系域

黄色. 河道砂岩；绿色. 泛滥平原泥岩；棕色. 天然堤砂岩；粉色. 决口扇；红线. 层序边界

(二) 石炭纪—二叠纪层序地层特征

1. 层序一

层序一在华北盆地东北部复州湾和本溪地区相当于本溪组的下部，对应山西式铁矿到上蚂蚁灰岩地层段(图 4.17)。从复州湾向西南到太原西山煤田，层序一相当于本溪组的铁铝岩段，从太原向西北到准格尔煤田或向西到河东煤田，层序一相当于本溪组的下段。根据牙形石生物地层校正，层序一沉积于巴什基尔期到莫斯科早期(图 4.17)。6 个三级层序(即层序 1～6)在层序一内叠加构成一个明显的退积到进积的叠置样式(图

4.17)，这些三级层序向西南超覆在底部不整合 SU1 之上，该超覆与喀斯特台地向东北呈区域倾斜有关。层序 1～4 沉积时，海侵主要局限在华北盆地东北部的本溪、复州湾和唐山地区或者华北盆地东南部的淮北、徐州和临沂地区(武法东和陈钟惠，1995)，只有在层序 6 开始沉积之后，滨岸上超才越过太原超覆至鄂尔多斯盆地东缘，导致富铝铁质泥岩在海岸-浅海环境中沉积(图 4.17)。层序一的顶界 SB7 在盆地的不同地区有不同的物理表现，在河东煤田中部成家庄剖面，SB7 表现为一个不整合型滨岸海蚀面(即 SR-U7)，该界面之下为削蚀风化层(即铝土质高岭岩)，之上为陆架地层(即透镜状灰岩和深灰色泥岩)[图 4.25(a)]；从成家庄向东到太原西山或向北到扒楼沟，SR-U7 侧向逐渐变成最大海退面 MRS7，该界面之下为 G 层铝土矿，之上为下一个层序沉积的灰岩[图 4.25(b)]或泥岩[图 4.25(c)、(d)]，界面未发生侵蚀。

图 4.25 层序界面 SB7 的不同露头表现

(a)不整合型滨岸海蚀面 SR-U7 之下为被削蚀地层(即铝土质高岭岩)，之上为超覆的灰黑色泥岩(成家庄剖面)；(b)和(c)最大海退面 MRS7 之下为 G 层铝土矿，太原西山剖面(b)之上为中陆架灰岩(即半沟灰岩)，扒楼沟剖面(c)之上为近端陆架泥岩；(d)照片(c)中矩形框内的特写

2. 层序二

层序二对应本溪组上段和太原组下段，该层序相比层序一范围更广，且在研究区南部直接超覆在 SU1 之上(图 4.21)，根据牙形石生物地层校正，层序一沉积于莫斯科晚期到格舍尔期(图 4.17)。层序二的顶界 SB12 对应石炭系—二叠系的界线，且在盆地的不

同地方有不同的物理表现。在渭北煤田的韩城—澄城地区，SB12 表现为一陆上不整合面(即 SU12-1)，之下为被削蚀的风化层(即铝土质高岭岩)，之上为超覆的海岸盐沼形成的煤层[即 11 号煤；图 4.26(a)、(b)]，该界面解释为前一个基准面下降和海退及下一个层序的海侵形成的陆上不整合面。从韩城向北到河东煤田中部的韩家垣，SU12-1 侧向逐渐变成不整合型滨岸海蚀面 SR-U12-1，界面之下为被削蚀的风化层(即高岭岩)，之上为中陆架地层(即成家庄灰岩)[图 4.26(c)]，成家庄灰岩的底面呈波状起伏，解释为浪蚀面[图 4.26(d)]。从韩家垣向北到临县—桥头地区，SR-U12-1 侧向逐渐变成陆上不整合面 SU12-2，该界面之下为被削蚀的 8 号～9 号煤层，之上为超厚砂岩层(即桥头砂岩)[图 4.26(e)]。从桥头向北到旧县—河曲地区，SU12-2 侧向再次变成一不整合型滨岸海蚀面 SR-U12-2，该界面之下为被削蚀的海岸平原成因的 8 号～9 号煤层，之上为近端陆架成因的泥灰岩、钙质泥岩(即关家崖海相层)[图 4.26(f)]。从旧县—河曲地区向北到准格尔煤田黑岱沟地区，SR-U12-2 侧向逐渐变为一陆上不整合面 SU12-3，该界面之下为被削蚀的 7 号～8 号煤层，之上为窑沟砂岩，窑沟砂岩和桥头砂岩代表了下切谷充填障壁海滩复合体，构成成家庄灰岩的陆向同期沉积。

图 4.26 层序界面 SB12 的不同露头表现

(a) SU12-1 之下为被削蚀的风化层(即铝土质高岭岩)，之上为超覆的海岸平原地层(即 11 号煤；澄城三眼桥剖面)；(b) 照片(a)中矩形框内特写；(c) SR-U12-1 之下为被削蚀的风化层(即高岭岩)，之上为超覆的中陆架地层(即成家庄灰岩；柳林韩家垣剖面)；(d) 照片(c)中成家庄灰岩的底面呈波状起伏，指示 SR-U12-1 的浪蚀面成因；(e) SU12-2 之下为被削蚀的 8 号～9 号煤层，之上为超覆的下切谷海湾地层(即桥头砂岩；桥头剖面)；(f) SR-U12-2 之下为被削蚀的 8 号～9 号煤层，之上为超覆的近端陆架地层(即关家崖海相层；河曲旧县剖面；肖建新摄，2011)

层序二的厚度从河东煤田北部约 70m 向南到渭北煤田减少到小于 10m，构成一个明显的向南减薄的地层楔形体(图 4.21)，指示了与基底地形有关的差异沉降。层序二由 5 个三级层序(即层序 7～11)构成，层序 7～8 退积叠置构成层序二的 TST，层序 9～11 进积叠置构成层序二的 RST(图 4.17)。层序 11 除了在河东煤田中部出现小的煤层分叉和尖灭，在其他地区无明显的煤层分叉(图 4.21)，这说明层序 11 沉积于一个(除了局部地区以外)基底沉降相对一致的时期。根据地层叠置样式得出，二级 MFS 位于张家沟灰岩的底界。

3. 层序三

层序三对应河东煤田太原组中段和上段下部的地层(图 4.17)，相当于阿瑟尔期到萨克马尔期中期(图 4.17)。层序三的顶界 SB18 在鄂尔多斯盆地的不同地方有不同的物理表现。在准格尔煤田黑岱沟地区，SB18 表现为一陆上不整合面 SU18-1 或 SU18-2，其中，SU18-1 之下为被削蚀的风化高岭岩，之上为泛滥平原地层[图 4.27(a)]；SU18-2 之下为被削蚀的 6 号煤层，之上为下切谷辫状河道充填砂岩(即黑岱沟砂岩)[图 4.27(b)]，SU18-2 向南可追踪到旧县剖面的 6 号煤层的顶面[图 4.27(c)]。从旧县向南到保德(即 K3 钻孔)地区，SU18-2 侧向逐渐变成一不整合型滨岸海蚀面 SR-U18-1，该界面之下为被削蚀的砂岩层，之上为含砂岩滞留沉积(约 20cm 厚)的黑色泥岩层[图 4.27(d)]。从保德地区向南到扒楼沟，SR-U18-1 侧向逐渐变成一最大海退面 MRS18，该界面位于夹在 13m 厚的近端陆架成因的页岩层(即土门页岩)中的透镜状灰岩(即黑龙关灰岩)的底界[图 4.25(a)]。MRS18 向南可追踪到成家庄剖面的黑龙关灰岩的底界面[图 4.27(e)]，该灰岩层厚明显大于扒楼沟剖面中的黑龙关灰岩。从成家庄向南到渭北煤田的韩城，MRS18 侧向逐渐变为一不整合型滨岸海蚀面 SR-U18-2，该界面之下为被削蚀的 7 号煤层，之上为中陆架地层[即黑龙关灰岩；图 4.27(f)]。

层序三在全区厚度变化不大，表明其沉积于基底沉降相对统一时期(图 4.21)。在鄂尔多斯盆地东南部，层序三由 3 个发育很好的中陆架灰岩层(即成家庄灰岩、保德灰岩和甘草山灰岩)与远滨-海岸硅质碎屑和无经济价值的薄煤层互层沉积构成，一起形成了 6 个三级层序[即层序 12～17；图 4.21，图 4.22(a)]。根据露头和钻孔对比，这 3 个灰岩层向北相变成泥灰岩和灰质泥岩(即关家崖海相层、磁窑沟海相层和土门页岩)，最后尖灭于准格尔煤田 6 号煤层中[图 4.21，图 4.28(a)、(b)]，其中，层序 12～13 退积叠加构成层序三的 TST，层序 14～17 进积叠加构成层序三的 RST，层序三的二级 MFS 位于甘草山灰岩的底界。在黄玉川矿区(如 OM12 钻孔)，层序 12 的顶界为一不整合型滨岸海蚀面 SR-U13，该界面之下为被削蚀的 6 号煤层，之上为一厚约 2.4m 的钙质泥岩夹层，该夹层底部含有粗粒砂岩滞留沉积[图 4.28(b)～(d)]，该钙质泥岩夹层代表了海侵成因的磁窑沟海相层的陆向最远同期沉积(图 4.21)，类似于澳大利亚东部悉尼盆地猎人谷地区近海煤层中的 BB3 夹层的成因(Diessel，2007)。另外，根据岩石学参数在哈尔乌素露天矿 6 号煤层中鉴别出 11 个旋回(即旋回 1～11；图 4.29)，其中，前 3 个旋回(即旋回 1～3)展示了向上变干燥的可容纳空间变化趋势，一个可容纳空间转换面(即 ARS1)将其与后 3 个向上变潮湿旋回(即旋回 4～6)分隔开。根据 Diessel(2007)等的观点，ARS1 是煤层中一个理想的层序边界(即 MRS13)，MRS13 可与 SR-U13 进行对比，形成于位于盆地边缘

图 4.27　层序界面 SB18 的不同露头表现

(a) SU18-1 之下为被削蚀的风化高岭岩，之上为超覆的泛滥平原地层(黑岱沟剖面；据 Jiang 等，2012，有修改)；(b) 黑岱沟露天矿和 (c) 河曲旧县义门镇南剖面 SU18-2 之下为被削蚀的 6 号煤层，之上为超覆的河流相地层(肖建新摄，2011)；(d) SR-U18-1 之下为被削蚀的砂岩层，之上为超覆的泥岩层(K3 钻孔),发育在泥岩段底部的滞留沉积；(e) MRS18 之下为浅海泥岩层，之上为中陆架灰岩层(即黑龙关灰岩；成家庄剖面；肖建新摄，2011)；(f) SR-U18-2 之下为被削蚀的海岸平原地层(即 7 号煤层)，之上为超覆的中陆架灰岩层(即黑龙关灰岩；韩城剖面)

图 4.28　层序三在盆地东缘不同地区的呈现

(a) 柳林成家庄剖面的各灰岩层夹泥岩(肖建新摄，2011)；(b) 保德扒楼沟剖面的钙质泥岩；(c) SR-U13 之下为被削蚀的 6 号煤层和超覆的磁窑沟海相层(黄玉川矿区 OM12 钻孔)；(d) 照片 (c) 中位于磁窑沟海相层底部的含菱铁矿结核石英砂岩；(e) 照片 (c) 中位于磁窑沟海相层中部的含菱铁矿结核泥灰岩；(f) 黑岱沟露天矿约 30m 厚的合并煤层(即 6 号煤)

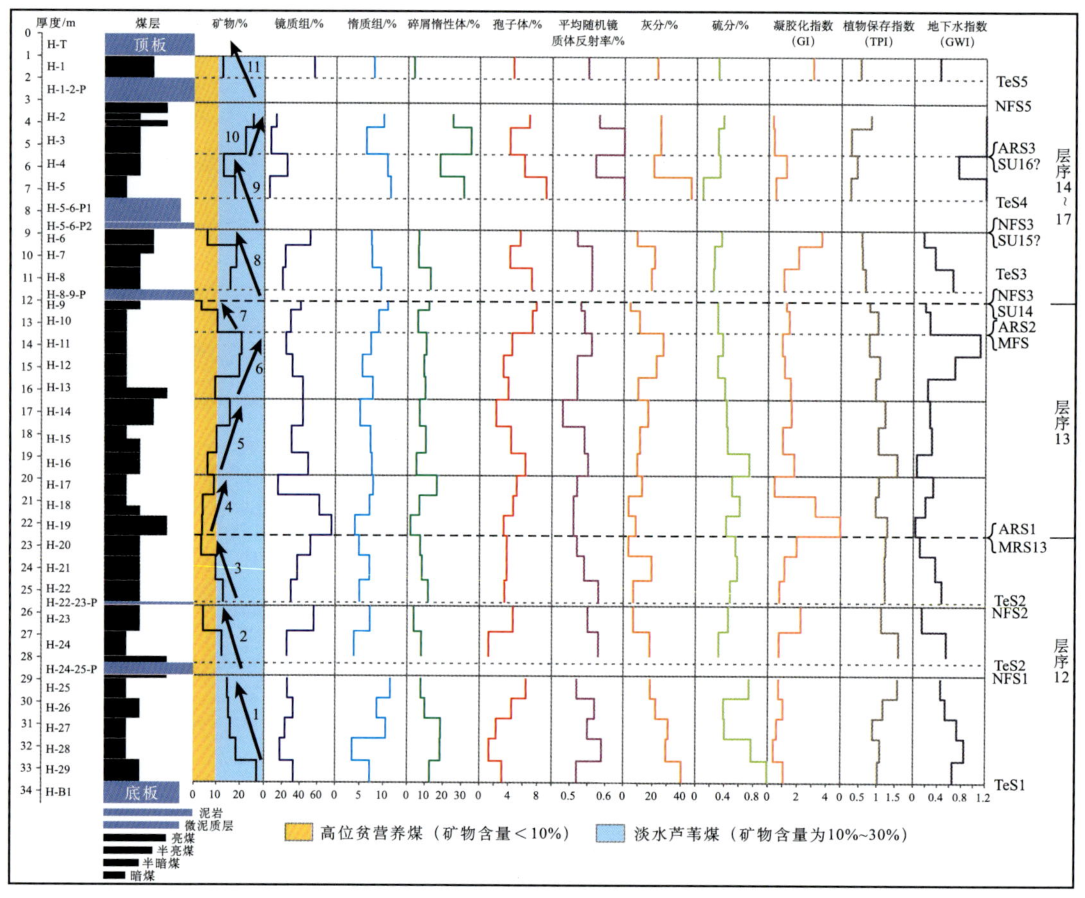

图 4.29　准格尔煤田哈尔乌素露天矿 6 号煤层的岩石学参数及层序地层解释

ARS.可容纳空间转换面；MFS.最大海泛面；MRS.最大海退面；NFS.非海相洪泛面；SR-U.不整合型滨岸海蚀面；TeS.陆化面。图中用到的岩石学数据据 Dai 等，2008；左指向和右指向黑色箭头分别指示向上变干燥或变潮湿旋回

的两个煤层(即 6 号煤和 6 上号煤)的合并(图 4.21，图 4.28)。一个非海相洪泛面(即 NFS3)将煤旋回 7 与上覆的煤旋回 8 分隔开，解释为层序 13 的顶界(即 SU14)，所以，6 号煤层为一煤层复合体，代表了三级层序(即层序 12～17)的陆向合并。

4. 层序四

层序四在河东煤田对应太原组上段的上部、山西组和下石盒子组(图 4.17)，根据植物化石地层校正，层序四沉积于萨克马尔晚期—沃德期(图 4.17)。层序四的顶界 SU28 之下为被削蚀的紫红色古土壤层(即桃花泥岩)，之上为超覆的河流相地层[即 K6 砂岩；图 4.30(a)]。层序四由 10 个三级层序(即层序 18～27)构成，其中，层序 18 构成层序四的 TST，层序 19～27 进积叠加构成层序四的 RST。层序四的 MFS 位于船窝砂岩的底界面(图 4.17)，该界面之下，从北向南依次发育河流-三角洲砂岩(即北岔沟砂岩)、冲积和/或海岸平原煤层(即 4 号煤)、近端陆架灰质泥岩(即魏家滩、骆驼局、雷家沟和乡宁海相层)和中陆架灰岩(即黑龙关灰岩)。从层序 19 沉积开始，研究区以河流-三角洲环境为主，而陆表海环境主要盛行在华北盆地的东南部(图 4.17，图 4.21)。

(a)　　　　　　　　　　(b)

图 4.30　陆上不整合面 SU28 和 SU29

(a) SU28 之下为被削蚀的紫红色古土壤层(桃花泥岩)，之上为超覆的河流相地层(K6 砂岩；扒楼沟剖面)；(b) SU29 之下为被削蚀的紫红色古土壤层，之上为超覆的河流相地层(K8 砂岩；涺水河剖面)

5. 层序五

层序五无论在河东煤田还是在太原西山煤田，均精确对应上石盒子组(图 4.17)，根据植物化石地层校正，层序五沉积于卡匹敦期—吴家坪期(图 4.17)。该时期，研究区层序五的沉积环境以内陆河流-湖泊为主，而海岸环境主要局限在华北盆地东南部(桂学智，1998)，导致华北盆地东南部煤层的形成(如禹州大风口剖面的 3^{-9} 号、4^{-4} 号、5^{-2} 号、6^{-4} 号和 7^{-5} 号煤)，研究区此期无煤层发育(图 4.17)。此外，河东煤田上石盒子组上部发育的硅质岩可与禹州上石盒子组七煤段(即含 7-5 号煤的层段)进行对比，代表石炭纪—二叠纪含煤地层中的最后一次海侵沉积(桂学智，1998)，所以，硅质岩的顶部解释为层序五的 MFS(图 4.17)。

(三)早—中侏罗世层序地层特征

1. 层序一

层序一对应富县组，沉积在前侏罗不整合面 SU1 之上的局部凹陷中(图 4.19)，主要为透镜状、向上变细的下切曲流河道砂体和一套以红色为主的杂色泥岩沉积，砂岩的成分成熟度较高。层序一的顶界 SB2 对应富县组和延安组的界线，且在鄂尔多斯盆地的不同地方有不同的物理表现。在陇东一带 SB2 为假整合接触，府谷局部地区可能为不整合接触，在汝箕沟一带延安组假整合于延长组之上。在鄂尔多斯盆地南部大多数地区，SB2 置于延安组底部含大量植物根化石的灰色泥岩与富县组“花斑泥岩”或紫杂色泥岩之间。考考乌素沟、乌兰木伦河一带，SB2 在富县组顶部一套白色及灰白色石英砂岩、含砾石英砂岩之上。在富县大申号沟，则置于富县组顶部灰绿色砂、页岩的顶面。层序一在鄂尔多斯盆地东北部以湖泊相细碎屑沉积为主，主要分布于准格尔旗五字湾—府谷一带，为湖相砂、泥岩夹薄层煤和油页岩沉积，厚度为54～142m；在鄂尔多斯盆地东部以河流-湖泊粗碎屑沉积为主，在子长—富县一带是以紫红色为主的河湖相杂色泥岩夹砂砾岩和泥灰岩沉积，厚度为5～88m；在延安金盆湾以河流相含砾粗砂岩夹砾岩为主，厚度为75m；在鄂尔多斯盆地南部渭北一带以残积相-湖泊相细碎屑的“花斑泥岩”沉积为主，主要分布在彬县、黄陵一带，厚度一般为1～5m。

2. 层序二

层序二对应延安组，其顶界SB7一般为假整合接触关系，仅在东胜一带为整合接触。SB7在露头和钻孔中均表现为大型冲刷面，直罗组下部河道沉积(即七里镇砂岩)对下伏延安组顶部有强烈的冲蚀改造作用，造成延安组不同程度的地层缺失，并在下部砂体中见改造下伏地层而来的大量砾石及煤屑等(图4.19)。SB7同时表现为岩性突变面，界面之上为黄褐色中粗粒杂砂岩，界面之下为黏土质含量较高的灰白色高岭土化云母长石岩屑砂岩。在黄陇侏罗纪煤田，SB7位于直罗组与延安组的不同层段的接触面，界面之下均有一层以氧化铁为主的紫红色古风化壳剥蚀面。

层序二由5个三级层序(即层序1～5)构成(图4.19，图4.31)。层序1主要由河流沉积体系组成，一般具有两个向上变细的河流加积旋回，厚0～80m，下部以辫状河或下切谷充填为主，向上过渡为以曲流河沉积为主，悬浮沉积物增多，并逐渐发育浅水湖泊沉积；最后出现明显的泥炭沼泽化，形成在一定范围内稳定的5^{-1}号煤层，构成层序1的顶界，由于受古地形等的影响，厚度变化大，局部浅水湖泊沉积可直接超覆于SU1之上。层序2～4总体为湖泊、三角洲沉积序列，分别以4^{-2}号煤、3^{-1}号煤和2^{-2}号煤及其相应的层位为顶界，每一层序包含有2～3个向上变粗的准层序，总体上代表从湖泊扩展到碎屑体系充填、废弃再到泥炭沼泽化的沉积过程。最明显的湖泊扩展出现在层序2和层序3的下部，从层序2至层序4反映出碎屑体系不断向湖泊中部推进淤浅的过程，湖泊中心在该区东南延安、甘泉一带，物源区主要来自鄂尔多斯盆地西缘和北部阴山隆起带，盆地南缘也有物源区向湖盆输入碎屑，但不占重要地位。在北西—南东的沉积断面上，自下而上可见到湖三角洲前缘砂体向东南部的湖泊中心区进积的情况；自北向南和北东—南西向沉积断面上，也可见到湖三角洲前缘砂体向湖泊中心进积的情况。煤层发育的范围随湖三角洲平原面积扩大而向湖心方向伸展，以层序3沉积期聚煤范围最大，煤层虽然不是很厚，但却是最稳定的，东北部大理河以北，湖三角洲平原上的聚煤作用是自北向南推进的，较厚的煤层出现较晚。层序5主要由河流体系构成，一般发育两个相对稳定的向上变细的河流加积旋回，厚30～50m，只在鄂尔多斯盆地中部的局部地带有湖泊和三角洲沉积，水道冲刷强、厚度大、粒度粗，该层序代表盆地构造相对活动的充填阶段，聚煤作用明显变差。

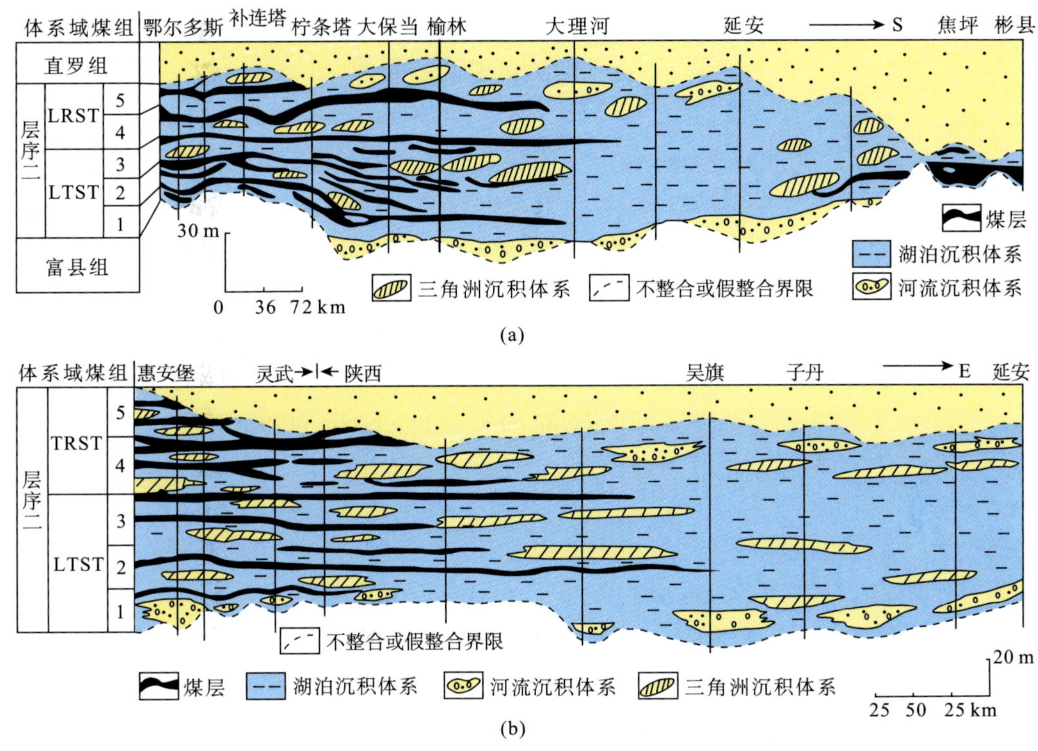

图 4.31 鄂尔多斯盆地中—下侏罗统延安组(层序二)层序地层格架(据王双明和张玉平，1999)

(a) 南北向；(b) 东西向

3. 层序三

层序三由 3 个三级层序(即层序 6～8)构成。层序 6 对应直罗组的下段，在鄂尔多斯盆地北部和东部，为黄绿色块状砂岩；在鄂尔多斯盆地西部，为灰白色砂岩；在鄂尔多斯盆地南部渭北地区，为黄绿色砂岩。该层序主要为河流体系沉积。层序 7 对应直罗组的上段，其岩性在鄂尔多斯盆地北部和东部主要为黄绿、灰紫色及杂色砂、泥岩互层；在鄂尔多斯盆地西部，为黄绿色砂泥岩夹灰黑色泥岩和煤线；在鄂尔多斯盆地南部渭北地区，岩性变粗，为灰紫色砾状砂岩与紫红色粉砂质泥岩，该层序整体以湖泊三角洲和湖泊体系沉积为主。层序 8 对应安定组，在鄂尔多斯盆地中东部为浅湖相沉积，岩性为黑、灰黑色油页岩及钙质粉-细砂岩和桃红、紫灰、灰黄色泥灰岩，以富含油页岩、页岩和碳酸盐岩为特征；在鄂尔多斯盆地西部、西南部为滨湖相沉积，岩性主要为黄绿、蓝绿、紫红色粉砂质泥岩与浅棕红、黄灰色砂岩不等厚互层；在鄂尔多斯盆地北部则为河流相沉积，岩性以紫灰、紫红色中-粗砂岩及砾状砂岩与紫杂色粉砂岩、粉砂质泥岩互层为主。安定组厚度比较稳定，在鄂尔多斯盆地东部地面剖面厚度为 39～128m，西部井下可达 243m，鄂尔多斯盆地西南缘的千阳桐花庄、冯坊河等地较厚，最大厚度可达 320m。

第三节　盆地充填演化

层控、沉积矿产的成矿过程涉及沉积过程、成岩作用、盆地卤水和古水文学，其受一系列相互关联的参数控制。这些参数包括构造背景(控制盆地的埋藏-热演化史和沉积物的碎屑成分)、沉积背景和古气候条件(Force et al.，1991)。成矿事件的时间、范围、强度和保存必须在盆地充填的格架中分析(Eidel，1991)。层序地层学作为一种工具在分析盆地的充填演化和矿产的时空分布上具有天然的优势，层序地层给任何沉积背景的元素提供了一个格架，在这个格架中来预测相分布和成岩演化路径，从而为成矿事件(时间、范围、强度和保存)的确定提供信息(McConachie and Dunster，1996)。

一、石炭纪—二叠纪盆地充填演化

基准面(可容纳空间)变化与沉积物供给之间的相互作用控制了被沉积物充填的可容纳空间(图 4.32)，因而定义了华北盆地 5 个盆地充填演化阶段：饥饿充填(underfilled)阶段早期、饥饿充填阶段晚期、平衡充填(balanced-fill)阶段、过饱和充填(overfilled)阶段早期和过饱和充填阶段晚期。在这 5 个盆地充填演化阶段中，位于华北盆地西部的鄂尔多斯盆地的主要沉积过程分别为喀斯特、海岸-浅海、开阔陆表海、河流-三角洲和内陆河流-湖泊沉积。术语“饥饿充填”“平衡充填”“过饱和充填”通常用来定性地描述沉积盆地的充填状态(Einsele，2000)。嵌套在一级层序Ⅰ中的 5 个二级层序(层序一至层序

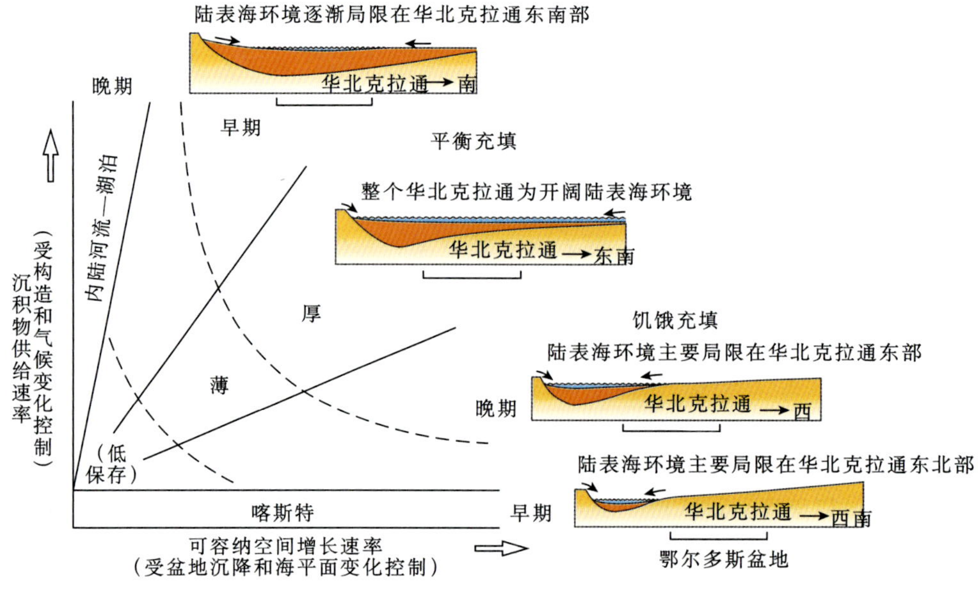

图 4.32　鄂尔多斯石炭纪—二叠纪盆地充填演化模型(底图据 Carroll 和 Bohacs，1999)

五）定义了华北盆地独特的盆地充填组合（图 4.17，图 4.32），鄂尔多斯盆地主要沉积背景从喀斯特（层序一），经过海岸-浅海（层序二）、开阔陆表海（层序三）和河流-三角洲（层序四），再到内陆河流-湖泊环境（层序五）是盆地重组的有力证据。

（一）饥饿充填阶段早期

层序一沉积于华北石炭纪—二叠纪第一个二级海侵-海退旋回期，定义了华北盆地演化的饥饿充填阶段早期（图 4.17）。华北盆地第一个二级海侵-海退旋回开始于宾夕法尼亚纪早期（巴什基尔期），一直持续到宾夕法尼亚中期（莫斯科期）。根据巴什基尔期含牙形石（*Idiognathoides corrugatus* - *I. sinuatus* 组合）灰岩层只出现在华北盆地东北部（如辽宁复州湾）的本溪组中，而在华北西部鄂尔多斯盆地地层中没有发现（王志浩和祁玉平，2003），可以推断该期海侵主要局限在华北盆地东北部。这一局限海侵主要归因于该时期华北盆地的基底地形略向东北方向倾斜（倾斜坡度达 1°）和中奥陶世以来华北盆地遭受长期剥蚀导致的高的基底起伏（Liu et al.，1998）。第一层沉积层（山西式铁矿和 G 层铝土矿）沉积在以基底高地为边界的、盆地级别的海湾环境中，证实了鄂尔多斯盆地宾夕法尼亚纪中期（莫斯科期）相对海平面的上升［图 4.33（a）］。该沉积层沉积时，开阔海岸潮坪和陆表海近端分别位于滨线的朝陆侧和朝海侧。所以，层序一记录了鄂尔多斯盆地的沉积体系从以喀斯特不整合为主到海岸-浅海环境的变化过程，而陆表海环境主要局限在华北盆地东北部。紧接着，相对海平面开始下降，这可以由河东煤田中部成家庄剖面发现的不整合型滨岸海蚀面 SR-U7 得以证实［图 4.25（a）］。

（二）饥饿充填阶段晚期

层序二沉积于华北石炭纪—二叠纪第二个二级海侵-海退旋回期，定义了华北盆地演化的饥饿充填阶段晚期（图 4.17）。第二个二级海侵-海退旋回开始于宾夕法尼亚纪中期（莫斯科期），一直持续到宾夕法尼亚纪结束（格舍尔期）。根据莫斯科期—格舍尔期含牙形石灰岩层出现在华北盆地中部（如太原西山煤田）和西部（如河东煤田）的本溪组和太原组下段中，可以推断该期海侵越过太原到达鄂尔多斯盆地（图 4.17），这一范围更广的海侵归因于近源可容纳空间不断被沉积物充填导致的更加平坦的盆底。层序二沉积时，位于鄂尔多斯盆地的华北海开始分叉形成两个盆地级海湾［图 4.33（b）］，开阔海岸潮坪和陆表海近端分别位于滨线的朝陆侧和朝海侧，近源河流-三角洲体系向南迁移，展示了河流体系增加搬运和河道下切能力。由于二级海侵，远源三角洲体系向西南方向后退，乌兰格尔古隆起仍然存在，但是范围已经缩小，所以，层序二记录了鄂尔多斯盆地的海岸-浅海沉积，而陆表海环境局限在华北盆地东部。紧接着，相对海平面开始下降，这可以由鄂尔多斯盆地东缘局域不整合面的发育得以证实，如成家庄剖面的陆上不整合面 SU12-1、韩家垣剖面的不整合型滨岸海蚀面 SR-U12-1、临县—桥头地区的陆上不整合面 SU12-2 和旧县—河曲—黄玉川地区的不整合型滨岸海蚀面 SR-U12-2。

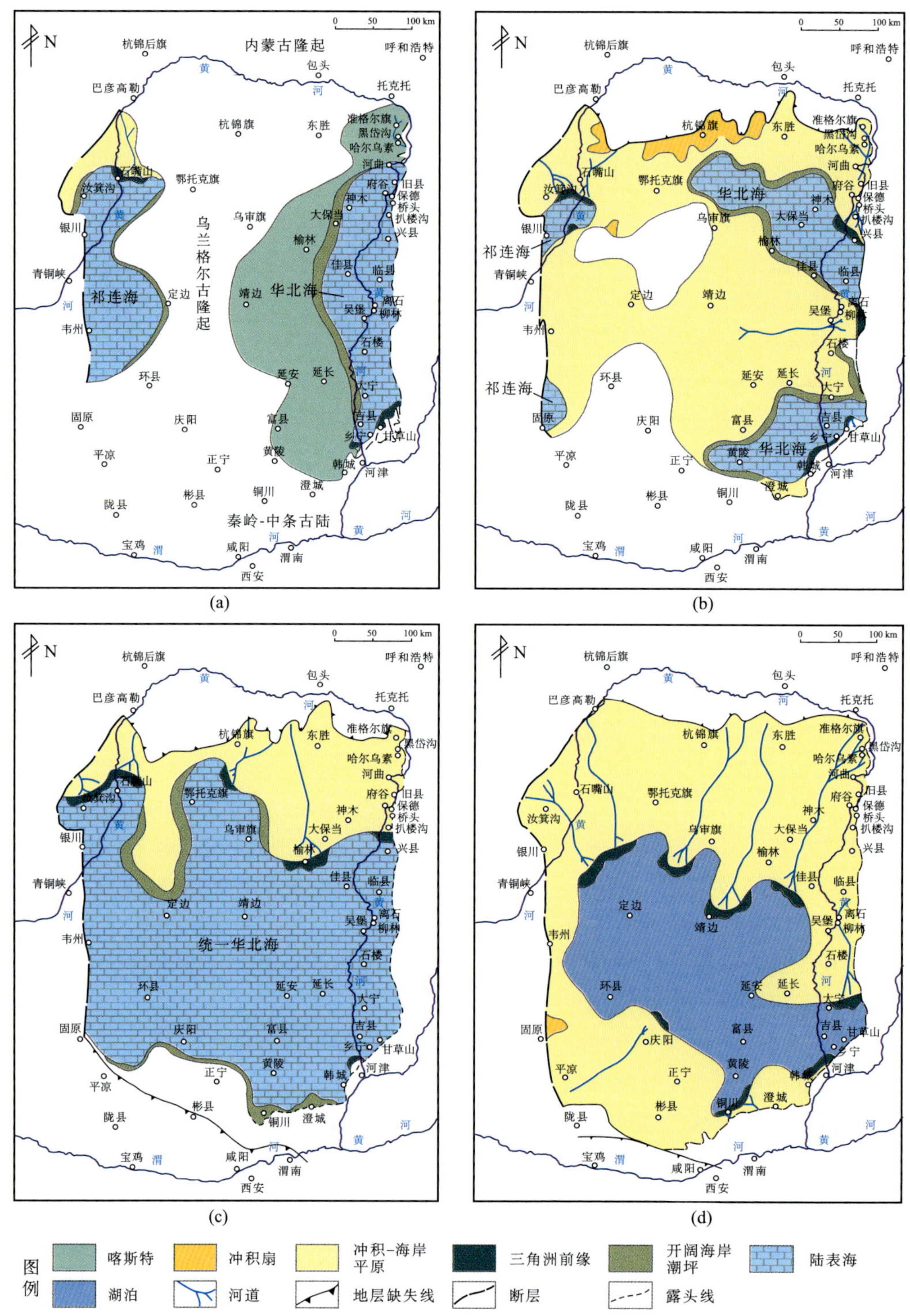

图 4.33　鄂尔多斯盆地晚石炭世—早二叠世沉积环境平面配置图(据中国煤炭地质总局，1996，有修改)

(a)莫斯科中期；(b)卡西莫夫期—格舍尔期；(c)阿瑟尔期—萨克马尔早期；(d)亚丁斯克期

（三）平衡充填阶段

层序三沉积于华北石炭纪—二叠纪第三个二级海侵-海退旋回期，定义了华北盆地演化的平衡充填阶段（图 4.17），可容纳空间与沉积物供给或多或少保持平衡（图 4.32）。第三个二级旋回开始于阿瑟尔期最早期，一直持续到萨克马尔期中期（约 292Ma），该时期，层序三沉积在统一华北陆表海中，该陆表海跨越华北克拉通全区，而海岸环境局限在华北克拉通北缘。根据阿瑟尔期—萨克马尔期含蜓灰岩层出现在华北盆地全区的太原组中段和上段地层中（尚冠雄，1997）推断，层序三沉积时，华北海和祁连海已经连接形成统一华北海［图 4.33（c）］，乌兰格尔古隆起已经变成水下隆起。相对海平面下降可以由鄂尔多斯盆地东北部不整合面的发育得以证实，如黑岱沟剖面的陆上不整合面 SU18-1、黑岱沟剖面或旧县剖面的陆上不整合面 SU18-2 和保德地区（K3 钻孔）的不整合型滨岸海蚀面 SR-U18。鄂尔多斯盆地北部的不整合面向南变成最大海退面，如扒楼沟剖面或成家庄剖面的 MRS18-1、韩城剖面的 MRS18-2。

（四）过饱和充填阶段早期

层序四沉积于华北石炭纪—二叠纪第四个二级海侵-海退旋回期，记录了鄂尔多斯盆地从开阔陆表海，经过河流-三角洲，再到内陆河流-湖泊沉积体系的变化过程（图 4.17），定义了华北盆地演化的过饱和充填阶段早期，该阶段沉积物供给速率开始超过可容纳空间增长速率（图 4.32）。第四个二级旋回开始于萨克马尔中期（约 292Ma），一直持续到沃德期。根据萨克马尔中期—沃德期含蜓灰岩层只出现在鄂尔多斯盆地东缘临县以南，推断该期旋回海侵在一级海退的大背景下受到局限，相对海平面下降可以由鄂尔多斯盆地层序四顶部区域展布的紫红色古土壤层（即桃花泥岩）的发育得以证实。过饱和充填阶段早期，海水从东、西两方向逐渐退出，古气候由温暖潮湿型逐渐转为炎热干旱型。饥饿充填阶段东、西差异沉降的沉积格局已明显消失，以南、北差异沉降和沉积相分异为特征，古地形呈西北高、东南低的不对称状，北部以发育冲积相和大型湖泊三角洲为主，沉降幅度相对较大的南部主要为湖泊沉积区［图 4.33（d）］。

（五）过饱和充填阶段晚期

层序五沉积于华北石炭纪—二叠纪最后一个二级海侵-海退旋回期，记录了鄂尔多斯盆地内陆河流-湖泊沉积（图 4.17），它定义了华北盆地演化的最后一个阶段——过饱和充填阶段，该阶段沉积物供给速率远远高于可容纳空间增长速率（图 4.32）。最后一个二级旋回开始于卡匹敦期最早期，一直持续到吴家坪期结束。根据含煤地层主要分布在华北东南缘（如禹州；图 4.17），而华北中部和北部为红层沉积，推断该期旋回海侵主要局限在华北盆地东南部（陈世悦和刘焕杰，1995），这一局限海侵主要归因于华北克拉通北缘内蒙古隆起的剧烈抬升及卡匹敦期和吴家坪期全球海平面的长期下降。根据河东煤田临县剖面上石盒子组含海绵骨针硅质岩的发现（桂学智，1998），可以推断鄂尔多斯盆地过饱和充填阶段确实发生过海侵。相对海平面的下降可以由位于上石盒子组和石千峰组之间的区域沉积间断(即 SU29)的发育得以证实。

二、早—中侏罗世盆地充填演化

基准面(可容纳空间)变化与沉积物供给之间的相互作用控制了被沉积物充填的可容纳空间，因而定义了早—中侏罗世鄂尔多斯盆地的 3 个盆地充填演化阶段：饥饿充填阶段、平衡充填阶段和过饱和充填阶段(图 4.34)。在这 3 个盆地充填演化阶段中，鄂尔多斯盆地的主要沉积过程分别为辫状河、河流-湖泊和内陆河流-湖泊沉积。嵌套在一级层序Ⅱ中的 3 个二级层序(层序一至层序三)定义了早—中侏罗世鄂尔多斯盆地独特的盆地充填组合。鄂尔多斯盆地主要沉积背景从喀斯特(层序一)，经过河流-湖泊(层序二)，再到内陆河流-湖泊环境(层序三)是盆地重组的有力证据。

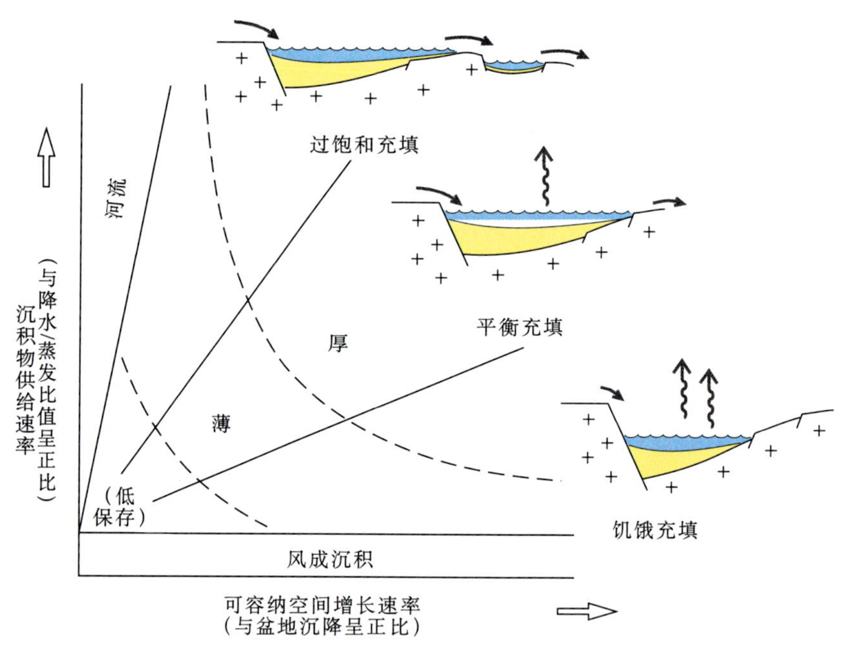

图 4.34　鄂尔多斯盆地早—中侏罗世盆地充填演化模型(底图据 Carroll 和 Bohacs 1999)

(一)饥饿充填阶段

层序一定义了早—中侏罗世鄂尔多斯盆地演化的第一个阶段，即饥饿充填阶段。该阶段大型统一拗陷尚未形成(图 4.35)。由于古地形起伏不平与基底差异沉降，拗陷带内由多个分隔性的次级凹陷构成，沉积较复杂。西南部吴旗—富县一带北西向凹陷沉积幅度相对较小，早期为多个冲积谷地，晚期出现较大的湖区，属于局限性浅水湖盆。西南边缘为一些小型充填洼地，冲积环境占优势，大致为北西西向排列。拗陷盆地东北部的北东向凹陷，基底沉降幅度相对最大，湖相沉积稳定，边缘发育窄的湖滨浅滩及小型三角洲，为较开阔的湖盆，构成该期的沉降、沉积中心。

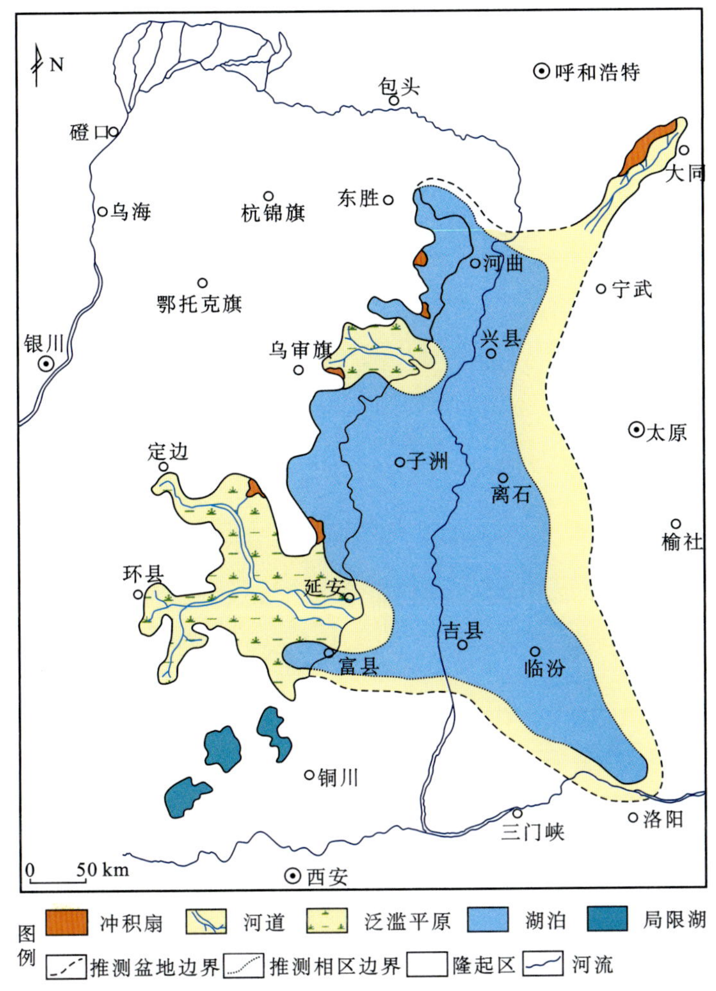

图 4.35 鄂尔多斯盆地早侏罗世普林斯巴期—土阿辛期古地理(据张泓等，2008，有修改)

尽管古地形对该期沉积面貌有较大的影响，但环境和厚度分布特征仍表明构造沉降起了主导控制作用。拗陷带内自西南向东北，呈现由洼地充填到开阔湖盆沉积厚度增大和沉积统一性变好等趋势，都反映出西南部构造活动性较强，基底分异性较大。而东北部沉积较稳定快速，基底显示总体向东北倾斜的古构造特点。

(二)平衡充填阶段

层序二定义了早—中侏罗世鄂尔多斯盆地演化的平衡充填阶段，该阶段基底整体沉降，沉积范围扩展并超覆了饥饿充填阶段沉积，大型统一拗陷形成，原始盆地沉积边界达至现今太行山以西的太原、临汾及义马一带(图 4.36)。以三角洲-开阔湖泊为主体的环境面貌交替出现、聚煤沼泽广泛发生及沉积厚度区域较稳定，都表明盆地基准面的周期

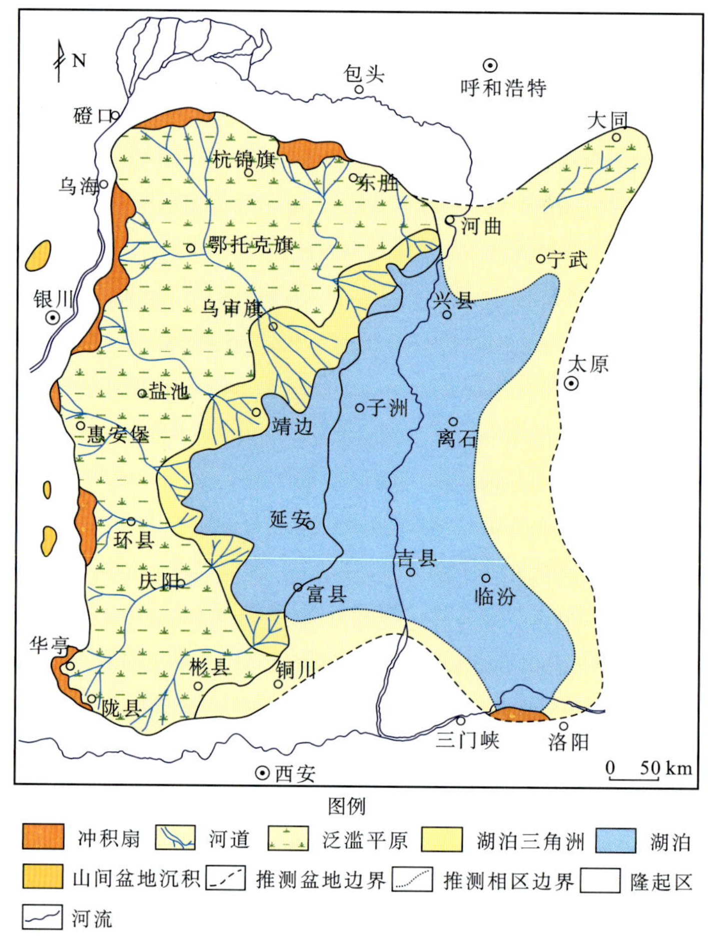

图 4.36 鄂尔多斯盆地早-中侏罗世阿林期—巴柔期古地理(据张泓等，2008，有修改)

性变化和构造处于较稳定的沉积特征，由盆地边缘向内部，河流-湖泊三角洲-开阔湖泊等沉积相带依次配置。鄂尔多斯盆地西缘虽然出现近南北的次级凹陷带，但碎屑供给充分和补偿快速，冲积-三角洲体系向东持续强烈进积，相带较宽，反映鄂尔多斯盆地西部及西南部边缘构造活动性较强。鄂尔多斯盆地东部北东向凹陷带沉降相对较快，但边缘相带较窄，反映碎屑供给相对匮乏，补偿强度较低，因而较稳定的开阔湖泊环境持续发育，并在宁武—延安一线构成湖盆中心，说明东部边缘隆起区构造相对稳定平静。该时期鄂尔多斯盆地西部及西南部相对高、东部尤其是东北部相对较低的沉积古地势，表明其属于饥饿充填阶段同沉积构造运动的持续性发展。

(三)过饱和充填阶段

层序三定义了早—中侏罗世鄂尔多斯盆地演化的过饱和充填阶段(图 4.37)。其中，层序 6～7 沉积期，鄂尔多斯盆地范围在东南部显著缩小，在西北部有所扩大。研究区

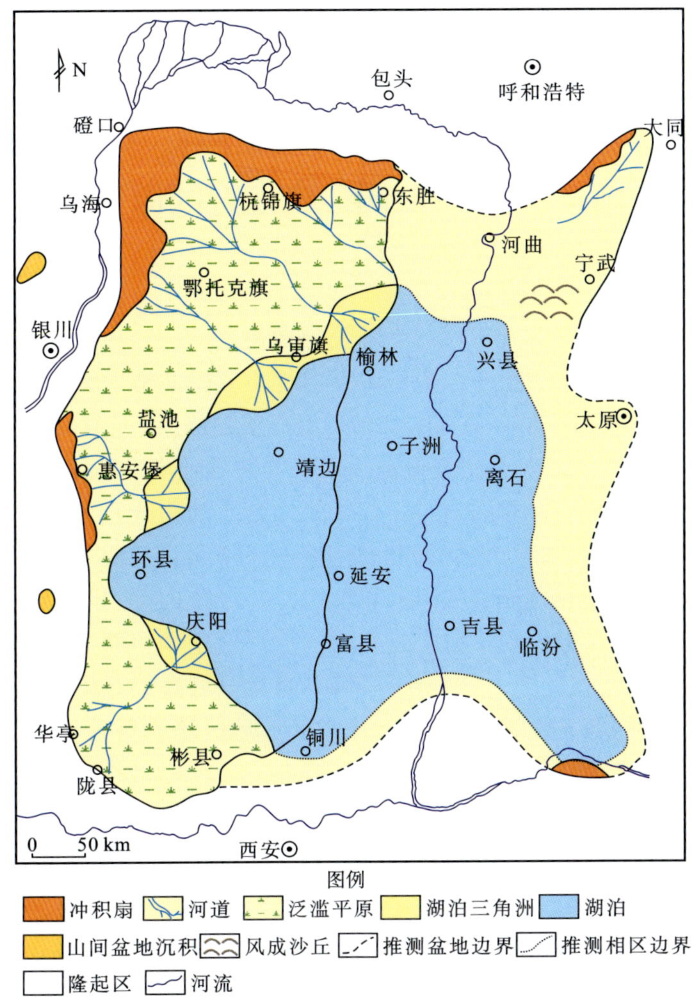

图 4.37 鄂尔多斯盆地中侏罗世巴通期—卡洛维期古地理(据张泓等，2008，有修改)

经历了初始分隔性冲积充填后，较快演化为典型的内陆湖盆。鄂尔多斯盆地东南部边缘大规模辫状河沉积发育，粗碎屑三角洲进积强烈，反映边缘隆起由前期被动平静转化为抬升加快，并使东部基底轻微挠曲形成北东向次级凹陷带。鄂尔多斯盆地西部及西北部基底转变为较快沉降，沉积不断扩展，构成北西向次级凹陷带，为开阔的湖泊区，并在盐池一带形成湖盆中心，盆地中部稳定的基底出现向西北总体倾斜。该期古地理和古构造较前期的新生性，显然与鄂尔多斯盆地东部构造活动加强、西部和西北部由挤压转入松弛及伸张有关。层序 9 沉积期，湖盆东部进一步缩小，东胜—大同及太原一带已隆起为剥蚀区，宁武一带湖泊演化为边缘相沉积，东南部继续萎缩，冲积体系强烈发育，表明东部边缘隆起加快。在这种背景下，东部构造分异为宁武和临汾两个次级山前凹陷，后者晚期巨厚的砂砾岩快速堆积表明，可能因吕梁山隆起加快，临汾凹陷逐渐与鄂尔多斯湖盆分隔而演化为山间凹陷。该期西部变化恰相反，湖盆范围向西北迅速扩展，沉降持续加快，形成北西向最大的沉降带。贺兰山雀台沟、二道岭一带安定组超过 600 多米的湖相泥岩稳定发育表明，当时的内陆湖盆中心已迁移至西北部。

第四节　煤系(有机)能源矿产发育的原生控制因素

一、构造演化

华北克拉通是太古宙—古元古代的全球稳定地块之一，经历了中奥陶世—早石炭世长达 140Ma 的沉积间断。石炭纪—二叠纪华北盆地主要受北侧内蒙古隆起和南侧秦岭造山带的形成和演化的控制(Zhou et al.，2017)(图 4.38)。在泥盆纪—早石炭世(410～330Ma)，位于北秦岭地块之下的南秦岭地块向下俯冲导致秦岭造山带的形成[Dong and Santosh，2016；图 4.38(a)]。早石炭世，秦岭造山带不断抬升，华北克拉通变成一个向北倾斜的地貌，晚石炭世开始，古亚洲洋向南俯冲，华北克拉通北缘演变成一个安第斯型活动大陆边缘(Zhang and Zhao，2013)(图 4.38)，导致内蒙古隆起和大陆边缘岩浆弧形成。华北盆地在晚石炭世—晚二叠世是在中等俯冲速率和俯冲角度下形成的弧后地区的巨型内克拉通盆地(马收先等，2014)，受晚二叠世—三叠纪开始的华北克拉通和蒙古板块南部的碰撞导致的地壳收缩控制，这一中性弧后地区随后变成一个弧后前陆地区(李锦轶等，2009；林少泽等，2013)。

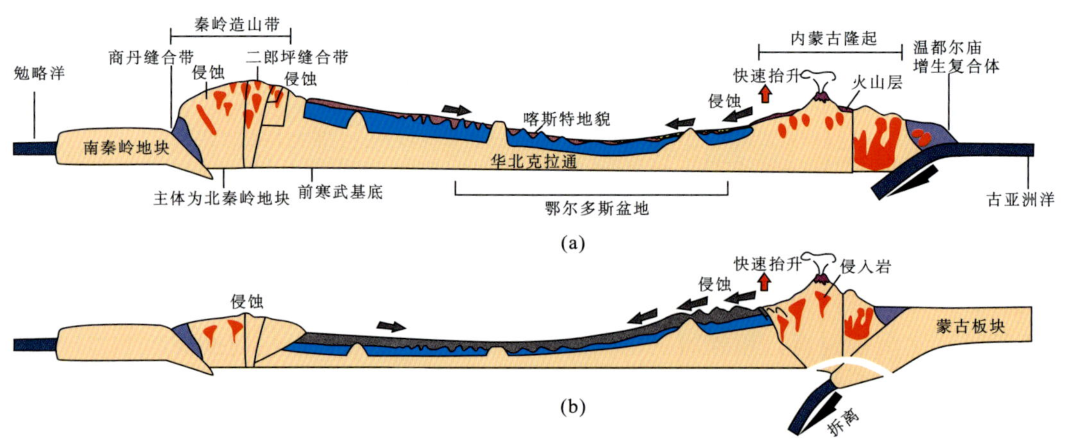

图 4.38　横跨华北板块的近南北向地质剖面(据 Zhou 等，2017，有修改)

(a) 晚石炭世早期；(b) 晚二叠世

二、海平面变化

根据层序地层分析，华北盆地晚石炭世—晚二叠世早期(吴家坪期)地层序列(本溪组—上石盒子组)解释为一个一级大陆进侵(泛滥)旋回，该一级旋回由 5 个二级海侵-海退旋回构成。由于华北克拉通构造稳定，且位于古特提斯洋东岸赤道附近，相比世界其他地区，华北海平面变化曲线与全球海平面变化曲线更加贴近，在晚石炭世海平面逐渐上升，在早二叠世萨克马尔期达到最高，然后在二叠纪剩下的时间段逐渐下降(图 4.39)。

鄂尔多斯盆地晚古生代的海平面变化，主要通过华北克拉通内海侵-海退所形成的相对薄的沉积旋回来识别。鄂尔多斯盆内晚古生代沉积建造的形成可以分为两个阶段：①饥饿充填阶段早期、晚期到平衡充填阶段。该阶段，频繁的海进-海退事件基本上代表了海平面的变化，尽管这种旋回沉积可以由局部性地壳垂直运动造成，但旋回幕在不同板块上的大量发育具有极其惊人的相似性，强烈地暗示了海平面在全球范围内存在周期性变化，即全球海平面变化。海相层(灰岩、海相泥岩、硅质岩)代表了海平面的上升，碎屑岩至煤层(或煤线)的发育代表了海平面的下降，海相层至煤层(煤线)的发育过程代表了一个海平面变化旋回。由于各次海平面升降的幅度不同，海相层所达到的范围也不同。根据华北盆地范围内的三级层序结构分析，在区域范围内可以明显追踪到 25 个较稳定的海侵事件层(图 4.17)，其中有些海侵的规模较大，几乎波及华北全区。②过饱和充填阶段早期和晚期。该阶段，沉积物快速向盆地进积，整个沉积记录表现为以海退为主。但通过沉积相分析、海相层位识别及聚煤作用研究等，亦能识别出几个海侵事件层位(图 4.17)，其中有一次较大规模的海侵(即层序 18)，波及的范围较大，一直延伸到鄂尔多斯盆地东缘。

海平面变化具有全球性和等时性特点，鄂尔多斯盆地的一级和二级海平面变化可与全球尤其是北美板块比较，该地区此时也发育了陆表海碳酸盐岩与硅质碎屑岩混合的含煤建造，晚石炭世—晚二叠世构成一个一级海平面变化旋回。在沉积特征上表现为一个一级大陆进侵(泛滥)旋回内包含 3 个二级海侵-海退旋回，3 个二级旋回内又包含着频繁的三级海侵-海退旋回。鄂尔多斯盆地的一级和二级海平面变化旋回与北美板块的对应级别旋回基本可以比较。华北盆地层序一对应的二级海侵-海退旋回与北美新墨西哥西南部和亚利桑那州东南部的佩德雷戈萨二级层序同步；层序二对应的二级海侵-海退旋回与北美亚利桑那州东南部和新墨西哥西南部的图姆斯通二级层序同步；层序三、层序四和层序五对应的二级海侵-海退旋回与北美得克萨斯州西部的跨佩科斯二级层序同步(图 4.39)。由于地区性和区域性因素的影响，三级海平面变化在洲际间尚难以对比。

三、古气候变化

气候的变化可影响风化作用的强弱，直接影响降水量、河流径流量和海平面(湖平面)的升降，从而影响沉积物的沉积量和分布。因此，气候直接影响沉积相的类型、横向展布及纵向变迁，进而控制砂体厚度、分布及储集性能。一般用于反映大陆板块古气候背景的证据有 3 类：古植物证据、沉积学和岩石学证据、地球化学及古地磁证据。

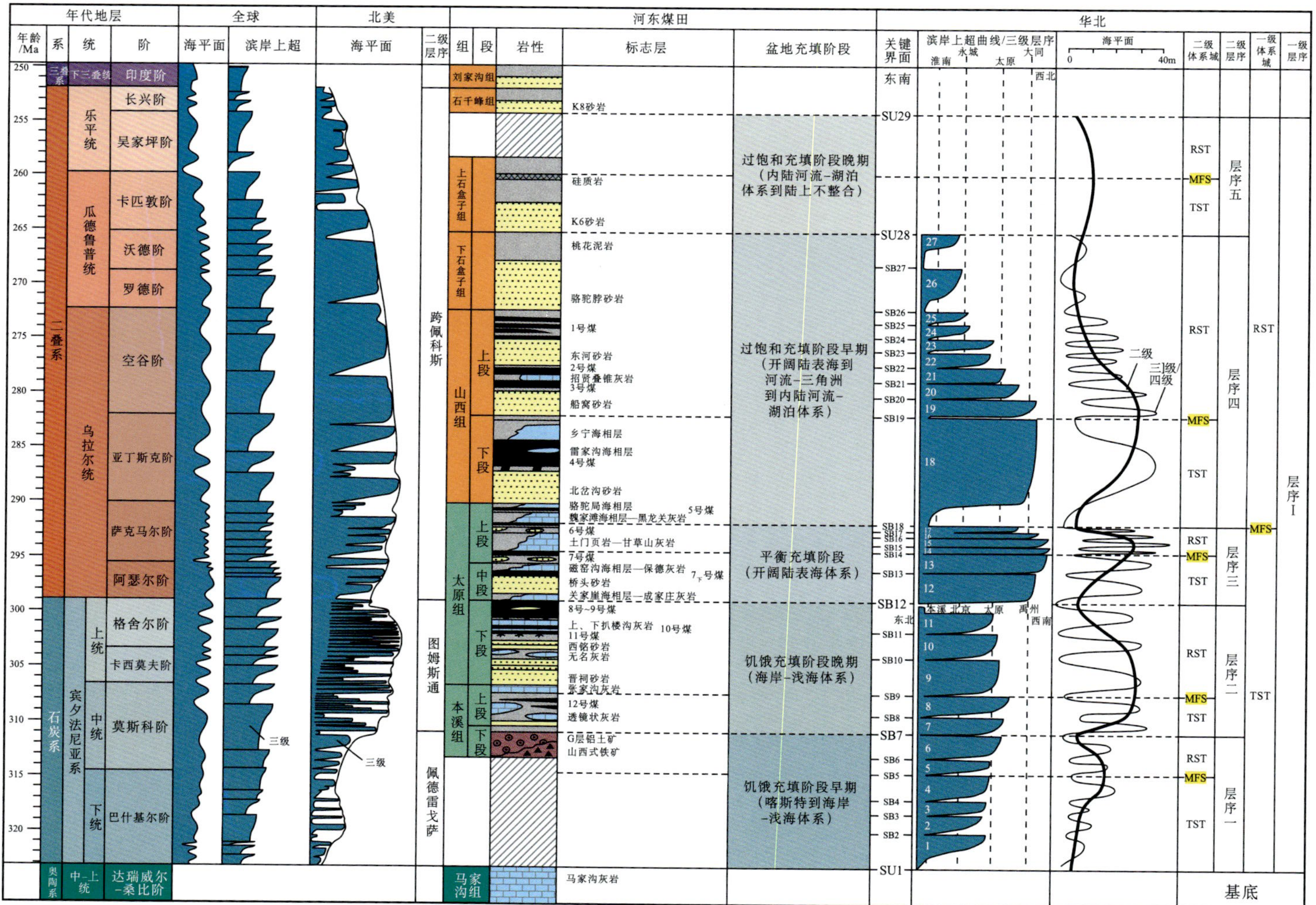

图 4.39 石炭纪—二叠纪滨岸上超和海平面变化曲线对比(华北据黄振裕，1990；Liu 等、1998 修改；北美据 Rygel 等，2008；全球据 Ogg 等，2016；石炭系—二叠系国际年代地层据 Ogg 等，2016)

古植物资料表明鄂尔多斯盆地在石炭纪—二叠纪与华北板块其他地区一样，是以石松纲、楔叶纲、真蕨和种子蕨纲占主导地位的华夏植物群分布区。这个主要由常绿疏木型植物组成的植物群代表赤道热带-亚热带植被类型，晚石炭世—早二叠世早期，植被类型发生了某些变化，其主要标志是出现了东亚特有的大羽羊齿植物，鄂尔多斯地块当时处于大羽羊齿贫乏区的东部和单网羊齿属分布区的西北部，属热带稀树林-干草原气候。

沉积学和岩石学标志反映的古气候背景与古植物证据反映的古气候有着很好的一致性。鄂尔多斯盆地晚石炭世和早二叠世早期沉积物中，多富石英砂岩、高岭石铝土岩和硬水铝石黏土岩。富石英砂岩反映了降水量较大、地形起伏小的强化学风化环境物源区特征；高岭石铝土岩和硬水铝石黏土岩是湿度均一的气候标志；此外，在内蒙古准格尔旗的太原组和贺兰山的太原组已发现有风暴成因的大型丘状层理，而现代北半球的热带风暴大都出现于北纬5°～10°，可见鄂尔多斯盆地晚古生代的热带风暴出现于低古纬度区。

鄂尔多斯盆地自早二叠世晚期开始出现冲积平原或湖泊相红色沉积，其中的钙质土状结核和草丘微地形表明了干-湿交替的气候状态，而干草原气候-稀树林气候可能代表产生这种沉积特征的气候平均近似值，其沉积学和岩石学的特征还表现在沉积物颜色的变化上。二叠纪陆相沉积从早期到晚期具有明显的颜色变化特征：山西组主要为灰白色、浅灰色砂岩和灰黑色、深灰色泥岩层或煤线；下石盒子组为灰绿色、灰白色、灰黄色砂岩夹紫棕色、棕褐色及灰绿色泥岩和少量碳质泥岩，偶见煤线；上石盒子组以棕红色、棕褐色、紫灰色及灰黑色泥岩为主，夹少量灰白色或灰绿色砂岩，偶见泥质岩夹石膏层，化石稀少；石千峰组以较鲜艳的泥质岩为标志，主要为棕红色、紫红色和紫灰色泥岩夹紫红色、紫灰色砂岩，常含有泥灰岩薄层和铁质钙质结核。颜色上的这种由灰黑到灰绿，再到棕色，最后出现红色色调的变化过程，反映了氧化程度逐渐升高、暴露程度逐渐加大的沉积环境。同时在岩性特征上，煤层沉积的消失到石膏及铁质、钙质结核的出现，也反映了气候从暖湿向干热方向的转化。

根据古地磁资料，包括鄂尔多斯盆地在内的华北板块在晚石炭世—侏罗纪从赤道向北漂移至中纬度(吴汉宁等，1990)，同时伴随着35°～45°逆时针旋转。华北板块作为古特提斯海域内一个独立游离块体，晚石炭世—晚二叠世向北漂移了1100km。在这一背景下，张泓等(2005)结合不同地质时段的生态域分析，将华北板块晚古生代古气候变化分为3个阶段：①晚二叠世—早三叠世晚期，研究区及华北板块向北漂移至北纬15º～30º，属热带-亚热带干旱气候；②中二叠世—晚二叠世早期，研究区及华北板块向北飘移至赤道与北纬10º～27º，属有季节分化的热带稀树林气候，并出现气候分异，西北为亚热带干旱气候，东南为热带雨林气候；③晚石炭世—早二叠世晚期，研究区及华北板块在赤道与北纬20º之间，属无季节性分化的热带雨林气候。

由此可以看出，晚古生代，华北地块(克拉通)位于低纬度地带。石炭纪和二叠纪早期，华北地块发育热带雨林植被，煤层发育。中二叠世，华北地块北移，并伴随逆时针方向旋转，加之海逐渐从大陆退出，使古生态环境逐渐由赤道热带和亚热带的常温生态域渐变为夏温生态域，进而转变为亚热带内陆高地环境的沙漠生态域。这样的古气候背景形成了华北盆地上古生界从下到上由“黑”变“红”的剖面结构。对于鄂尔多斯盆地，山西期到石千峰期，古气候从由湿热变为高温和干旱，对沉积特征和砂体展布具有重要的影响作用。

四、沉积环境

鄂尔多斯盆地作为一大型克拉通叠合盆地，不同沉积环境下发育的不同沉积体系及其空间上的配置情况为鄂尔多斯盆地多种能源矿产的形成，特别是多层系成煤、多层系生油气、多旋回成煤和油气奠定了可靠的地质基础。自晚古生代进入克拉通盆地稳定发育时期，在多幕快速海侵和缓慢海退的演化过程中，不同的沉积环境条件形成不同的能源矿产，沉积环境在空间上的分布与组合决定了煤、石油和天然气在空间上的分布规律及其相互联系。鄂尔多斯盆地多种能源共存、富集及其组合形式，与盆地形成演化过程中的沉积环境(包括同一沉积体系中的不同亚环境)密不可分。不同沉积相间的相互结合及有机配置，不但形成了多时代的含煤、铀和油气系统，而且叠加构成了巨大的含煤、油气面积，从盆地边缘到盆地内部都探明了一批不同时代、不同类型的特色的煤、铀和油气藏序列，塑造了鄂尔多斯盆地的能源矿产分布特色。

鄂尔多斯盆地石炭纪—二叠纪特殊的沉积环境，形成以煤为主的能源矿产，晚石炭世末期和早二叠世是盆地最大成煤期，聚煤环境除泥炭坪外，还有三角洲分流间湾、泛滥平原及扇间洼地相等沉积相。煤层的分布主要与海退期的潮上带盐沼、三角洲平原内的分流间湾沼泽及河流泛滥平原沼泽密切相关，同时受古地形的影响。太原组下段沉积时期，鄂尔多斯盆地西部以海湾-潟湖环境为主，在北部乌海一带有三角洲进入海湾，此处形成乌海煤田的下组厚煤层；盆地东部府谷—乡宁为一大海湾，在海湾的南部韩城、北部河曲有三角洲发育，同时河东煤田保德、离柳地区发育局部潟湖相沉积，形成河东煤田主要的可采下组厚煤层。含煤地层既是上、下古生界天然气的主力烃源岩，又是上古生界煤成气的主力储集层，为油气提供非常有利的生、储、盖空间配置体系，使之在纵向上呈现下煤上气的能源共存组合形式。

第五节　煤中无机矿产的原生成矿条件

由本书第三章第六节的研究内容可知，煤及顶底板中微量元素的分布、赋存状态及其影响因素复杂。石炭纪—二叠纪煤中黏土矿物对 Ga、Li、Nb、Ta、Th、U、Co、V 等元素有富集作用，黄铁矿中可能易富集 Cu、Ni 等元素，壳质组易富集 Cu、Cd 等元素，均质镜质体中易富集 Ga 元素，与半丝质体亲和性较好的元素有 Tl。侏罗纪煤中 Co 元素与镜质组有一定的亲和性，与惰质组呈现负相关关系。从成因上分析，高岭石、伊利石等的存在，在一定程度上代表着碎屑矿物遭受了强烈的风化和破坏，莓球状硫铁矿的存在也指示着海相还原环境。煤中微量元素赋存状态的复杂性与微量元素地球化学性质及沉积环境密切相关。因此，研究煤中无机矿产的原生成矿条件具有重要意义。

在鄂尔多斯盆地内部不同区域，煤中金属元素的含量及赋存特征等不同，这与研究区内不同部位的物源供给、沉积微相等具有紧密的关系。

一、物源分析

煤中稀土元素的研究有重要意义。稀土元素的地球化学性质稳定，不易受变质作用等干扰，容易被保存下来，能够为源岩、沉积环境等提供信息，是研究煤地质成因良好的地球化学指示剂(唐修义和黄文辉，2004；任德贻等，2006)。本节采用煤中稀土元素对鄂尔多斯盆地西缘、北部、南部、东缘 4 个不同的煤田构造格局的物质来源进行分析，从而为煤中金属元素矿产的分布、赋存规律研究提供更为直观的证据。

(一)盆地西缘

平面上，鄂尔多斯盆地西缘石炭纪—二叠纪煤中稀土元素的含量分布总体呈现出北高南低的趋势，红墩子矿区、长城一矿 3 号煤稀土元素含量出现高值[图 4.40(a)]，这可

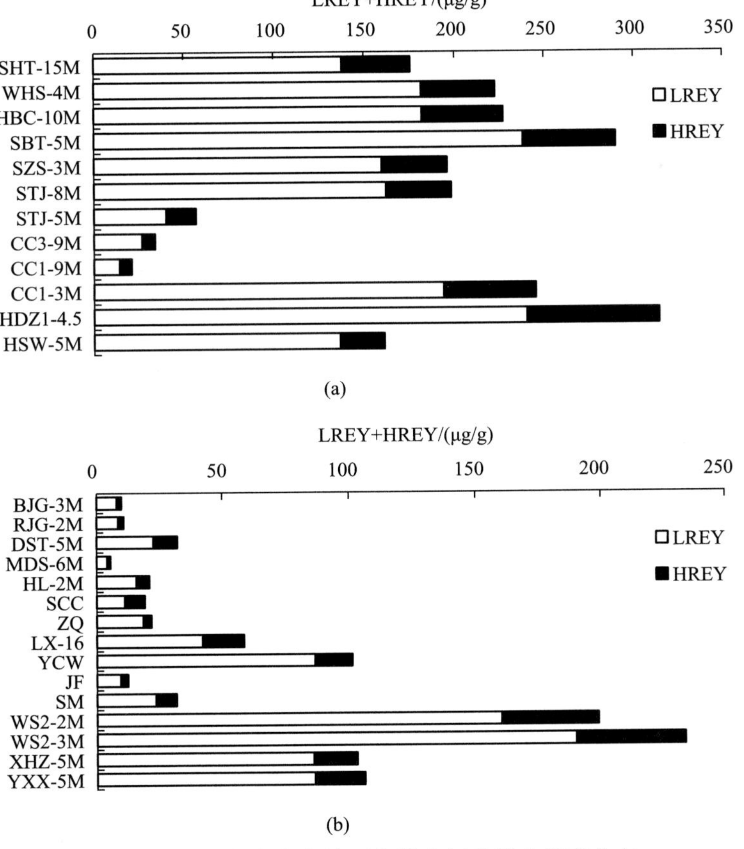

图 4.40　鄂尔多斯盆地西缘煤中轻重稀土元素分布

(a)石炭纪—二叠纪；(b)侏罗纪

能与其成煤过程中的微环境影响有关。对比王国茹(2011)分析的鄂尔多斯盆地西北缘的阿拉善古陆和北缘阴山古陆的稀土元素特征，发现鄂尔多斯盆地西缘石炭纪—二叠纪煤中稀土元素分配模式与其极为相似，均出现轻稀土富集型、重稀土相对平坦型、δEu 负异常、δCe 亏损[图 4.41(a)]，因此可推测其物质主要来源于鄂尔多斯盆地西北部的阿拉善地块和北部的阴山古陆；鄂尔多斯盆地西缘侏罗纪煤中稀土元素的含量分布总体上呈现出由北向南增高的趋势[图 4.40(b)]，罗婷婷和周立发(2013)曾收集资料探讨了北秦岭地区秦岭群和宽坪群的稀土元素分布模式，与之对比发现有一定的相似性，曲线轻稀土段斜率更大，重稀土段较为平坦，存在轻微的 Eu 负异常，Ce 无亏损[图 4.41(b)]，但在秦岭地区的稀土元素分配模式并未出现研究区重稀土段 Yb 强烈正异常的现象，与 Sm 和 Eu 相类似，Yb 属于变价稀土，除通常呈正三价外，也可以呈正二价状态，可能是研究区后期受淡水的影响程度、介质氧化环境的轻微变化等造成 Yb 正异常，推测侏罗纪煤中稀土元素的物源区主要为研究区南部的秦祁褶皱带。

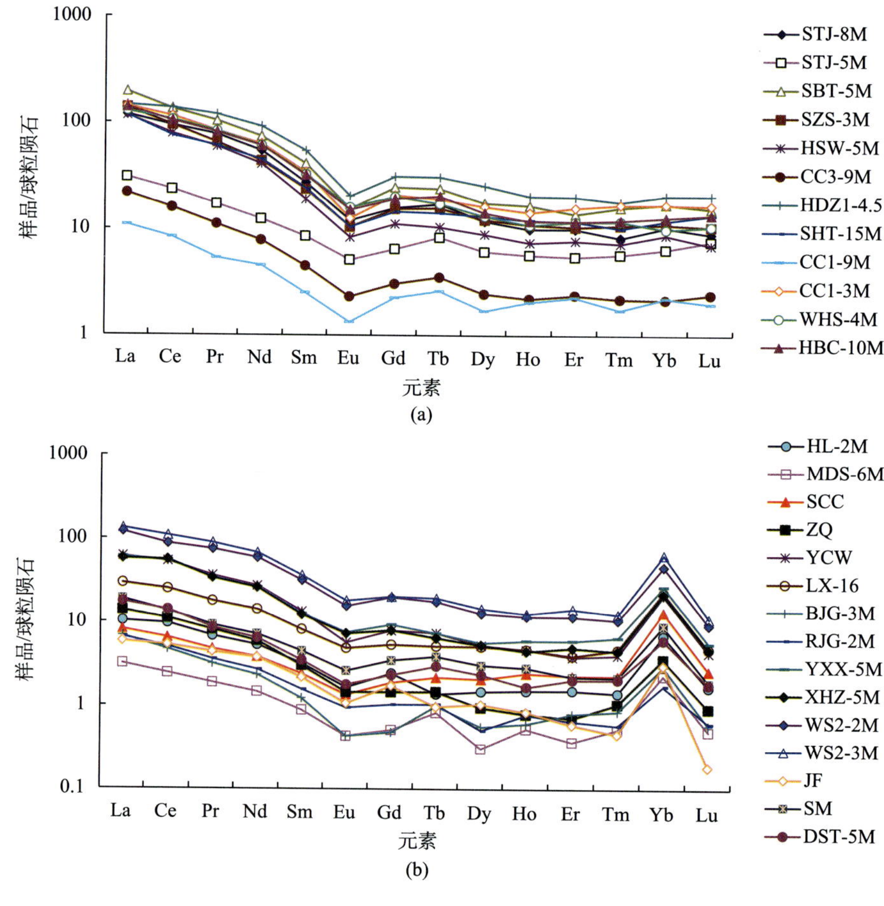

图 4.41 鄂尔多斯盆地西缘煤中稀土元素分配模式

(a)石炭纪—二叠纪；(b)侏罗纪

垂向上，鄂尔多斯盆地西缘石炭纪—二叠纪煤中稀土元素含量明显高于侏罗纪煤中稀土元素含量，主要与其不同的构造、环境演化有关，即与其不同的源-汇条件有关。研究区北部的阴山地区在石炭系—二叠系已处于隆起状态，遭受剥蚀，因而与西北方向的阿拉善地块共同为鄂尔多斯盆地西缘石炭纪—二叠纪煤中的稀土元素提供了主要物源；在中生代中、晚期，阿拉善—河西走廊地区以张性块断活动为主，长期隆起的地块解体，在研究区北部及西北部中生代没有规模较大的稳定地块，也不曾发生较大范围的长期区域隆升，因而无法成为侏罗纪煤中稀土元素的主要物质来源；然而印支期—燕山期，秦祁褶皱带强烈隆升，形成冲断带，而鄂尔多斯盆地西缘则进入陆相盆地发育期；晚三叠世，扬子板块以逆时针呈剪刀状向华北板块拼合焊接，秦祁造山带对华北板块的推覆作用明显，盆地形态发生不对称，表现为南陡北缓(刘池洋等，2005)，因此秦祁褶皱带可能为鄂尔多斯盆地西缘侏罗纪煤中的稀土元素提供了主要物源。固原—环县可能因为处于阿拉善地块南缘与祁连山褶皱交汇部位，构造演化复杂，因而地下水的淋滤作用可以使煤层夹矸中的稀土元素进入煤层，从而造成了万胜煤矿的稀土元素含量较侏罗纪其他煤矿中煤的稀土元素含量明显增高，高达 234.281μg/g。

(二) 盆地北部

石炭纪—二叠纪煤中稀土元素分配模式图呈右倾的“V”字形，为轻稀土富集型，轻稀土段曲线斜率更大，重稀土段较为平坦[图 4.42(a)]。存在明显的 Eu 负异常，也存在轻微 Ce 负异常。侏罗纪稀土元素分配模式图总体上为轻稀土富集型，轻稀土段曲线斜率更大，重稀土段较为平坦[图 4.42(b)]。存在轻微的 Eu 负异常，Ce 无明显负异常。对比两图可以看出，石炭纪—二叠纪煤中稀土元素含量普遍高于侏罗纪煤中稀土元素含量，均为轻稀土富集型。

稀土元素的 $(La/Yb)_N$-ΣREY 参数图解可以用来分析地层中碎屑沉积物的原始物质来源，研究区侏罗纪煤样参数点绝大多数落在沉积岩物源区内(图 4.43)，表明侏罗纪煤层源岩具有钙质泥岩特征，研究区侏罗纪煤层顶底板及夹矸参数点绝大部分落入花岗岩与碱性玄武岩混合物源区内，一部分落入沉积岩物源区内，其物质来源可能为沉积岩或酸性花岗岩或玄武岩类。

鄂尔多斯盆地东北部石炭纪—二叠纪煤中微量元素的物质来源很多学者都曾进行过探讨(中国煤炭地质总局，1996；张有河等，2014)。多数学者认为准格尔煤田 6 号煤层形成之初，古流水的方向为北偏西，其物源主要来自阴山古陆的元古宇钾长花岗岩；煤形成中期，北东部开始隆起，流水方向转为北偏东，隆起的本溪组风化壳成为此时主要的物源；北偏东方向的本溪组由于泥炭的持续聚积而被剥蚀夷平，阴山古陆的中元古界钾长花岗岩又成为其主要物质来源。本书的煤样参数点均落在外面，可能与采样点不同的地球化学环境相关，具体原因有待进一步研究。研究区侏罗纪煤中微量元素的来源，可能与阴山古陆沉积岩或偏酸性的花岗岩或玄武岩类基底有关。

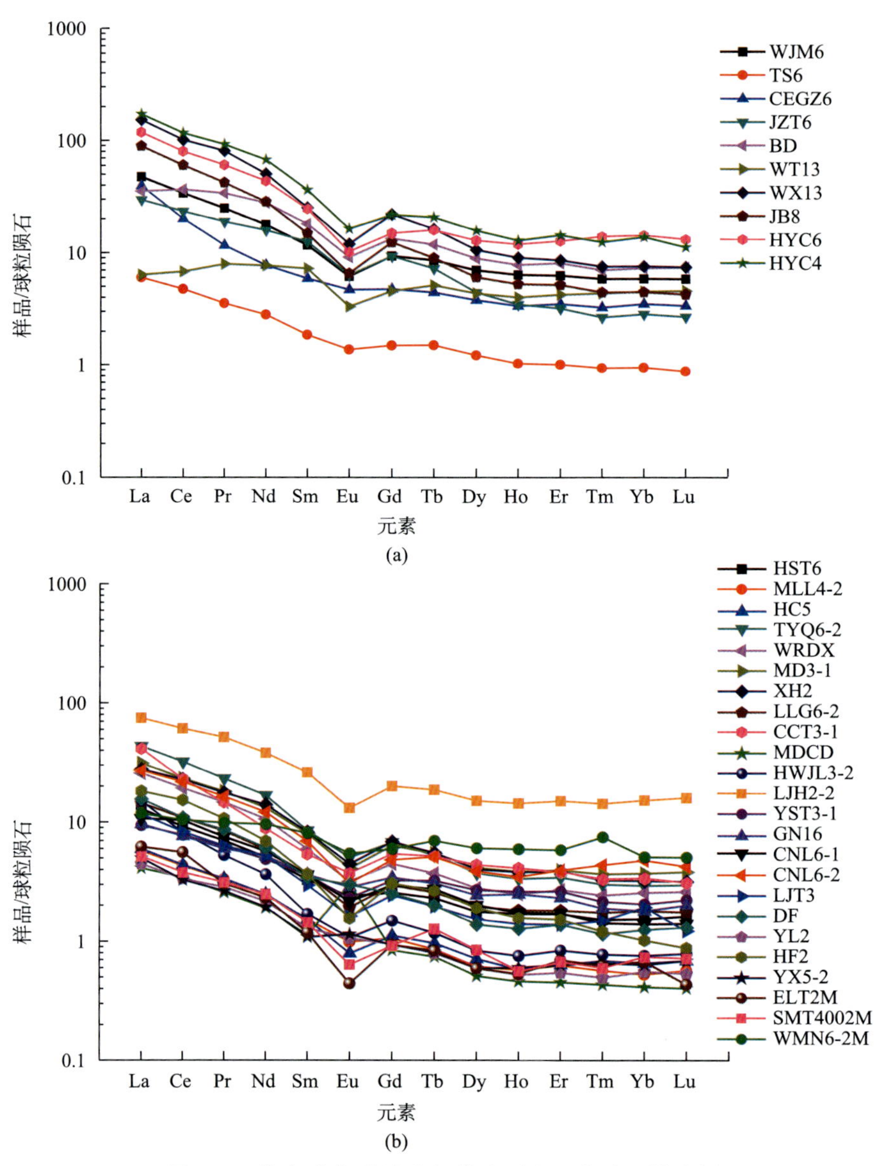

图 4.42 鄂尔多斯盆地北部煤中稀土元素分配模式图

(a)石炭纪—二叠纪；(b)侏罗纪

(三)盆地南部

鄂尔多斯盆地南部黄陇侏罗纪煤田煤中稀土元素含量整体偏低，范围为23.97～54.93μg/g，均值为 36.94μg/g，较鄂尔多斯盆地西缘侏罗纪煤中稀土元素含量均值(64.51μg/g)偏低(秦国红等，2016)，远远低于中国煤中稀土元素含量均值 135.89μg/g 和上地壳稀土元素含量均值 168.37μg/g，也低于世界煤中稀土元素含量均值 68.47μg/g。轻、中、重稀土元素含量分别低于世界煤、中国煤中稀土元素含量均值，但黄陇侏罗纪煤田各煤矿中轻稀土元素含量变化较大，范围为 18.15～46.74μg/g。

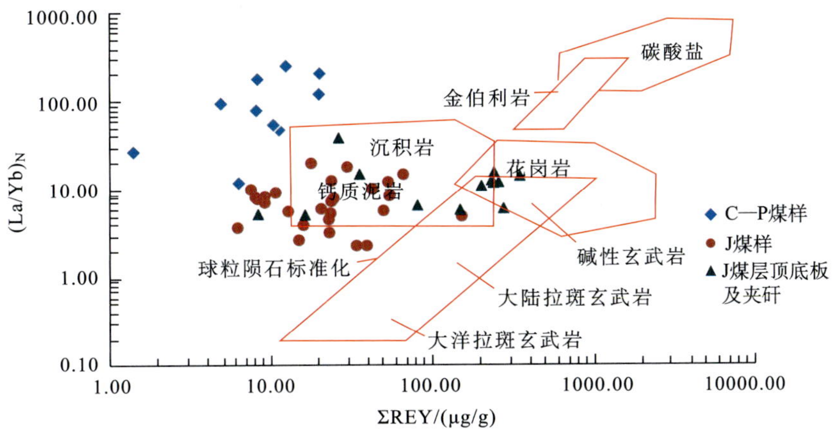

图 4.43　鄂尔多斯盆地北部煤层及其顶底板 $(La/Yb)_N$-ΣREY 图解

δEu 负异常指示其物源来自于具有长英质或杂长英质的碎屑源岩。鄂尔多斯盆地南部黄陇侏罗纪煤田煤中稀土元素全部落入沉积岩、钙质泥岩范围内，推测其物质来源为盆地南部的秦岭古陆的沉积岩(图 4.44)。

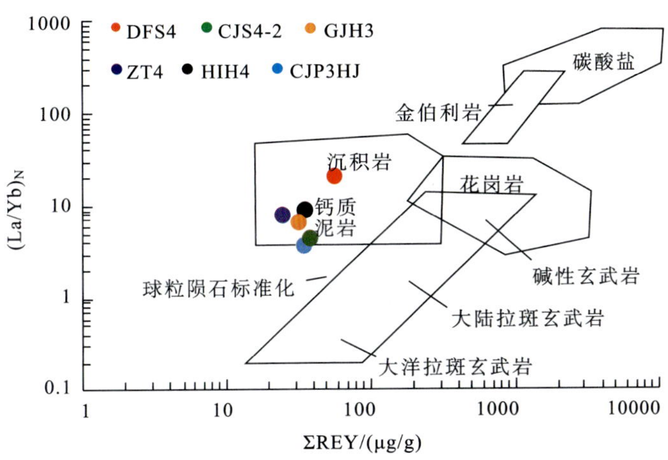

图 4.44　鄂尔多斯盆地南部煤层及其顶底板 $(La/Yb)_N$-ΣREY 图解

(四)盆地东缘

鄂尔多斯盆地东缘河东煤田煤中稀土元素含量范围为 40.22～487.28μg/g，均值为 180μg/g，这一数值高于中国煤中稀土元素含量均值(135.89μg/g)，也高于世界煤中稀土元素含量均值(68.47μg/g)。$(La/Yb)_N$ 的范围为 2.84～52.89μg/g，均值为 18.59μg/g，$(La/Lu)_N$ 的范围为 3.32～61.46μg/g，均值为 21.30μg/g，轻、重稀土元素分异程度较高，δEu 的范围为 0.12～0.16μg/g，均值为 0.14μg/g，呈现 Eu 显著负异常；δCe 范围为 0.16～0.27μg/g，均值为 0.23μg/g，表现为 Ce 明显亏损。

鄂尔多斯盆地东缘河东煤田石炭纪—二叠纪煤中稀土元素分配模式图呈右倾的“V”字形，为轻稀土富集型，曲线轻稀土段斜率较大，重稀土段较为平坦(图 4.45)，存在明显的 Eu 与 Ce 负异常。

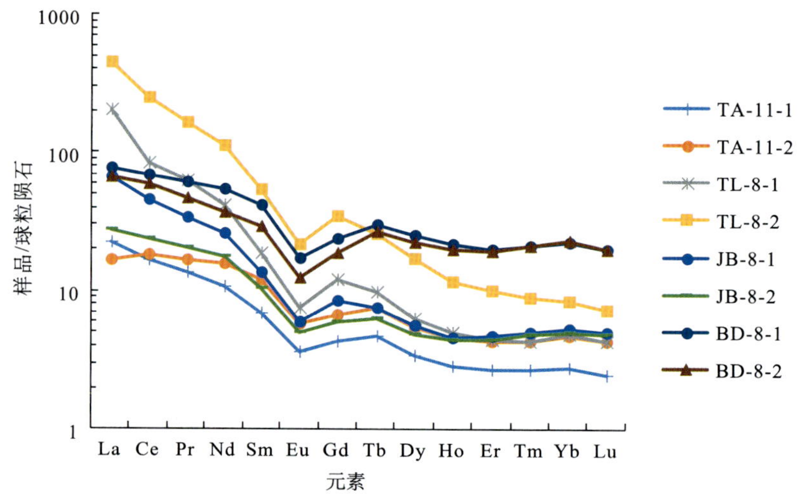

图 4.45　鄂尔多斯盆地东缘河东煤田煤中稀土元素分配模式图

鄂尔多斯盆地东缘属于华北石炭纪—二叠纪聚煤区，其物源区主要是位于盆地北部的阴山古陆及其东北部风化壳铝土矿。煤中 Ga 元素的含量与灰分成正相关关系，灰分的主要成分为 SiO_2 和 Al_2O_3，二者在灰分中的比例为 60%～90%，说明井田内的矿物质以黏土矿物为主，煤中 Ga 元素的含量与矿物质存在相关关系，受陆源碎屑的影响。

二、沉积环境分析

(一) 盆地西缘

鄂尔多斯盆地西缘石炭纪—二叠纪煤中稀土元素含量均值明显高于中国煤中稀土元素含量均值，也高于世界煤和上地壳稀土元素含量均值。Eu 负异常基本由源岩继承下来，δCe 范围为 0.154～0.226，平均值为 0.185，呈 Ce 负异常(表 4.1)，这些变化和当时的海陆交互相沉积环境是分不开的，随着海水的进退，沉积物的稀土元素含量发生了明显的变化，Ce 负异常可能与其处于强还原环境有关。

侏罗纪煤中稀土元素含量均值明显低于中国煤中稀土元素含量均值，也低于世界煤中稀土元素含量均值。Ce 和 Eu 元素容易受沉积环境影响与其他稀土元素分离，导致明显的亏损或富集。氧化环境中，沉积物中的 Ce 元素表现为富集或无明显亏损，Eu 元素会出现明显亏损(唐修义和黄文辉，2004；任德贻等，2006)，侏罗系延安组为氧化的陆相环境，所以 δCe 在煤中的不亏损才会普遍存在(表 4.2)。

表 4.1　鄂尔多斯盆地西缘石炭纪—二叠纪煤中稀土元素参数

样品编号	REY	LREY	HREY	L/H	$(La/Yb)_N$	$(La/Sm)_N$	$(La/Lu)_N$	$(Gd/Lu)_N$	δEu	δCe
STJ-8M	197.666	162.052	36.178	4.479	0.37	1.40	0.48	0.19	0.242	0.188
STJ-5M	56.474	40.269	16.643	2.42	0.22	0.84	0.31	0.21	0.262	0.226
SBT-5M	288.89	238.15	51.775	4.6	0.37	1.41	0.75	0.27	0.279	0.158
SZS-3M	195.104	159.814	35.987	4.441	0.31	1.17	0.43	0.20	0.258	0.178
HSW-5M	160.578	136.547	24.5	5.573	0.35	1.29	0.30	0.13	0.238	0.186
CC3-9M	33.858	26.842	7.167	3.745	0.29	1.11	0.10	0.06	0.245	0.204
HDZ1-4.5	313.21	240.21	74.264	3.235	0.37	1.29	1.30	0.52	0.236	0.160
SHT-15M	174.842	137.997	37.619	3.668	0.31	1.11	0.53	0.28	0.258	0.182
CC1-9M	20.898	14.251	6.769	2.105	0.20	0.89	0.09	0.08	0.287	0.182
CC1-3M	244.199	193.856	51.443	3.768	0.32	1.27	0.72	0.36	0.24	0.154
WHS-4M	221.981	181.5	41.214	4.404	0.39	1.49	0.58	0.23	0.232	0.204
HBC-10M	226.297	181.91	45.226	4.022	0.36	1.37	0.61	0.24	0.242	0.198
平均值	177.83	142.78	35.732	3.872	0.32	1.22	0.52	0.23	0.252	0.185

表 4.2　鄂尔多斯盆地西缘侏罗纪煤中稀土元素参数

样品编号	REY	LREY	HREY	L/H	$(La/Yb)_N$	$(La/Sm)_N$	$(La/Lu)_N$	$(Gd/Lu)_N$	δEu	δCe
HL-2M	21.081	15.859	5.222	3.037	1.49	3.25	6.19	1.46	0.588	1.128
MDS-6M	5.566	4.282	1.284	3.335	1.38	3.59	6.40	1.03	0.622	0.967
SCC	19.274	11.285	7.989	1.413	0.61	3.41	3.12	0.72	0.631	1.000
ZQ	21.807	18.603	3.204	5.806	3.83	4.59	14.96	1.57	0.648	1.009
YCW	101.356	86.592	14.764	5.865	2.90	4.57	14.17	1.83	0.536	1.101
LX-16	58.538	42.151	16.387	2.572	1.28	3.60	6.13	1.12	0.722	1.059
BJG-3M	9.936	8.033	1.903	4.221	2.31	5.56	11.64	0.82	0.507	0.942
RJG-2M	10.908	8.647	2.261	3.824	3.86	4.26	10.80	1.67	0.729	0.989
YXX-5M	106.238	86.429	19.809	4.363	2.24	4.79	10.79	1.67	0.687	1.156
XHZ-5M	103.134	86.019	17.115	5.026	2.65	4.68	12.22	1.68	0.719	1.214
WS2-2M	199.131	160.4	38.731	4.141	2.58	3.81	12.98	2.14	0.604	0.892
WS2-3M	234.281	190.18	44.101	4.312	2.06	3.66	12.00	1.82	0.640	0.978
JF	12.472	9.507	2.965	3.206	1.93	2.70	31.85	9.32	0.547	1.037
SM	31.95	23.525	8.27	2.845	2.08	4.21	10.05	1.84	0.655	0.971
DST-5M	32.185	22.615	9.57	2.363	2.88	5.04	9.80	1.30	0.615	1.075
平均值	64.524	51.608	12.905	3.755	2.27	4.11	11.54	2.00	0.630	1.036

（二）盆地北部

鄂尔多斯盆地北部石炭纪—二叠纪煤中稀土元素含量均值接近中国煤中稀土元素含

量均值，高于世界煤中稀土元素含量均值，较上地壳稀土元素含量均值偏低。Eu 负异常基本由源岩继承下来，煤中 δCe 范围为 0.783～1.057，平均值为 0.925，呈现较弱的 Ce 负异常，可能与其处于一定程度的还原环境有关(表 4.3)。

表 4.3　鄂尔多斯盆地北部石炭纪—二叠纪煤中稀土元素参数表

样品编号	REY	LREY	HREY	L/H	$(La/Yb)_N$	$(La/Sm)_N$	$(La/Lu)_N$	$(Gd/Lu)_N$	δEu	δCe
WJM6	78.463	58.450	20.013	2.921	8.123	4.073	8.165	1.602	0.585	0.939
TS6	11.816	8.197	3.619	2.265	6.297	3.224	6.826	1.701	0.820	0.996
CEGZ6	46.821	35.792	11.029	3.245	11.298	6.732	11.734	1.404	0.882	0.783
JZT6	53.898	42.580	11.318	3.762	10.398	2.363	11.027	3.470	0.576	0.965
BD	93.188	65.163	28.025	2.325	4.867	1.965	4.818	1.815	0.579	1.057
WT13	26.826	14.605	12.221	1.195	1.410	0.881	1.394	0.996	0.563	0.951
WX13	204.370	173.973	30.397	5.723	20.183	6.046	20.512	2.957	0.506	0.867
JB8	119.766	101.367	18.399	5.509	20.022	6.006	21.003	2.907	0.480	0.917
HYC6	177.775	139.102	38.673	3.597	8.268	4.807	8.999	1.133	0.516	0.896
HYC4	248.448	206.440	42.008	4.914	12.407	4.729	15.378	1.952	0.560	0.883
平均值	106.137	84.567	21.570	3.546	10.33	4.08	10.99	1.99	0.607	0.925

由表 4.4 可知，鄂尔多斯盆地北部煤中 δEu 的范围为 0.31～3.09，均值为 0.734，呈现 Eu 中等负异常，煤中 δCe 的范围为 0.80～1.20，平均值为 0.95，Ce 无明显亏损，这可能是由侏罗系延安组氧化陆相环境导致的。

表 4.4　鄂尔多斯盆地北部侏罗纪煤中稀土元素参数表

样品编号	REY	LREY	HREY	L/H	$(La/Yb)_N$	$(La/Sm)_N$	$(La/Lu)_N$	$(Gd/Lu)_N$	δEu	δCe
HST6	22.34	16.09	6.26	2.57	8.43	3.92	7.97	1.59	0.81	0.92
MLL4-2	9.42	7.46	1.96	3.80	11.05	3.75	10.21	1.87	0.76	0.95
HC5	9.74	7.63	2.11	3.62	9.12	3.91	8.69	1.63	0.60	0.94
TYQ6-2	65.97	54.14	11.83	4.58	14.81	5.11	14.65	2.29	0.66	0.97
WRDX	42.27	32.91	9.36	3.52	10.11	4.34	9.92	1.72	0.61	0.96
MD3-1	53.99	40.29	13.70	2.94	8.45	3.90	8.22	1.67	0.57	0.94
XH2	54.74	39.27	15.47	2.54	8.63	3.36	8.78	2.18	0.59	1.00
LLG6-2	24.54	18.55	5.98	3.10	8.03	3.97	8.24	1.69	0.59	0.95
CCT3-1	53.03	39.44	13.59	2.90	12.23	7.68	13.32	1.75	0.69	0.82
MDCD	7.48	5.95	1.53	3.88	9.96	3.65	10.15	2.08	3.09	1.03
HWJL4-2	9.13	6.83	2.30	2.96	8.36	3.76	8.94	1.67	0.46	0.98
HWJL3-2	17.65	14.44	3.21	4.50	19.93	8.84	19.28	1.90	0.68	0.80
LJH2-2	152.03	106.97	45.06	2.37	4.94	2.86	4.70	1.26	0.57	0.97
YST3-1	22.88	13.69	9.19	1.49	4.60	2.62	4.23	1.47	0.68	1.00

续表

样品编号	REY	LREY	HREY	L/H	$(La/Yb)_N$	$(La/Sm)_N$	$(La/Lu)_N$	$(Gd/Lu)_N$	δEu	δCe
GN16	23.56	13.85	9.71	1.43	5.35	2.65	4.80	1.72	0.81	0.98
CNL5	15.87	9.70	6.17	1.57	3.97	1.73	6.11	2.40	0.51	1.03
CNL6-1	24.14	16.85	7.29	2.31	7.70	2.95	7.64	2.12	0.66	1.14
CNL6-2	50.16	36.53	13.63	2.68	5.73	3.92	6.43	1.14	0.52	1.00
LJT4	23.10	10.89	12.21	0.89	3.27	1.95	3.33	1.66	0.81	1.03
LJT3	20.59	14.86	5.73	2.59	6.04	3.92	9.56	2.01	0.60	0.93
DF	23.66	19.18	4.48	4.28	12.52	4.54	11.95	1.92	1.01	0.90
YL2	7.99	6.02	1.97	3.06	8.16	3.47	8.43	1.78	0.94	0.91
HF2	29.64	24.20	5.44	4.45	17.96	4.94	20.85	3.51	0.46	1.06
YX5-2	8.16	5.96	2.20	2.71	7.87	4.59	7.27	1.36	1.14	0.86
ELT2M	10.70	8.43	2.27	3.72	9.25	5.25	14.25	2.14	0.41	1.20
ELT2U	12.74	9.50	3.24	2.93	5.68	5.76	5.35	0.61	0.68	0.84
SMT4002U	6.19	4.28	1.91	2.24	3.72	4.50	4.89	0.90	0.31	0.87
SMT4002D	14.94	8.12	6.82	1.19	2.67	1.80	3.43	1.39	0.40	0.92
WMN6-1	23.76	13.53	10.22	1.32	7.34	3.68	11.91	3.34	0.59	0.87
WMN6-2D	34.05	15.39	18.66	0.82	2.31	2.05	2.10	1.01	0.76	0.87
WMN6-2M	39.56	20.95	18.61	1.13	2.32	1.46	2.34	1.18	0.78	0.96
平均值	29.48	20.71	8.78	2.71	8.08	3.90	8.64	1.77	0.73	0.95

煤中稀土元素主要赋存于黏土矿物中，随着水动力条件的增强，稀土元素的含量降低。当水介质 pH 升高，凝胶化反应速率增加，煤中稀土元素含量同 Ga 元素和 Li 元素一样，都会总体上表现为相应的降低趋势。成煤植物越以木本植物为主，煤中稀土元素含量也会相应增加。稀土元素与煤中 Ga 元素相似，随着 Sr/Ba 的增加，其含量也有一定程度地增加。随着煤的古盐度的增加，煤中稀土元素含量反而降低。

（三）盆地南部

Eu 和 Ce 属稀土元素中氧化还原敏感元素，易受沉积环境的影响与其他稀土元素分离，从而发生富集或亏损。鄂尔多斯盆地南部黄陇侏罗纪煤田煤中δCe范围为0.83～1.02，均值为 0.91，表现为轻微富集或无明显亏损，可能形成于氧化环境。

此外，基于黄陇侏罗纪煤田稀土元素分配模式划分的三大类煤进行对比分析（表 4.5）发现：第一类型煤中 V/(V+Ni) 范围为 0.620～0.796，平均值为 0.708，第二类型煤中 V/(V+Ni) 范围为 0.549～0.743，平均值为 0.671，表明第一类（郭家河煤矿 GJH3M 和陈家山煤矿 CJS4-2M）和第二类（呼家河煤矿 HJH4M、陕西省正通煤业有限责任公司 ZT4M、陈家萍 3 号井煤矿 CJP3HJ）煤层沉积时水体分层性中等，以厌氧环境为主。第三类煤中 V/(V+Ni) 为 0.412，指示该类型（大佛寺煤矿 DFS4M）煤层沉积时为富氧环境。第一类煤中 Sr/Ba 范围为 1.831～3.204，平均值为 2.518；第二类型煤中 Sr/Ba 范围为

1.106～14.323，平均值为5.575，指示以上两种类型煤层沉积时经历了海相咸水沉积；第三类煤中Sr/Ba为0.990，指示大佛寺煤矿煤层沉积时出现了海退，为过渡相的半咸水沉积。除第二类中陕西省正通煤业有限责任公司和陈家萍3号井煤矿中Sr/Cu小于5之外，其他类型煤矿煤中Sr/Cu均大于5，在第三类(大佛寺煤矿)煤中Sr/Cu最高，达61.456，说明在陕西省正通煤业有限责任公司和陈家萍3号井煤矿煤层沉积时为温暖湿润气候，而郭家河、陈家山、大佛寺煤矿煤层沉积时为干旱炎热气候；第二类中陈家萍煤矿煤中Rb/Sr最高，达0.056，其他类型煤矿中Rb/Sr相对较低，指示前者为温暖湿润气候，后者为干旱炎热气候。

表4.5　黄陇侏罗纪煤田煤中微量元素参数分析结果

分类	样品编号	U/Th	V/(V+Ni)	Sr/Ba	Sr/Cu	Rb/Sr
第一类	GJH3M	0.302	0.620	3.204	16.331	0.007
	CJS4-2U	0.373	0.796	1.831	5.443	0.023
	平均值	0.338	0.708	2.518	10.887	0.015
第二类	HJH4	0.253	0.743	14.323	23.254	0.003
	ZT4M	0.178	0.722	1.296	4.375	0.019
	CJP3HJ	0.213	0.549	1.106	3.817	0.056
	平均值	0.215	0.671	5.575	10.482	0.026
第三类	DFS4	0.264	0.412	0.990	61.456	0.001

综上所述，鄂尔多斯盆地南部黄陇侏罗纪煤田第二类中陈家萍3号井煤矿煤层沉积时为温暖湿润气候，陕西省正通煤业有限责任公司沉积时为湿润-半干旱气候，呼家河煤矿及第一类(郭家河煤矿和陈家山煤矿)和第三类(大佛寺煤矿)煤层沉积时为干旱炎热气候。

(四)盆地东缘

鄂尔多斯盆地东缘河保偏矿区石炭纪—二叠纪煤中Eu负异常基本由源岩继承下来，煤中δCe呈现较弱的Ce负异常，可能与其处于一定程度的还原环境有关(表4.6)。

表4.6　鄂尔多斯盆地东缘河保偏矿区稀土元素参数表

样品编号	REY	LREY	HREY	LREY/HREY	$(La/Yb)_N$	$(La/Sm)_N$	$(La/Lu)_N$	$(Gd/Lu)_N$	δEu	δCe
TA-11-1	40.218	30.573	9.645	3.17	8.18	3.29	9.18	1.77	0.16	0.23
TA-11-2	49.62	34.227	15.393	2.22	3.54	1.38	3.92	1.59	0.15	0.27
TL-8-1	187.746	170.115	17.631	9.65	41.55	11.05	47.90	2.84	0.12	0.16
TL-8-2	487.276	445.03	42.246	10.53	52.89	8.35	61.46	4.72	0.12	0.20
JB-8-1	97.752	80.529	17.223	4.68	12.29	4.82	12.97	1.69	0.14	0.23
JB-8-2	58.645	43.468	15.177	2.86	5.37	2.60	5.61	1.23	0.15	0.25
BD-8-1	191.204	129.39	61.814	2.09	3.46	1.88	3.88	1.18	0.13	0.24
BD-8-2	160.522	103.185	57.337	1.80	2.84	2.30	3.32	0.93	0.13	0.26

鄂尔多斯盆地东缘太原组沉积相主要是潮坪、浅海和三角洲，且潮坪、浅海占有一定优势，山西组沉积相以三角洲为主，显然太原组煤层聚积时受海水影响明显比山西组大。11 号煤层发育于潮坪环境，属还原环境；8 号煤层发育于浅三角洲平原环境，属弱还原环境。由前人研究并结合实际测试结果可知，11 号煤中 Ga 元素的含量要比 8 号煤中 Ga 元素的含量高，这是因为海相的还原环境更有利于地球中微量元素的富集，这与前人的研究成果是一致的。

第六节　煤系矿产形成的时空分布规律

一、煤和煤层气

尽管薄煤层局部存在于石炭纪—二叠纪地层中，但是具有商业价值的煤层主要赋存于层序 11、准格尔煤田和河东煤田北部的层序三、河东煤田北部和中部的层序 18 及河东煤田南部和渭北煤田的层序 19～25 中(图 4.21)，厚煤层主要形成在海岸平原上(图 4.46)，充足的雨水和地下水补给导致高的地下水位，有利于厚泥炭的堆积。

层序 11 中的煤层主要为几乎跨越整个鄂尔多斯盆地东缘的 8 号～9 号煤层，除了在河东煤田中部出现的小的煤层分叉和尖灭，在其他地区无明显的煤层分叉(图 4.21)，这说明层序 11 沉积在一个(除了局部地区以外)基底沉降相对一致的时期。该时期，由于饥饿充填阶段近源可容纳空间被陆源碎屑不断消耗，华北地形趋于平坦。同时，海岸上超已经向东北后退到太原附近(图 4.17)，导致鄂尔多斯盆地东缘为宽阔的海岸平原环境，有利于区域展布的 8 号～9 号煤层的形成。

层序三中的煤层主要为准格尔煤田的 6 号煤层和河东煤田北部的 6 号、7 号煤层(图 4.21)。根据前面所述，层序三沉积于鄂尔多斯盆地平衡充填阶段，该时期，整个华北克拉通为统一陆表海，而海岸环境主要局限在华北克拉通北缘，同时，构造沉降速率趋近于泥炭堆积速率，使其能够长时间处于成煤窗，因而有利于巨厚煤层(即 6 号煤)的形成(图 4.46)。根据区域地层对比及哈尔乌素 6 号煤层的基于岩石学的层序地层分析，准格尔煤田 6 号煤层代表了层序 12～17 的陆向合并，而河东煤田北部的 7 号和 6 号煤层代表了被海相沉积楔(即磁窑沟海相层)所分隔的二级海侵-海退煤层组。

层序 18～25 中的煤层主要为河东煤田中部的 4 号煤层及河东煤田南部—渭北煤田北部的 2 号、3 号和 5 号煤层(图 4.21)。华北板块在晚石炭世—早二叠世不断自赤道附近向北漂移，伴随着热带气候升温和干燥带向赤道扩张，其主体逐渐脱离热带雨林气候带，进入难以成煤的稀树林和热带、亚热带干旱气候带。伴随着热带雨林气候带逐渐向南迁移，研究区厚煤层也跟着向南迁移。到罗德期—吴家坪期，聚煤作用收缩至仍处于热带雨林气候带的华北板块东南一隅。

二、页岩气

页岩气主要赋存在本溪组、太原组和山西组的黑色泥页岩中，在鄂尔多斯盆地东缘，页岩气储层主要发育在临兴区块的层序 12～18 或石楼和大宁—吉县区块的层序 18 中(图

4.21），分别代表了晚古生代鄂尔多斯盆地演化平衡充填阶段和过饱和充填阶段早期的近端陆架沉积（图 4.46）。黑色泥页岩沉积逐渐向南延展和迁移部分反映了鄂尔多斯盆地“跷跷板”式的沉降和沉积，这一模型与晚石炭世早期华北克拉通向北倾斜和随后的克拉通北缘复活和造山活动有关。在晚古生代第三次二级海侵淹没华北盆地北部之后不久，黑色泥页岩开始在近物源地区（即河东煤田北部）沉积，这里陆源碎屑输入刚开始较低，快速的海平面上升导致黑色页岩沉积限制在近物源地区。鄂尔多斯盆地平衡充填阶段晚期—过饱和充填阶段早期，随着陆源碎屑输入的不断增加，沉降逐渐向远离造山带方向大面积迁移，黑色泥页岩沉积的位置推向位于生长陆缘海湾的更远端。这里，在没有普遍水柱缺氧的情况下，黑色泥页岩沉积明显受到了近封闭海湾中陆源营养物汇集导致显著提高的有机质生产力和足够的沉积作用的促进，从而有利于沉积物和水体接触面上沉积的有机质的保存。

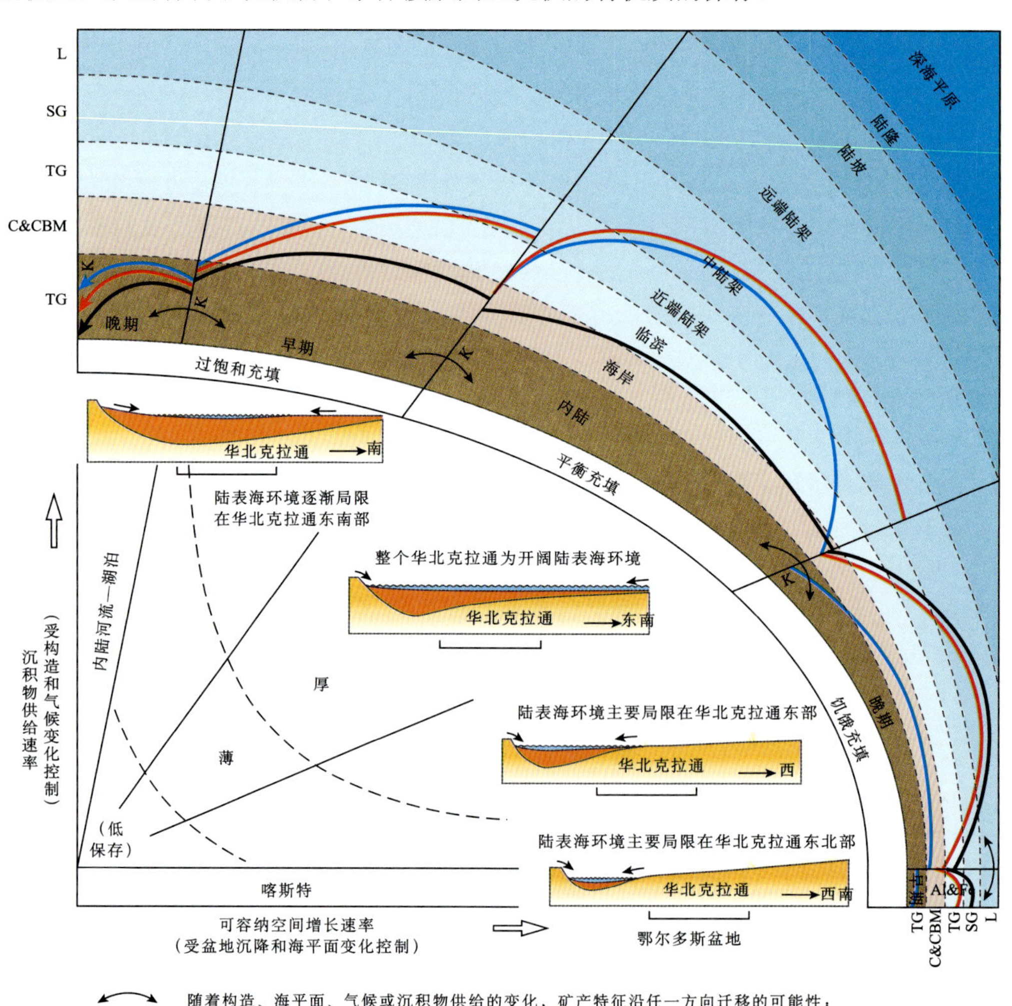

图 4.46　鄂尔多斯盆地石炭纪—二叠纪煤系矿产资源的时空分布模型

C&CBM.煤和煤层气；SG.页岩气；TG.致密砂岩气；L.灰岩；K.高岭岩；Al.铝土矿；Fe.铁矿

三、致密砂岩气

致密砂岩气主要赋存在太原组—上石盒子组的砂岩中，在鄂尔多斯盆地东缘，层序二和层序三中的大部分砂体与同时期海岸沉积分离，封装在海岸平原煤层或陆架泥岩或灰岩中(图4.21)，代表了鄂尔多斯盆地饥饿充填阶段晚期和平衡充填阶段的下切谷海湾沉积。这种孤立的浅海砂体导致储层与烃源岩的直接接触，有利于天然气从邻近的烃源岩运移到砂岩储层中。在鄂尔多斯盆地饥饿充填阶段晚期和平衡充填阶段的二级或三级相对海平面低位期，陆源碎屑供给速率超过可容纳空间增长速率，粗粒沉积物能够长距离搬运至陆架(图4.46)。相反，层序四和层序五中的大部分砂体在鄂尔多斯盆地呈地毯式分布，走向上连续，代表了鄂尔多斯盆地过饱和充填阶段早期和晚期河道和/或三角洲前缘沉积。该时期，研究区陆源碎屑供给速率远远大于可容纳空间增长速率，来自上地壳的粗粒碎屑可以长距离、成片搬运至内克拉通凹陷中。以上孤立的和走向上连续的两种类型砂体均为研究区煤系致密砂岩气的富集场所。

四、高岭岩

在层序地层格架上，高岭岩主要赋存于河东煤田中—南部、渭北煤田层序二的顶部及准格尔煤田层序三的顶部，刘钦甫和张鹏飞(1997)和朱如凯(1997)等认为，这些高岭岩形成于海退背景下干燥沉积环境中，其源岩部分为源区化学风化作用产物，部分为空降火山碎屑沉积物。根据Schlager(2004)的研究，可识别的地表暴露记录的形成至少需要1Ma，在研究区，只有二级层序边界的暴露时间有可能超过1Ma，因此，高岭岩的分布代表了饥饿充填阶段晚期和平衡充填阶段二级相对海平面下降及低位期的陆上风化暴露沉积(图4.46)。

五、铝土矿和铁矿

铝土矿与山西式铁矿共存于同一层位，位于陆上不整合SU1之上，称为G层铝土矿，属于大型喀斯特型铝土矿(Liu et al.，2014)。在华北晚古生代盆地的形成初期，古亚洲洋在华北克拉通北缘之下向南俯冲导致内蒙古隆起火山喷发，火山喷发形成的火山灰借助风力搬运至华北盆地的喀斯特地貌中，低纬度湿热气候使其遭受强烈的化学风化，其中K、Na、Ca、Mg等元素被大量淋失，Fe、Al、Si等元素相对富集并残留在红土风化壳中。第一个层序(层序6)开始沉积之后，这些残留在红土风化壳中的Fe、Al、Si等元素经海侵短距离机械搬运至低洼地形中，按照Fe-Al-Si的序列进行沉积。其中，鄂尔多斯盆地南部的铝土矿主要来源于秦岭造山带，盆地北部的铝土矿来源于内蒙古隆起和秦岭造山带(Liu et al.，2014)。Bogatyrev等(2009)指出，大型喀斯特型铝土矿成矿需要满足4个条件：①广阔的喀斯特地貌；②纯的石灰岩(易于喀斯特化)；③邻近火山喷发带；④长期的陆相沉积间断(≥10Ma)。在研究区，只有寒武系—奥陶系灰岩顶部的大型喀斯特台地满足以上4个条件。因此，G层铝土矿和山西式铁矿共同赋存于第一个沉积层序中，代表了鄂尔多斯盆地饥饿充填阶段早期的沉积(图4.46)。

第五章

盆地构造-热演化与煤系矿产赋存

煤系矿产资源的同盆共存是多种地质因素共同作用的结果，盆地动力学作为煤系矿产资源形成和改造的驱动力，是探讨煤系矿产资源耦合成矿的关键。盆地的构造-热演化历程对煤系矿产资源的形成、运(迁)移、聚(富)集成藏和保存具有重要的控制作用，对于煤系气成藏来说，盆地的埋藏史和热演化史控制着煤系烃源岩的生成、变质和生烃，构造环境的转变造就了不同岩性地层空间叠置发育，是煤系气耦合成藏的关键所在；而对于煤系无机矿产，盆地演化过程中构造-热事件的发生及产生的构造应力场对煤系金属元素和铀元素的扩散、迁移、沉淀甚至成矿具有重要的控制作用。成煤原型盆地经历了多期构造演化，发生了分解破坏、叠合反转，充填在其中的煤系也随之变形、变位，失去了原本的连续性，被分割成埋深不同、形态各异的块段，形成不同的赋煤构造单元；后期构造运动的调整改造使得煤系矿产资源最终成矿(藏)定位，决定了煤系矿产资源现今的赋存状态。因此，加强含煤盆地构造-热演化和赋煤构造格局的控矿作用，是煤系矿产资源评价和勘查开发的基础性工作及前提条件。

第一节　鄂尔多斯盆地构造-热演化历程

一、盆地构造演化史

鄂尔多斯盆地是在古生代华北克拉通盆地的基础上经历多期次、多阶段的构造演化形成的残延克拉通盆地，其最终形成是在侏罗纪末燕山中期运动之后，因此其是经历多旋回的中新生代沉积盆地。纵观鄂尔多斯盆地的构造演化历程，可划分为 3 个大的阶段：盆地基底的形成、盆地的发育时期和盆地的后期改造。其中盆地基底的形成主要经历了元古宙的裂解、碰撞阶段；盆地的发育时期主要经历了早古生代陆表海、晚古生代滨浅海及中生代内陆湖盆 3 个阶段；盆地的后期改造阶段主要经历了新生代周缘断陷。

（一）中、新元古代地质构造演化

中、新元古代时期，古中国陆块处于拼接稳定初期。由于地壳厚度较薄、地温梯度高加之刚性强度和固结程度低，在秦祁、兴蒙海槽开裂、扩张的影响下，中元古代早—中期盆地发生断块破裂与陷落。而在中元古代晚期—新元古代早期，随着古亚洲向华北板块俯冲，鄂尔多斯盆地北缘、南缘进入碰撞造山阶段，盆地周缘洋盆与裂谷相继关闭，华北板块拼接至罗迪尼亚(Rodinia)超大陆的一部分，鄂尔多斯地区上升为陆，“古中国地台”形成。至新元古代中、晚期，随着泛大陆的解体，华北古陆与西伯利亚、劳亚大陆裂开，形成了独立的华北板块(赵振宇等，2012)，为鄂尔多斯盆地古生代的稳定发展奠定了地质构造背景。

（二）古生代地质构造演化

1. 早古生代地质构造演化

早古生代鄂尔多斯盆地进入稳定的克拉通盆地发育期，处于一个边缘(西南)活动、内部稳定的特定大地构造环境，决定了其独特的构造-沉积发育特征，为稳定的克拉通陆表海沉积，沉积以海相碳酸盐岩沉积为主夹碎屑岩的寒武系和中、下奥陶统，残余厚度300～1500m，其中盆地西南缘处于被动大陆边缘，厚度较大，介于2000～3000m。

至加里东晚期，鄂尔多斯盆地整体进入克拉通盆地稳定发育时期，祁连海和北秦岭海槽关闭、褶皱，转化为稳定区。在晚奥陶世—早石炭世全面抬升，鄂尔多斯地块逐渐整体抬升为蚀源区，边缘破裂，缺失志留系、泥盆系及下石炭统。受古隆起的影响，古地形自西向东平缓倾斜，中奥陶世—早石炭世全面隆升，经长期的剥蚀夷平，为晚古生代广泛而连续的聚煤作用提供了稳定的盆地基底。

2. 晚古生代地质构造演化

加里东晚期全盆隆升剥蚀后，在海西运动祁连—秦岭和兴蒙海槽不同时期、不同段落封闭所产生的南北向挤压应力作用下，鄂尔多斯盆地进入晚古生代海陆变迁的构造演化序幕。中、晚泥盆世，随着祁连洋盆的消失，残留海盆或前陆盆地开始形成。

早石炭世的沉积主要局限于早古生代晚期—晚古生代早期的造山带位置，说明伸展构造的发育与造山带中早期逆断层的重新活动有关，在造山带上部形成多个地堑、半地堑叠合盆地。从晚石炭世开始，盆地开始整体下沉接受沉积，在早古生代乌兰格尔隆起和庆阳隆起的基础上发展起来的杭锦旗—庆阳隆起横亘于整个盆地中部，将盆地分为两个海域，东部为华北海盆，地势平坦，海域开阔，接受了比较稳定的滨海含煤岩系沉积，即本溪组；西部为祁连海盆，多发育裂陷海湾，以海湾-潟湖沉积体系为主，即羊虎沟组。二者层位基本相当，沉积地层均以黑色页岩、砂泥岩互层夹石灰岩及薄煤层为主，煤层厚度小、不稳定，横向连续性差(图5.1)。

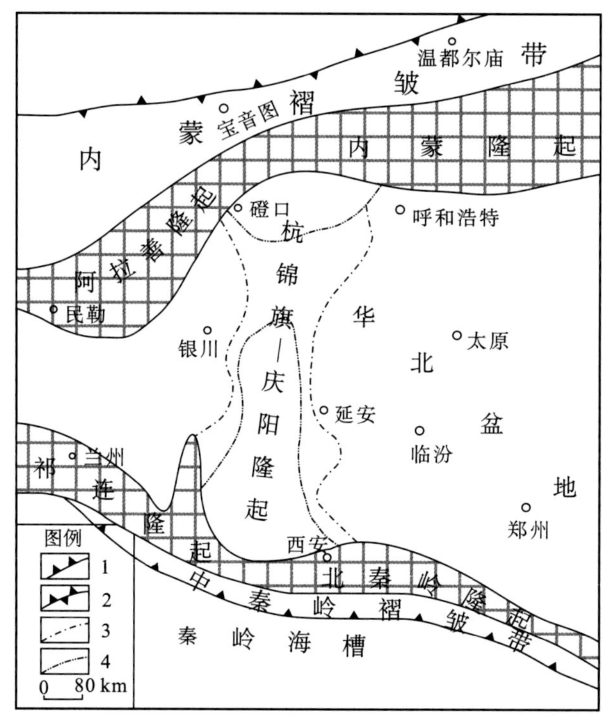

图 5.1 鄂尔多斯盆地晚古生代区域构造图(据中国煤炭地质总局，1996)

1.海西早、中期俯冲带；2.中二叠世对接带；3.太原组时隆起边界；4.本溪组时隆起边界

晚石炭世末—早二叠世太原期，中央古隆起随着海侵范围的扩大没于水下，东西两侧形成统一的沉积体系，发育潮坪、潟湖和滨岸沉积体系，沉积形成海陆交互相含煤地层太原组，地层以暗色砂泥岩为主，夹石灰岩和煤层。至晚古生代中二叠世之后，鄂尔多斯盆地受海西运动晚期秦岭、兴蒙海槽向东迁移、关闭的影响发生整体抬升，从而使海水退去，盆地的沉积环境由滨浅海海相沉积转变为近海湖的陆相沉积，沉积的差异性由东西向转变为南北向的分异，沉积形成了以陆相烃源岩层为主的山西组及以河流相砂岩层为主的石盒子组和石千峰组(白云来等，2010)。

综上所述，作为华北克拉通次级构造单元的鄂尔多斯盆地，晚古生代的构造演化及总体构造-沉积格局的重大改变(特别是海陆的变迁)与盆地的大地构造背景密切相关。秦岭、兴蒙海槽的构造演化控制鄂尔多斯盆地晚石炭世—二叠纪盆地的构造-沉积格局和海陆变迁，晚石炭世以中央隆起带为界，东西分异结构格局及其补偿性沉积被二叠纪南北沉积分异新格局和超补偿型沉积取代。特别是后者的沉积体系在时间上的相互联系与发展、在空间上的相互叠置与位移分布，对盆内煤系矿产的聚集起着重要的控制作用。

(三)中生代地质构造演化

作为鄂尔多斯盆地构造演化的重要转折点，盆地中生代的地质构造演化由特提斯构造域控制逐渐转变为由太平洋构造域控制，该时期盆地地层序列、构造层次及演化特点是在复杂的前中生代区域构造背景上，受控于印支和燕山两大构造运动发展起来的。构造与建造发育特征、宏观构造格局与区域应力场演化、地体的增生与裂解作用，在时间上、空间上皆呈现出规律性的演化过程(魏永佩和王毅，2004；白云来等，2010)。

在二叠纪末构造-沉积格局的基础上，三叠纪初期沉积了一套以河湖相、沼泽相为主的陆相沉积建造。中三叠世末发生的早印支运动，导致盆地断裂活化，受同生断裂和古隆起边缘的控制作用形成大型晚三叠世断-拗陷型内陆盆地。随后在印支运动进入燕山运动的过渡时期，盆地整体抬升导致上三叠统遭受变形和剥蚀。

中侏罗世早期鄂尔多斯盆地平原化过程明显，盆地没有明显的沉积中心和沉降中心，河流、湖泊及沼泽均很发育，该时期是中生代烃源岩最主要的生成时期，沉积形成了侏罗系延长组油页岩及延安组的煤系。晚侏罗世以后，鄂尔多斯盆地进入全新的演化阶段，区域沉积差异明显，盆地内部侏罗系与白垩系呈不整合接触关系，西缘形成东西向的逆冲、逆掩断裂带，晋西还有岩浆活动相伴生，如临县紫金山岩体，阴山地区亦有褶皱和逆断裂发育。

早白垩世初期，鄂尔多斯盆地在新特提斯洋和西太平洋板块的共同控制作用下，处于应力松弛状态，以拉斑玄武岩喷溢为标志说明板内伸展环境，由此亦对鄂尔多斯盆地构造格局产生了深刻影响，断裂发生负反转及岩浆活动明显，如贺兰山汝箕沟白垩纪玄武岩，地温场迅速增高，随后在区域挤压应力作用下，鄂尔多斯盆地整体抬升进入独立发展演化阶段。晚白垩世，受印度板块、太平洋板块与库拉-太平洋板块的影响，鄂尔多斯盆地周边断裂向盆地内部的逆冲、逆掩或推覆作用进一步加剧，盆地周边变形剧烈，盆地整体抬升，从而使盆地处于挤压剥蚀状态，因而缺失这一时期的沉积。

(四)新生代地质构造演化

新生代时期鄂尔多斯盆地已经消亡，进入后期的改造时期，虽然新生代喜马拉雅运动在盆地整个形成演化过程中所占时间比例很小，但对鄂尔多斯盆地现今构造格局和煤系矿产资源时空分布及耦合成矿产生了深刻的影响。受区域板块碰撞、俯冲的影响，鄂尔多斯盆地主体隆升，盆地边缘普遍发生断块破裂与陷落，产生一系列断陷，如河套断陷、银川断陷、渭河断陷等。鄂尔多斯盆地边缘强烈的构造运动使得富含铀的酸性和中性火成岩、变质岩、混合岩、花岗片麻岩出露地表，并在一定区域内形成较明显的地貌高差，从而发生含金属元素母岩的风化剥蚀，为煤系金属矿产的形成提供物源。鄂尔多斯盆地的抬升、剥蚀会造成前期形成的油气藏发生脱溶、逸散，以及煤系气藏的后期改造调整，为煤系矿产之间的耦合成矿奠定了基础。

总体而言，鄂尔多斯盆地的形成演化是在稳定的结晶基底的基础上，经历了早古生代华北陆表海沉积，至晚古生代煤系形成以来长期处于稳定状态，中生代含煤盆地继承性发育，因此晚石炭世—早二叠世及早中侏罗世是鄂尔多斯盆地煤系形成的重要时期，之后晚侏罗世—早白垩世是盆地煤系矿产资源生成—运聚—成藏的重要时期，新生代以来盆地的后期改造，则为煤系矿产资源调整、定位、分布的重要时期。

后期改造过程中鄂尔多斯盆地主体部分石炭纪—二叠纪煤系和侏罗纪煤系后期改造

微弱，煤系呈近水平的单斜或极宽缓的连续褶皱。而鄂尔多斯盆地西缘和东部基底分别为新元古代—早古生代贺兰拗拉槽和晋豫陕拗拉槽，在中新生代构造运动中基底活动性大，控制盖层变形，因此，盆地周边煤系受后期改造强度大。虽然鄂尔多斯盆地中新生代以来经历了多期构造运动的改造，但主要表现为整体的隆升作用，对煤系矿产资源的调整、改造和破坏相对较弱，有利于煤系矿产资源的富集和保存。

二、盆地埋藏史

盆地埋藏史控制着盆地煤系的形成，盆地的沉降与充填为煤系矿产资源提供了物质基础。作为煤系的载体，沉积盆地的稳定沉降与充填决定了煤系矿产资源发育的类型、保存和分布，同时也是对物源区构造运动的响应。系统研究盆地埋藏史，尤其是成煤期及其以后的埋藏史，有助于深化对煤系矿产资源发育、时空分布及保存的认识。

鄂尔多斯盆地晚古生代煤系沉积之后，盆地整体表现出稳定升降的特点，但盆地内部构造活动存在较大的差异性，不同地区盆地的沉降埋藏史差异很明显，总体表现为由西向东抬升剥蚀强度加强，导致煤系矿产资源的赋存与分布也存在着较大的差异性。后期发生抬升剥蚀，主要是三叠纪及其以上地层接受风化剥蚀，且不同构造单元地层剥蚀厚度具有差异性。任战利(1996)编制各构造单元镜质组反射率与深度(R_o-H)关系曲线(图 5.2)，其形态大致相同，曲线斜率近于相等。根据 R_o-H 曲线推断后期抬升剥蚀量的相对大小，总体表现为由西向东剥蚀量逐渐增大，伊盟隆起东部准格尔地区、东缘挠褶带及渭北断隆的东部，剥蚀厚度一般大于 2000m；天环拗陷剥蚀量最小，一般分布在 500～700m。

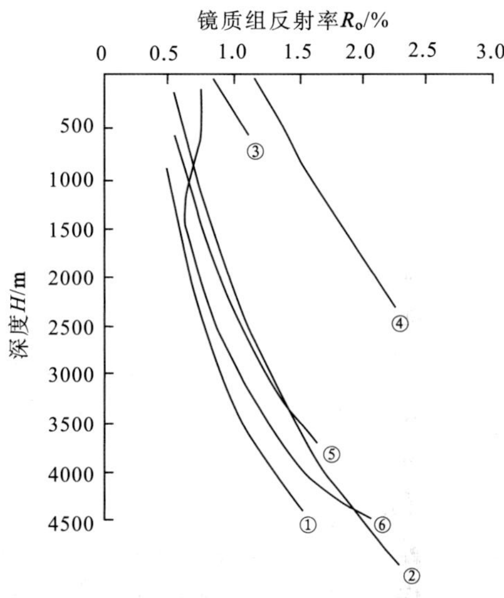

图 5.2　鄂尔多斯盆地不同构造单元 R_o-H 关系曲线图(据任战利，1996)

①天环向斜；②陕北单斜；③东缘挠曲带；④渭北断隆；⑤伊盟隆起；⑥西缘褶皱逆冲带

受鄂尔多斯盆地构造演化历程的控制，晚白垩世以前，盆地主要以沉降为主，伴随阶段性短期抬升，其中快速沉降阶段发生在中—晚三叠世，在晚白垩世地层达到最大埋深后，又经历了快速抬升的演化过程。总体上晚古生代以来鄂尔多斯盆地的埋藏史大致可划分为5个阶段。

Ⅰ阶段，晚石炭世—早三叠世，经历了海西末期构造运动和印支早期构造运动，曲线缓慢下降。该阶段鄂尔多斯盆地缓慢沉积，发育含煤地层土坡组、太原组、山西组、石盒子组及其上覆三叠系。

Ⅱ阶段，早中三叠世—晚三叠世末期，属于印支晚期，为鄂尔多斯盆地由特提斯构造域转化为太平洋构造域的控制，处于南北向压应力向近东西向压应力的转换阶段，该阶段为大型断-拗陷型内陆盆地，构造沉降变化剧烈，沉降速率快速增加。

Ⅲ阶段，三叠纪末—中侏罗世末，为燕山运动初期，鄂尔多斯盆地内沉积了富县组—直罗组。该阶段的延安组煤系是在相对稳定的构造运动背景下沉积形成的。该阶段存在早侏罗世末和中侏罗世末两个抬升剥蚀面。据区域地质资料可知，三叠系与侏罗系的接触关系为：由鄂尔多斯盆地内部向盆地西缘逐步从平行不整合、微角度不整合变为高角度不整合。因而该期构造沉降在相对稳定的背景下有所波动。

Ⅳ阶段，中侏罗世末—晚白垩世，属于燕山运动的中期阶段，构造沉降曲线先升后降，处于过渡时期。晚侏罗世鄂尔多斯盆地抬升遭受剥蚀，早白垩世开始快速沉降，接受沉积，形成晚侏罗世—早白垩世地层。

Ⅴ阶段，晚白垩世—第四纪，属于燕山晚期和喜马拉雅期。燕山晚期鄂尔多斯盆地构造活动强烈，整体抬升遭受剥蚀，整个地区均缺失上白垩统，部分地区中上三叠统和侏罗系均有不同程度的剥蚀。这种全区隆起环境一直延伸到喜马拉雅运动早期，鄂尔多斯盆地及华北大部分地区普遍缺失古近纪早期沉积。在鄂尔多斯盆地周边从新近纪开始发生断陷，形成汾渭、河套、银川和清水河等地堑系。

三、盆地构造热事件

盆地构造-热演化过程中的构造-热事件对煤系矿产资源的形成具有重要的控制作用，不仅可以提高煤系烃源岩的变质程度，促进生排烃，还可以为煤系金属元素、砂岩型铀矿的形成、运移提供物源和驱动力。因此，盆地构造-热事件是盆地煤系矿产资源勘探开发的一个研究重点。

构造-热事件最直接的体现便是鄂尔多斯盆地古地温表现出异常和地下深部物质上涌。前人通过镜质组反射率、包裹体测温、磷灰石裂变径迹等多种古地温研究方法，恢复了鄂尔多斯盆地的热演化史，提出鄂尔多斯盆地古地温总体高于现今地温，属于中温型盆地(表 5.1)，中生代晚期(晚侏罗世—早白垩世)地温梯度最高，高达 3.3～4.52℃/100m，表明中生代晚期盆地发生过强烈的构造热事件(汤达祯，1992；任战利，1996)。

表 5.1 鄂尔多斯盆地不同构造单元古地温梯度表(据任战利等，1994，修改)

构造单元	代表井号	古地温梯度/(℃/100m)
西缘褶皱逆冲带	图东 1、苦深 1、环 14、色 1	4.09
东缘挠曲带	蒲 1、ZK301	4.00
天环向斜	布 1、天 1、李 1、天深 1	3.68
陕北单斜东部	牛 1、陕参 1、铺 2、榆 3	4.02
陕北单斜南部	庆 1、剖 36、剖 8	4.06
渭北断隆	永参 1、新耀 1	＞5

燕山运动时期是鄂尔多斯盆地火山活动最为强烈的时期，盆地周缘分布的火成岩是记录该时期火山活动最有利、最直接的证据。受深部岩石圈热活动增强的影响，鄂尔多斯盆地中生代晚期早白垩世 140～100Ma 发生过一次重要的构造-热事件，持续时间在10～40Ma(任战利等，1994)。

晚侏罗世—早白垩世是鄂尔多斯盆地构造演化的重要转折时期，在古特提斯构造域及古太平洋板块的作用下，鄂尔多斯盆地进入全新演化时期，华北盆地裂解，区域沉积差异明显，在鄂尔多斯盆地内部侏罗系与白垩系呈不整合接触关系，盆地西缘形成东西向的逆冲、逆掩断裂带，晋西还有岩浆活动相伴生，盆地东缘临县、兴县交界处出露的碱性杂岩体——紫金山岩体，是盆地东缘燕山期构造-热事件发生的标志。受断裂发育控制，紫金山地区位于构造应力薄弱带，岩浆热力作用上侵，形成了二长岩、霓辉正长岩和霞石正长岩体，其同位素年龄为 91～154Ma，主要为 125～138Ma，相当于早白垩世(杨兴科等，2006)，与华北地区早白垩世普遍发生的重要构造转换、岩石圈减薄和深部岩浆底侵及其热力作用事件具有一致性。

鄂尔多斯盆地西缘中段的炭山辉绿岩、南段的陇县十余处花岗斑岩或安山玄武岩和北部的汝箕沟玄武岩是盆地西缘火山活动的记录。汝箕沟玄武岩形成于大陆裂谷伸展环境，为板内拉斑玄武岩，主要呈现厚层状展布和沿断裂带断续出露(王锋等，2005)。针对汝箕沟玄武岩的形成时代尚未取得共识，全岩 K-Ar 同位素年龄为 103.6Ma±3.1Ma、98.79Ma±2.86Ma 和 229Ma(霍福臣等，1989)，刘池洋等(2006b)通过玄武岩锆石裂变径迹年龄测试及野外玄武岩与上覆地层接触关系判断玄武岩形成于晚三叠世晚期—早侏罗世。高峰等(2000)利用磷灰石裂变径迹实验测试数据详细探讨了鄂尔多斯盆地西缘主要的构造-热事件，数据分析证明盆地西缘至少经历了 4 次构造-热事件(峰值年龄分别为170Ma、130Ma、75Ma 和 17Ma)，并推测汝箕沟玄武岩形成于 130Ma 的构造-热事件。

四、盆地生烃史

盆地生烃史的恢复是讨论构造对盆地油气资源控制的基础。常常通过流体包裹体实验来获得古地温数据，同时也能获得油气充注期次结果，为埋藏史与热演化史的恢复奠定基础，因此该实验是目前油气地质学和油气勘探中的一个重要手段，广泛应用于盆地演化史分析、恢复盆地古地温、研究油气运移成藏期次、确定油气演化程度和形成阶段等领域。为了获取含煤地层内流体包裹体岩相学和热力学特征，在研究区生产钻井中采取砂岩和泥岩(发育方解石脉)等新鲜样品进行流体包裹体的透射光和荧光镜下观察，包裹体均一温度、盐度和包裹体显微激光拉曼光谱分析，并由此进一步对盆地生烃史进行恢复(徐浩，2017)。

(一)盆地东北部石炭纪—二叠纪煤系生烃演化史

选取鄂尔多斯盆地东北部的生产钻井采集石炭纪—二叠纪含煤地层砂岩和方解石脉发育的泥岩新鲜样品(表 5.2，图 5.3)，进行流体包裹体的透射光和荧光镜下观察，包裹体均一温度、盐度测定和包裹体显微激光拉曼光谱分析。

表 5.2 鄂尔多斯盆地东北部采样信息表

样品编号	采样层位	采样深度/m	岩性
M3	P_1s	214.40	粗粒砂岩
M19	P_1s	246.86	含砾粗砂岩
M27	C_2t	293.22	含砾粗砂岩
M34	C_2t	321.35	石英砂岩
M48	C_2t	348.40	粉砂质泥岩
K36	P_1s	426.22	中粒砂岩
K101	P_1s	533.92	粗粒砂岩

1. 流体包裹体岩相学特征

鄂尔多斯盆地东北部含煤地层主要发育液态烃包裹体、气液烃包裹体和气态烃包裹体 3 种类型的包裹体，包裹体为次生包裹体，数量较多，个体一般小于 15μm，主要分布于 3～10μm(表 5.3)，通过对单个流体包裹体的显微激光拉曼光谱分析，包裹体内气体成分主要为 CH_4(图 5.4，图 5.5)。宿主矿物主要是切穿石英颗粒微裂隙、石英颗粒内部微裂隙、砂岩粒间孔隙及方解石脉微裂隙。荧光显微镜下，油气包裹体发多种颜色荧光，以黄绿色和蓝色为主，显示了不同成熟度油气的多期充注，与油气同期的盐水包裹体则无荧光，气体包裹体多不发荧光。

根据该地区流体包裹体宿主矿物类型及荧光特征，煤系不同层段样品至少可见 3 期包裹体(图 5.6)。第一期包裹体主要为石英颗粒内部微裂隙中的淡黄色液态烃包裹体，发微弱的黄(绿)色荧光；第二期包裹体主要为沿切穿石英颗粒微裂隙和砂岩粒间孔隙分布的灰黑色气液烃包裹体，显示蓝色荧光；第三期包裹体主要分布在切穿石英颗粒的微裂隙、方解石脉微裂隙和方解石胶结物溶蚀孔洞中，均为呈深灰色的气态烃包裹体，无荧光显示。

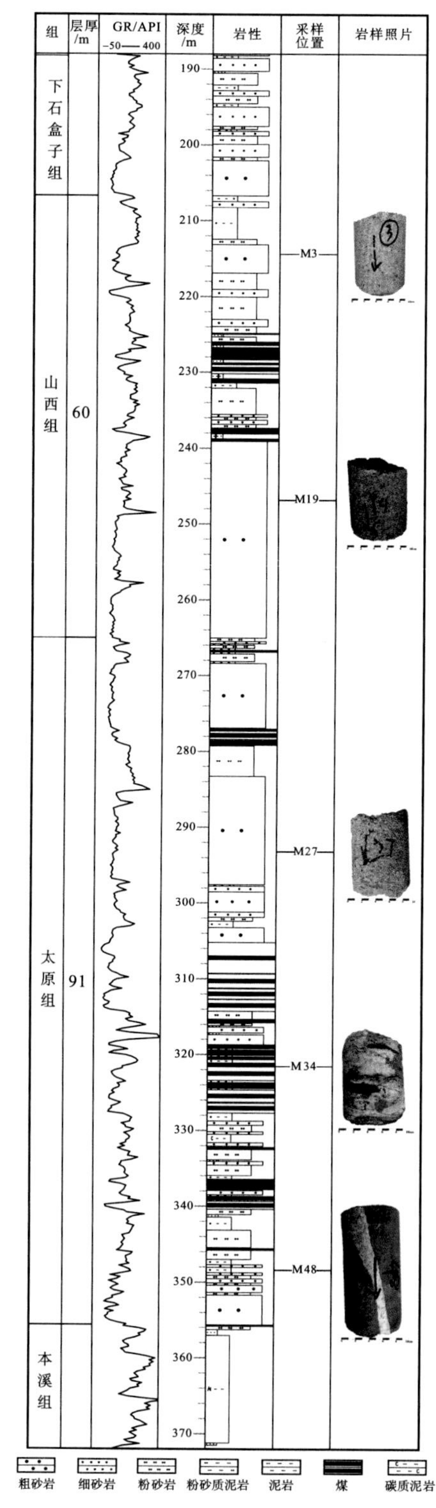

图 5.3　鄂尔多斯盆地东北部 OM 钻孔含煤地层柱状图及采样位置图

表 5.3　鄂尔多斯盆地东北部石炭纪—二叠纪含煤地层流体包裹体测试数据

样品编号	层位	测温个数	赋存矿物产状	包裹体分布形态	大小/μm	气液比	均一相态	均一温度/℃	盐度(NaCl)*/%
M3	P_1s	17	切穿石英颗粒的微裂隙	成带分布	7×3	≤5%	液相	124	2.74
				成带分布	4×3	≤5%	液相	128	2.74
				成带分布	6×2	≤5%	液相	119	2.9
				成带分布	6×5	≤5%	液相	125	2.9
				成带分布	15×3	≤5%	液相	127	1.4
				成带分布	4×3	≤5%	液相	121	1.4
				成带分布	16×7	≤5%	液相	118	1.23
				成带分布	1×1	≤5%	液相	121	1.74
				成带分布	2×3	≤5%	液相	126	1.74
				成带分布	3×3	≤5%	液相	128	1.91
				成带分布	3×2	≤5%	液相	135	1.74
				成带分布	1×1	≤5%	液相	130	1.74
				成带分布	5×3	≤5%	液相	134	1.23
				成带分布	3×1	≤5%	液相	129	1.23
				成带分布	5×5	≤5%	液相	134	3.06
				成带分布	3×3	≤5%	液相	130	3.06
				成带分布	5×3	≤5%	液相	129	3.06
M19	P_1s	10	石英颗粒内部微裂隙	成带分布	6×13	≤5%	液相	73	6.16
				成带分布	16×14	≤5%	液相	75	6.01
				成带分布	3×7	≤5%	液相	79	6.01
			切穿石英颗粒的微裂隙	成带分布	1×4	≤5%	液相	113	0.88
				成带分布	1×3	≤5%	液相	80	0.71
				成带分布	2×2	≤5%	液相	121	
				成带分布	2×2	≤5%	液相	119	
				成带分布	1×1	≤5%	液相	116	
				成带分布	6×5	≤5%	液相	122	3.06
				成带分布	3×1	≤5%	液相	115	3.23
M27	C_2t	16	石英颗粒内部微裂隙	成带分布	2×3	≤5%	液相	132	10.36
				成带分布	2×2	≤5%	液相	128	10.36
				成带分布	2×1	≤5%	液相	109	10.24
				成带分布	2×1	≤5%	液相	98	10.24
				成带分布	1×1	≤5%	液相	95	10.36
			切穿石英颗粒的微裂隙	成带分布	7×6	≤5%	液相	122	12.96
				成带分布	2×3	≤5%	液相	120	12.96
				成带分布	3×2	≤5%	液相	119	13.01

续表

样品编号	层位	测温个数	赋存矿物产状	包裹体分布形态	大小/μm	气液比	均一相态	均一温度/℃	盐度(NaCl)*/%
M27	C_2t	16	切穿石英颗粒的微裂隙	成带分布	2×2	≤5%	液相	115	13.01
				成带分布	1×1	≤5%	液相	99	12.96
				成带分布	2×3	≤5%	液相	108	2.07
				成带分布	2×2	≤5%	液相	102	2.07
				成带分布	1×3	≤5%	液相	105	13.94
				成带分布	4×1	≤5%	液相	108	13.94
				成带分布	10×4	≤5%	液相	99	13.83
				成带分布	19×6	≤5%	液相	95	13.83
M34	C_2t	9	石英颗粒内部的微裂隙	成带分布	14×6	≤5%	液相	116	11.75
				成带分布	8×5	≤5%	液相	79	2.41
				成带分布	5×1	≤5%	液相	75	2.24
				成带分布	12×3	≤5%	液相	98	6.01
			切穿石英颗粒的微裂隙	成带分布	6×3	≤5%	液相	89	3.39
				成带分布	6×3	≤5%	液相	94	3.23
			方解石脉微裂隙	成带分布	10×8	≤5%	液相	86	
				成带分布	25×5	≤5%	液相	69	1.57
				成带分布	39×6	≤5%	液相	65	1.57
M48	C_2t	9	方解石脉微裂隙	成带分布	6×3	≤5%	液相	124	3.23
				成带分布	6×5	≤5%	液相	120	3.23
				成带分布	5×3	≤5%	液相	119	3.06
				成带分布	17×10	≤5%	液相	111	15.2
				成带分布	17×10	≤5%	液相	119	14.53
				成带分布	12×17	≤5%	液相	121	14.98
				成带分布	18×9	≤5%	液相	125	15.09
				成带分布	4×2	≤5%	液相	132	15.09
				成带分布	6×3	≤5%	液相	123	14.98
K36	P_1s	9	石英颗粒的微裂隙	成带分布	14×3	≤5%	液相	92	14.64
				成带分布	12×2	≤5%	液相	99	8.51
				成带分布	4×2	≤5%	液相	116	8.51
				成带分布	1×3	≤5%	液相	120	8.66
			砂岩粒间孔隙	成带分布	16×7	≤5%	液相	84	0.02
			石英颗粒内部微裂隙	成带分布	26×8	≤5%	液相	121	10.62
				成带分布	2×4	≤5%	液相	89	10.62
				成带分布	22×8	≤5%	液相	120	14.15
				成带分布	3×10	≤5%	液相	123	14.15

续表

样品编号	层位	测温个数	赋存矿物产状	包裹体分布形态	大小/μm	气液比	均一相态	均一温度/℃	盐度(NaCl)*/%
K101	C_2t	9	方解石脉微裂隙	成带分布	7×8	≤5%	液相	105	
				成带分布	15×3	≤5%	液相	109	
				成带分布	11×2	≤5%	液相	116	
				成带分布	6×8	≤5%	液相	119	
				成带分布	6×15	≤5%	液相	128	
			石英颗粒内部微裂隙	成带分布	7×5	≤5%	液相	82	
				成带分布	5×4	≤5%	液相	107	4.34
				成带分布	3×4	≤5%	液相	92	4.34
				成带分布	10×7	≤5%	液相	105	4.34

*表示质量分数。

2. 流体包裹体热力学分析

包裹体均一温度可反映矿物形成时的温度，盐度可近似反映成岩期地层流体的盐度，因此流体包裹体均一温度和盐度特征是研究烃源岩生烃充注期次的一个有效途径和手段（Bakker，2004）。

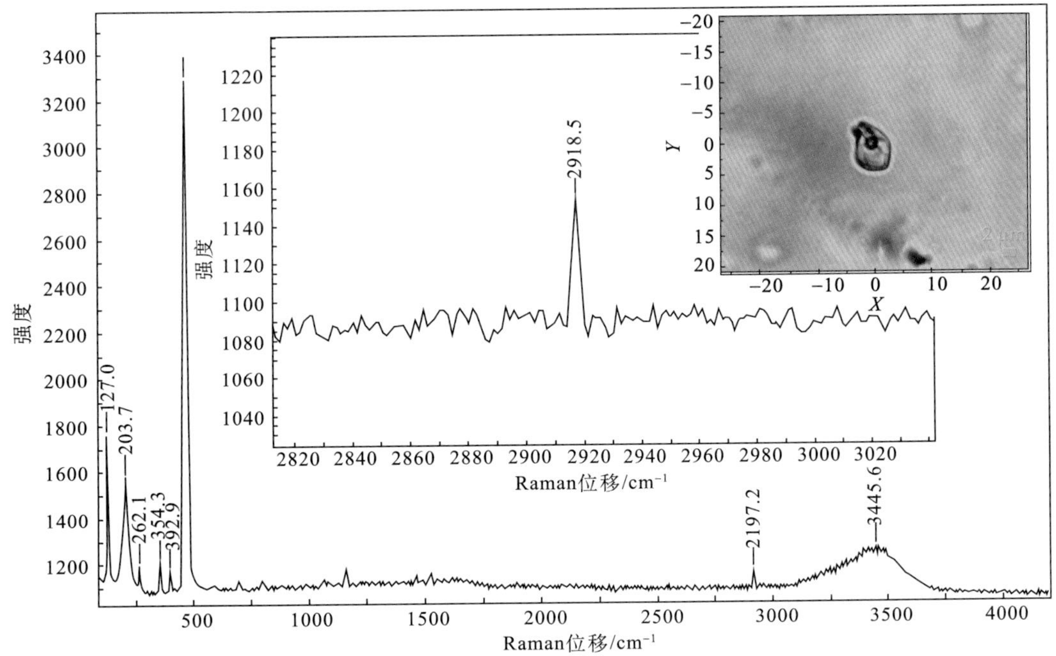

图 5.4　M27 气液烃包裹体显微激光拉曼光谱图

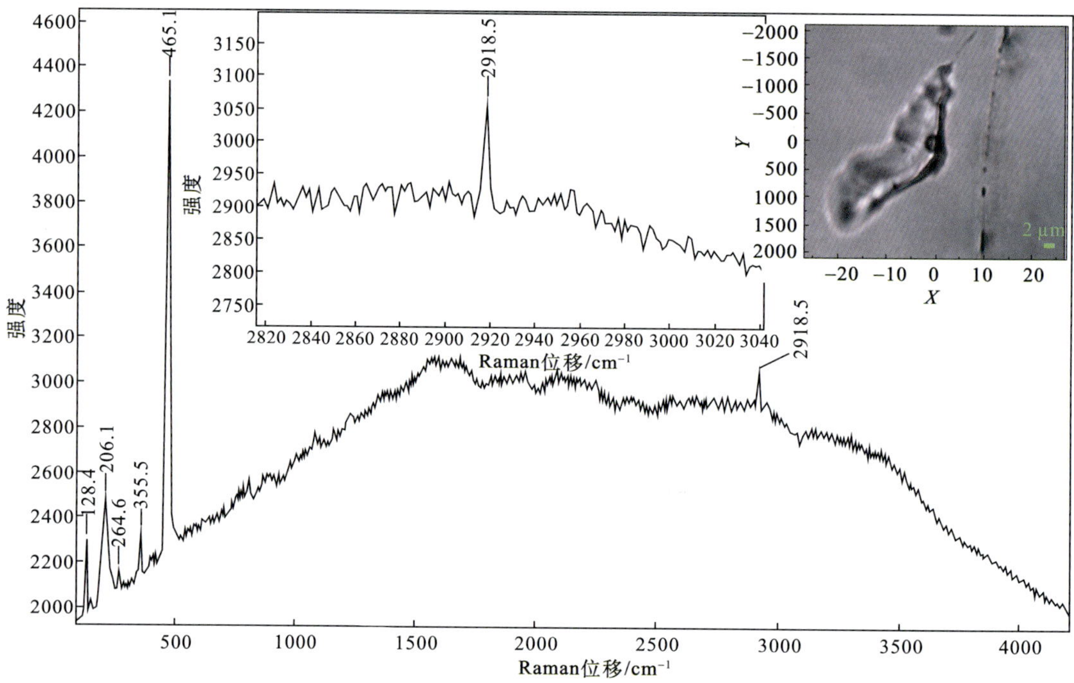

图 5.5　K36 气液烃包裹体显微激光拉曼光谱图

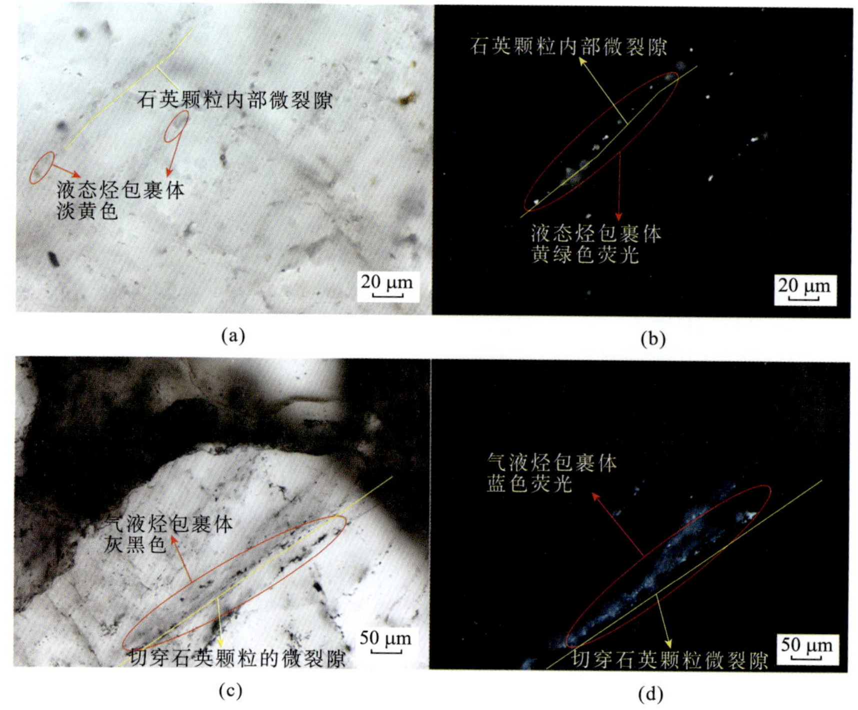

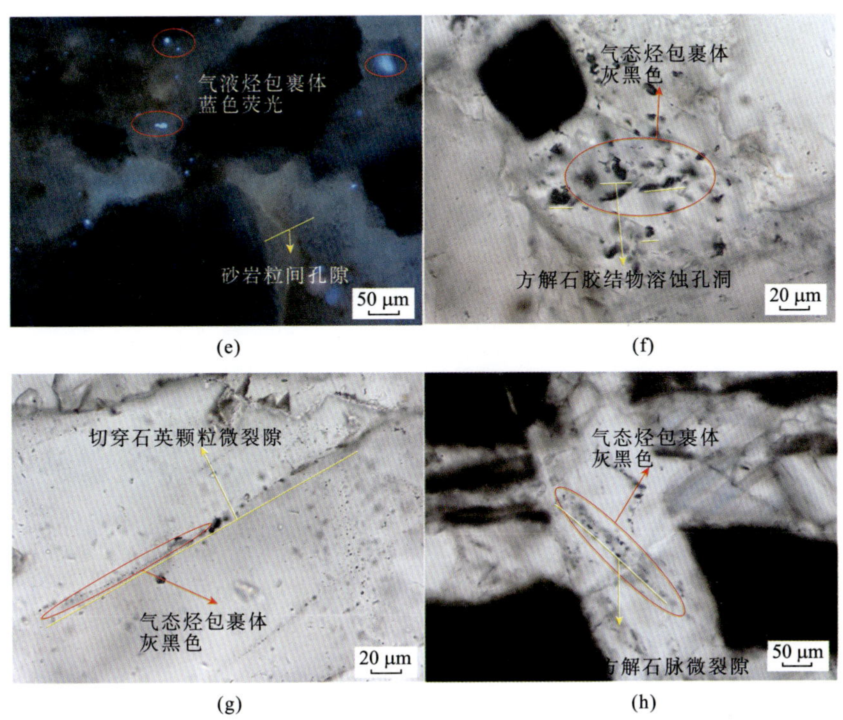

图 5.6　鄂尔多斯盆地东北部石炭纪—二叠纪含煤地层中流体包裹体类型及其赋存特征

鄂尔多斯盆地东北部含煤地层流体包裹体的均一温度和盐度的统计分布特征反映其存在 3 期包裹体生成期。均一温度呈连续变化，分布在 65～135℃，可划分为 65～80℃、80～100℃和 110～135℃三个区间，主要分布在 110～135℃[图 5.7(a)]。盐度分布在 0.71%～13.94%(NaCl)，同样可划分为 3 个区间，主峰在 2%和 12%左右[图 5.7(b)]。根据流体包裹体均一温度和盐度的关系，可将研究区流体类型划分为低温低盐流体、高温高盐流体和高温低盐流体(图 5.8)。

3. 生烃演化史

结合含煤地层流体包裹体岩相学和热力学特征分析及研究区热演化史可知，鄂尔多斯盆地东北部石炭纪—二叠纪含煤地层发生过 3 期烃类的充注(图 5.9)，其中包括两期原生油气充注成藏作用和一期油气藏后期调整改造作用。第一期油气充注发生在晚三叠世—中侏罗世，对应的古地温为 80～110℃，形成沿石英颗粒内部微裂隙分布的淡黄色液态烃包裹体，该时期烃类生成强度较弱。

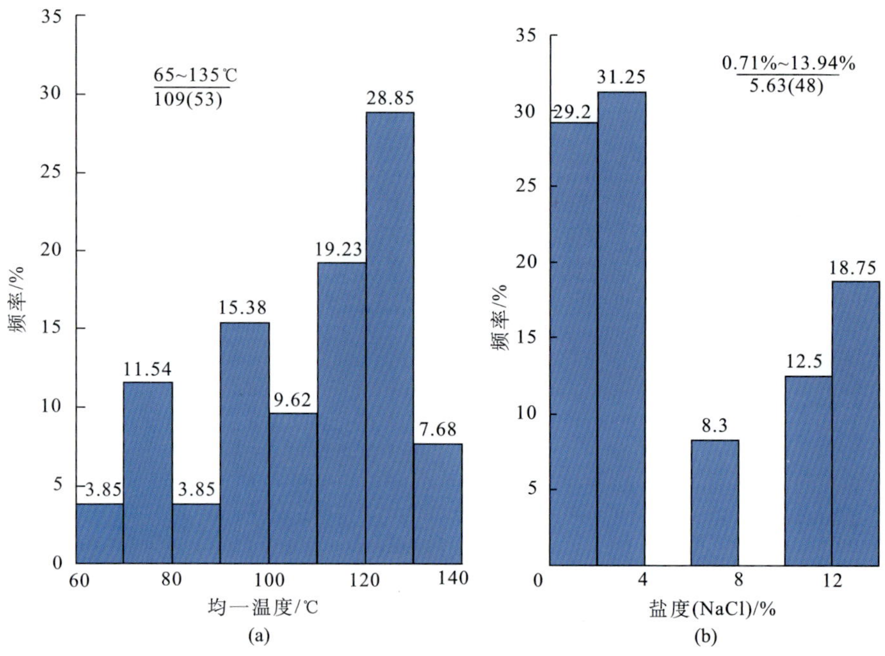

图 5.7　鄂尔多斯盆地东北部流体包裹体均一温度和盐度频率分布直方图

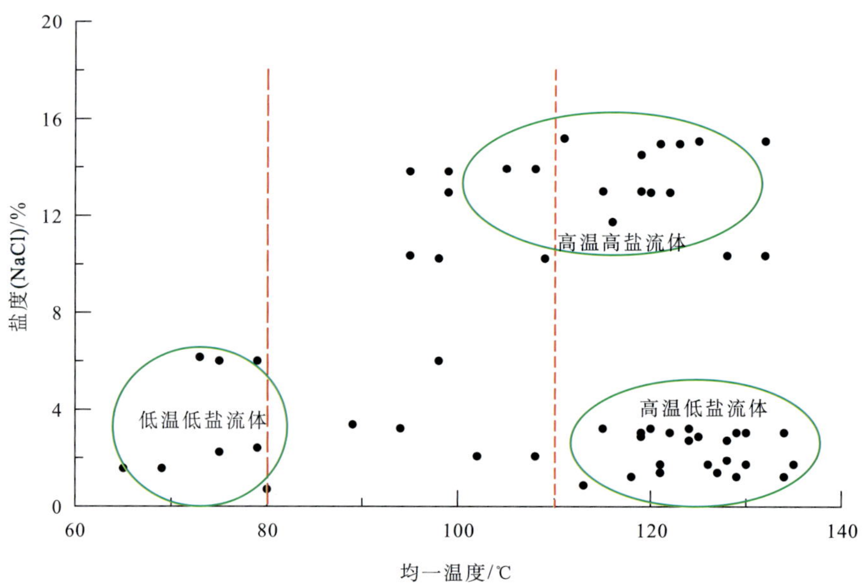

图 5.8　鄂尔多斯盆地东北部包裹体类型图

第二期油气充注发生在中侏罗世—晚白垩世，对应的古地温为 110～140℃，形成沿切穿石英颗粒微裂隙及砂岩粒间孔隙分布的气液烃包裹体，该时期烃类生成强度大，是该区主要的生烃阶段，发育大量的高温低盐流体，可能是煤层在变质程度增加过程中大量脱水造成的。

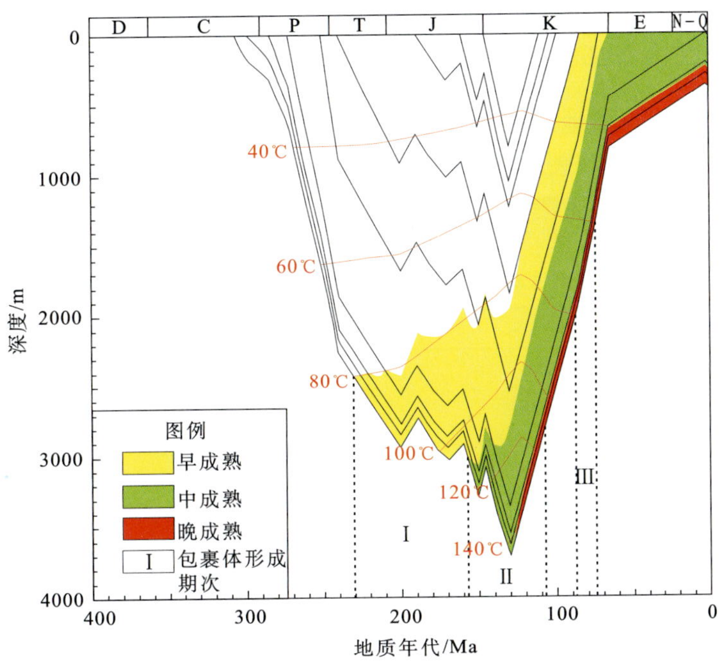

图 5.9 鄂尔多斯盆地东北部热演化史及生烃史

第三期为油气藏后期调整改造。晚白垩世以后，研究区进入长期拉张隆升剥蚀阶段，前期形成的油气藏随着埋深压力的改变而经受后期调整改造，砂岩中部分粒间方解石胶结物见黄褐色稀油沥青侵染现象，为油气藏遭受改造降解的遗迹(图 5.10)。该时期油气发生次生运聚，对应的古地温相对较低，为 60～80℃，形成沿切穿石英颗粒微裂隙、方解石脉微裂隙及方解石胶结物溶蚀孔洞分布的灰黑色气态烃包裹体。该时期形成的低温低盐流体可能是受低盐度地下水的影响形成的。

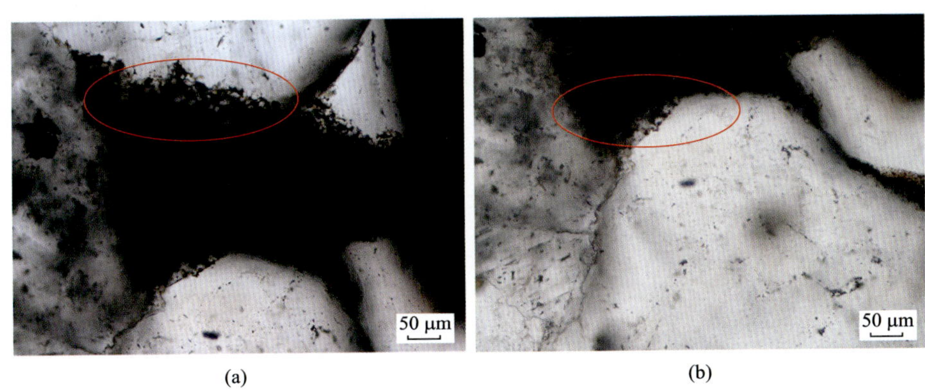

图 5.10 黄褐色稀油沥青侵染砂岩粒间孔隙的方解石胶结物

(二)盆地东南部石炭纪—二叠纪煤系生烃演化史

本书选取鄂尔多斯盆地东南部生产钻井采集石炭纪—二叠纪含煤地层砂岩和方解石脉发育的泥灰岩新鲜样品(表 5.4)，进行流体包裹体的透射光和荧光镜下观察，包裹体均一温度、盐度和包裹体显微激光拉曼光谱分析。

表 5.4 鄂尔多斯盆地东南部采样信息表

样品编号	采样层位	采样深度/m	岩性
H51	P_1s	449.79	中粒砂岩
Y43	C_2t	666.36	泥灰岩
L30	P_1s	491.49	中粒砂岩
L40	P_1s	507.86	中粒砂岩

1. 流体包裹体岩相学特征

鄂尔多斯盆地东南部含煤地层主要发育液态烃包裹体、气液烃包裹体和气态烃包裹体 3 种类型的包裹体，包裹体为次生包裹体，数量较多，个体一般小于 15μm，主要分布在 3～10μm(表 5.5)，通过对单个流体包裹体的显微激光拉曼光谱分析可知，包裹体内气体成分主要为 CH_4 和 CO_2(图 5.11)。宿主矿物主要是石英颗粒微裂隙、切穿石英颗粒微裂隙、砂岩粒间孔隙及方解石脉微裂隙和溶蚀孔洞。荧光显微镜下，油气包裹体发多种颜色的荧光，以蓝绿色和蓝色为主，显示了不同成熟度油气的多期充注，与油气同期的盐水包裹体则无荧光，气体包裹体多不发荧光。

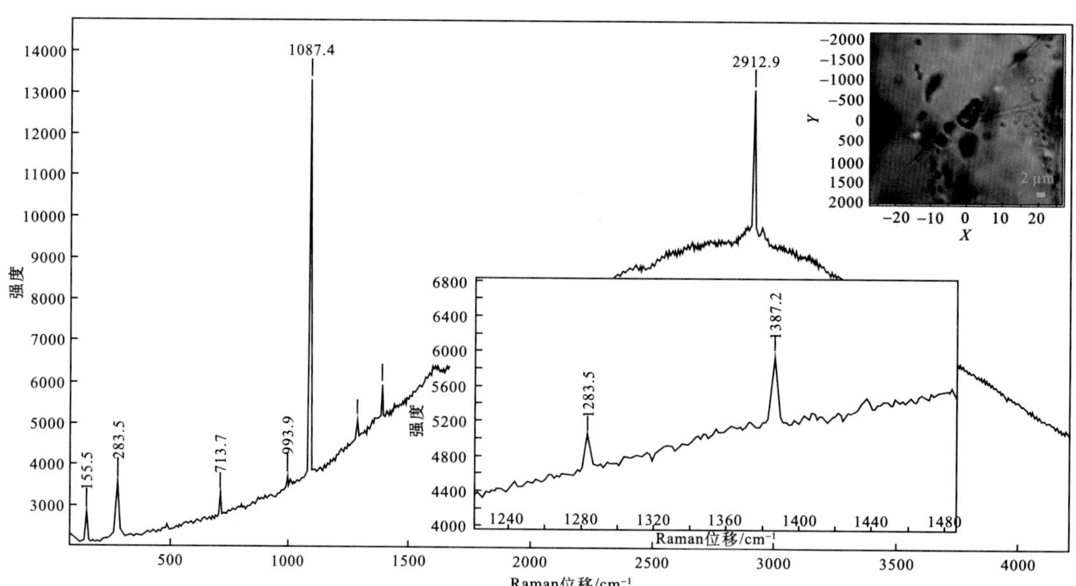

图 5.11 Y43 气液烃包裹体显微激光拉曼光谱谱图

表 5.5 鄂尔多斯盆地东南部石炭纪—二叠纪含煤地层流体包裹体测试数据

样品编号	层位	测温个数	赋存矿物产状	包裹体分布形态	大小/μm	气液比/%	均一相态	均一温度/℃	盐度(NaCl)/%
H51	P_1s	9	石英颗粒微裂隙	成带分布	10×9	≤5	液相	100	9.21
				成带分布	6×5	≤5	液相	98	9.21
				成带分布	4×3	≤5	液相	95	9.34
				成带分布	4×12	≤5	液相	103	9.34
				成带分布	7×3	≤5	液相	77	13.07
				成带分布	4×2	≤5	液相	73	13.07
				成带分布	10×3	≤5	液相	95	8.14
				成带分布	2×4	≤5	液相	62	8.14
				成带分布	17×11	≤5	液相	103	8.28
		4	切穿石英颗粒及其加大边的微裂隙	成带分布	22×3	≤5	液相	108	5.56
				成带分布	10×2	≤5	液相	98	5.56
				成带分布	12×2	≤5	液相	89	5.71
				成带分布	5×4	≤5	液相	82	5.71
		2	切穿石英颗粒的微裂隙	成带分布	3×2	≤5	液相	101	3.87
				成带分布	4×2	≤5	液相	98	3.87
Y43	C_2t	21	方解石脉	成带分布	1×2	≤5	液相	139	12.96
				成带分布	2×2	≤5	液相	148	12.96
				成带分布	4×3	≤5	液相	153	12.85
				成带分布	4×2	≤5	液相	146	12.85
				成带分布	4×3	≤5	液相	150	12.96
				成带分布	2×2	≤5	液相	53	
				成带分布	3×2	≤5	液相	56	
				成带分布	2×1	≤5	液相	54	
				成带分布	2×2	≤5	液相	52	
				成带分布	2×2	≤5	液相	55	
				成带分布	3×2	≤5	液相	57	
				成带分布	1×2	≤5	液相	51	
				成带分布	2×1	≤5	液相	50	
				成带分布	3×2	≤5	液相	116	13.83
				成带分布	2×2	≤5	液相	102	13.83
				成带分布	2×2	≤5	液相	113	13.94
				成带分布	2×1	≤5	液相	97	13.94
				成带分布	8×2	≤5	液相	129	12.16
				成带分布	11×2	≤5	液相	110	12.16
				成带分布	7×10	≤5	液相	122	12.29
				成带分布	5×3	≤5	液相	101	12.29

续表

样品编号	层位	测温个数	赋存矿物产状	包裹体分布形态	大小/μm	气液比/%	均一相态	均一温度/℃	盐度(NaCl)/%
L30	P_1s	7	方解石胶结物	成带分布	5×2	≤5	液相	146	12.39
				成带分布	4×2	≤5	液相	148	12.39
				成带分布	4×2	≤5	液相	136	12.28
				成带分布	1×2	≤5	液相	120	13.62
				成带分布	5×4	≤5	液相	131	13.72
				成带分布	3×2	≤5	液相	131	0.35
				成带分布	4×4	≤5	液相	127	0.35
		6	环石英颗粒加大边	线状分布	3×2	≤5	液相	115	11.05
				线状分布	1×2	≤5	液相	106	11.05
				线状分布	2×2	≤5	液相	108	11.19
				线状分布	1×2	≤5	液相	110	11.19
				线状分布	4×1	≤5	液相	112	11.05
				线状分布	17×2	≤5	液相	116	11.05
L40	P_1s	10	切穿石英颗粒的微裂隙	成带分布	8×3	≤5	液相	115	7.17
				成带分布	4×1	≤5	液相	113	8.19
				成带分布	4×2	≤5	液相	119	8.19
				成带分布	4×2	≤5	液相	123	8.35
				成带分布	2×3	≤5	液相	132	8.35
				成带分布	5×3	≤5	液相	137	8.35
				成带分布	3×2	≤5	液相	131	10.04
				成带分布	3×1	≤5	液相	126	10.04
				成带分布	2×3	≤5	液相	138	9.28
				成带分布	1×1	≤5	液相	122	9.28
		3	石英颗粒的微裂隙	成带分布	14×5	≤5	液相	149	14.98
				成带分布	3×5	≤5	液相	140	14.98
				成带分布	2×3	≤5	液相	139	14.87

根据研究区流体包裹体宿主矿物类型及荧光特征分析，煤系不同层段样品至少可见3期包裹体(图5.12)。第一期包裹体主要为砂岩粒间孔隙、方解石微裂隙中的浅褐色-灰色液态烃包裹体，发微弱的黄绿色荧光；第二期包裹体主要为沿石英颗粒微裂隙、方解石胶结物溶蚀孔洞分布的灰黑色气液烃包裹体和深灰色的气态烃包裹体，其中气液烃包裹体显示蓝色荧光，气态烃包裹体无荧光显示；第三期包裹体主要为沿方解石脉微裂隙、方解石溶蚀孔洞及切穿石英颗粒的微裂隙分布的深灰色的气态烃包裹体。

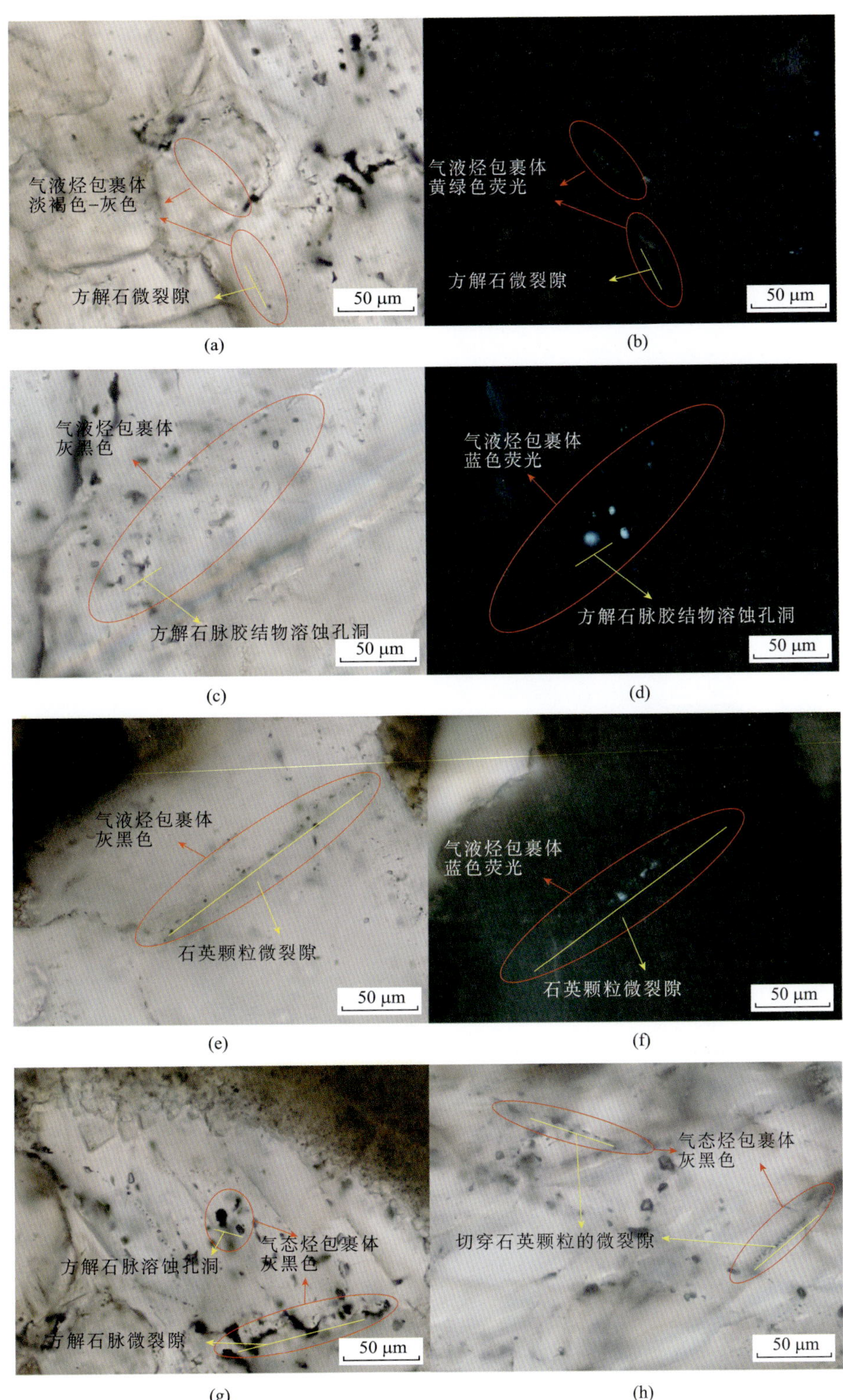

图 5.12 鄂尔多斯盆地东南部石炭纪—二叠纪含煤地层中流体包裹体类型及其赋存特征

2. 流体包裹体热力学分析

根据鄂尔多斯盆地东南部含煤地层流体包裹体均一温度和盐度的统计分布特征，认为盆地东南部存在 3 期包裹体生成期。均一温度呈连续变化，分布在 50～150℃，可划分为 3 个区间，主要分布在 90～120℃和 120～150℃两个区间，出现两个峰值区，分别是 100～110℃和 130～140℃[图 5.13(a)]。盐度分布在 0.35%～14.98%(NaCl)，同样可划分为 3 个区间，主峰在 9%和 13%左右[图 5.13(b)]。根据流体包裹体均一温度和盐度的关系，研究区流体类型可划分为中温混盐流体和高温高盐流体(图 5.14)。

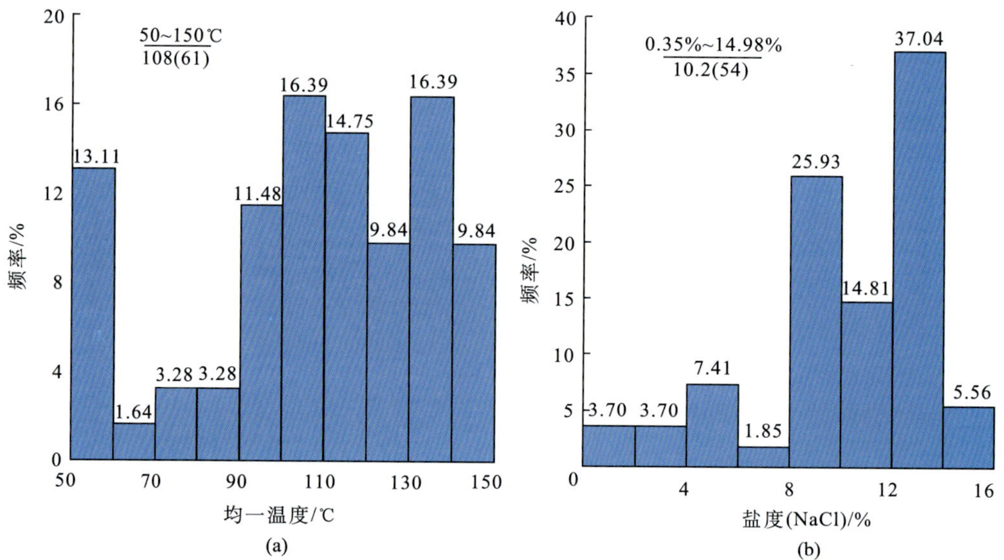

图 5.13　鄂尔多斯盆地东南部流体包裹体均一温度和盐度频率分布直方图

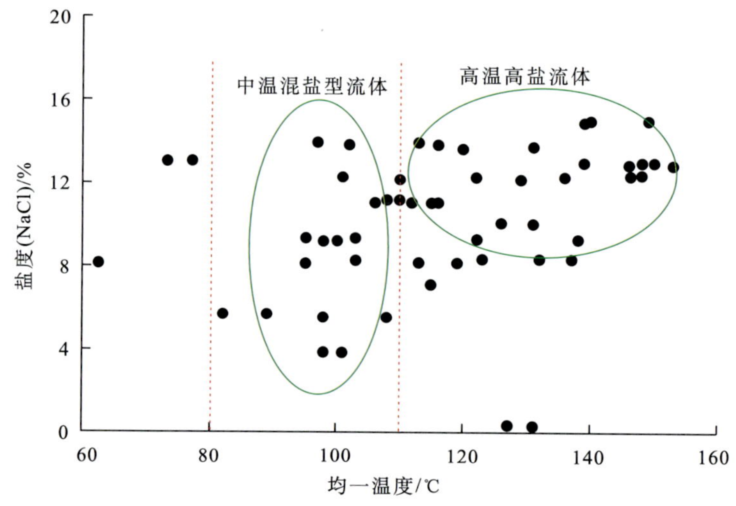

图 5.14　鄂尔多斯盆地东南部包裹体类型图

3. 生烃演化史

结合含煤地层流体包裹体岩相学和热力学特征分析及研究区热演化史，鄂尔多斯盆地东南部石炭纪—二叠纪含煤地层发生过3期烃类的充注(图5.15)，其中包括两期原生油气充注成藏作用和一期油气藏后期调整改造作用。第一期油气充注发生在晚三叠世—中侏罗世，对应的古地温为90～120℃，形成沿砂岩粒间孔隙、方解石微裂隙分布的浅褐色-灰色液态烃包裹体，该时期烃类生成强度较弱。

第二期油气充注发生在中侏罗世—晚白垩世，对应的古地温为120～150℃，形成沿石英颗粒微裂隙、方解石胶结物溶蚀孔洞分布的灰黑色气液烃包裹体和深灰色的气态烃包裹体，该时期烃类生成强度大，是该区主要的生烃阶段。

第三期为油气藏后期调整改造。晚白垩世以后，研究区进入长期拉张隆升剥蚀阶段，前期形成的油气藏随着埋深压力的改变而经受后期调整改造，灰岩粒间孔隙及方解石胶结物中可见黄褐色稀油沥青侵染现象，为油气藏遭受改造降解的遗迹(图5.16)。该时期油气发生次生运聚，对应的古地温相对较低，为50～70℃，形成沿方解石脉微裂隙、溶蚀孔洞及切穿石英颗粒微裂隙分布的深灰色的气态烃包裹体，该时期形成的中温混盐流体、中低盐流体可能是受低盐度地下水的影响所形成的。

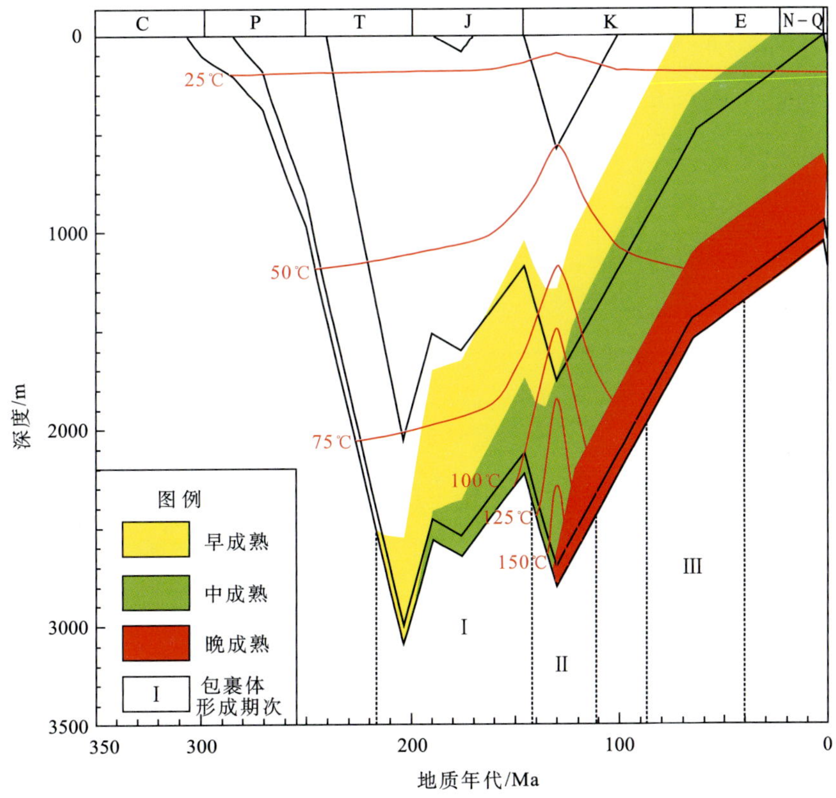

图5.15 鄂尔多斯盆地东南部热演化史及生烃史

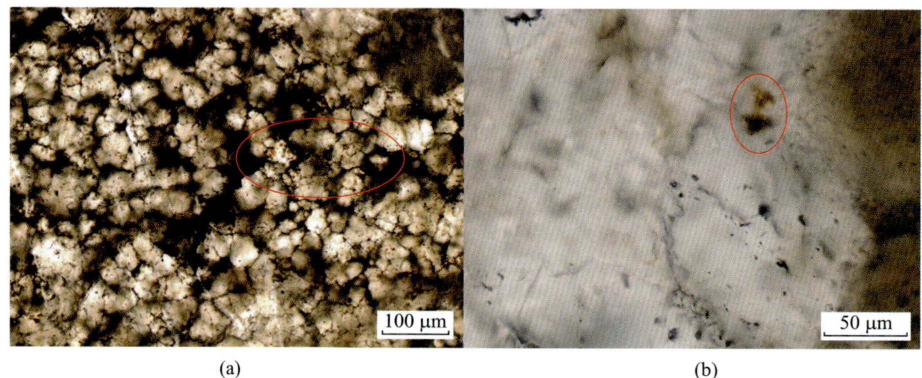

(a) (b)

图 5.16 黄褐色稀油沥青侵染灰岩颗粒孔隙和方解石胶结物

(三)盆地西南部侏罗纪含煤地层流体包裹体特征

1. 流体包裹体岩相学分析

鄂尔多斯盆地西南部侏罗纪含煤地层主要发育液态烃包裹体、气液烃包裹体、气态烃包裹体和盐水包裹体，包裹体主要为次生包裹体，数量较多，个体一般小于 10μm，主要分布于 3～6μm(表 5.6)，通过对单个流体包裹体的显微激光拉曼光谱分析，包裹

表 5.6 鄂尔多斯盆地西南部侏罗纪含煤地层流体包裹体测试数据

样品编号	层位	测温个数	赋存矿物产状	包裹体分布形态	大小/μm	气液比/%	均一相态	均一温度/℃	盐度(NaCl)/%
T16	J_2y	2	石英颗粒微裂隙	成带分布	4×3	≤5	液相	92	9.47
				成带分布	6×4	≤5	液相	94	9.47
		4	切穿石英颗粒的微裂隙	成带分布	10×3	≤5	液相	92	6.45
				成带分布	16×3	≤5	液相	89	8.56
				成带分布	3×19	≤5	液相	82	8.56
				成带分布	4×2	≤5	液相	90	
T30	J_2y	11	切穿石英颗粒的微裂隙	成带分布	9×2	≤5	液相	75	6.59
				成带分布	4×3	≤5	液相	80	6.59
				成带分布	3×3	≤5	液相	77	6.74
				成带分布	2×1	≤5	液相	82	6.16
				成带分布	2×1	≤5	液相	89	6.16
				成带分布	1×4	≤5	液相	87	6.16
				成带分布	6×2	≤5	液相	85	6.16
				成带分布	7×2	≤5	液相	80	6.45
				成带分布	3×1	≤5	液相	99	6.45
				成带分布	3×4	≤5	液相	85	5.56
				成带分布	2×3	≤5	液相	64	5.56
		2	沿切及石英颗粒加大边的微裂隙	成带分布	4×10	≤5	液相	72	5.86
				成带分布	3×2	≤5	液相	79	5.86

体内气体成分主要为CH_4(图 5.17)。宿主矿物主要是切穿石英颗粒微裂隙、石英颗粒内部微裂隙及砂岩粒间孔隙。荧光显微镜下，油气包裹体发蓝绿色荧光，与油气同期的盐水包裹体则无荧光，气体包裹体多不发荧光。

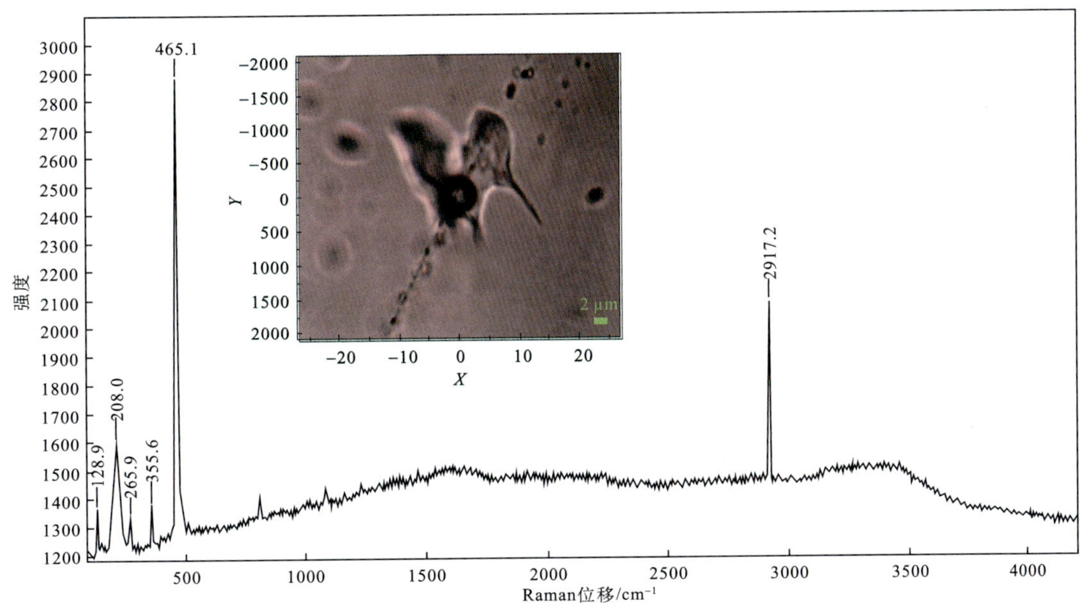

图 5.17 T16 气液烃包裹体显微激光拉曼光谱谱图

根据研究区流体包裹体宿主矿物类型及荧光特征可知，煤系不同层段样品至少可见两期包裹体(图 5.18)。第一期包裹体主要为石英颗粒内部微裂隙及砂岩粒间孔隙中的深灰色液态烃包裹体，发蓝绿色荧光；第二期包裹体主要为沿切穿石英颗粒的微裂隙分布的呈深灰色的气态烃包裹体，无荧光显示。

2. 流体包裹体热力学分析

鄂尔多斯盆地西南部侏罗纪含煤地层流体包裹体的均一温度和盐度的统计分布特征反映出其存在两期包裹体生成期。均一温度呈连续变化，分布在 64～99℃，主要分布在 70～100℃[图 5.19(a)]。盐度分布在 5.56%～9.47%(NaCl)，同样可划分为两个区间[图 5.19(b)]。根据流体包裹体均一温度和盐度的关系可得，研究区流体类型主要发育中温低盐流体(图 5.20)。

3. 生烃演化史

结合含煤地层流体包裹体岩相学和热力学特征及研究区热演化史可知，鄂尔多斯盆地西南部侏罗纪含煤地层发生过两期烃类的充注(图 5.21)，其中包括一期原生油气充注成藏作用和一期油气藏后期调整改造作用。第一期油气充注发生在早白垩世—晚白垩世早期，

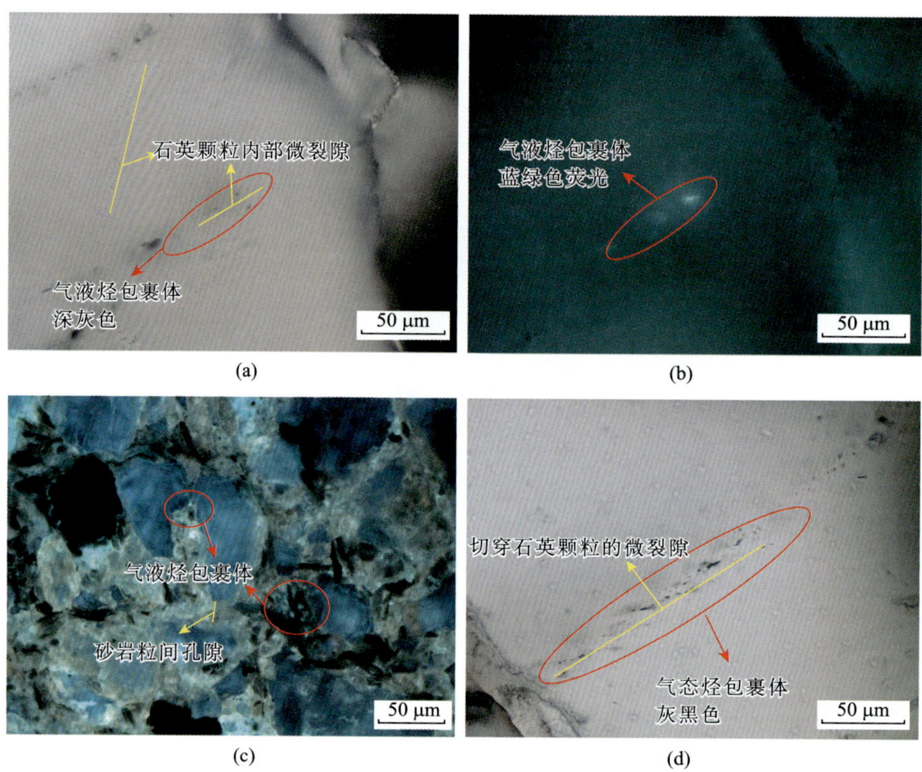

图 5.18　鄂尔多斯盆地西南部侏罗纪含煤地层中流体包裹体类型及其赋存特征

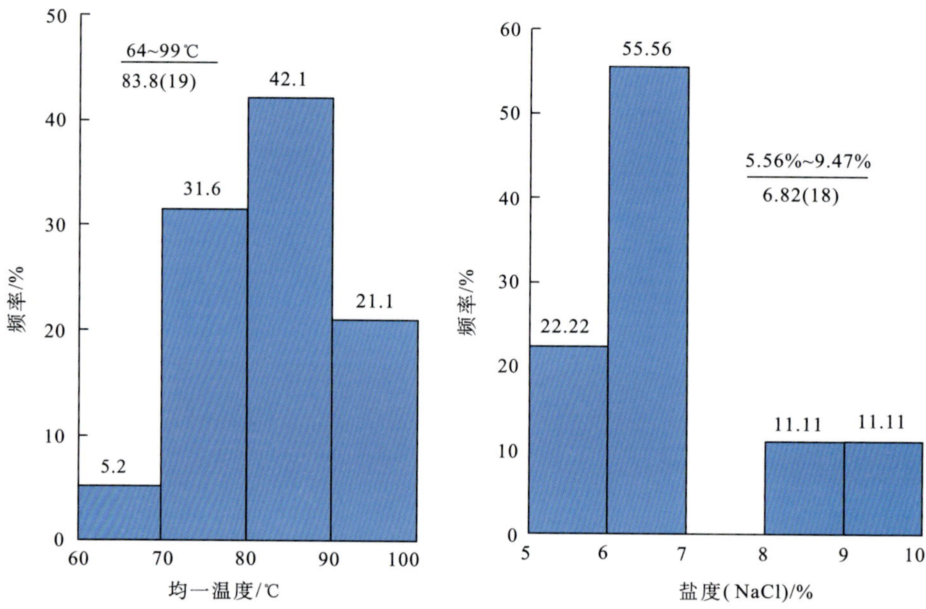

图 5.19　鄂尔多斯盆地西南部流体包裹体均一温度和盐度频率分布直方图

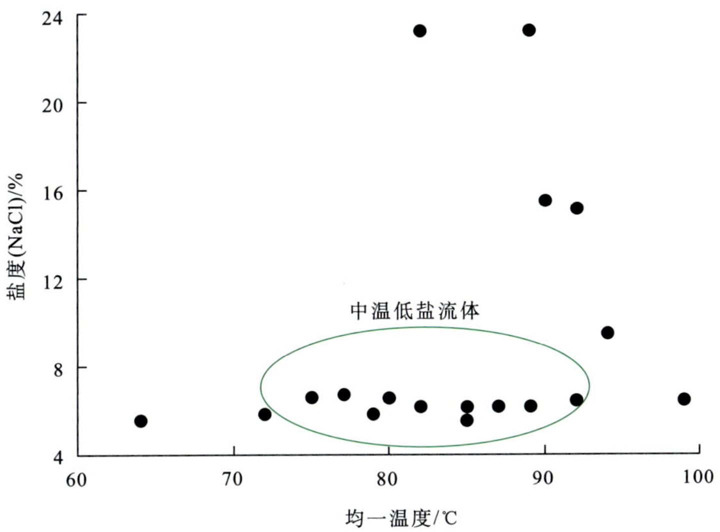

图 5.20　鄂尔多斯盆地西南部包裹体类型图

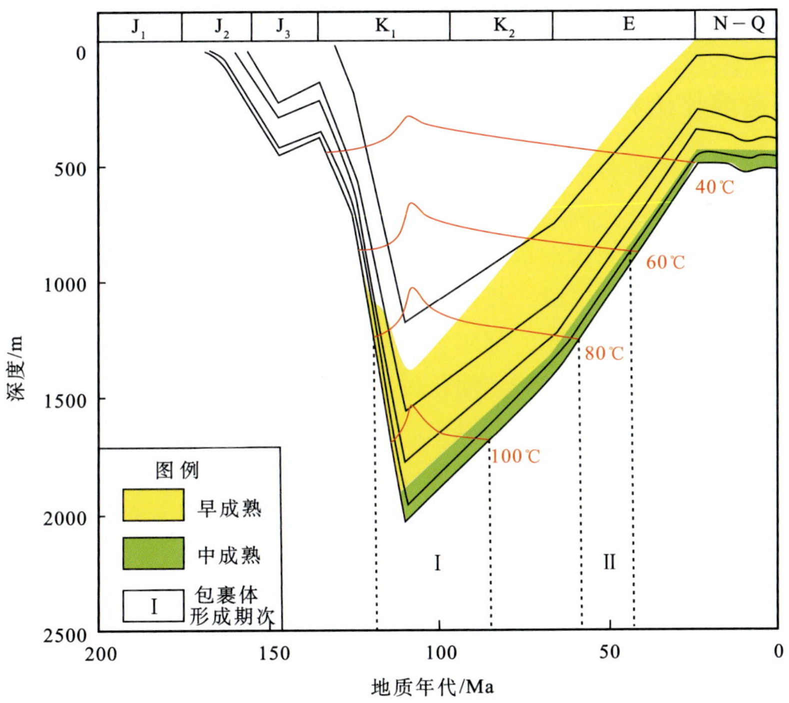

图 5.21　鄂尔多斯盆地西南部热演化史及生烃史

对应的古地温为 80～110℃，形成沿石英颗粒内部微裂隙、砂岩粒间孔隙分布的深灰色液态烃包裹体和灰黑色的气态烃包裹体。

第二期为油气藏后期调整改造，晚白垩世以后，研究区进入长期拉张隆升剥蚀阶段，前期形成的油气藏随着埋深压力的改变而经受后期调整改造，该时期油气发生次生运聚，对应的古地温相对较低，为60～80℃，形成沿切穿石英颗粒微裂隙分布的灰黑色气态烃包裹体。

综合鄂尔多斯盆地埋藏史、热演化史和生烃史，可将盆地煤系气成藏划分为3个阶段。

Ⅰ阶段：晚三叠世—中侏罗世，受深成变质作用的控制，盆地局部地区石炭纪—二叠纪煤系烃源岩进入生烃门限，开始生烃。

Ⅱ阶段：中侏罗世—晚白垩世，受燕山中期构造-热事件的强烈影响，在深成变质作用和区域热变质作用的共同控制下，石炭纪—二叠纪和侏罗纪煤系烃源岩均进入生烃高峰期。

Ⅲ阶段：晚白垩世以后，随着盆地的整体抬升，煤系烃源岩生烃减弱或停止，前期形成的油气藏随着埋深压力的改变而被调整改造，该时期煤系气发生次生运聚。

总体而言，鄂尔多斯盆地煤系烃源岩生烃高峰期较晚，后期调整改造主要在盆地边缘，盆内后期改造相对较弱且断裂不发育，有利于煤系气成藏和保存。

第二节　构造-热演化对煤系矿产资源赋存的控制

一、构造演化历程影响煤系的改造程度

作为区域构造格架的有机组成部分，含煤盆地煤系的构造变形受控于盆地所处的大地构造位置及其构造属性。构造演化历程控制着煤系的沉积，且煤系沉积形成后会经历盆地演化发展过程中所有的构造运动过程，即发生变形、变位、变质。因此盆地的构造演化历程控制着煤系的沉积形成、热演化规律、构造发育样式、变形程度，从而控制其内部赋存的煤系矿产资源的分布。鄂尔多斯盆地属克拉通或类克拉通赋煤盆地，盆地主体具有稳定的结晶基底，盆地在构造演化过程中表现出一定的继承性，晚古生代和早中生代聚煤作用稳定连续。自晚古生代以来，主要经历了海西、印支、燕山和喜马拉雅4个主要的构造运动。鄂尔多斯盆地主体部分在后期改造过程中变形较弱，而其周缘地区被造山带围绕，因此盆地边缘地区变形较强烈，表现出环带结构的变形分区，煤系的变形强度由盆缘向盆内逐渐递减，主体部分煤系保存较好且埋藏较深，而边缘地区煤系埋藏较浅，且含煤地层失去原始的连续性和完整性，被分割成许多大小不等、形状各异的块段(图5.22)，煤系的变形、变位控制着煤系矿产资源的分布特征。

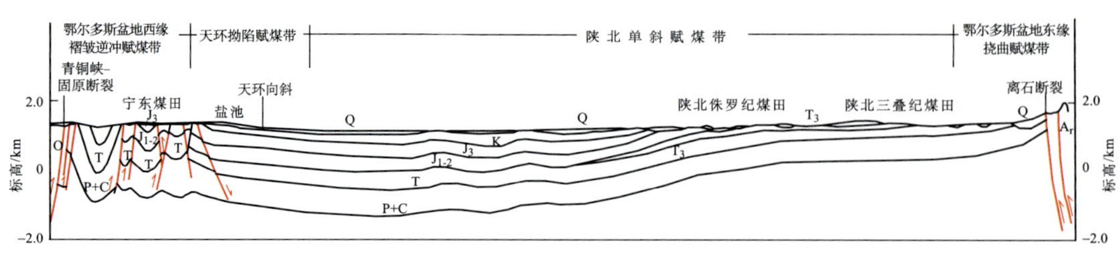

图5.22　鄂尔多斯盆地近东西构造剖面图

二、构造应力场为煤系矿产资源调整定位提供动力

构造应力场分析是建立起煤系变形与区域构造演化之间联系的桥梁。构造演化过程中产生的构造应力场是导致煤系变形的直接原因。鄂尔多斯盆地独特的大地构造位置及多期次构造演化阶段，使其遭受复杂的构造应力场作用，造成煤系的复杂变形。板块边缘的构造应力向板内衰减，造成了煤系变形在平面上规律性展布的特征。

鄂尔多斯盆地煤系主要经历了印支期、燕山期及喜马拉雅期的构造运动。聚煤期往往受控于构造转折期，也主要受控于构造转折部位(王双明，2011)。印支期鄂尔多斯盆地处于南北向挤压应力状态(张泓等，2005)，最大主压应力迹线在盆地东部基本保持南北走向，但在南缘略向西偏转，而在盆地西缘南段(石沟驿—六盘山)为北东—南西走向，贺兰山北段一带呈北西—南东走向。受印支运动的影响，鄂尔多斯盆地三叠系与侏罗系形成了角度(平行)不整合，在其之下，石炭系与三叠系之间均为整合接触。

在燕山运动期间，鄂尔多斯盆地处于北西—南东向的挤压应力状态。根据张泓等(2005)的研究，燕山期鄂尔多斯盆地的区域构造应力值不均匀分布，且不同地区受力状态差异颇大。鄂尔多斯盆地西部和西南部以挤压-剪切变形为主，盆地西缘的逆冲推覆构造活动强烈，西南部断裂、褶皱构造十分发育。而鄂尔多斯盆地东北部地质构造较简单，在盆地东部边缘，还存在着一个近南北向的张应力分布带，似乎暗示了东部边缘的离石断裂的活动方式和力学性质。燕山运动主幕使下白垩统与上侏罗统之间形成了角度不整合。

在喜马拉雅运动期间，受太平洋板块与特提期构造域作用，鄂尔多斯盆地处于北东—南西向的挤压应力状态。在此应力状态下，桌子山—银川断陷以东的地区派生出一系列小型正断层，这是在北东—南西向挤压作用下沿北西—南东向派生拉张应力的必然结果，而挤压应力最强的地区主要为西北部、西南部和东部(张泓等，2005)。

以构造变形最为显著的西缘褶皱逆冲带为例，其位于华北陆块与秦祁昆造山带的结合部位，属稳定地块与活动带之间的过渡地区，是连接我国北方东部和西部不同大地构造环境的枢纽，在区域构造演化及其煤系矿产资源方面均具有重要意义(张泓等，2005；曹代勇等，2015)。自晚古生代以来，鄂尔多斯盆地西缘主要经历了印支、燕山和喜马拉雅 3 期构造运动的影响。印支期鄂尔多斯盆地西缘在西伯利亚板块和扬子地块南北挤压构造格局中，其南段主要受到北东—南西向的构造挤压应力，而北段因受阿拉善地块向东构造逃逸的影响，最大主压应力场方向为北西—南东向[图 5.23(a)]，在该方向的应力场作用下，贺兰山逆冲推覆构造带雏形形成，并使得中生代地层发生褶皱隆起。

燕山期鄂尔多斯盆地西缘在库拉-太平洋板块与欧亚板块的作用下，其南段受北东东—南西西向的挤压应力，北段受北西西—南东东向的挤压应力[图 5.23(b)]。在应力场作用下，贺兰山逆冲推覆系统和六盘山东麓逆冲推覆构造系统分别以阿拉善地块和六盘山构造带为根带，以叠瓦扇逆冲断裂组合形式，由盆缘向盆内扩展，逆冲系统分带结构形成[图 5.24，图 5.25(a)]。煤盆地遭受破坏改造时，由于煤系旋回性强，软硬岩层相间，煤层和泥岩等软弱层发育，鄂尔多斯盆地被分割为受主干断裂控制的分离的含煤块段，发育褶皱、逆冲断块等控煤构造样式。

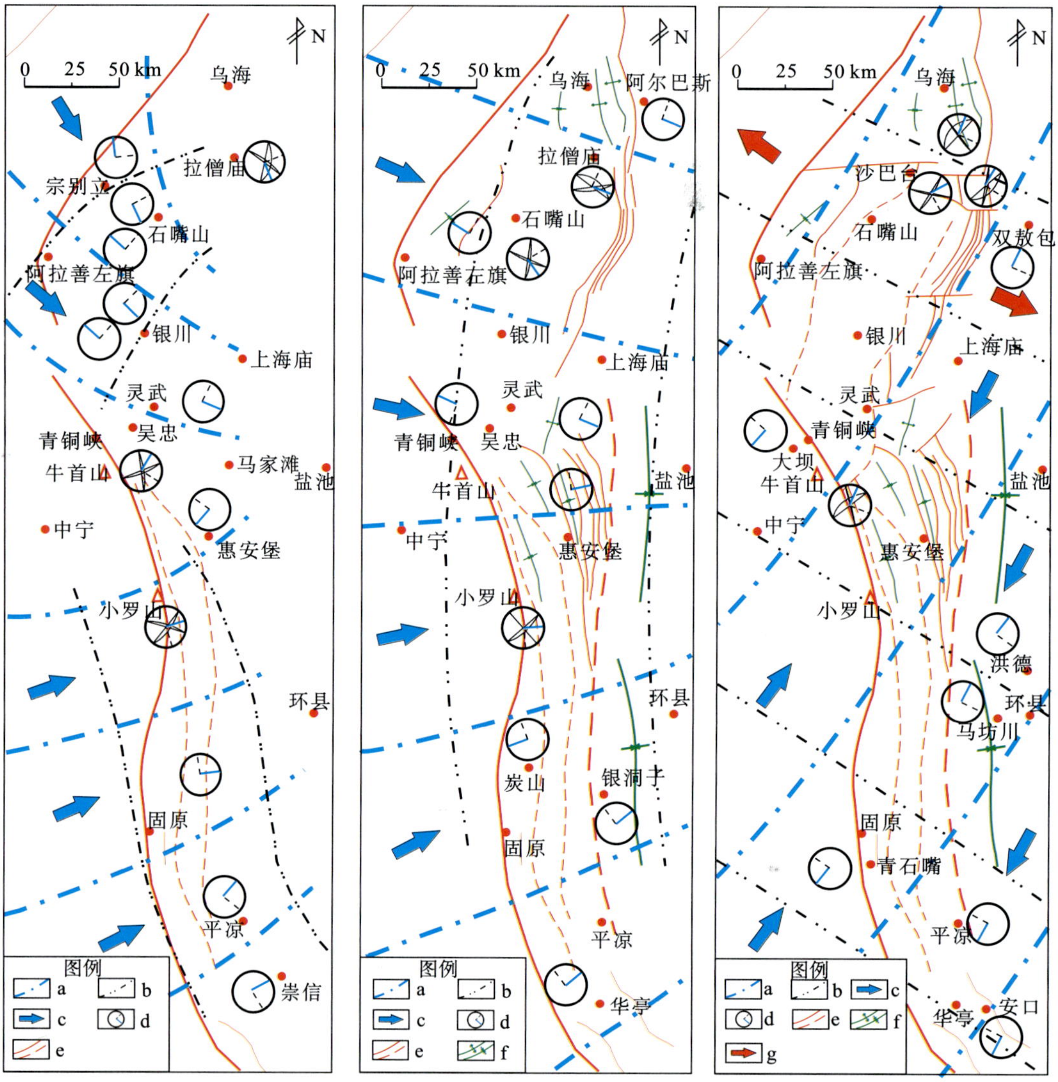

图 5.23 鄂尔多斯盆地西缘古构造应力场最大主压应力轴迹线图

a.最大主压应力轴迹线；b.最小主压应力轴迹线；c.挤压方向；d.主应力轴赤平投影圆；e.断层；f.褶皱；g.拉张方向

(a)印支期；(b)燕山期；(c)喜马拉雅期

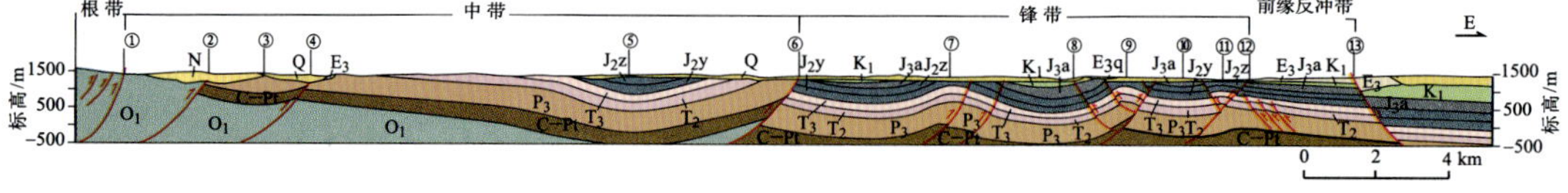

图 5.24 韦州—马家滩段剖面图

①青铜峡—固原断裂；②韦州—安国断裂；③韦州向斜；④青龙山—平凉断裂；⑤石沟驿向斜；⑥惠安堡—沙井子断裂；⑦积家井背斜；⑧于家梁断层；⑨周家沟—于家梁背斜；⑩长梁山—马家滩向斜；⑪鸳鸯湖—冯记沟背斜；⑫马柳断层；⑬车道—阿色浪断裂

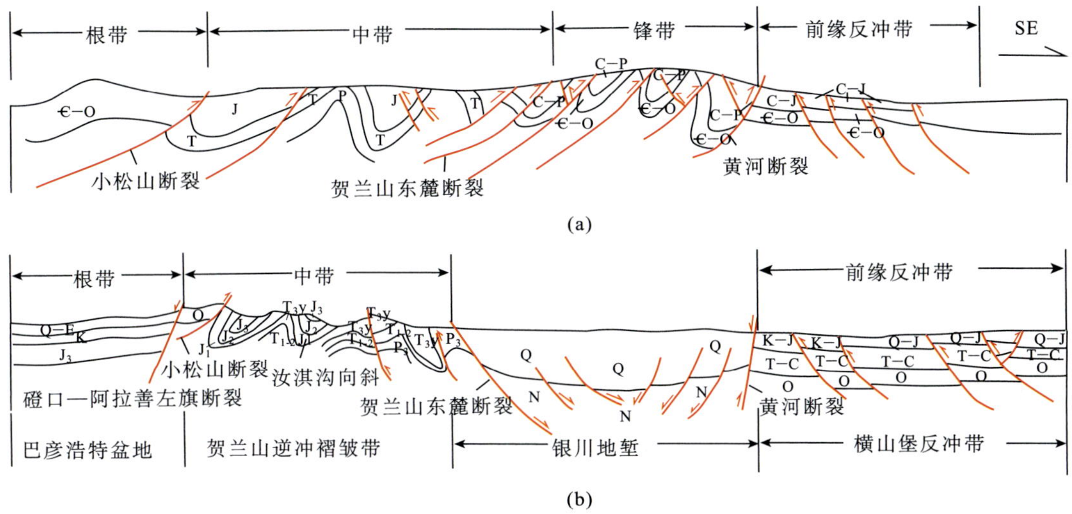

图 5.25　贺兰山—横山堡地区构造剖面示意图

(a)燕山期剖面；(b)现今剖面

喜马拉雅期鄂尔多斯盆地西缘在印度板块向北碰撞推挤、中国大陆东部向东蠕散的大地构造背景下，北段受到北西—南东向的拉张应力作用，南段持续受北东—南西向的挤压力作用。其中南段沿先期逆冲断裂发生由南西指向北东的持续逆冲推覆，形成了向北东凸出的六盘山弧形逆冲带(曹代勇等，2015)。而北段则因应力场性质的改变，贺兰山逆冲推覆系统发生负反转，银川地堑形成，贺兰山转变为由正断层控制的断块山，逆冲推覆系统遭受强烈破坏[图 5.25(b)]。

煤系作为矿产资源的载体，构造应力场作用下形成的断裂和褶皱等构造使得原始近水平状、基本连续的煤系变形、变位，从而牵动着煤系矿产资源的重新定位。应力作用下构造运动过程所产生的热量会影响煤系烃源岩的变质程度，即动力变质作用。构造应力是前陆盆地油气运移的主导动力(万丛礼等，2005)，可造成储集岩层发生变形，驱动煤系矿产资源运移。鄂尔多斯盆地西缘受强烈的逆冲推覆作用煤系发生严重变形，形成大量断裂、褶皱，引起流体势场和水动力系统的变化，导致煤系矿产资源的重新定位。

以煤系金属元素的富集为例，其迁移聚集是开放的动态变化过程，随着煤系改变的强度不同而变化，因此现今煤系金属元素赋存特征是煤系经受多期构造运动叠加作用的结果，构造应力使煤系产生的破裂而发育的裂隙系统为煤系金属元素的形成提供了良好的赋存空间。另外。煤灰中的主要常量元素 Na、Mg、Al、Si、Ca、Ti 和 Fe 是构造岩中常见的应力敏感元素，在强变形构造带以 Ca、Na 元素逸散和 Si、Fe 元素富集为主要特征(李云波等，2014)。

三、构造隆升与沉降决定煤系矿产资源现今赋存状况

鄂尔多斯盆地构造演化过程中不同构造单元的差异沉降造成煤系现今赋存状况的差异。相对于鄂尔多斯盆地主体，周缘地区构造隆升更为明显，煤系现今的埋藏深度较浅。鄂尔多斯盆地构造演化过程中盆地主体整体以沉降为主，受构造隆升作用影响较小，煤系埋藏较深，构造变形微弱，有利于大规模煤系气的形成，但埋深增加了开采难度和成本。鄂尔多斯盆地边缘煤系变形强烈，只能在合适的地质条件下保存成藏，但其埋藏浅则降低了开采的难度和成本。目前，鄂尔多斯盆地煤层气开采地区及有利区均位于盆地边缘。地层的隆升剥蚀作用对煤系矿产资源的破坏主要体现在上覆地层减薄，极端情况下上覆地层全部剥蚀后，煤系矿产资源(如煤系气)容易遭受彻底破坏，如鄂尔多斯盆地东缘北部准格尔煤田，许多大型露天矿表现出良好的烃源岩条件，但由于上覆地层已剥蚀殆尽，无法形成煤系气藏。

另外，构造隆升作用使得局部地区抬升，遭受风化剥蚀，为沉积中心提供物源，为煤中金属元素富集、砂岩型铀矿的形成提供了有利的条件。晚石炭世—早二叠世物源主要来自北部阴山一带，至晚二叠世，南部的秦岭—大别山亦成为物源区之一。受物源区影响，鄂尔多斯盆地边缘地区煤系金属元素、砂岩型铀矿较为发育。以铀矿为例，盆地铀矿均分布在盆地的边缘地区，主要富集在伊盟隆起赋煤带东北部的东胜地区、西缘褶皱逆冲赋煤带甜水堡地区及南部渭北断隆赋煤带，均为后期构造活动复杂、靠近隆起物源的地区(杨伟利等，2010)。

四、构造-热事件对煤系矿产资源的控制作用

构造-热事件是在强烈的构造运动的驱动下，地层发生变形、变位及深源流体(和火成岩)上涌的现象。按照成因差异，深源流体可分为岩浆水、变质水和地幔水，通过现代火山喷气测试和地幔超镁铁质岩流体包裹体分析证实，深源流体以 H_2O 为主，富含 CO_2、CO、N_2、H_2S、H_2 等挥发分及 Fe、Cu、Pb、Au、W、Ni、V、Co、Ti 等金属元素(田世澄等，2001)。构造-热事件不仅可以提高煤系烃源岩的变质程度，促进生、排烃，还可以为煤系金属矿产、砂岩型铀矿的形成运移提供物源。除此之外，构造-热事件所引起的构造应力、热应力和深源流体压力为煤系气和金属元素的运移提供驱动力，并且会促使岩石产生大量裂缝，作为煤系矿产资源有利的运移通道(万丛礼等，2005)。鄂尔多斯盆地煤系矿产资源的形成与盆地构造-热事件发生的时间具有一定的吻合性。例如，煤系烃源岩的生烃高峰期及北部东胜地区砂岩型铀矿的主成矿时间与中生代晚期构造-热事件的发生时期一致(图 5.26)。鄂尔多斯盆地煤系烃源岩的变质程度主要受深成变质作用的控制,但局部地区由于受晚侏罗世—早白垩世构造-热事件的影响,形成局部异常高值区。例如，鄂尔多斯盆地东缘紫金山一带，受岩浆岩侵入体的影响，煤层变质程度高达 4%，盆地西缘北部汝箕沟地区，受隐伏岩体的影响，煤层演化已达到无烟煤阶段。

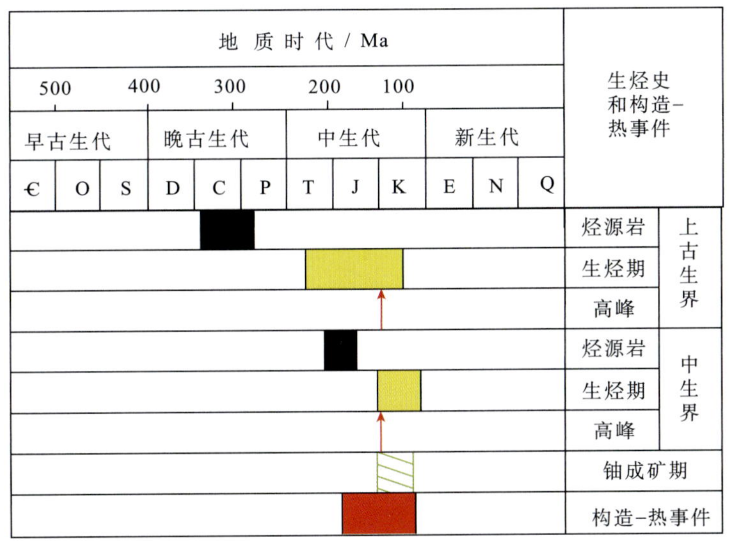

图 5.26 鄂尔多斯盆地煤系能源矿产成矿与构造–热事件的关系(据万丛礼等，2005)

五、实例研究

鄂尔多斯盆地东缘的临兴地区是我国煤系气勘探开发的重点地区之一，该地区地跨伊陕斜坡和晋西挠褶带，整体构造格局为走向近南北、向西缓倾的单斜构造，东南部为燕山期紫金山岩体。有利的沉积条件和盆地演化历程为煤系气共生成藏提供了良好的物质基础，而出露于临县西北部的紫金山岩体对煤系气的赋存产生了重大影响(张兵等，2016；傅宁等，2016)。

临兴地区构造形态格局受紫金山岩体的影响明显，导致局部构造复杂化。岩浆活动具有多期次特征，主要包括中三叠世的表浅层火山喷发–热液活动、晚侏罗世—早白垩世的中浅层岩浆侵入活动、晚白垩世的浅层火山喷发热力活动 3 期(杨兴科等，2006)。紫金山岩体附近煤系因岩体的侵入而隆升，周边则逐步过渡为稳定的单斜构造。综合考虑岩浆侵入叠加热场和侧向压力影响范围及主要构造样式展布等要素特征，将研究区划分为 3 个次级构造单元：中央隆起带、环形褶皱带、单斜构造带(图 5.27)。中央隆起带直接受紫金山岩体侵入影响区域，以岩浆热及岩浆侵入造成的复杂构造为主要特点，断层褶皱发育，褶皱控制了煤系展布形态，断层分为两类：一类是由岩浆侵入垂向上拱形成的正断层，在平面呈弧形和放射状；另一类是由区域应力场形成的逆断层，平面上呈北东、近南北向展布。环形褶皱带是指受紫金山岩体侧向挤压导致区域性单斜构造形态复杂化的区域，整体为环绕岩体的弧形向斜，次级小褶皱与小断层并存，断层断距与延伸长度均不大，但对煤系气富集有重要作用。单斜构造带则是指未受紫金山岩体影响或影响很少的区域，位于研究区东北部，构造形态较稳定，褶皱和断层不甚发育。

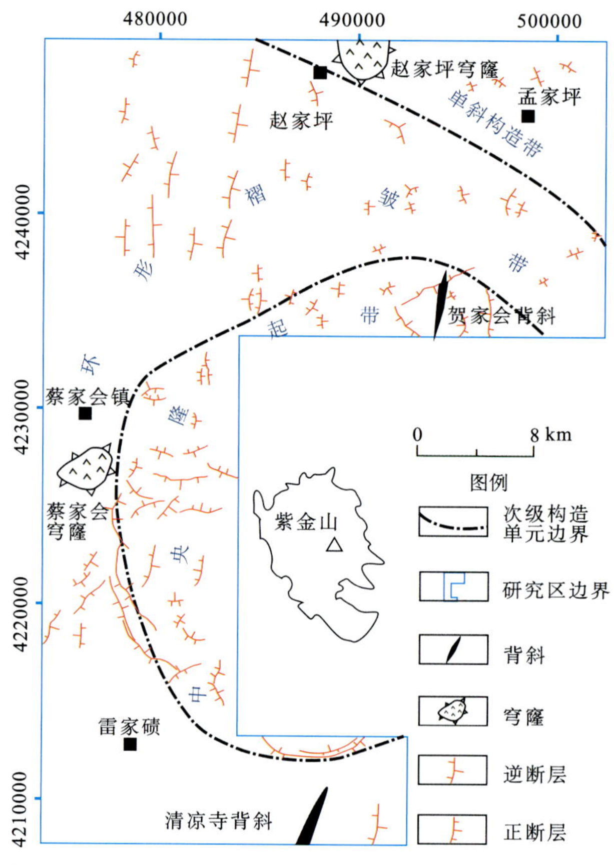

图 5.27　临兴地区主要构造要素分布与次级构造单元划分

在不同次级构造单元内，煤系气富集条件表现出明显的差异性。

(1)临兴地区 3 个次级构造单元的煤系气含量存在明显差异(图 5.28)：中北部和西部煤层气含量(以主力煤层 8 号+9 号煤层为例)相对较高，中央隆起带→环形褶皱带→单斜构造带整体呈环带状递减分布，含气量依次为 13～17m^3/t、7～17m^3/t、5～13m^3/t[图 5.28(a)]。泥/页岩含气量值较低，主要分布在 0.1～1.5m^3/t，分布规律同煤层含气量相似，3 个次级构造单元的数值依次为大于 1.0m^3/t、0.3～1.0m^3/t、小于 0.3m^3/t[图 5.28(b)]。致密砂岩气大多分布在 0.2～6.5m^3/t，且分布规律与煤层气和泥/页岩气相反，东北部含气量较高，中央隆起带→环形褶皱带→单斜构造带呈现出递增的趋势，含气量依次为 0.2～3.5m^3/t、1.5～4.5m^3/t、2.5～6.5m^3/t[图 5.28(c)]。

(2)临兴地区次级构造单元内煤系温度表现出差异：自中央隆起带至单斜构造带，地温呈现出围绕紫金山岩体的环形分布(图 5.29)，地温梯度为 2.8～5.8℃/100m(傅宁等，2016)。中央隆起带的地温梯度最高，为 4.3～5.8℃/100m，而环形褶皱带内的地温梯度次之，单斜构造带内的地温梯度最低，一般在 3.3℃/100m 以下。R_o 等值线展布特征(图 5.29)显示煤系有机质热演化程度与地温梯度具有良好的对应关系，由此决定了煤和煤系泥/页岩生产气能力的差异。

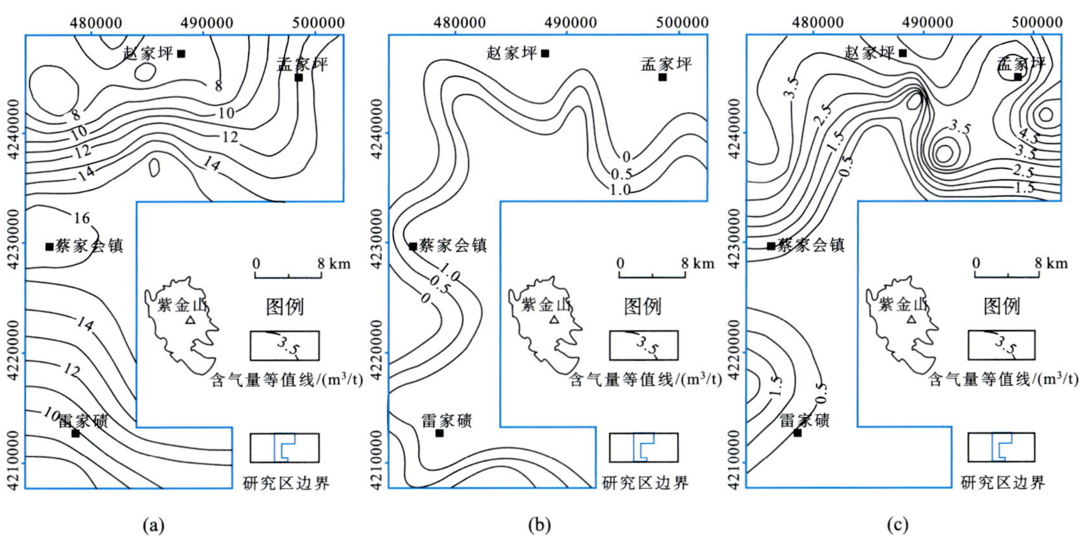

图 5.28 临兴地区煤系气含量等值线图(据孙泽飞，2016；李夏等，2018，补充修改)

(a) 8 号+9 号煤层含气量等值线；(b) 泥/页岩含气量等值线；(c) 砂岩含气量等值线

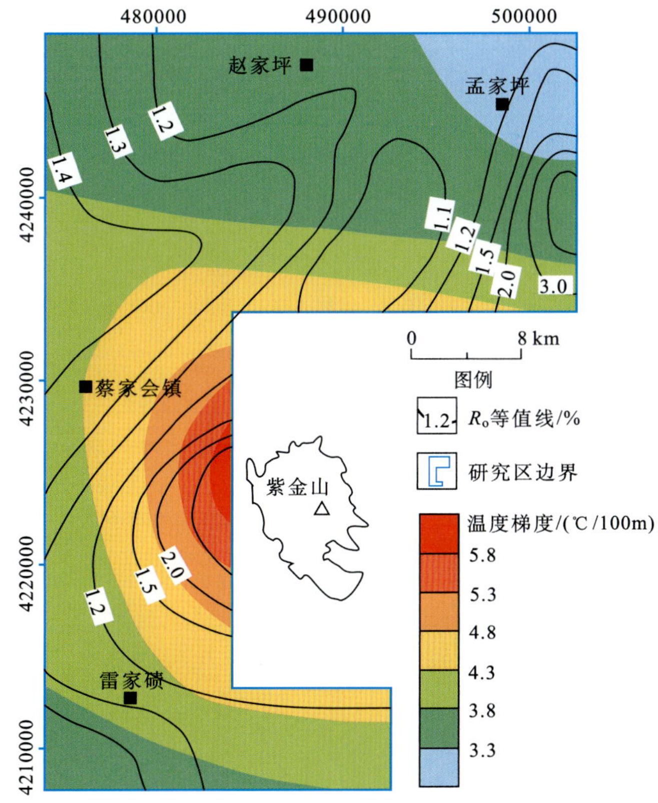

图 5.29 地温梯度与煤 R_o 等值线图(顾娇杨等，2016，补充修改)

(3) 不同次级构造单元煤系储层特征不同：从表 5.7 可以看出，总体而言，区内煤系储层渗透率普遍较低，但环形褶皱带的 3 类储层渗透率略大于中央隆起带和单斜构造带，这应与环形褶皱带内煤系弯曲形变及小型断层发育有关。环形褶皱带煤系储层孔隙度略高于中央隆起带和单斜构造带，前者孔隙度均值为 6.30%，后两者分别为 5.66%和 5.65%；而泥/页岩和致密砂岩储层均表现为环形褶皱带孔隙度略低，均值分别为 6.53%和 7.04%，单斜构造带孔隙度略高，均值分别为 7.18%和 8.39%。对各构造单元中孔隙度数据进行方差计算后发现，环形褶皱带的方差相对较大，表明煤系储层孔隙度差异性较大，这与该带小型褶皱发育导致储层变形差异有关。煤系储层朗缪尔体积以中央隆起带最大，均值为 $21.3m^3/t$，这是由于中央隆起带受岩浆热影响显著，煤变质程度增加，从而提高了煤储层的朗缪尔体积。

表 5.7　不同次级构造单元储层物性特征对比

储层类型	构造单元	孔隙度*/%	渗透率*/$10^{-3}\mu m^2$	孔隙结构/%				朗缪尔体积*/(m^3/t)
				小孔	中孔	大孔	最大汞饱和度	
煤系	I	5.19～6.57 5.66(0.3)	0.520～2.900 1.443(1.1)	86.7～88.9	7.8～9.3	2.5～4.8	62.1～90.3	16.2～29.9 21.3(30.8)
	II	5.33～8.11 6.30(0.5)	0.040～9.620 2.639(12.9)	75.0～91.0	2.3～17.6	2.8～11.4	61.2～93.1	8.9～25.0 17.04(14.1)
	III	4.23～6.38 5.65(0.7)	0.064～2.056 0.968(0.7)	27.0～88.8	5.3～8.8	2.5～17	80.1	9.0～31.8 17.12(28.9)
泥/页岩	I	4.53～7.63 6.79(1.7)	0.060～0.140 0.087(0.001)	61.5～87.1	7.8～28.2	4.1～10.3	67.7～90.4	—
	II	2.69～9.71 6.53(8.2)	0.004～0.326 0.103(0.007)	14.9～66.8	14.3～76.9	4.6～36.7	14.9～92.0	—
	III	4.75～9.61 7.18(3.0)	0.003～0.265 0.093(0.005)	10.4～23.4	39.8～77.1	0.6～34.2	63.1～96.3	—
致密砂岩	I	5.28～9.69 8.04(1.7)	0.012～4.950 0.573(1.1)	21.6～64.4	29.2～70.6	5.6～14.0	54.9～90.5	—
	II	1.43～12.3 7.04(7.8)	0.010～5.440 1.240(3.1)	5.3～62.5	11.7～82.3	0.2～64.1	13.9～98.1	—
	III	5.94～10.44 8.39(2.1)	0.012～0.422 0.179(0.02)	10.4～40.1	39.8～78.8	1.2～44.5	60.1～87.0	—

注：I 表示中央隆起带，II 表示环形褶皱带，III表示单斜构造带。

*表示 $\frac{\text{最小值～最大值}}{\text{平均值(方差)}}$。

(4) 不同次级构造单元地下水条件不同：临兴地区煤层顶板为主要含水层，而隔水层主要为泥岩，在山西组下部、太原组中部及本溪组均发育良好。煤系岩性组合表现为煤、泥岩、砂岩频繁互层，因此，泥岩起着隔断煤系水力联系的作用，水体流向主要与地层倾向一致，即整体上为由东向西，局部为由北东向西南方向。煤系水的高矿化度往往代表着滞留水环境，有利于煤系气的保存。环形褶皱带内煤系水地下水矿化度最高，而中央隆起带与单斜构造带的地下水矿化度相对较低(图 5.30)。环形褶皱带的总体向斜构造形态阻碍了地下水动力交替，构成相对滞留水环境，为煤系气的富集提供了有利的动力条件。

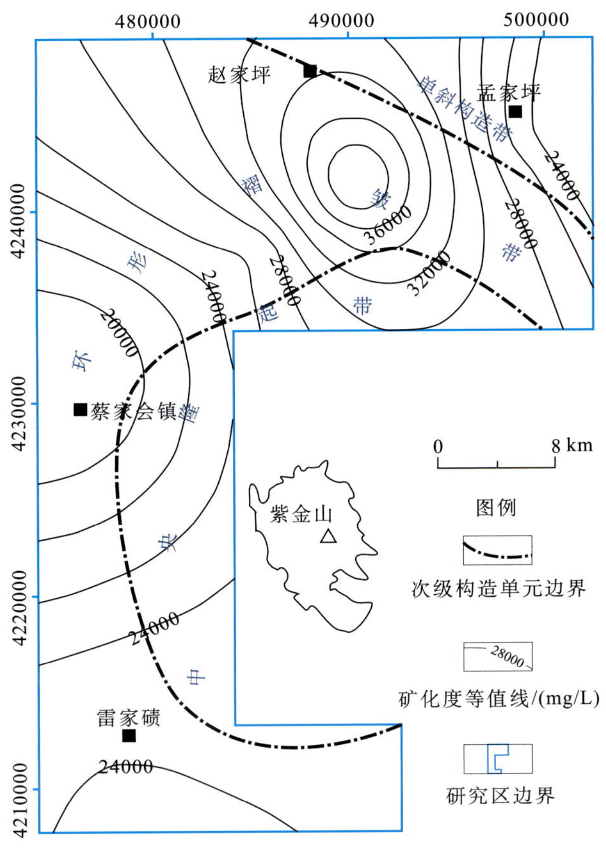

图 5.30 煤系地下水矿化度等值线图

因此，临兴地区由于紫金山岩体的侵入，在区域性单斜构造背景下，形成了 3 个次级构造单元。构造-热作用的差异，导致各次级单元煤系气共生组合和富集特征呈现不同的特征(图 5.31)。中央隆起带对煤系气富集的影响主要是岩浆热入侵与构造隆升，表现为岩浆侵入型煤系气成藏模式；环形褶皱带作为紫金山岩体与单斜构造之间的过渡带，以整体向斜构造形态为特征，地下水径流较弱，有利于煤系气保存，形成向斜与水力封堵型煤系气成藏模式；单斜构造带分布在研究区东北部，基本不受紫金山岩体的影响，构造形态为向西缓倾的单斜，形成低倾单斜与岩性封堵成藏模式。

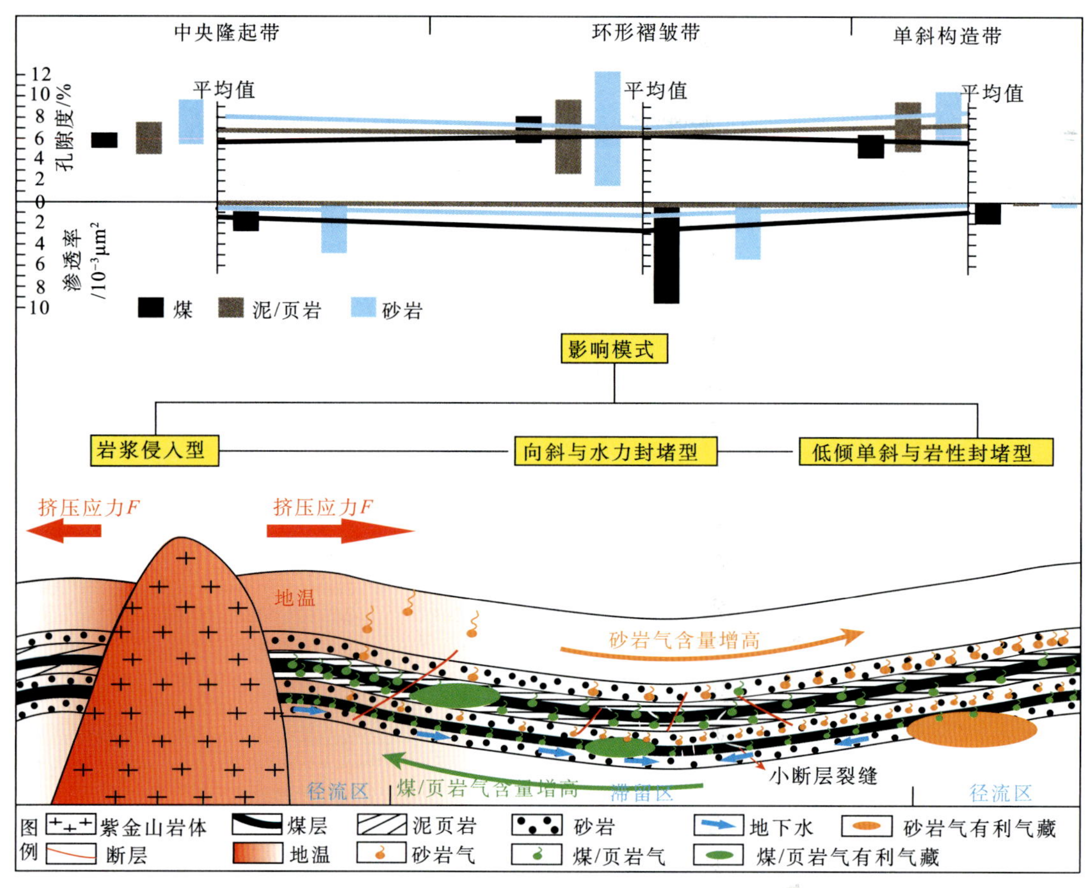

图 5.31 临兴地区不同次级构造单元内煤系气富集模式(据曹代勇等，2018b)

第三节 鄂尔多斯盆地赋煤构造单元划分

我国含煤盆地的一个显著特点就是构造期次多、煤系后期改造显著、构造样式多样，而针对控煤构造样式或体系，煤田地质工作者做了大量的工作。煤田构造格局的形成和演化就是成煤盆地经历多期次、不同程度的改造，形成现今各类赋煤单元的过程。鄂尔多斯盆地赋煤构造亚区位于华北赋煤构造区西部，为华北赋煤构造区内煤系变形最为稳定的地区，晚古生代以来，在海西运动、印支运动、燕山运动和喜马拉雅运动等多旋回、多期次、不同方向、不同强度构造运动的作用下，鄂尔多斯成煤原型盆地发生分解破坏、叠合反转，导致煤系变形、变位、变质，从而形成了 6 个性质不同的赋煤构造带(曹代勇等，2018a)，包括鄂尔多斯盆地西缘褶皱逆冲赋煤带、鄂尔多斯盆地东缘挠曲赋煤带、伊盟隆起赋煤带、天环拗陷赋煤带、陕北单斜赋煤带和渭北断隆赋煤带(图 5.32)。鄂尔多斯盆地构造格局最为显著的特点是明显的构造变形仅局限于盆地边缘，盆地内部变形微弱，盆内地层大多呈近水平分布，倾角为 1°～3°，构造简单，次级构造不发育，盆缘发育褶曲、断裂及挠曲构造，且围绕盆地呈环形分布特征，总体上主体构造格局呈走向南北、向西倾斜的大单斜。

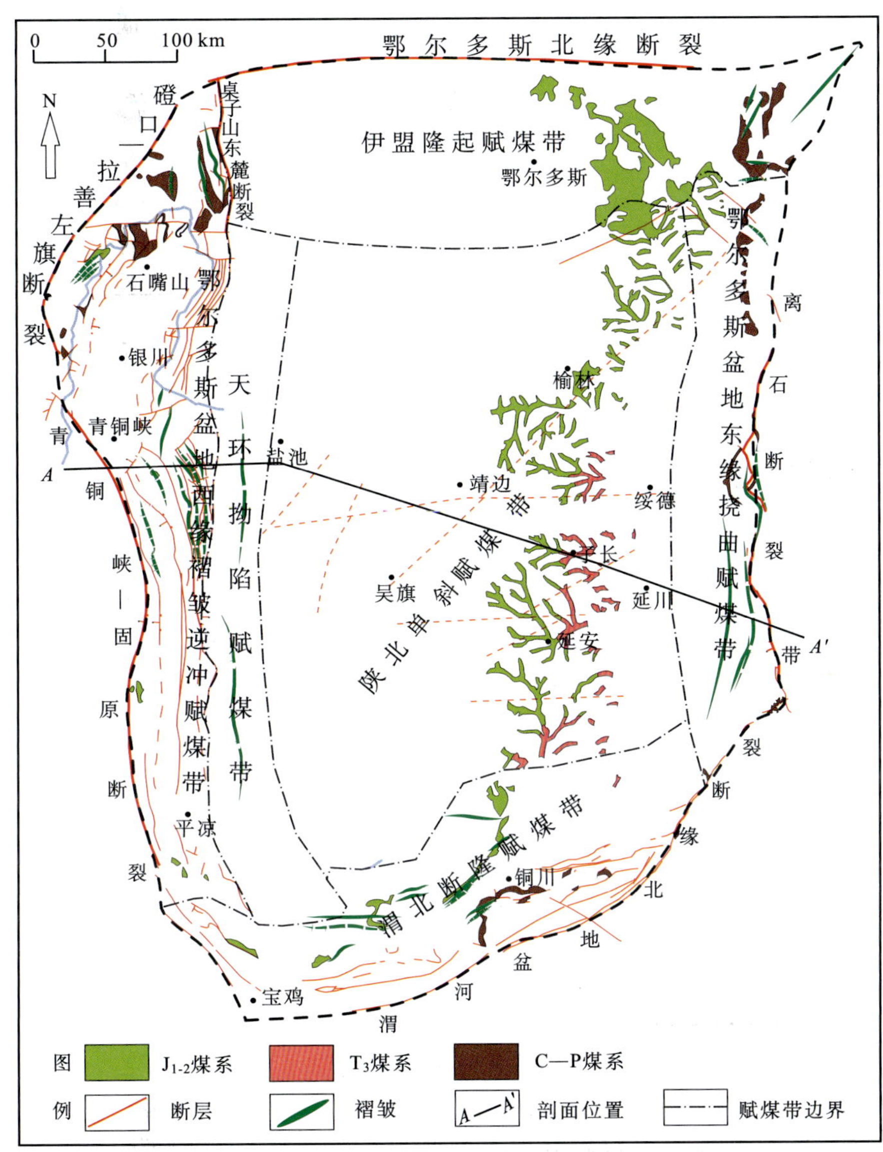

图 5.32 鄂尔多斯盆地赋煤构造亚区赋煤带划分及构造纲要简图

一、鄂尔多斯盆地西缘褶皱逆冲赋煤带

鄂尔多斯盆地西缘褶皱逆冲赋煤带南北向横跨内蒙古、宁夏、甘肃、陕西，西界分别与磴口—阿拉善左旗断裂、青铜峡—固原断裂、阿拉善地块和祁连加里东褶皱带相毗

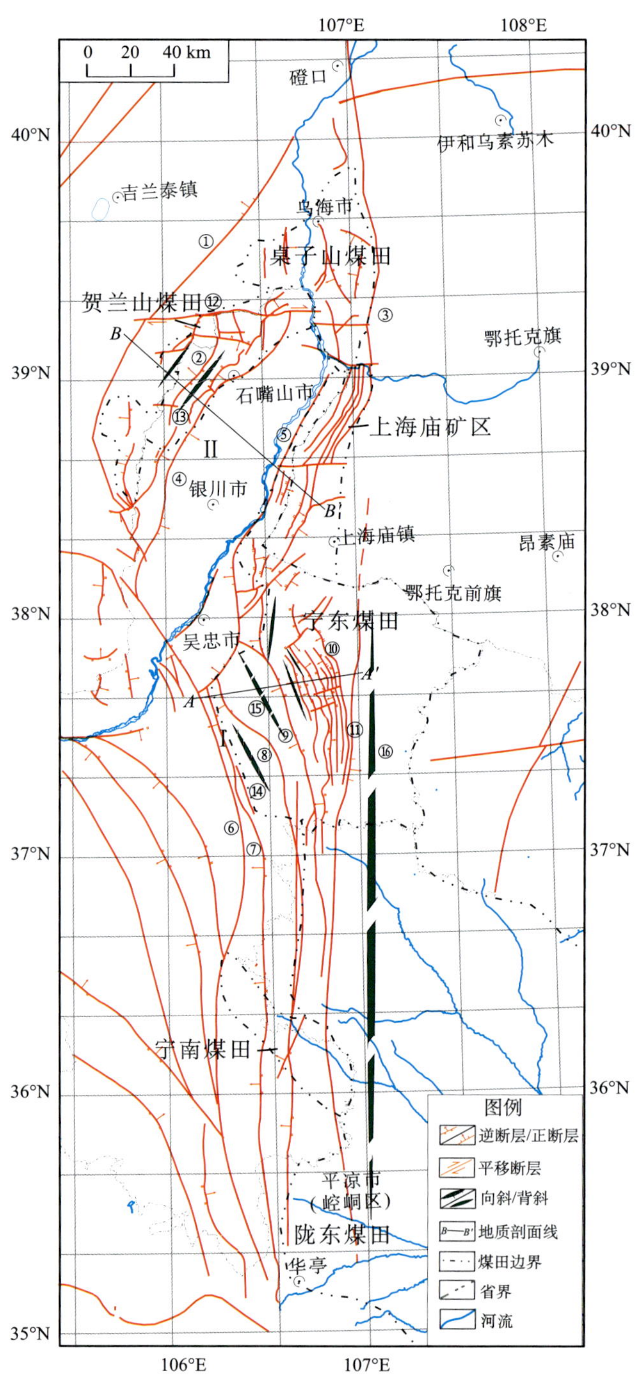

图 5.33 鄂尔多斯盆地西缘褶皱逆冲赋煤带构造纲要图

Ⅰ.六盘山东麓逆冲推覆构造系统；Ⅱ.贺兰山逆冲推覆构造系统；①磴口—阿拉善左旗断裂；②小松山断裂；③桌子山东麓断裂；④贺兰山东麓断裂；⑤黄河断裂；⑥青铜峡—固原断裂；⑦韦州—安国断裂；⑧青龙山—平凉断裂；⑨惠安堡—沙井子断裂；⑩马柳断裂；⑪车道—阿色浪断裂；⑫正义关断裂；⑬汝淇沟向斜；⑭韦州向斜；⑮石沟驿向斜；⑯天环拗陷

邻，东以桌子山东麓断裂、马柳断裂、阿色浪—车道断裂为界，向东经天环拗陷过渡至盆地主体。鄂尔多斯盆地西缘现今地质构造格局总体上是中生代以来形成的由西向东扩展的褶皱逆冲构造体系，受主干逆冲断层控制，不同性质的构造盆地与构造山岭相间，不同方向的断裂交织，不等规模的断块拼结。

该赋煤带由10余条近南北向延伸的大型逆冲断裂、数条同向大型正断层及一些近东西走向的大型平移断层组成构造骨架，基本构造形态为总体由东向西扩展的逆冲断裂组合(图5.33)，与鄂尔多斯盆地主体构造形态形成鲜明的对比。这些主干逆冲断裂沿走向断续延伸，三五成束，相互平行，呈近等距出现。沿主干断裂延伸方向(近南北向)被东西走向的断层分隔为若干区段，东西走向的断层多表现为右行走滑或向南逆冲特征，具有调节断层性质，使鄂尔多斯盆地西缘褶皱逆冲带各段向东扩展位移差异得到调整。

鄂尔多斯盆地西缘褶皱逆冲赋煤带由北向南依次发育桌子山煤田、贺兰山煤田、宁东煤田、宁南煤田、陇东煤田。由于成煤原型盆地的部位不同(成煤作用差异)及后期盆地演化的分异(保存条件差异)，各煤田现今煤系赋存具有各自的特点。褶皱逆冲作用使鄂尔多斯盆地西缘石炭纪—二叠纪和侏罗纪两套煤系遭受强烈改造，失去原始的连续性和完整性，被切割成许多大小不等、形状各异的块段，增加了煤系矿产资源勘探开发的难度。

受构造演化过程的影响，现今煤系的赋存在鄂尔多斯盆地西缘不同地区有着明显的差异。石炭系—二叠系太原组主要分布于桌子山煤田西部、贺兰山煤田北段、横城、韦州及王洼一带，其中以贺兰山煤田北段最为发育，韦州矿区最厚，达406～618m，其他各区一般为130～240m。山西组在桌子山煤田、贺兰山煤田、宁东煤田等地发育良好，其中桌子山煤田山西组主采煤层位于山西组上部，煤层厚度为0.3～7.7m，大部分在2.0～4.5m。贺兰山煤田山西组含煤3～8层，煤层多位于该组中、下部，煤层稳定，而宁东煤田山西组含煤地层的含煤性较好，主要可采煤层位于下段的下部。

而侏罗纪含煤地层在鄂尔多斯盆地西缘北部剥蚀严重，整体上主要分布于桌子山煤田千里沟、上海庙矿区，贺兰山煤田汝箕沟矿区，宁东煤田灵武、鸳鸯湖、马家滩、积家井和石沟驿矿区，宁南煤田炭山和王洼矿区，以及陇东煤田华亭、安口矿区。岩性主要由灰黑色泥岩及煤层、深灰色粉砂岩及粉砂质泥岩、灰白色各级砂岩组成。北部地区厚度一般为320～350m，南部王洼矿区一带厚度为40～390m，反映出由北向南变薄，并具起伏现象。由西至东厚度变小，石沟驿矿区最厚达694m，马家滩矿区一带为340m左右。

二、鄂尔多斯盆地东缘挠曲赋煤带

鄂尔多斯盆地东缘挠曲赋煤带东侧以离石断裂为界与山西地块相邻，西侧与陕北单斜赋煤带呈过渡关系，其间没有明显的界限，大致沿吴堡西—永和—吉县一线。鄂尔多斯盆地东缘挠曲赋煤带总体为一西倾单斜，倾角为2°～3°，是盆地西倾大单斜的重要组成部分。古生代、早—中生代东缘挠曲赋煤带长期接受沉积，晚侏罗世和晚白垩世发生多次抬升。喜马拉雅期，吕梁山抬升并向西推挤，使得盆地东缘与华北盆地分离，形成南北向的构造带，后期遭受强烈剥蚀作用，形成现今的构造面貌。陕北石炭纪—二叠纪煤田及河东煤田发育在此带中(图5.34)。

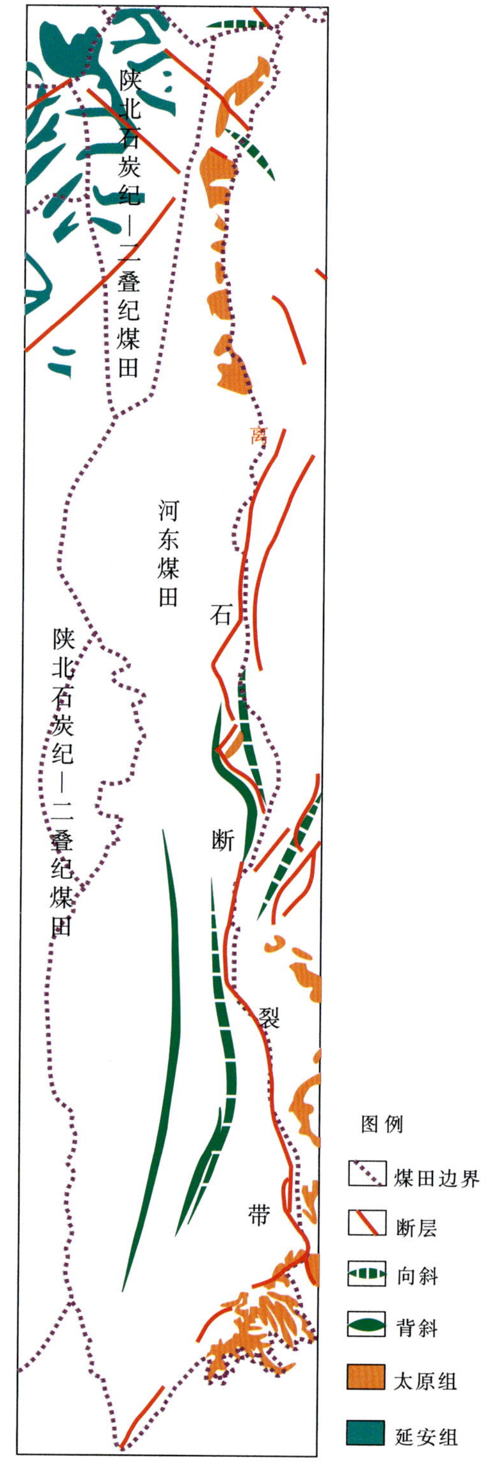

图 5.34 鄂尔多斯盆地东缘挠曲赋煤带构造纲要图

鄂尔多斯盆地东缘挠曲赋煤带从东向西可分为挠褶带和平缓的单斜形态带，其中挠褶带在府谷、河曲可见，整体呈南北走向西倾的大型单斜构造。北段自保德地区至柳林地区以北，发育一系列的小型宽缓的背斜褶皱，整体呈南北走向，还发育少量南北向正断层和逆断层，断面倾角为70°～85°，断距数十米。南段自柳林地区南至乡宁地区，除短轴背斜外，亦有短轴褶曲发育，同时发育有与褶皱同向的正断层和逆断层，断面为70°～80°，断距较大，最高可达数百米。柳林东西向构造带位于鄂尔多斯盆地东缘挠曲赋煤构造带中部，主要发育短轴褶曲和小断裂，走向均为东西向，断裂为正断层，长数千米，断面倾向或南或北。

鄂尔多斯盆地东缘煤系主要为石炭系—二叠系太原组和山西组，以临兴地区为界，鄂尔多斯盆地东缘南北两侧煤系存在差异，被认为是受到了印支运动、燕山运动两次构造运动对华北板块产生的“38° 构造带”的影响造成的(中国煤炭地质总局，1996)，表现为盆地东缘的含煤地层以临兴地区为界有明显的厚度变化，厚套砂体发育在界限以北地区，泥岩、灰岩主要发育在界限以南，由北往南，主煤层分叉剪薄(李勇等，2012)。

三、伊盟隆起赋煤带

伊盟隆起赋煤带位于鄂尔多斯盆地北部，西以桌子山东麓断裂为界，东至清水河断裂，南面经正谊关—偏关断裂与天环拗陷赋煤带、陕北单斜赋煤带和鄂尔多斯东缘挠曲赋煤带呈过渡关系。伊盟隆起形成于加里东和海西运动早期，北部和西部隆起最高，之后一直处于相对隆起状态，盖层厚度为1000～3000m，新生代河套断陷的下沉，使其与阴山分开，形成现今的构造面貌。发育在该带的主要煤田及预测区有东胜煤田、准格尔煤田及长不素梁预测区、沙坪梁预测区、司家山预测区。

伊盟隆起赋煤带整体构造发育简单，基本构造形态表现为一简单的单斜构造(图5.35)，褶皱以短轴背斜为主，主要分布在东胜—准格尔一带，断裂几乎不发育，仅在其西部受鄂尔多斯盆地西缘褶皱逆冲赋煤带的影响发育一些小型逆冲断层。东胜煤田是石炭纪—二叠纪煤系和侏罗纪煤系构成的双纪煤田。全区含煤地层产状平缓，近于水平，一般倾角小于3°。煤田内仅发育宽缓的波状起伏，一般波高小于20m，波长大于500m。断层不发育，发现的20余条断层在区内稀疏分布，均为张性正断层，走向多为北东—南西向，断距一般小于20m，走向延伸2～5km。准格尔煤田位于东胜煤田东部，是石炭纪—二叠纪煤田，其内部褶皱相对较为发育，且轴向变化无序，断裂构造不发育，仅见到几条稀疏的张性断层。

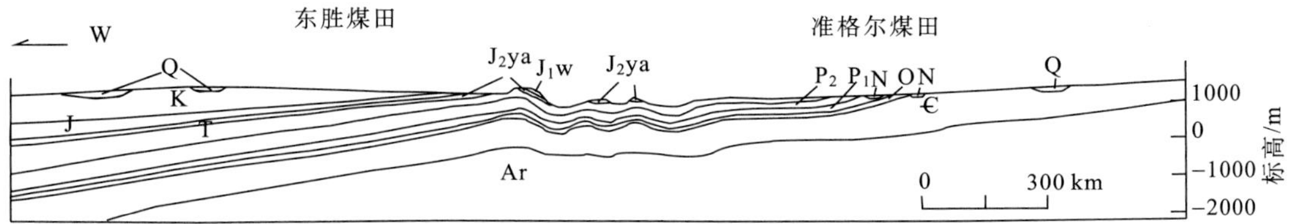

图5.35　伊盟隆起赋煤带主要煤田构造剖面图

四、天环拗陷赋煤带

天环拗陷赋煤带北以巴音乌素清水河断裂为界，南至龙门—长武一线，西邻鄂尔多斯盆地西缘褶皱逆冲赋煤带。天环向斜总体走向南北，与鄂尔多斯盆地西缘褶皱逆冲赋煤带相平行。天环拗陷为天环向斜的西翼，构造方向和属性与鄂尔多斯盆地西缘褶皱逆冲赋煤带密切相关，成因上二者具有一定的联系。受鄂尔多斯盆地西缘褶皱逆冲赋煤带在中生代向东推挤活动的影响，天环拗陷相当于逆冲带的前缘外带，从而沉积形成相对较厚的三叠系、侏罗系、白垩系，地层倾角逐渐加大。三叠系、上侏罗统和下白垩统3套地层构成向东逐渐变薄、尖灭的“磨拉石”建造，表明天环拗陷是一个中生代形成的拗陷。虽然其与鄂尔多斯盆地西缘褶皱逆冲赋煤带相邻，但稳定的基底使其变形程度较低。天环拗陷内部次级褶皱发育，主要有束亥图—三眼井向斜、盐池向斜、红井子向斜和崇信东向斜等。

宁东煤田和陇东煤田的一部分发育于天环拗陷赋煤带中。天环拗陷内除南部镇原之北有无煤区以外，其余地区石炭纪—二叠纪煤系及侏罗纪煤系均有赋存。石炭纪—二叠纪煤系埋深均超过3000m，侏罗纪煤系在束亥图、盐池和红井子3个向斜轴部的埋深亦已超过2000m。

五、陕北单斜赋煤带

陕北单斜赋煤带位于鄂尔多斯盆地主体，北靠伊盟隆起赋煤带，西邻天环拗陷赋煤带，东部为鄂尔多斯盆地东缘挠褶赋煤带，整体呈向西缓斜的大单斜构造，三叠系、侏罗系、白垩系自东而西依次排列，岩层倾角一般为1°～3°。陕北单斜赋煤带褶皱和断层构造极不发育，赋煤带内除零星分布的短轴背斜、鼻状构造外，还有少量不明显的挠曲，这些褶曲构造范围局限，幅度一般为10～50m。陕北斜坡基底稳定，晚古生代以来一直接受沉积，形成海陆交互相、陆相沉积，为煤系矿产资源的富集和保存提供了有利的地质条件。该带发育陕北侏罗纪煤田、陕北三叠纪煤田。

陕北单斜煤系较为稳定，煤层层数较多，煤层顶底板较为致密，但侏罗纪煤田延安组顶部仍旧有少量剥蚀(如在该煤田榆横矿区等地)。而多期次构造运动虽然未对煤系造成过大的剥蚀，仍旧会影响煤系矿产资源的富集，如陕北三叠纪煤田部分地区煤层气普遍遭受抬升影响而发生逸散(申小龙等，2017)。

六、渭北断隆赋煤带

渭北断隆赋煤带南至渭河断陷，北与天环拗陷赋煤带、陕北单斜赋煤带相邻，西与鄂尔多斯盆地西缘褶皱逆冲赋煤带相接，东以黄河为界。渭北断隆中—晚古生代为一向南倾斜的斜坡，至中生代晚期开始隆起，新生代随着鄂尔多斯盆地边部解体，该区进一步翘倾抬升，现今总体上呈南翘北倾态势。构造线方向在东部为北东向，向西逐渐过渡至东西向，再转变为北西向(图5.36)。渭北断隆赋煤带西段发育黄陇侏罗纪煤田，构造

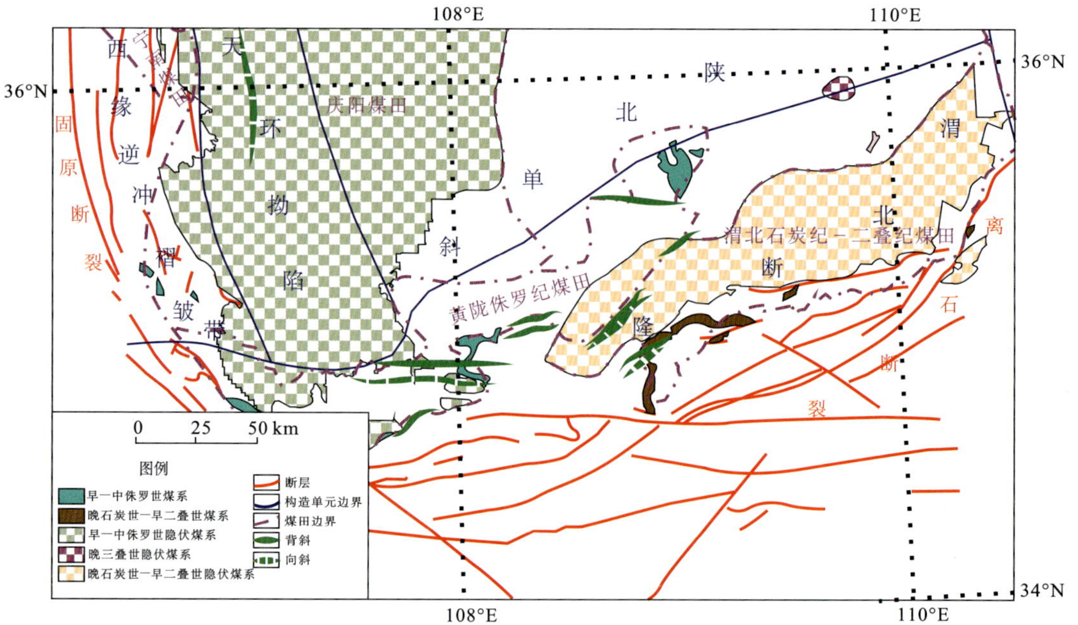

图5.36 渭北断隆赋煤带构造纲要图

发育相对简单，总体构造形态为一大型单斜构造，向北西倾斜；东段发育渭北石炭纪—二叠纪煤田，断裂和褶皱构造均较发育，尤其断裂构造对该区含煤地层破坏严重。

该赋煤带西部黄陇侏罗纪煤田总体构造简单，煤系产状平缓，保存较好，只在西部发育弧形断裂并构成煤田的西部边界。而该赋煤带东部渭北石炭纪—二叠纪煤田的构造变形强度、规模大小和密度均由南向北与由东向西逐渐减弱，浅部以断裂为主，深部以褶皱为主，西段以褶皱为主，东段以断裂为主。含煤地层沉积东厚西薄，煤层埋藏东南浅西北深。由于成煤期后的断裂构造发育，将含煤地层切割成条块状，破坏了煤系的连续性，影响了煤系矿产资源的赋存。

第四节　各构造单元煤系矿产赋存特征

成煤原型盆地经历了多期构造演化，发生了分解破坏、叠合反转，充填在其中的煤系也随之变形、变位，失去了原本的连续性，被分割成埋深不同、形态各异的块段，形成不同的赋煤构造单元。后期构造运动的调整改造使得煤系矿产资源最终成矿（藏）定位，决定了煤系矿产资源现今的赋存状态，以及勘探开发的难易程度。因此，研究含煤盆地赋煤带构造格局及其控矿作用，是煤系矿产资源评价和勘探开发的基础。构造格局对煤系矿产资源现今赋存状态的控制作用主要体现在各赋煤带内发育的构造样式及发育程度，不同的构造样式具有不同的构造形态、力学性质和封闭性。一般而言，封闭性地质构造有利于煤系气的赋存，开放性地质构造则有利于煤系金属矿产、砂岩型铀矿的形成。

一、鄂尔多斯盆地西缘褶皱逆冲赋煤带煤系矿产赋存规律

鄂尔多斯盆地西缘位于华北陆块和秦祁昆山造山带两个性质不同的一级大地构造单元之间的过渡带内，特定的大地构造背景和区域构造演化历史造成了煤田构造的复杂形态。晚古生代以来，鄂尔多斯盆地西缘褶皱逆冲赋煤带经历多期构造运动，成煤盆地遭受破坏、分解，现今赋煤带构造格局表现出“南北分段、东西分带”的特点，其中南段为六盘山东麓逆冲推覆构造系统，总体表现为由西向东扩展的逆冲断裂系统，以盖层逆冲叠瓦组合为特征，古生界地层冲到中生界地层之上，属于薄皮构造；北段为贺兰山逆冲推覆构造系统，总体呈北北东向展布、向东扩展，多数逆冲断层西倾东冲，但倾角和倾向变化较大，前寒武变质岩系已经卷入变形，属于基底卷入厚皮构造。原始连续近水平的煤系发生断裂、褶皱、抬升剥蚀或沉降深埋，形成大小不等、构造形态和构造复杂程度各异的赋煤块段。

作为双纪煤田，鄂尔多斯盆地西缘发育石炭系—二叠系和侏罗系两套含煤地层，北部受厚皮式逆冲推覆构造的控制，中元古界—中生界发生褶皱隆起，地层发生强烈剥蚀，变质基底亦不同程度地卷入出露地表，侏罗纪含煤地层剥蚀严重，仅在局部地区有所保存（贺兰山煤田汝箕沟矿区、桌子山煤田上海庙矿区）。

鄂尔多斯盆地西缘煤系矿产资源类型主要包括能源矿产和金属矿产两类。煤系能源矿产包括煤炭、煤层气、页岩气、致密砂岩气、油页岩及铀矿；煤系金属矿产包括铝土矿、镓矿、锂矿等。其中石炭纪—二叠纪煤系能源矿产主要有煤炭、煤层气、页岩气、致密砂岩气，煤系金属矿产资源主要有铝土矿/Al_2O_3、镓矿、锂矿；侏罗纪煤系能源矿产主要有煤炭、煤层气、页岩气、致密砂岩气、油页岩、铀矿(刘亢，2016)。石炭纪—二叠纪煤炭资源主要分布在研究区北部，煤的变质程度较高；侏罗纪煤炭资源主要分布在研究区南部，煤的变质程度较低。侏罗纪煤层厚度较石炭纪—二叠纪煤层大，煤层气含量总体较石炭系—二叠系小，但汝箕沟矿区由于岩浆热作用较高。石炭纪—二叠纪煤系暗色泥岩厚度较侏罗纪煤系大，但侏罗纪煤系暗色泥岩局部地区大于 100m；侏罗纪煤系 TOC 较石炭纪—二叠纪煤系高，但 T_{max} 较低。侏罗纪煤系致密砂岩厚度较石炭纪—二叠纪煤系高；石炭纪—二叠纪煤系 R_o 较侏罗纪煤系高。油页岩和铀矿均在侏罗纪煤系较为发育，铝土矿、镓矿、锂矿均在石炭纪—二叠纪煤系较为发育(表 5.8)。

表 5.8　鄂尔多斯盆地西缘煤系矿产资源类型及分布

类	主要矿种	石炭纪—二叠纪煤系	侏罗纪煤系
煤系能源矿产	煤炭	桌子山煤田、贺兰山煤田、宁东煤田	贺兰山煤田、宁东煤田、宁南煤田、陇东煤田
	煤层气	桌子山煤田、石嘴山、韦州	汝箕沟、华亭
	页岩气	棋盘井、韦州	环县、安口、积家井
	致密砂岩气	桌子山煤田、石炭井	积家井
	油页岩		炭山、华亭
	铀矿		鸳鸯湖、磁窑堡、王洼
煤系金属矿产	铝土矿/Al_2O_3	石炭井、石嘴山、沙巴台	
	镓矿	沙巴台、乌达、红墩子	
	锂矿	石炭井、红墩子	

(一)煤系矿产资源平面赋存规律

鄂尔多斯盆地西缘逆冲赋煤带煤系矿产资源平面赋存规律如图 5.37 所示。

1. 煤系气平面赋存规律

煤系气烃源岩主要为煤层及暗色泥岩，石炭纪—二叠纪煤层及暗色泥岩在鄂尔多斯盆地西缘分布较为广泛，厚度在 14～98m，总体上呈现西厚东薄、北厚南薄的趋势，在西北部贺兰山煤田石嘴山、沙巴台矿区厚度最大。侏罗系延安组煤层及暗色泥岩亦分布广泛，厚度较大，为 26～100m，总体上呈现南厚北薄的趋势，在陇东煤田环县地区厚度最大。

烃源岩中暗色泥岩 TOC 一般为 0.2%～4.5%，在平面上呈现南高北低的趋势，南部陇东煤田最高，达 6.2%。

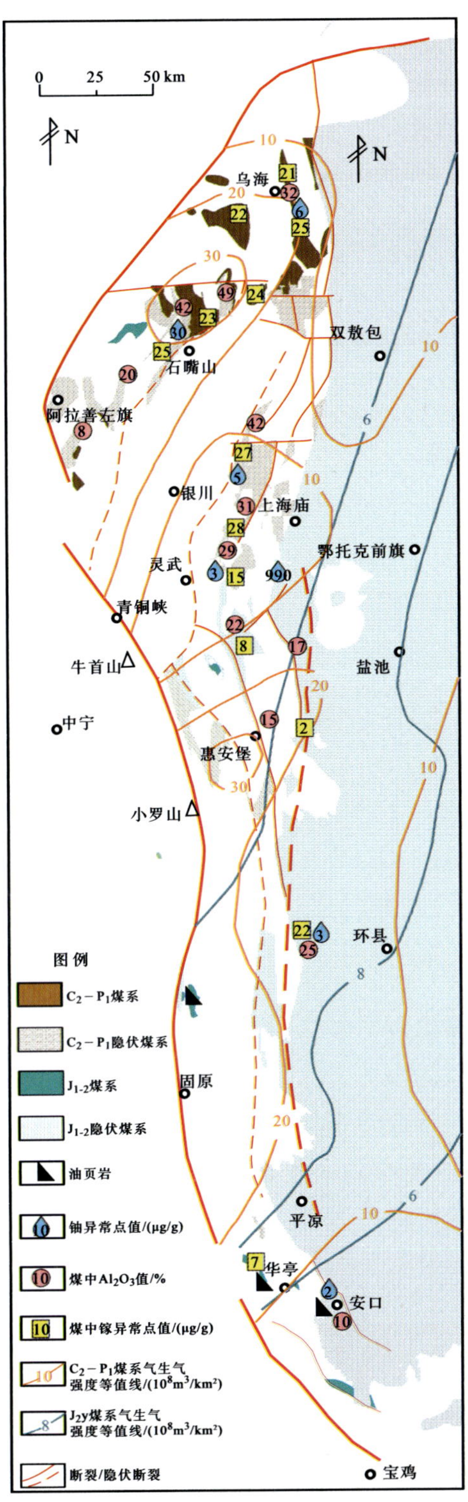

图 5.37　鄂尔多斯盆地西缘煤系矿产资源平面组合图

R_o值一般在 0.5%～1.2%，平面上由北向南逐渐降低，在北部贺兰山煤田汝箕沟矿区高达 3.46%。

石炭纪—二叠纪煤系煤系气的生气强度由北向南递减，为 1×10^9～$3\times10^9m^3/km^2$；侏罗纪煤系生气强度较低，为 6×10^8～$8\times10^8m^3/km^2$，南部高于北部。

2. 砂岩型铀矿平面赋存规律

砂岩型铀矿主要发育在鸳鸯湖—冯记沟、磁窑堡及王洼地区的延安组煤系地层中，延安组中的铀矿化主要与层间氧化有关，铀矿化(体)的品位为 0.0118%～0.0596%，最高大于 0.10%，厚度为 0.1～3.8m。

3. 油页岩平面赋存规律

油页岩的分布通常受煤系和构造格局的控制。延安组的油页岩露头主要见于鄂尔多斯盆地西部的宁夏固原炭山、甘肃华亭一带，山西组的油页岩分布在宁夏石嘴山、中卫地区，油页岩与煤层分布范围相同。

4. 煤中金属元素平面赋存规律

鄂尔多斯盆地西缘北部由于靠近阿拉善地块和阴山古陆，为桌子山煤田、贺兰山煤田、宁东煤田等石炭纪—二叠纪煤中金属矿产资源(Ga、Li、REY、煤灰中 Al_2O_3)的发育奠定了良好的物源条件。Ga、Li、Al_2O_3 含量在平面上均呈现明显的北高南低、西高东低趋势。其中桌子山煤田煤中 Ga、Li 元素及煤灰中 Al_2O_3 含量较高，煤中 Ga 元素在白音乌素井田 8 号、9 号、17 号煤层中均有富集，在富强煤矿 9 号煤层中含量为 30.5μg/g，达到边界品位；煤中 Li 元素主要富集在富强煤矿 9 号煤、黄白茨煤矿 10 号煤、苏海图煤矿 15 号煤及长城庙 1 矿，在长城庙 1 矿含量最高，高达 103μg/g。煤灰中 Al_2O_3 主要异常富集在长城庙 1 矿 3 号煤及长城庙 3 矿 9 号煤中，含量均值分别为 42.69%和 42.38%，超过煤灰中 Al_2O_3 工业品位 40%。贺兰山煤田煤中 Li 元素和煤灰中 Al_2O_3 含量较高，石炭井矿区煤灰中 Al_2O_3 含量均值为 42.21%，煤中 Li 元素含量高达 294 μg/g。宁东煤田红墩子煤矿 Li 元素含量高达 173μg/g，Ga 元素含量达 27.3μg/g。

(二)煤系矿产资源垂向赋存规律

鄂尔多斯盆地西缘逆冲赋煤带煤系矿产资源平面赋存规律如图 5.38 所示。

1. 煤系气垂向赋存规律

垂向上，延安组煤层及暗色泥岩厚度较太原组、山西组大，在安口地区有巨厚暗色泥岩。延安组下部一般煤层少，稳定性差，多呈透镜状；中部煤层多，每个旋回顶部煤层稳定性较好，有 2～3 层全区发育的中厚煤层；上部煤层少，但发育着一层广布全区的厚煤层。太原组主要可采煤层位于下段的中上部，煤质大部分为中、高变质的烟煤和无烟煤。山西组厚度变化不大，含煤层层数较少，一般为3～8层，可采层数为2～3层。主要煤层赋存于下段。

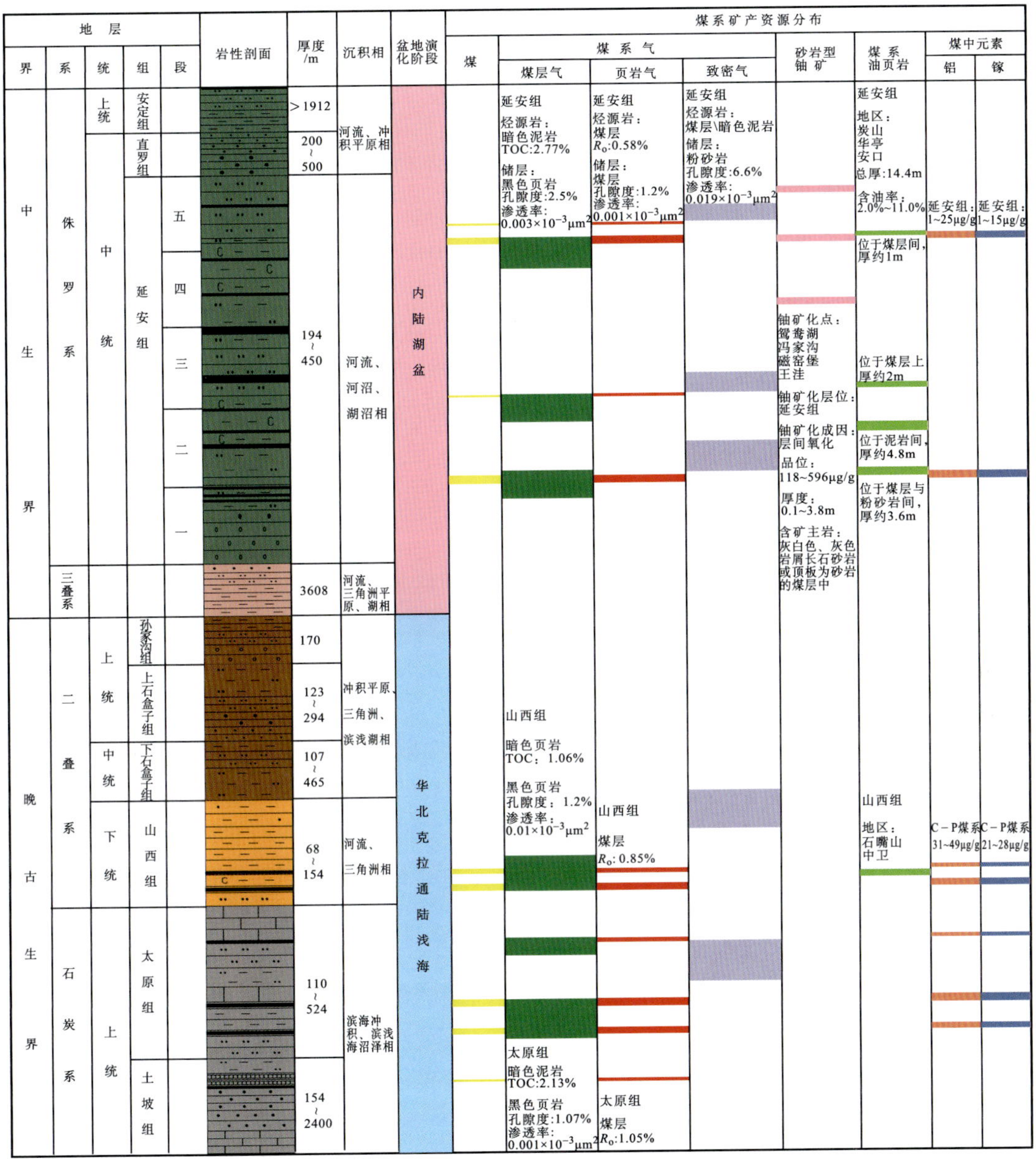

图5.38　鄂尔多斯盆地西缘煤系矿产资源垂向分布图

延安组TOC均值约2.77%，R_o均值为0.58%；山西组TOC均值约1.0%，R_o均值为0.85%；太原组TOC均值约2.13%，R_o均值为1.05%。总体上，TOC随着深度的增加而增大，石炭纪—二叠纪煤系R_o明显高于侏罗纪煤系。

2. 砂岩型铀矿垂向赋存规律

卷状铀矿化(体)发育在延安组顶部五段，层状铀矿化主要产于延安组一至四段，透镜状铀矿化产于各类岩石(砂砾岩、中-粗砂岩、含碳粉砂岩和泥岩及煤层等)中。卷状铀矿化(体)沿鸳鸯湖—冯记沟背斜东翼呈南北向展布，还可能分布在鄂尔多斯盆地西缘银洞沟—王洼一带延安组顶部(J_2y^5)。层状铀矿化在东部鸳鸯湖—冯记沟一带与卷状矿体的空间位置大体一致，含矿主岩为灰-灰白色粗砂岩和浅黄色中-细砂岩，在褶冲带背斜构造的两翼发育较多。透镜状铀矿化受局部还原环境控制，主要分布在马家滩—碎石井—石沟驿及银洞沟一带。在顶板为砂岩的延安组煤层中，亦有铀矿化，属潜水氧化带型铀矿化，煤质主要为褐煤，块状构造。

3. 油页岩垂向赋存规律

油页岩在炭山地区较为发育，该区油页岩主要有 8 层，总厚度约 14.39m，分布于延安组第一、二含煤段中，和煤层密切相关。油页岩含油率一般为 2.0%～11.0%，高位发热量为 4.36～20.98MJ/kg，低位发热量达 3.91～19.38MJ/kg，均近于或高于油页岩发热量的边界指标(4.18 MJ/kg)。

下二叠统山西组中的油页岩主要见于鄂尔多斯盆地周边的宁夏石嘴山、中卫地区，和煤紧密伴生，底部常有一层约 0.5m 厚的含油率较高的腐泥煤。

4. 煤中金属元素垂向赋存规律

延安组 Ga 元素的含量为 1～15μg/g，Al_2O_3 的含量为 1～25μg/g。石炭纪—二叠纪煤系 Ga 元素的含量为 21～28 μg/g，Al_2O_3 的含量为 31～49μg/g。石炭纪—二叠纪煤中 Ga 元素的含量比侏罗纪煤中 Ga 元素的含量普遍要高，这是因为在石炭纪—二叠纪鄂尔多斯盆地西缘处于海陆交互相，而侏罗纪沉积环境为陆相，由不同的水化作用所致。

二、鄂尔多斯盆地东缘挠曲赋煤带煤系矿产赋存规律

鄂尔多斯盆地东缘挠曲赋煤带整体为一向西倾的单斜构造，发育一些宽缓的小型褶皱，断裂发育较少且规模较小，具有大型煤系气成藏的有利条件，尤其煤层气在整个盆地中研究程度最高，已进入工业生产阶段，以及临兴、韩城地区是鄂尔多斯盆地煤系气合探共采的研究热点区。但鄂尔多斯盆地东缘南部和北部构造-热演化历程和现今构造形态具有一定的差异性，导致煤系矿产资源的形成和分布在区域上发生变化。鄂尔多斯盆地东缘北部河保偏矿区煤灰中 Al_2O_3 含量较高，范围为 28%～51%，均值为 40.093%。燕山中期，鄂尔多斯盆地东缘中部临县、石楼地区受岩浆热流活动的影响，煤系源岩变质程度最高，生气量大，向南向北均降低。鄂尔多斯盆地东缘挠曲赋煤带煤系矿产资源分布主要受褶皱、单斜、断裂等构造样式的控制。

褶皱可分为背斜和向斜两种不同性质的形态。其中在背斜轴部，节理以张性为主，

围岩封闭能力明显减弱，但如果背斜闭合而完整且盖层不透气，那么为良好的煤系气储集场所，在其轴部储层内往往聚集高压气，形成“气顶”。在向斜轴部，节理以压性或压扭性为主，围岩封存能力较强，因此，向斜为煤系气富集的主要构造形态。鄂尔多斯盆地东缘挠褶赋煤带大宁—吉县地区褶皱发育，煤层气含气量随着不同褶皱形态及位置发生变化，向斜核部煤层气含气量最高，而背斜煤层气含气量相对较低(图 5.39)。

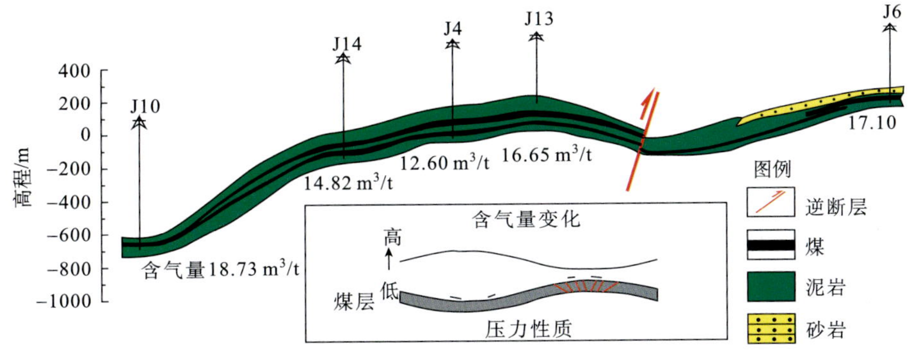

图 5.39　大宁—吉县地区背斜、向斜含气量变化剖面图

柳林地区位于鄂尔多斯盆地东缘挠褶赋煤带河东煤田的中部，构造形态总体为一向西倾斜的单斜构造，位于离石鼻状构造的南翼，构造发育简单，多见次级小褶曲，仅在北部发育一些小型断层。根据构造形态发育特征，可划分为断层带、中心斜坡带及深部斜坡带，煤层气含气量随着构造位置的变化也随之发生变化，受聚财塔正断层的影响，断层带含气量最低(小于 $6m^3/t$)，其次为中心斜坡带($6\sim13m^3/t$)。相对稳定的构造属性及较弱的水动力条件，有利于煤层气的保存。深部斜坡带含量最高，不仅埋藏深度较大，而且水动力条件几乎停滞，是煤层气保存的最有利区域，可达 $13\sim15m^3/t$(图 5.40)。

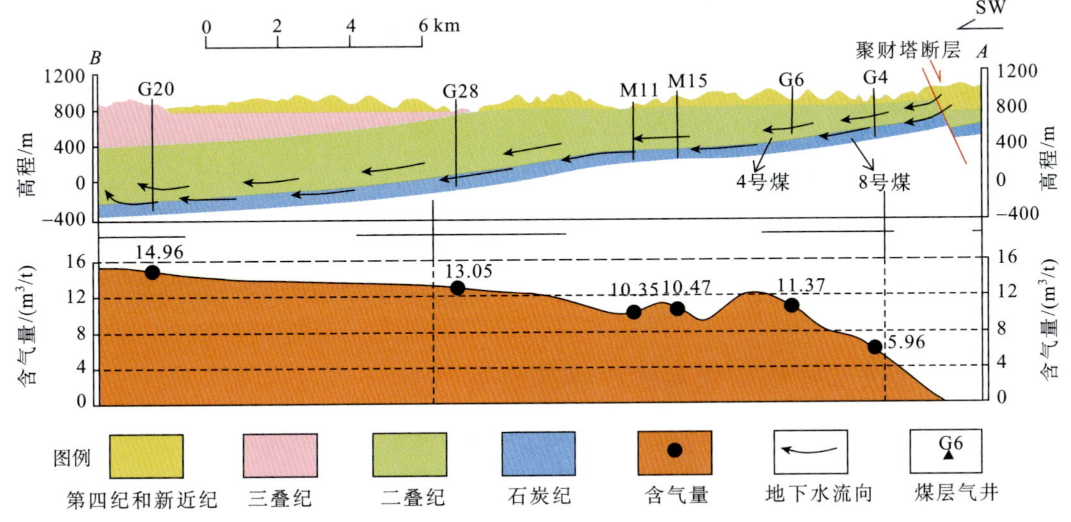

图 5.40　鄂尔多斯盆地东缘柳林地区煤层气含气量分布示意图

断裂构造不仅破坏储层的完整性，对气藏的封闭条件也具有一定的影响。正断层发育相对开放的断层面，为煤系气的逸散提供了通道，因此正断层发育部位，压力相对较低，会造成煤系气从储层中解析、逸散从而降低储层的含气量。逆断层具有较好的密闭性，可阻止煤系气的逸散。作为压性构造，断层面附近为构造应力集中带，有利于提高煤系气的吸附量。鄂尔多斯盆地东缘大宁—吉县一带，逆断层发育，且常与褶皱相伴生，两者的组合为煤层气的富集提供了良好的构造圈闭。在逆断层与褶皱组合区煤层气的含气量高达 $20m^3/t$(图 5.41)。

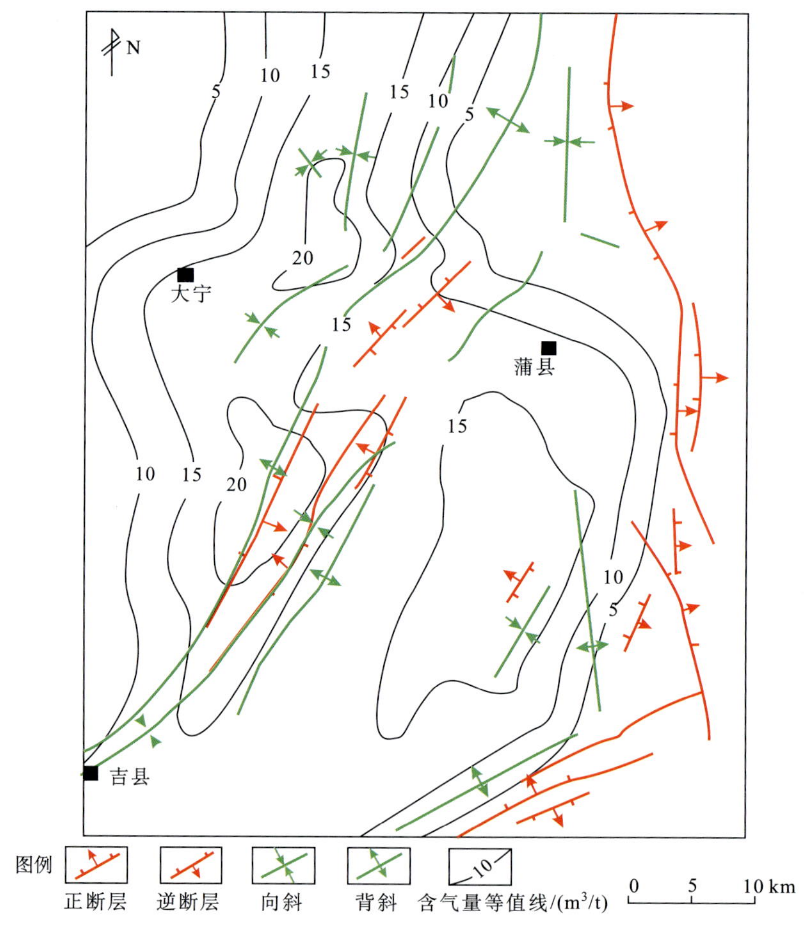

图 5.41 大宁—吉县地区 4 号、5 号煤层含气量等值线与构造分布的相关关系

三、伊盟隆起赋煤带煤系矿产赋存规律

伊盟隆起赋煤带整体呈一向西南倾斜的大单斜构造，断裂、褶皱等构造均不发育，构造演化过程中经历了多期强烈的差异隆升剥蚀，总体表现为由西向东剥蚀量逐渐增大，形成了现今东高西低、北高南低的构造格局，同时决定了伊盟隆起赋煤带煤系矿产资源

现今的赋存特征。

伊盟隆起赋煤带东部剥蚀强度大，侏罗纪含煤地层剥蚀殆尽，且石炭纪—二叠纪含煤地层埋藏变浅，在准格尔煤田大面积出露地表，形成大型露天矿，不具备煤系气藏保存的条件。但由于其北部邻近阴山古陆物源区，煤系金属元素十分发育，准格尔煤田太原组 6 号煤普遍为高铝煤，Al_2O_3 含量在牛连沟、黑岱沟、哈尔乌素一带含量高达 50%左右，准格尔煤田高铝煤中富集 Ga、Li、REY 等金属元素。其中，煤中 Ga 元素在黑岱沟露天矿高达 45μg/g，在串草圪旦含量为 31.1μg/g，达到工业边界品位 30μg/g，在东孔兑、唐公塔、哈尔乌素、罐子沟等地区也出现富集；煤中 Li 元素在唐公塔地区含量最高，达 403.1μg/g，官板乌素地区含量次之，为 263.6μg/g；煤中 REY 含量在小鱼沟、黑岱沟、串草圪旦含量最高，分别为 216.2μg/g、214μg/g、276.7μg/g。

伊盟隆起赋煤带的西南部地层剥蚀量较小，含煤地层现今埋深较大，在东胜深埋区，侏罗纪含煤地层埋深超过 2000m，加之该地区构造发育程度低，是煤系气成藏的有利区。鄂托克旗鄂页 1 井太一段最大产能为 $5\times10^4m^3/d$，稳定产量为 $1.95\times10^4m^3/d$，气体中 CH_4 含量为 87.7%，是我国北方海陆过渡相页岩气研究的重大突破。同时，由于靠近北部物源区，该区深部含煤地层中煤系金属元素也具有富集成矿的巨大潜能。伊盟隆起赋煤带北高南低的构造格局，使得北部物源区含铀流体不断搬运到东胜地区，遇到还原环境发生沉淀，形成砂岩型铀矿。因此伊盟隆起赋煤带煤系深埋区是鄂尔多斯盆地煤系矿产资源赋存的有利远景区。

四、天环拗陷赋煤带煤系矿产赋存规律

天环拗陷赋煤带石炭纪—二叠纪和侏罗纪含煤地层均有赋存，但其埋深较大，超过 2000m，限于此，天环拗陷赋煤带煤系矿产资源研究程度较低。前期的勘探表明，区内探井均具有较好的油气显示，是目前鄂尔多斯盆地油气勘探的重点地区。优质含煤地层的发育及平稳简单的构造发育特点，使得天环拗陷赋煤带成为鄂尔多斯盆地煤系矿产资源赋存的有利远景区。

五、陕北单斜赋煤带煤系矿产赋存规律

陕北单斜赋煤带位于鄂尔多斯盆地的主体区域，整体呈向西缓倾斜的大单斜构造，是鄂尔多斯盆地地层发育最为完整的区域，褶皱、断裂等构造极不发育，为煤系矿产资源赋存奠定了良好的物质基础和保存条件，尤其是大规模煤系气藏的形成，是鄂尔多斯盆地煤系气成藏的有利区。与天环拗陷赋煤带类似，陕北单斜赋煤带含煤地层埋藏较深，由东向西逐渐加深。陕北单斜赋煤带的煤系致密砂岩气是鄂尔多斯盆地煤系气勘探开发程度最高、工业生产最为成功的煤系气，目前该带米脂气田、乌审旗气田、大牛地气田、神木气田、榆林气田、苏里格气田等气田已进入工业生产阶段。

除煤系致密砂岩气之外，陕北单斜赋煤带煤层气、煤系页岩气也表现出很好的成藏潜力，北部乌审旗地区下侏罗统延安组是区内主要含煤层段，含煤层数多，厚度大，分

布稳定，受煤岩变质程度和保存条件的限制，含气量介于 0.19～6.7m³/t；中部合水—宁县地区以侏罗系延安组煤层为主，含气量为 8～18m³/t；鄂尔多斯盆地中南部黄陵北部延安组泥岩分布范围和厚度较大，有机质丰度较高，已进入生物成因气和热催化生气的中间阶段，具备形成页岩气的成藏条件，页岩气潜力巨大。鄂尔多斯盆地定边—靖边—吴旗一带侏罗系延安组厚层泥页岩分布面积大，是煤系页岩气勘探开发的潜力区。

六、渭北断隆赋煤带煤系矿产赋存规律

渭北断隆赋煤带发育黄陇侏罗纪煤田和渭北石炭纪—二叠纪煤田，其中黄陇侏罗纪煤田内部彬长矿区表现出良好的煤层气勘探开发前景，蒋家河、大佛寺煤层气含量较高，彬长矿区整体呈一北西向缓倾的单斜构造，并伴生发育一些次级褶皱构造，断层发育稀少。区内煤层气主要富集在向斜构造发育部位。同样，渭北断隆赋煤带东部韩城区块的

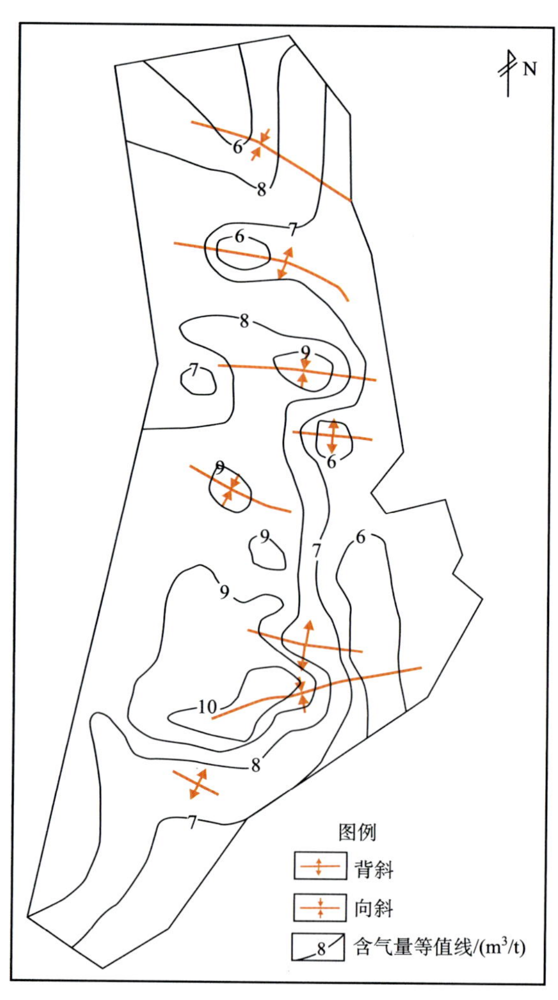

图 5.42　韩城区块 4 号、5 号煤层气含气量与构造形态的相关关系

北部，发育一系列小型向斜，根据该区煤层气含气量等值线图，可以明显看出在向斜部位具有较高的含气量，尤其在向斜的核部，储层埋藏深度相对较大，压扭性构造具有较强的封堵能力，断裂发育程度低(图 5.42)。

由于渭北断隆赋煤带靠近鄂尔多斯盆地南缘秦岭物源区，有利于煤系金属元素的富集成矿，该赋煤带内 Li、Ga 元素含量较高。煤中 Ga、Li 元素异常主要分布于铜川矿区、澄合矿区及蒲白矿区，煤中 Ga 元素含量范围分别为 34～92.2 μg/g、30～56.3 μg/g 及 30～55 μg/g，均达到或超过其边界(工业)品位，煤中 Li 元素含量分别为 92.2 μg/g、146 μg/g 及 109～156 μg/g，达到或超过其边界或工业品位。此外，黄陇侏罗纪煤田黄陵矿区 Ba、Sr、Eu 元素出现了异常，Ba 元素的富集系数高达 38。

第六章

煤系矿产资源评价

煤炭资源的多重价值体现在煤系中多种矿产资源的共生组合与共采潜力。煤、煤系能源矿产、金属与非金属矿产等多种煤系矿产共生共存的现象已日趋受到业界的关注。上述矿产资源均分布于煤层或煤系中，既相对独立又具有不同程度的成因联系与耦合关系。因此，对煤系能源矿产共生成藏特征的研究可为实现矿产资源整体研究、立体勘探、合理开发、节能减排提供科学依据，为煤炭资源领域的清洁高效利用提供新的思路。本章以煤系矿产组合与耦合成矿(成藏)模式为切入点，在单矿种资源量估算和分级评价的基础上，确定了煤系综合矿产资源评价思路和评价方法。采用单矿种分级、多矿种叠加的基本原则，以矿区为评价单元，开展煤系综合矿产资源有利区评价。鄂尔多斯盆地煤系综合矿产资源评价优选出 11 个有利区、18 个较有利区、24 个次有利区。

第一节　煤系矿产组合与耦合成矿模式

一、煤系矿产组合类型及其分布

通过分析研究区煤系矿产资源在平面和垂向上的分布特征，结合原生沉积环境及后期构造-热-流体等综合因素，将鄂尔多斯盆地煤系矿产资源高度概括为煤-能源矿产-金属矿产、煤-非金属矿产、煤-能源矿产三大类。

在对全盆地内煤系矿产资源大类进行归纳的基础上，以石炭系—二叠系与侏罗系两大主要煤系为主线，对盆地内煤系矿产资源组合类型进行详细深入的研究，将其划分为 8 种组合类型。其中石炭纪—二叠纪煤系矿产资源划分为 5 种组合类型，分别为鄂尔多斯盆地北部煤-煤系气-油页岩-煤中金属元素组合类型、鄂尔多斯盆地南部煤-煤层气-煤中金属元素组合类型、鄂尔多斯盆地西缘煤-煤系气-煤中金属元素组合类型、鄂尔多斯盆地东缘煤-煤系气-煤中 Al_2O_3 组合类型、陕北石炭纪—二叠纪煤田煤-煤系气-高岭土-耐火黏土-铝土矿组合类型；侏罗纪煤系矿产资源划分为3种组合类型，分别为鄂尔多斯盆地北部煤-煤层气-砂岩型铀矿组合类型、鄂尔多斯盆地南部煤-煤层气-煤系页岩气-煤系油页岩-砂岩型铀矿-煤中金属元素组合类型、鄂尔多斯盆地西缘煤-煤系气-煤系油页岩-砂岩型铀矿组合类型。

（一）石炭纪—二叠纪煤系

1. 鄂尔多斯盆地北部煤-煤系气-油页岩-煤中金属元素组合类型

鄂尔多斯盆地北部石炭系—二叠系2000m以浅煤层主要发育在准格尔矿区外围，煤层累计厚度为6～19m，埋深300～800m，渗透率均值为$8.50\times10^{-3}\mu m^2$，主要煤类是长焰煤、气煤，含气量介于2～$6m^3/t$，空气干燥基朗缪尔体积均值为$11.47m^3/t$。其中神府井区煤层气勘探程度较高，具有较高的煤层气产能。

乌审旗—杭锦旗—东胜—神木一带太原组泥页岩厚度一般大于60m，有机质丰度一般在2%以上，太原组泥页岩有机质热成熟度平均为1.20%，处于成熟阶段；鄂托克旗—盐池一带太原组泥页岩厚度大于30m，有机质丰度一般大于1.20%，太原组泥页岩有机质热成熟度平均为1.50%，处于成熟阶段。干酪根类型多为腐殖型（III型），脆性矿物含量一般大于48%，黏土矿物含量大于43%，含气量介于0.21～$1.08m^3/t$，较有利于页岩气成藏，上述区域的太原组为鄂尔多斯盆地页岩气有利勘探层系。

鄂尔多斯盆地北部致密砂岩气以苏里格大气田最为典型，主要发育上古生界海陆交互相的太原组、山西组煤系烃源岩，岩性主要为煤岩和暗色泥岩，其中煤岩厚度为10～14m，TOC为62.9%；暗色泥岩厚度为70～130m，TOC为2.09%～2.33%，孔隙度为4%～10%，渗透率小于$0.1\times10^{-3}\mu m^2$的样品比例占80%～92%。鄂尔多斯盆地上古生界继承性河流、三角洲沉积体系发育，砂体分布范围广，多层砂体叠置连片，并且砂体与煤系烃源岩构成互层、源储紧邻，形成良好的储盖组合。

鄂尔多斯盆地北部下二叠统山西组的油页岩主要见于盆地周边的山西保德—洪洞一带，和煤紧密伴生，底部常有一层约0.5m厚的含油率较高的腐泥煤。

鄂尔多斯盆地煤中有益金属元素主要发育在准格尔煤田。煤中Ga元素含量在哈尔乌素露天煤矿、黑岱沟露天煤矿等异常值分布较为明显，含量均值分别为44.5μg/g及45μg/g。煤中Li元素含量异常相对煤中Ga元素含量异常更为普遍，在小鱼沟（80～116μg/g）、魏家牟（80.7μg/g）、黄玉川（97.4μg/g）、哈尔乌素（120～203μg/g）、黑岱沟（151～124μg/g）及官板乌素露天煤矿（265～710μg/g）等均有异常值出现。准格尔煤田REY含量范围为52.2～276.7μg/g，REY含量在小鱼沟、黑岱沟、串草圪旦含量最高，分别为216.2μg/g、214μg/g、276.7μg/g（图6.1）。

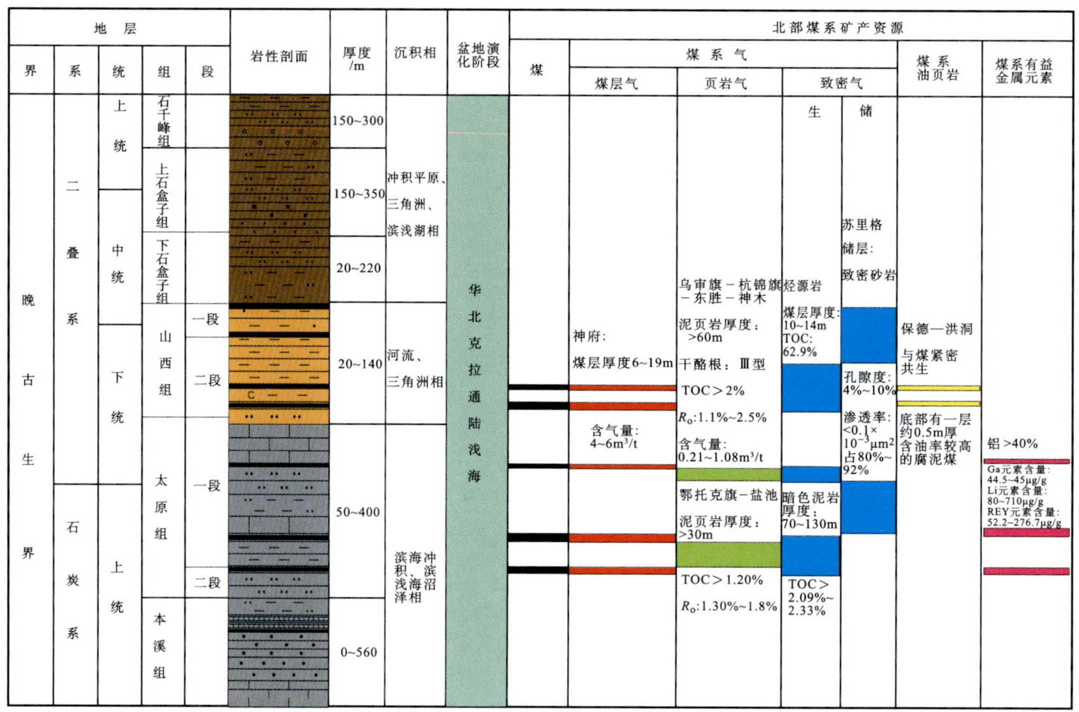

地层
界
系
统
组
段
岩性剖面
厚度/m
沉积相
盆地演化阶段
北部煤系矿产资源
煤
煤系气
煤层气
页岩气
致密气
生
储
煤系油页岩
煤系有益金属元素
晚古生界
二叠系
石炭系
上统
中统
下统
上统
石千峰组
上石盒子组
下石盒子组
山西组
太原组
本溪组
一段
二段
一段
二段
150~300
150~350
20~220
20~140
50~400
0~560
冲积平原、三角洲、滨浅湖相
河流、三角洲相
滨海冲积、滨浅海沼泽相
华北克拉通陆浅海
神府：
煤层厚度6~19m
含气量：4~6m³/t
乌审旗－杭锦旗－东胜－神木
泥页岩厚度：>60m
干酪根：Ⅲ型
TOC>2%
Ro:1.1%~2.5%
含气量：0.21~1.08m³/t
鄂托克旗－盐池
泥页岩厚度：>30m
TOC>1.20%
Ro:1.30%~1.8%
烃源岩
煤层厚度：10~14m
TOC:62.9%
暗色泥岩厚度：70~130m
TOC>2.09%~2.33%
苏里格储层：致密砂岩
孔隙度：4%~10%
渗透率：<0.1×10⁻³μm² 占80%~92%
保德—洪洞与煤紧密共生
底部有一层约0.5m厚含油率较高的腐泥煤
铝>40%
Ga元素含量：44.5~45μg/g
Li元素含量：80~710μg/g
REY元素含量：52.2~276.7μg/g

图 6.1　鄂尔多斯盆地北部煤-煤系气-油页岩-煤中金属元素组合类型

2. 鄂尔多斯盆地南部煤-煤层气-煤中金属元素组合类型

鄂尔多斯盆地南部煤层气主要发育在渭北石炭纪—二叠纪煤田，主要煤类为贫煤、贫瘦煤及瘦煤，垂向上焦煤一般分布在浅部，瘦煤分布在中深部，贫瘦煤、贫煤及无烟煤分布在深部，各煤层变质程度自上而下逐渐增高，挥发分逐渐降低，煤样测试朗缪尔压力较大，最大达到 5.88MPa，利于煤层气的开采。

鄂尔多斯盆地南部煤系中 Ga 元素在渭北石炭纪—二叠纪煤田铜川矿区出现富集，含量达 34μg/g，在铜川矿区东坡煤矿发现有煤中 Li 元素和 REY 元素富集，含量分别为 288μg/g 和 443μg/g(图 6.2)。此外，在蒲白及澄合矿区煤中也出现 Ga 元素富集，部分达到甚至超过其边界品位。

3. 鄂尔多斯盆地西缘煤-煤系气-煤中金属元素组合类型

石炭纪—二叠纪，鄂尔多斯盆地西缘属于华北克拉通陆表浅海的一部分，太原组自下而上可划分为 5～8 个旋回，煤层一般发育于旋回的中上部，含煤 8～12 层，可采 2～13 层，可采平均总厚度为 3～18m。山西组自下而上可划分 4 个旋回，含煤 3～8 层，可采 1～5 层，可采平均总厚度为 6～16m。煤系烃源岩主要为煤层及暗色泥岩，石炭纪—二叠纪煤层及暗色泥岩在鄂尔多斯盆地西缘分布较为广泛，厚度在 14～98m，总体上呈现西厚东薄、北厚南薄的趋势，在西北部贺兰山煤田石嘴山、沙巴台矿区厚度最大。石

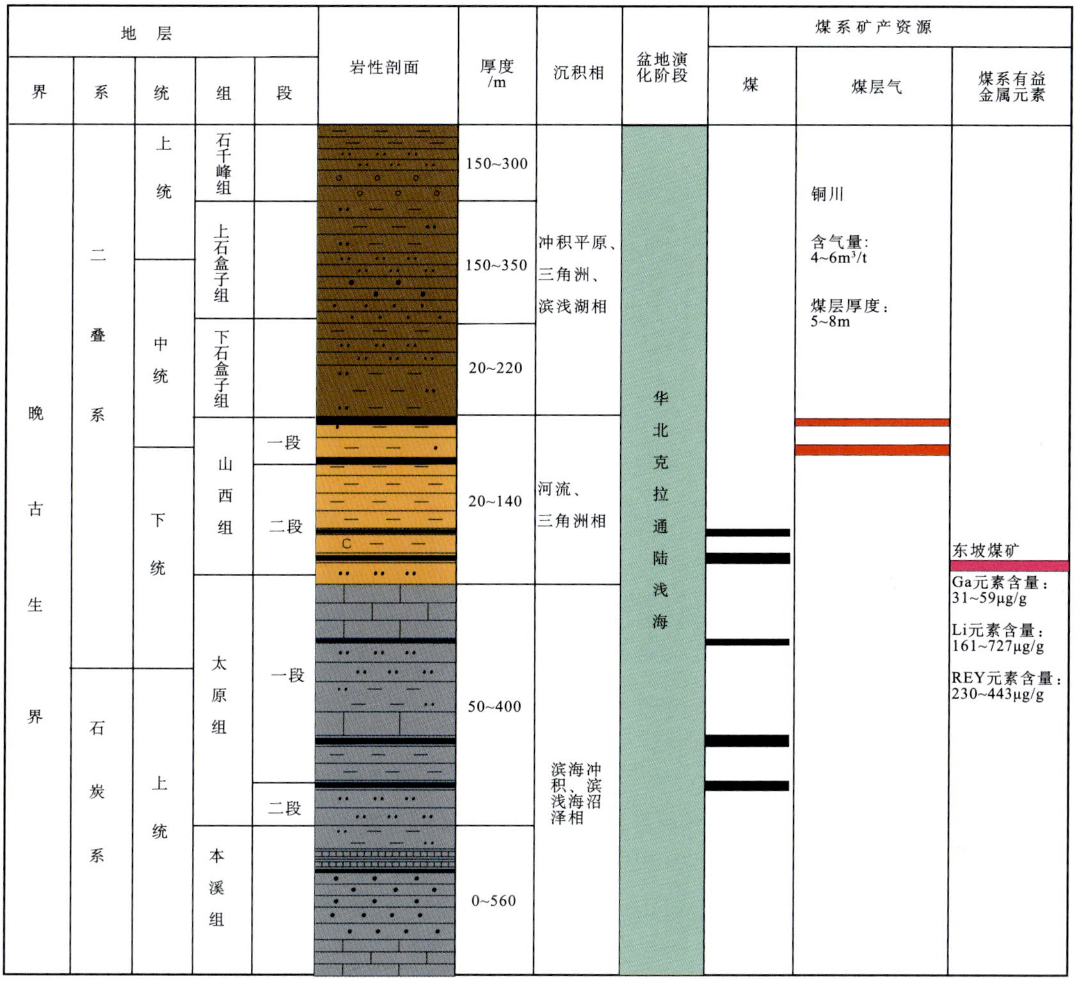

地层					岩性剖面	厚度/m	沉积相	盆地演化阶段	煤系矿产资源		
界	系	统	组	段					煤	煤层气	煤系有益金属元素
晚古生界	二叠系	上统	石千峰组			150~300	冲积平原、三角洲、滨浅湖相	华北克拉通陆浅海		铜川 含气量: 4~6m³/t 煤层厚度: 5~8m	
			上石盒子组			150~350					
		中统	下石盒子组			20~220					
		下统	山西组	一段		20~140	河流、三角洲相				
				二段							东坡煤矿 Ga元素含量: 31~59μg/g Li元素含量: 161~727μg/g REY元素含量: 230~443μg/g
	石炭系	上统	太原组	一段		50~400	滨海冲积、滨浅海沼泽相				
				二段							
			本溪组			0~560					

图 6.2　鄂尔多斯盆地南部煤-煤层气-煤中金属元素组合类型

炭纪—二叠纪煤层含气量为 5～20m^3/t，由北向南递减。暗色泥岩 TOC 一般为 0.2%～4.5%，太原组上段和山西组下段有机质含量较高，平面上同样呈现南高北低的趋势；有机质类型基本为III型，R_o 为 0.9%～3.5%，为高成熟-过成熟阶段；储层孔隙度为 1.1%～1.2%，渗透率为 0.001×10^{-3}～0.010×$10^{-3}$$\mu m^2$，属于低孔、特低渗。致密砂岩厚度一般在 10～100m，孔隙度多为 4%～12%，渗透率均值约 0.059×$10^{-3}$$\mu m^2$，属于低孔、低渗。

煤中 Ga、Li 元素及煤灰中 Al_2O_3 含量在平面上均呈现明显的北高南低、西高东低趋势，其中 Ga 元素的含量为 0.1～40μg/g，Li 元素的含量为 0.9～294μg/g，Al_2O_3 的含量为 5.9%～49.1%，均在贺兰山煤田石炭井、石嘴山最高。由此可以推断其物源可能有 3 个，鄂尔多斯盆地北部为第一物源，盆地西部为第二物源，盆地南部为第三物源。

鄂尔多斯盆地西缘在山西组和太原组发育煤-煤系气-煤中金属元素组合(图 6.3)。

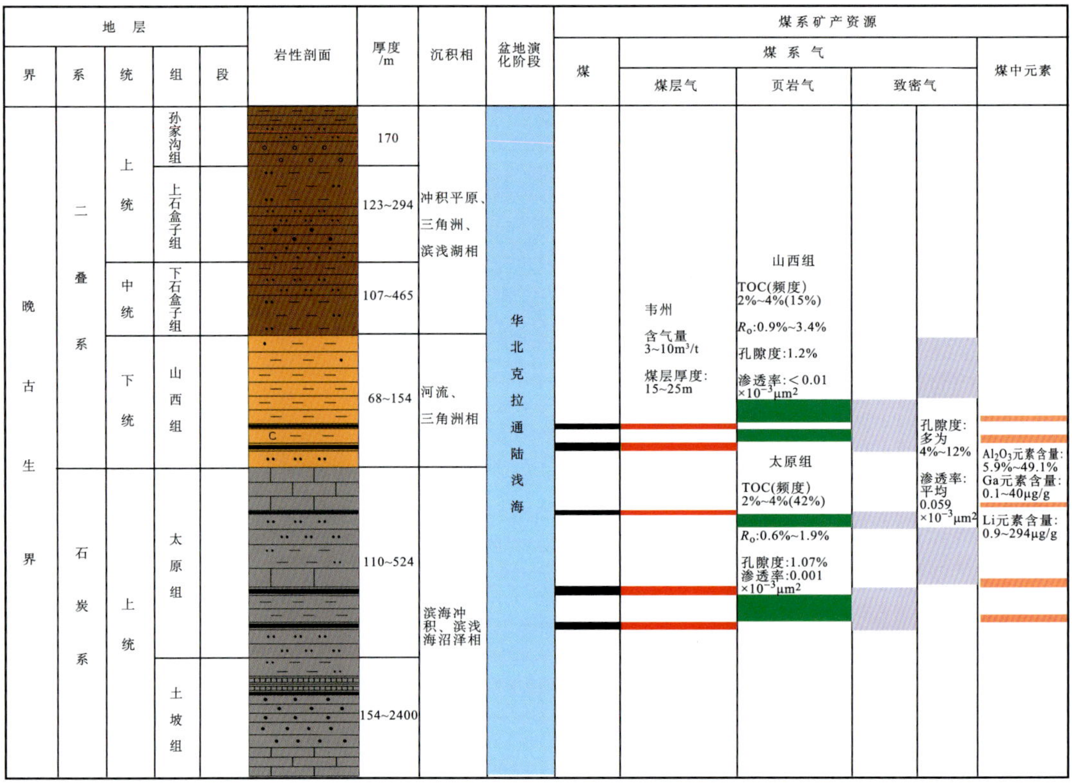

地层					岩性剖面	厚度/m	沉积相	盆地演化阶段	煤系矿产资源				
									煤	煤系气			煤中元素
界	系	统	组	段						煤层气	页岩气	致密气	
晚古生界	二叠系	上统	孙家沟组			170	冲积平原、三角洲、滨浅湖相	华北克拉通陆浅海					
			上石盒子组			123~294							
		中统	下石盒子组			107~465							
		下统	山西组			68~154	河流、三角洲相			韦州 含气量 3~10m³/t 煤层厚度: 15~25m	山西组 TOC(频度) 2%~4%(15%) R_o:0.9%~3.4% 孔隙度:1.2% 渗透率:＜0.01×10^{-3}μm²	孔隙度: 多为4%~12% 渗透率: 平均0.059×10^{-3}μm²	Al_2O_3元素含量: 5.9%~49.1% Ga元素含量: 0.1~40μg/g Li元素含量: 0.9~294μg/g
	石炭系	上统	太原组			110~524	滨海冲积、滨浅海沼泽相				太原组 TOC(频度) 2%~4%(42%) R_o:0.6%~1.9% 孔隙度:1.07% 渗透率:0.001×10^{-3}μm²		
			土坡组			154~2400							

图 6.3　鄂尔多斯盆地西缘煤-煤系气-煤中金属元素组合类型

4. 鄂尔多斯盆地东缘煤-煤系气-Al_2O_3组合类型

鄂尔多斯盆地东缘晚古生代煤层气、煤系泥页岩气和致密砂岩气均有良好的资源前景，是煤系气勘探开发的重点地区。

吴堡—柳林地区是煤层气“甜点”区域，煤层气成藏条件中，郎缪尔体积平均为19.96m^3/t，煤对气体吸附能力强；含气饱和度高，为70%～90%；临界解吸压力为1.07～3.75MPa，平均为2.56MPa，临储比为0.7，煤层气易于开采。大宁—吉县基本上与韩城的成藏地质模型类似，但该区受东部逆冲推覆构造带的影响比韩城小，煤体结构保存程度比韩城要好，扫描电镜下可见大量气孔和显微裂隙，渗透率实测值为0.01×10^{-3}～83×$10^{-3}$$\mu m^2$，可采性较好。大宁—吉县地区煤的朗缪尔体积为21.91～28m^3/t，平均为25.95m^3/t，煤对气体吸附能力强；含气饱和度达73%～118%，平均为 89%，含气量为8～18m^3/t。鄂尔多斯盆地东部吴堡地区，石炭系—二叠系厚度大，埋深小于1500m，煤岩热演化适中，生气量大，含气饱和度达 60%～80%，含气量为 5～8m^3/t。保德地区石炭纪—二叠纪煤层气潜力较大，煤层厚度为5～14.1m，含气量为4～12m^3/t。

鄂尔多斯盆地东部晚古生代含煤地层中广泛发育富含有机质的泥页岩，厚度巨大，有机质丰度高，埋深和有机质演化程度适中，具有很强的生烃能力，是有效或高效的烃

源岩。同时，由于泥页岩地层的吸附性和低渗透性，生成的天然气尚有很大一部分滞留在泥页岩地层中，显示出该泥页岩段具有巨大的页岩气资源潜力。临县—兴县位于离石紫荆山断裂带西侧，面积约为 1356.6km^2，富有机质页岩厚度达 40～60m，TOC 高，R_o(1.20%～1.50%)属中等成熟度阶段，埋深为 1000～2000m。区块内构造为河东单斜，东部受断裂带作用，泥页岩裂隙发育，有利于增加页岩中游离气的含量。石楼—隰县—大宁—蒲县位于离石断裂带的西侧和乡宁褶皱带的北部，面积约为 3937.36km^2，富有机质页岩厚度达 40～70m，TOC 高，R_o 为 1.20%～2.50%，属过成熟阶段，埋深为 1000～2500m。区块内构造相对复杂，受喜马拉雅运动的影响，发育北北东—北东向的小褶皱带，泥页岩中孔裂隙发育。

煤系致密砂岩气主要在临兴地区上古生界较为发育。该区石炭系—二叠系发育一套海陆交互相的本溪组－山西组煤系烃源岩，主要包括煤、暗色泥岩，其中煤层累计厚度为 15～24m，暗色泥岩累计厚度为 80～100m，丰富的烃源条件为大面积致密气藏的形成提供了物质基础。本书发现，泥页岩以混合型-腐殖型的Ⅱ、Ⅲ型干酪根为主，碳质泥岩 TOC 值主要分布在 7%～10%，T_{max} 值在 428～475℃。碳质泥岩具备较好的生烃潜力。山西组孔隙度为 0.5%～5.5%，平均值为 1.5%；水平渗透率为 0.00052×10^{-3}～1.16×10^{-3}μm^2，平均值为 0.086×10^{-3}μm^2。太原组孔隙度为 0.1%～8.9%，平均值为 4.19%；水平渗透率为 0.00049×10^{-3}～25×10^{-3}μm^2，平均值为 1.28×10^{-3}μm^2。本溪组孔隙度为 0.2%～0.8%，平均值为 0.44%。水平渗透率为 0.00079×10^{-3}～0.321×10^{-3}μm^2，平均值为 0.055×10^{-3}μm^2。

河东煤田煤灰中 Al_2O_3 含量出现不同程度的富集，河东煤田北部煤灰中 Al_2O_3 含量范围为 28%～51%，均值为 40%，河东煤田中部煤灰中 Al_2O_3 含量范围为 17%～44%，均值为 36%(图 6.4)。

5. 陕北石炭纪—二叠纪煤田煤-煤系气-高岭土-耐火黏土-铝土矿共生组合类型

陕北石炭纪—二叠纪煤田具有较好的煤系气资源潜力。煤层 R_o 为 0.6%～1.4%，主要煤类为肥煤和焦煤，其中吴堡矿区可采煤层全区分布稳定，上覆泥岩厚度达 10m 以上，煤储层物性和盖层均较好，构成有利的煤层气成藏条件。煤系中发育多套暗色泥页岩层，累计有效厚度可达 50m 以上，有机质类型同样以Ⅱ$_2$型和Ⅲ型为主，有机质丰度变化范围较大，其中碳质泥岩 TOC 可达 20%以上，具有低孔、低渗特性，具备较好的生烃潜力。同时，煤层和煤系页岩良好的烃源条件为砂岩气藏的形成提供了基础，该地区垂向上共发育 4 套砂岩层，孔隙度为 0.4%～9.2%，水平渗透率为 0.00063×10^{-3}～1.51×10^{-3}μm^2。

陕北石炭纪—二叠纪煤田府谷矿区与煤层有关的高岭土共 6 层，主要赋存山西组和太原组，其次为本溪组。其中区内有 3 层主矿层，总储量约 18.01 亿 t，表明府谷高岭土矿产资源比较丰富，可作为工业开采的矿山基地。

陕北府谷矿区高岭土矿主要赋存于石炭系太原组及二叠系山西组(图 6.5)，耐火黏土主要赋存于下石盒子组、山西组及太原组，矿层自上而下依次编号为 Ka_1～Ka_5。

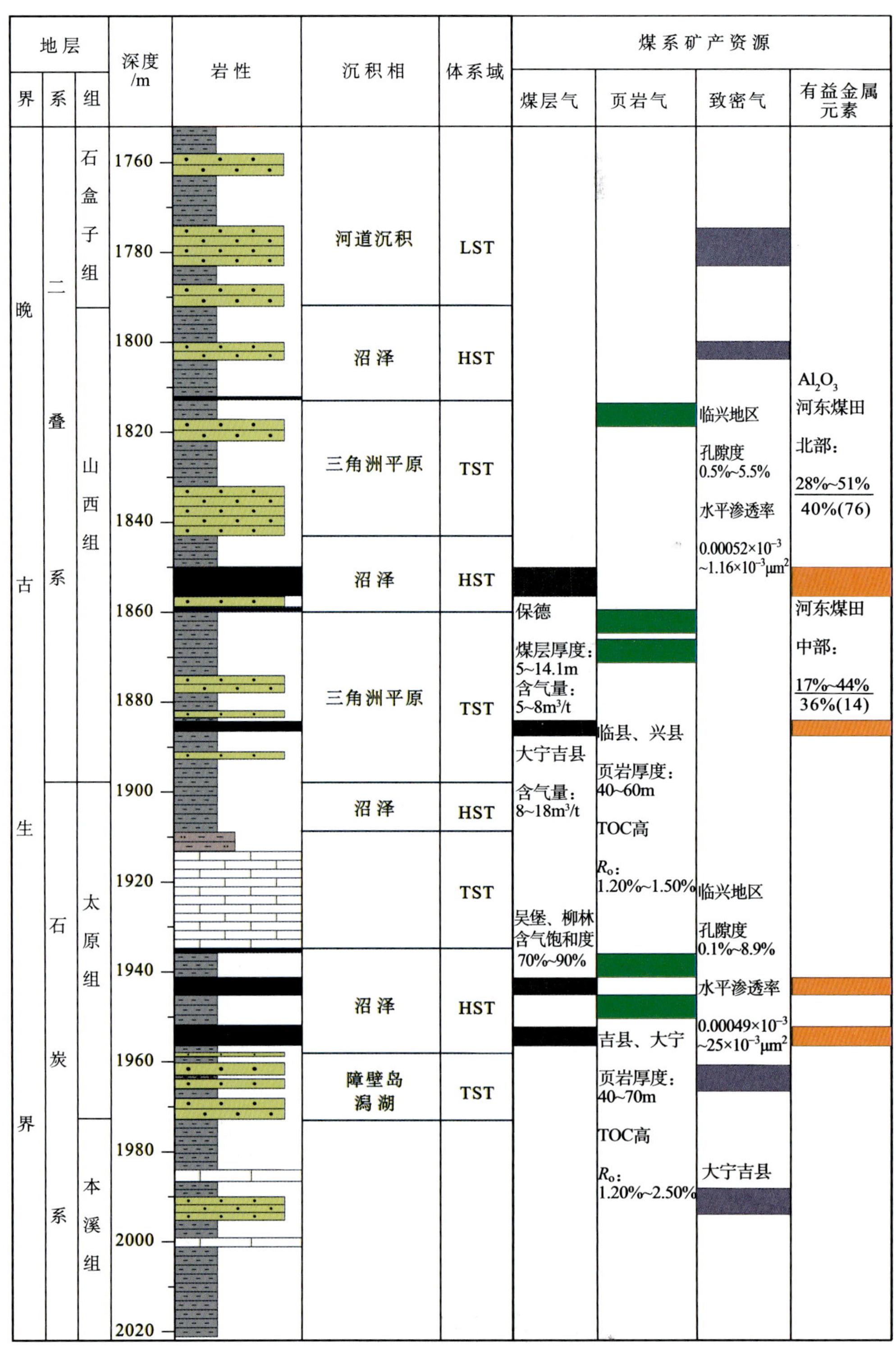

地层
界
系
组
深度/m
岩性
沉积相
体系域
煤系矿产资源
煤层气
页岩气
致密气
有益金属元素
晚古生界
二叠系
石炭系
石盒子组
山西组
太原组
本溪组
1760
1780
1800
1820
1840
1860
1880
1900
1920
1940
1960
1980
2000
2020
河道沉积
沼泽
三角洲平原
沼泽
三角洲平原
沼泽
沼泽
障壁岛潟湖
LST
HST
TST
HST
TST
HST
TST
HST
TST
保德
煤层厚度：5~14.1m
含气量：5~8m³/t
大宁吉县
含气量：8~18m³/t
吴堡、柳林
含气饱和度70%~90%
临县、兴县
页岩厚度：40~60m
TOC高
Ro：1.20%~1.50%
吉县、大宁
页岩厚度：40~70m
TOC高
Ro：1.20%~2.50%
临兴地区
孔隙度0.5%~5.5%
水平渗透率
0.00052×10⁻³~1.16×10⁻³μm²
临兴地区
孔隙度0.1%~8.9%
水平渗透率
0.00049×10⁻³~25×10⁻³μm²
大宁吉县
Al₂O₃
河东煤田
北部：
28%~51%
40%(76)
河东煤田
中部：
17%~44%
36%(14)

图 6.4 鄂尔多斯盆地东缘煤-煤系气-Al_2O_3组合类型

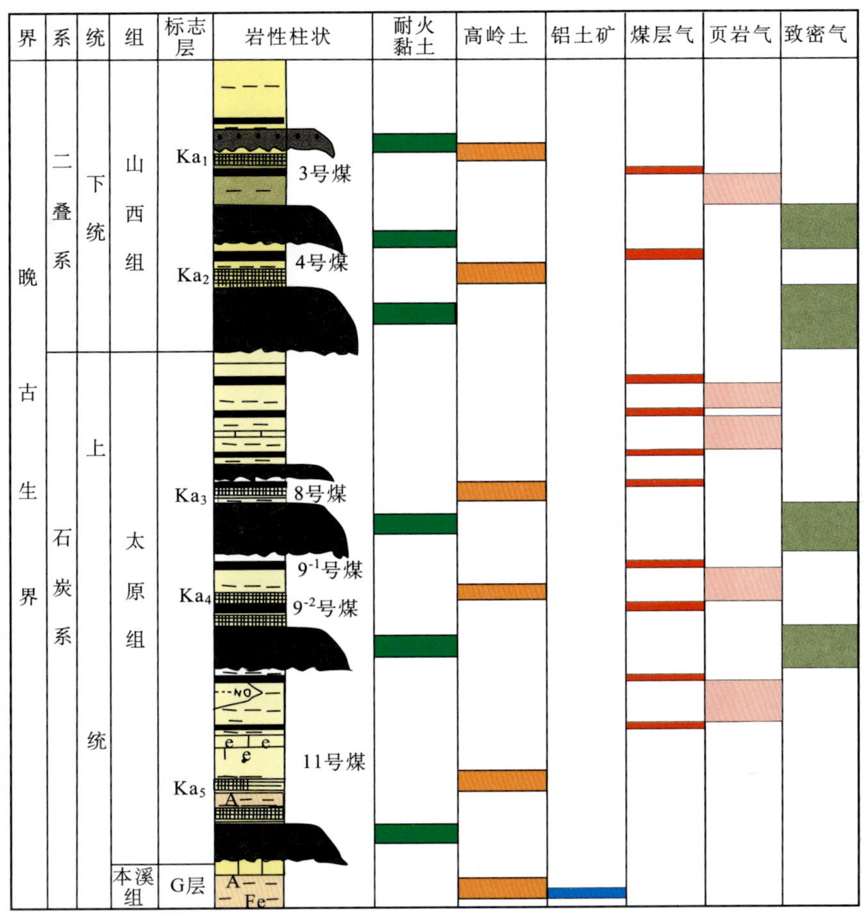

图 6.5 陕北石炭纪—二叠纪煤田煤-煤系气-高岭土-耐火黏土-铝土矿组合类型

Ka_1 矿层赋存于山西组第二旋回上部，为 3 号煤层顶板，局部发育；Ka_2 矿层赋存于山西组第一旋回底部砂岩、砾岩(海则庙砾岩)之上，为 4 号煤层底板，是区内主要矿层；Ka_3 矿层赋存于太原组第三岩性段底部砂岩(孙庄砂岩)之上，为 8 号煤层底板，是区内主要矿层；Ka_4 矿层赋存于太原组第二岩性段中上部，为 9 号煤层底板或呈夹矸，局部发育；Ka_5 矿层赋存于太原组第一岩性段中上部，为 11 号煤层底板，是区内主要矿层；G 层高岭岩赋存于本溪组中部，与铝土矿紧密共生，相当于华北地区 G 层铝土矿-黏土矿层位，局部发育。

(二)侏罗纪煤系

1. 鄂尔多斯盆地北部煤-煤层气-砂岩型铀矿组合类型

鄂尔多斯盆地北部侏罗纪煤层演化程度较低，埋深相对石炭系—二叠系较浅，因此，除东胜深部矿区外，大部分矿区含气量较低，但煤层厚度较大，煤层累计厚度为 6～28m。

其中呼吉尔特矿区煤层气较为有利，煤层厚度可达 28m，煤层含气量为 3～5m^3/t。

东胜地区铀矿产于中侏罗统延安组和直罗组的砂体中。矿体形态主要有两种：卷状和板状。矿石的平均品位多在 0.02%～0.10%，个别钻孔测井解释品位可过 0.235%(图 6.6)。

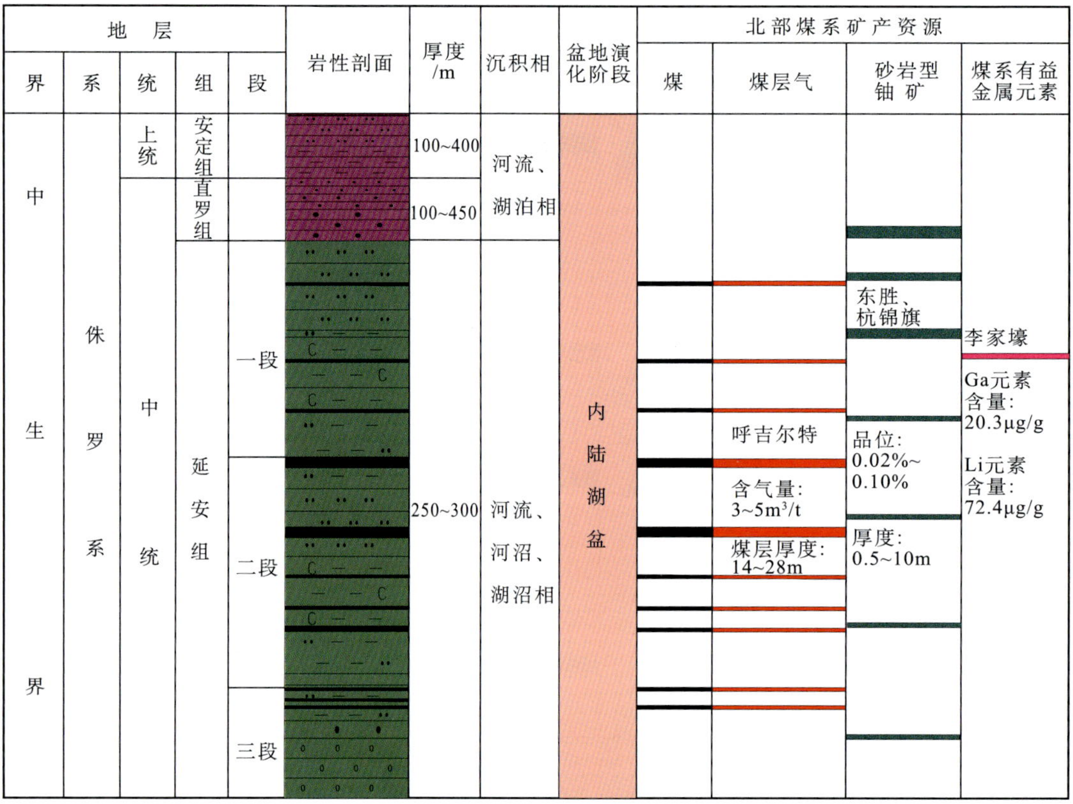

地层					岩性剖面	厚度/m	沉积相	盆地演化阶段	北部煤系矿产资源			
界	系	统	组	段					煤	煤层气	砂岩型铀矿	煤系有益金属元素
中生界	侏罗系	上统	安定组			100~400	河流、湖泊相	内陆湖盆				
		中统	直罗组			100~450						
			延安组	一段		250~300	河流、河沼、湖沼相			呼吉尔特 含气量：3~5m^3/t 煤层厚度：14~28m	东胜、杭锦旗 品位：0.02%~0.10% 厚度：0.5~10m	李家壕 Ga元素含量：20.3μg/g Li元素含量：72.4μg/g
				二段								
				三段								

图 6.6　鄂尔多斯盆地北部煤-煤层气-砂岩型铀矿组合类型

此外，在鄂尔多斯盆地北部东胜煤田各煤矿中煤中金属元素含量普遍偏低，但是本书发现李家壕煤矿煤中 Ga 元素含量高达 20.3μg/g，Li 元素含量达 72.4μg/g，远远高于东胜煤田其他煤矿煤中相应金属含量，也高于我国煤中相应元素含量均值(Li：31.8μg/g；Ga：6.55μg/g)。

2. 鄂尔多斯盆地南部煤-煤层气-煤系页岩气-煤系油页岩-砂岩型铀矿-煤中金属元素组合类型

鄂尔多斯盆地南部陇东—黄陵地区煤层厚度为 4～10m，顶板主要为泥岩，厚度为 2～15m，构造简单，地层倾角为 1°～8°，主采煤层灰分含量小于 15%，含气量为 1～6m^3/t，其中大佛寺井田煤层气开发效果较好。

鄂尔多斯盆地中南部黄陵矿区厚层泥岩累计总厚度均小于 50m。泥页岩的有机质含量相对较高，普遍大于 1.63%，黄陵北部延安组泥岩干酪根类型为 II_2 型和III型，R_o 为

0.6%～0.90%，平均含气量为 0.71m^3/t。

鄂尔多斯盆地南部侏罗系延安组油页岩分布在麒麟沟—无定河—磁瑶湾和安塞—延安—甘泉一带，厚度分别为 6～9m 和 5～10m，分布在煤层底部或煤层之间，多数为煤层底板，特点是含油率高，厚度相对较薄。彬县、铜川油页岩赋存层位为上三叠统延长组，均与上覆中侏罗统延安组呈假整合接触。彬县油页岩段厚度为 10.5m，含油率为 5.60%～6.92%。铜川油页岩产状平缓，含油率为 5%～7%。

鄂尔多斯盆地南部延安组第一岩段岩性为灰色泥岩、粉砂岩及煤层，是该区主要的产煤岩段；砂岩中含大量的炭屑，局部岩性段煤层中见铀矿化。铀矿分布在盆地周缘，主要富集于黄陵地区。直罗组下段下亚段(J_2z1^{-1})与延安组呈角度不整合接触，厚度为 26～55m，富含碎屑状、细线状、条带状、煤块状等炭化植物碎片。铀背景值为 2.0μg/g～3.0μg/g，是该区主要的铀赋矿层位。目前发现双龙、焦坪—照金镇(庙湾)两个明显的铀矿化集中区。

鄂尔多斯盆地南部煤系中 Ga 元素在黄陇侏罗纪煤田焦坪矿区出现富集，在陈家山煤矿 4^{-2} 煤直接顶含量达 30μg/g，黄陵 1 号煤矿发现存在 Ba 元素富集，含量高达 4549.8μg/g(图 6.7)。

地层					岩性剖面	厚度/m	沉积相	盆地演化阶段	煤	南部煤系矿产资源				
										煤系气		煤系油页岩	砂岩型铀矿	煤系有益金属元素
界	系	统	组	段						煤层气	页岩气			
中生界	侏罗系	上统	安定组			100～400	河流、湖泊相	内陆湖盆					黄陵、双龙、焦坪–庙湾；品位：0.02%～0.03%	
		中统	直罗组			100～450								
			延安组	一段		250～300	河流、河沼、湖沼相			彬长；含气量：2～6m^3/t；煤层厚度：6～8m	黄陵地区：泥岩累积厚度：<50m；干酪根：Ⅱ$_2$～Ⅲ；R_o：0.6%～0.9%；TOC：>1.63%；平均含气量：0.71m^3/t	麒麟沟–无定河–磁瑶湾；厚度：6～9m；安塞–延安–甘泉；厚度：5～10m	局部岩性段煤层中见铀矿化	黄陵1号煤矿；Ba元素含量：4549.8μg/g；陈家山矿4^{-2}煤直接顶；Ga元素含量：30μg/g
				二段										
				三段										
	三叠系					690～3770	河流、三角洲、平原、湖相							

图 6.7 鄂尔多斯盆地南部煤–煤层气–煤系页岩气–煤系油页岩–砂岩型铀矿–煤中金属元素组合类型

3. 鄂尔多斯盆地西缘煤-煤系气-煤系油页岩-砂岩型铀矿组合类型

侏罗系延安组煤层及暗色泥岩亦分布广泛，厚度较大，为 26～100m，总体上呈现南厚北薄的趋势，在陇东煤田环县地区厚度最大。烃源岩中暗色泥岩 TOC 一般在 0.3%～6.2%，在平面上呈现南高北低的趋势，南部陇东煤田最高。R_o值大多为 0.53%～0.85%，平面上由北向南逐渐降低，在北部贺兰山煤田汝箕沟矿区高达 3.46%。侏罗纪煤系生气强度较低，尽管汝箕沟地区为高变质无烟煤，煤层瓦斯相对涌出量为 8～38m^3/t，呈现高瓦斯含量的特点，但由于煤系埋藏浅，煤系气保存条件极差。暗色泥页岩 TOC 主要分布在 2%～4%，其次>4%。延安组第二、三段有机质含量较高，有机质类型为III～II_2型；R_o值为 0.7%～1.0%，为高成熟阶段；储层孔隙度为 2.7%～3.6%，渗透率为 0.002×10^{-3}～0.02×10^{-3}μm^2，属于低孔、特低渗。致密砂岩厚度一般在 50～200m，孔隙度为 8%～20%，平均渗透率约 60.87×10^{-3}μm^2，具有较好的孔渗特征。

砂岩型铀矿主要发育在鸳鸯湖—冯记沟、磁窑堡及王洼地区的延安组煤系地层中，延安组中的铀矿化主要与层间氧化有关，铀矿化(体)的品位为 0.0118%～0.0596%，最高>0.10%，厚度为 0.1～3.80m。

油页岩主要分布于炭山、华亭地区的延安组中，油页岩的分布通常受煤层及构造的控制。延安组中的油页岩露头主要见于鄂尔多斯盆地西部的宁夏固原炭山、甘肃华亭一带，分布范围在鄂尔多斯盆地西部与煤层分布范围相同。炭山油页岩的分布和煤层一样，完全受延安组及构造控制。油页岩多发育于延安组下部第一、二、三含煤段，与煤层互层或发育其上，含油率在 2%～11.6%(图 6.8)。

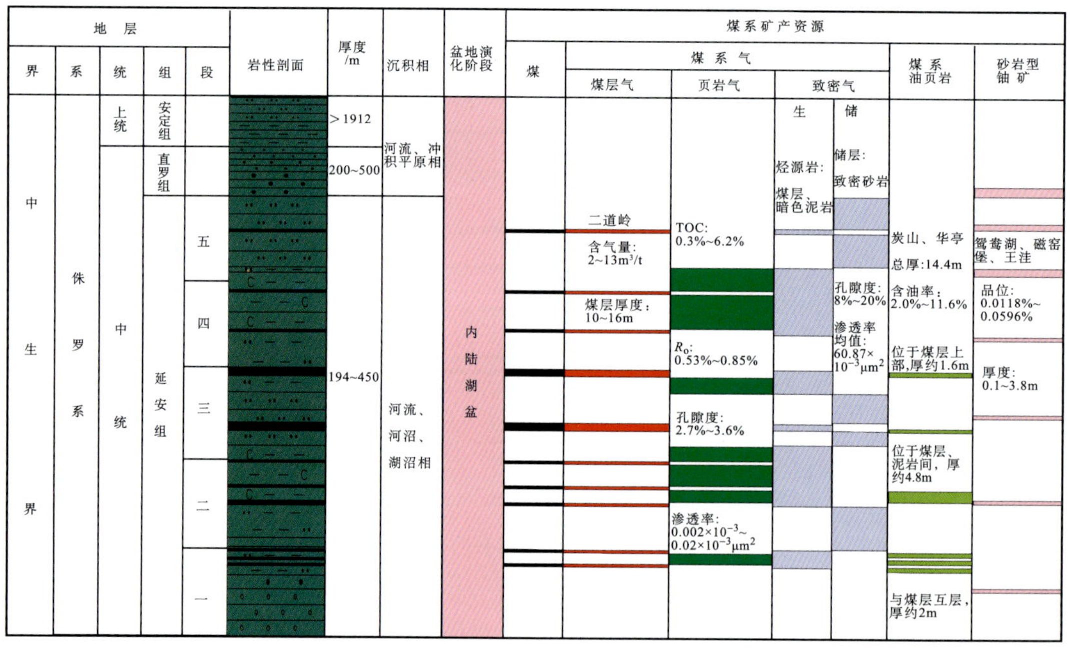

图 6.8　鄂尔多斯盆地西缘煤-煤系气-煤系油页岩-砂岩型铀矿组合类型

二、煤系矿产资源耦合成矿模式

鄂尔多斯盆地蕴含丰富的煤系矿产资源，如煤、煤系气、砂岩型铀矿、煤系金属矿产及煤系非金属矿产，且每种矿产均具有独特的成矿机理，随着盆地的构造-热演化过程，逐步在盆地内富集成矿，经过后期构造运动的改造，最终在盆地不同的赋煤构造单元和不同的地质层位上定位成藏，构成了现今盆地多种煤系矿产资源组合类型。而煤系各矿产资源在形成、运移、改造、成藏的过程中，在时间节点和空间位置上表现出紧密的相关性，因此各矿产的成因和分布有机结合、彼此影响、耦合成矿。

盆地的构造-热演化过程是探讨煤系矿产资源耦合成矿的基础。盆地构造运动控制着盆地的沉降、沉积充填、隆升与构造-热事件等盆地的演化过程，进而控制盆地煤系矿产资源的源、运、聚和改造过程。盆地的演化过程即为盆山耦合的过程，盆地周缘造山带的隆升，为盆地内的沉积提供了丰富的物源，是盆地无机矿产形成的物质基础，而盆地内部的沉降沉积为有机矿产的形成奠定了物质基础，因此有机矿产和无机矿产在盆地内一定地质条件的作用和控制下，在成矿母质、成矿环境、成矿期及赋存层位等方面均表现出明显的相关性和耦合性，且在盆地多旋回演化-改造过程中的关键变革时期表现得更为明显，也恰是源于煤系矿产之间的耦合成矿与富集，才形成现今多种煤系矿产资源同盆富集的矿产赋存系统。

复杂的演化历程、强烈的后期改造是鄂尔多斯盆地构造-热演化的一个重要特点。多期次的构造-热作用对盆地内煤系矿产资源的耦合成矿具有至关重要的作用。盆地构造-热演化过程中煤系会与地质环境发生物质和能量的交换，使得煤系中有机组分和无机组分在构造-热演化动力的驱动下迁移、分异和富集成矿。从鄂尔多斯盆地煤系矿产资源的成矿特点可以看出，盆地的有机矿产主要形成于盆地的稳定沉降时期，而无机矿产主要形成于构造活动强烈、抬升剥蚀期，而该时期对有机矿产的成藏具有一定的破坏作用，主要是由于盆地构造活动时期，地质环境发生变化，构造应力作用强，为煤系无机矿产的迁移富集成矿提供了有力的地质条件。相反，稳定的构造环境有利于煤系有机矿产的形成和保存，这也造就了盆内有机矿产发育，无机矿产多分布于盆缘的分布特征。盆地变革时期的构造-热事件则对盆地有机、无机矿产的形成均起到积极的促进作用，这也是盆地煤系矿产资源耦合成矿的关键时期(图 6.9)。

盆地的构造变革事件尤其是构造-热事件为煤系矿产资源的耦合成矿提供了基于特定时限和特殊成矿环境的内在联系，鄂尔多斯盆地燕山中晚期的构造-热变革事件，使得煤系烃源岩在深成变质作用和区域热变质作用的共同作用下达到生烃高峰，生成的非常规气一部分保存在煤层和泥页岩储层内形成煤层气和煤系页岩气，一部分运移聚集在与煤层、泥页岩层紧密相邻的砂体中，形成煤系致密砂岩气，同时还有一部分沿断裂等通道向更高层位运移而散失掉。富含铀的隆起区基岩在水流体的作用下使铀被氧化溶于水，并向盆地低部位运移，以断裂裂隙为通道渗入砂岩层位中。在运移过程中，遇到适当的地球化学屏障(氧化-还原过渡带)而发生还原沉淀，形成卷状、透镜状或带状铀矿体。

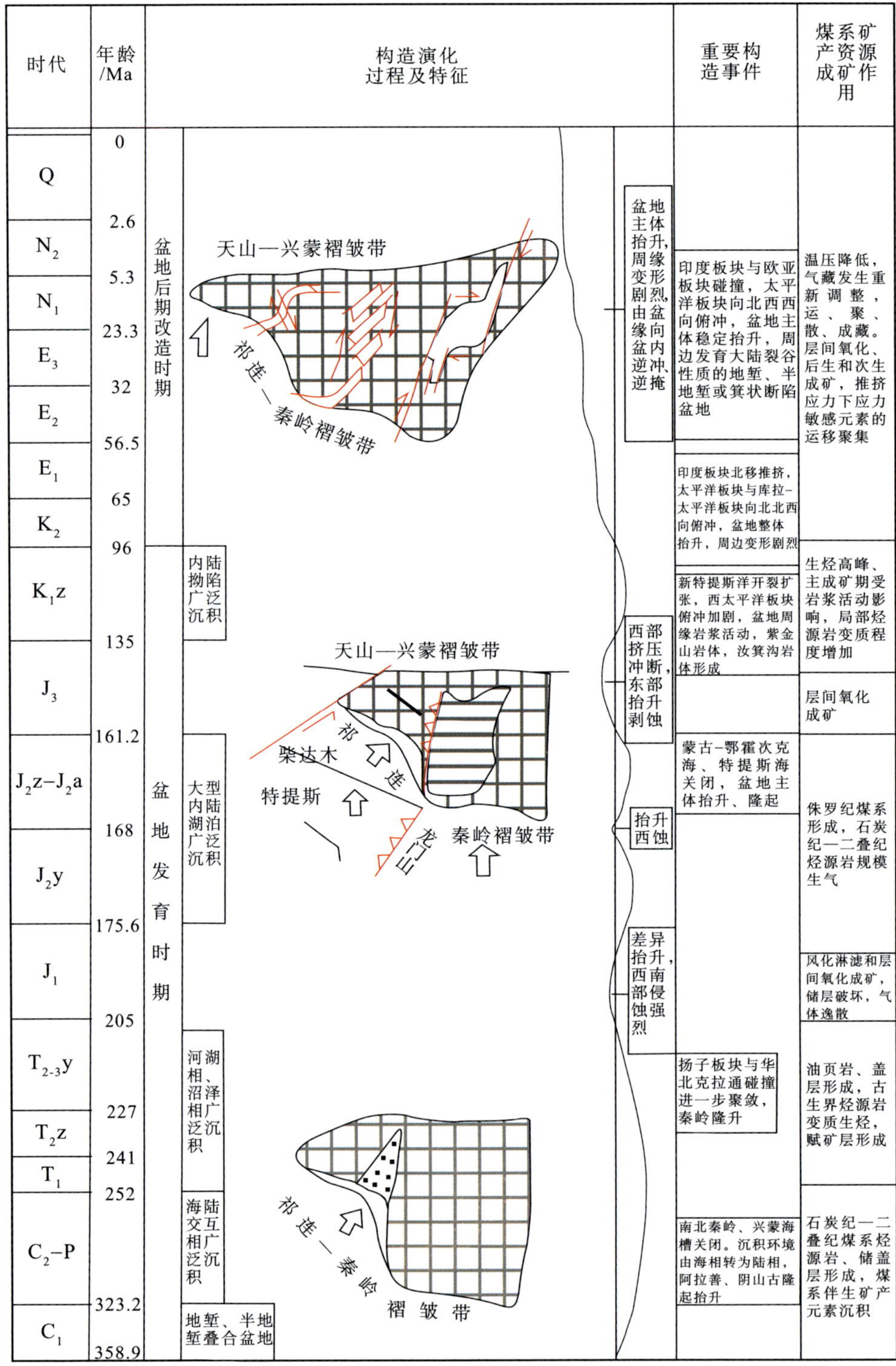

时代
年龄/Ma
构造演化过程及特征
重要构造事件
煤系矿产资源成矿作用
Q
N_2
N_1
E_3
E_2
E_1
K_2
K_1z
J_3
J_2z-J_2a
J_2y
J_1
$T_{2-3}y$
T_2z
T_1
C_2-P
C_1
0
2.6
5.3
23.3
32
56.5
65
96
135
161.2
168
175.6
205
227
241
252
323.2
358.9
盆地后期改造时期
盆地发育时期
内陆拗陷广泛沉积
大型内陆湖泊广泛沉积
河湖相、沼泽相广泛沉积
海陆交互相广泛沉积
地堑、半地堑叠合盆地
天山—兴蒙褶皱带
祁连—秦岭褶皱带
天山—兴蒙褶皱带
柴达木
祁
连
特提斯
龙门山
秦岭褶皱带
祁连—秦岭
褶皱带
盆地主体抬升，周缘变形剧烈，由盆缘向盆内冲逆掩
西部挤压冲断，东部抬升剥蚀
抬升西蚀
差异抬升，西南部侵蚀强烈
印度板块与欧亚板块碰撞，太平洋板块向北西西向俯冲，盆地主体稳定抬升，周边发育大陆裂谷性质的地堑、半地堑或箕状断陷盆地
印度板块北移推挤，太平洋板块与库拉–太平洋板块向北北西向俯冲，盆地整体抬升，周边变形剧烈
新特提斯洋开裂扩张，西太平洋板块俯冲加剧，盆地周缘岩浆活动，紫金山岩体，汝箕沟岩体形成
蒙古–鄂霍次克海、特提斯海关闭，盆地主体抬升、隆起
扬子板块与华北克拉通碰撞进一步聚敛，秦岭隆升
南北秦岭、兴蒙海槽关闭。沉积环境由海相转为陆相，阿拉善、阴山古隆起抬升
温压降低，气藏发生重新调整，运、聚、散、成藏。层间氧化、后生和次生成矿，推挤应力下应力敏感元素的运移聚集
生烃高峰、主成矿期受岩浆活动影响，局部烃源岩变质程度增加
层间氧化成矿
侏罗纪煤系形成，石炭纪—二叠纪烃源岩规模生气
风化淋滤和层间氧化成矿，储层破坏，气体逸散
油页岩、盖层形成，古生界烃源岩变质生烃，赋矿层形成
石炭纪—二叠纪煤系烃源岩、储盖层形成，煤系伴生矿产元素沉积

图 6.9　鄂尔多斯盆地煤系矿产成矿演化史

煤系气发生逸散向盆地高部位运移聚集的过程中恰可为砂岩型铀矿的形成创造良好的氧化-还原环境，而鄂尔多斯盆地北部东胜铀矿床便是含铀无机流体与煤系气有机流体运聚耦合作用形成的典型铀矿体。除此之外，受沉积环境、物源区的影响，在含煤地层沉积形成过程中还常富集分散煤系中的铝、镓、锂、稀土等金属矿产，以及高岭土等非金属煤系矿产，同时在盆地构造-热演化过程控制下也发生一定程度的改造或迁移(图 6.10)。

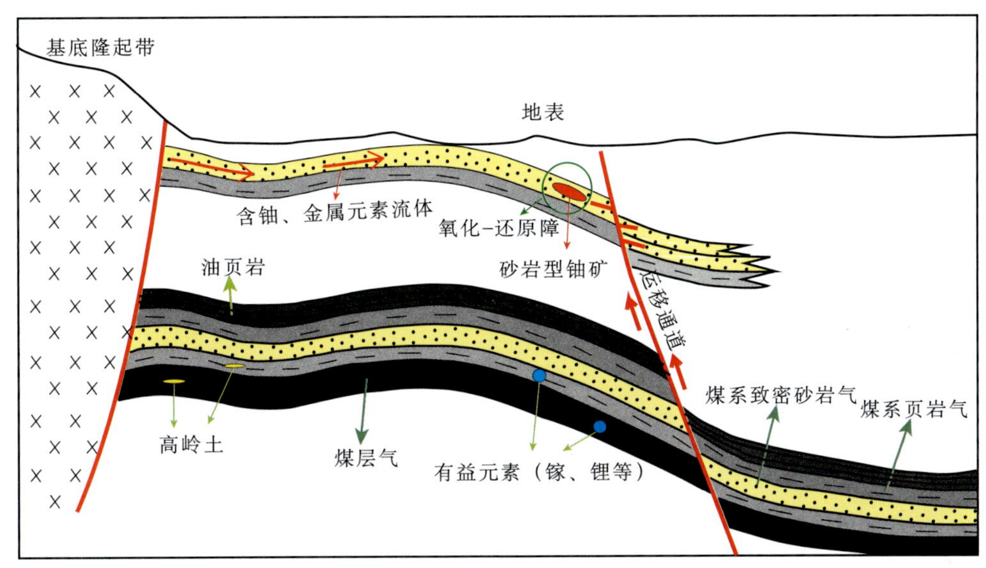

图 6.10 鄂尔多斯盆地煤系矿产资源耦合成矿过程

因此，鄂尔多斯盆地发育阶段的稳定沉降期沉积形成了广泛发育的煤系，为煤系矿产资源的耦合成矿、共存组合提供了良好的生储条件。煤系烃源岩主要包括煤系中的煤层和富有机质煤系泥页岩，在深成变质作用和区域热变质作用下，烃源岩热演化生烃，生成煤层气和煤系页岩气。煤系砂岩在空间上与煤层和煤系泥页岩相互叠置，形成多套生储盖组合，为煤系气的耦合成藏奠定基础条件。储层物性的差异性使得高孔高渗煤系砂岩成为煤系气外逸聚集的有利区，从而形成煤系致密砂岩气。煤系金属元素在煤系沉积形成和后期调整改造过程中均有形成，而砂岩型铀矿受其特殊形成环境的影响，主要形成于盆地后期改造时期，大规模的煤系气逸散运移是其砂岩型铀矿成矿的关键。盆地构造-热演化过程中，构造-热事件的发生是煤系矿产资源耦合成藏的关键时期，主要体现在构造-热事件不仅可以提高煤系烃源岩的变质程度，促进生排烃，还可以为煤系金属矿产、砂岩型铀矿的形成运移提供物源。构造-热事件发生过程中所引起的构造应力、热应力和深源流体压力为煤系气和金属元素的运移提供驱动力，并且会促使岩石产生大量裂缝，作为煤系矿产资源有利的运移通道，最终在盆地构造-热演化约束条件下煤系矿产资源发生耦合成矿(图 6.11)。

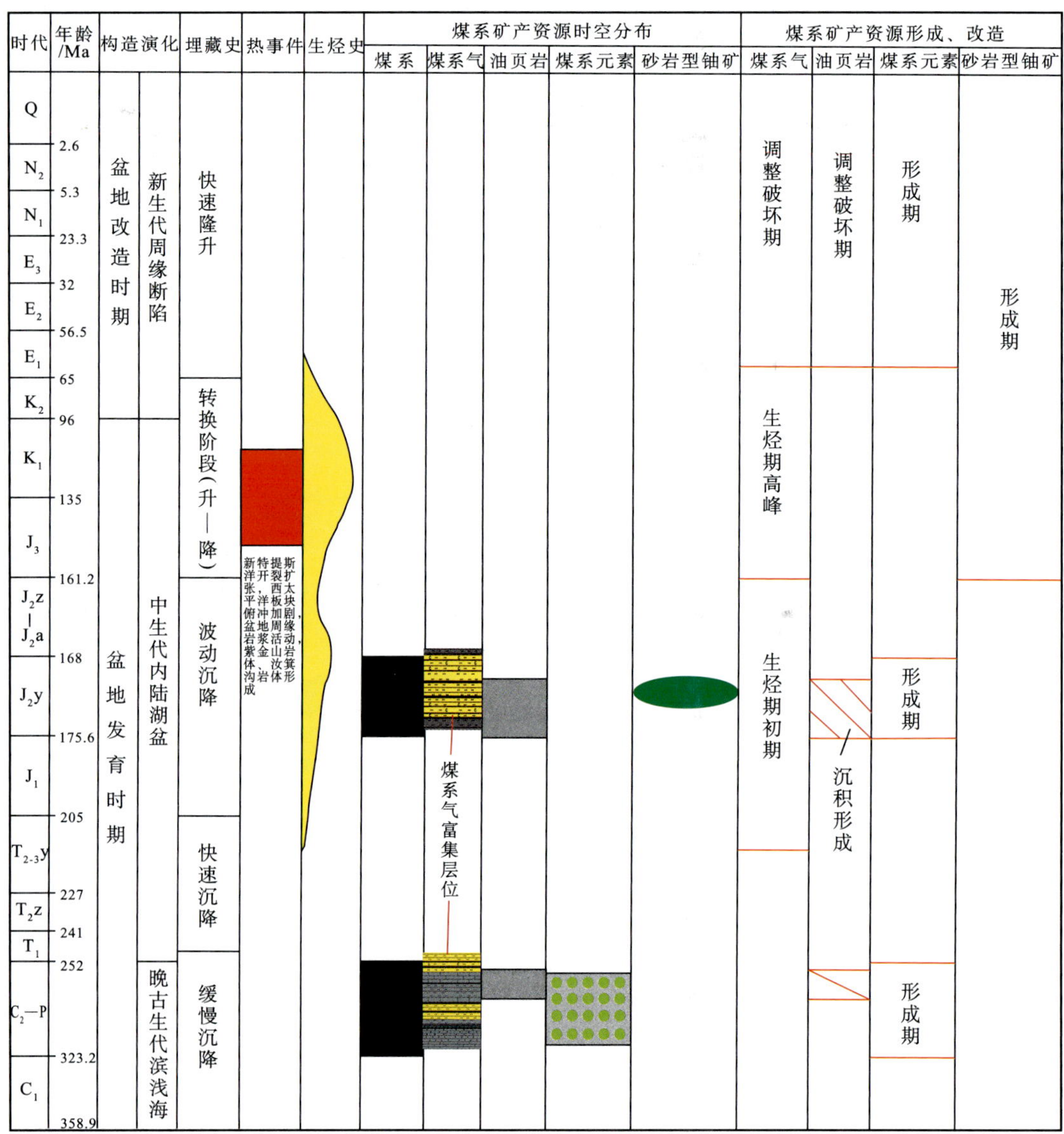

图 6.11　煤系矿产耦合成矿模式图

三、煤系气共生组合成藏实例浅析

以鄂尔多斯盆地西缘为例。鄂尔多斯盆地西缘含煤地层主要为上石炭统太原组和下二叠统山西组，分别为海陆过渡相和陆相沉积，沉积物源丰富，岩石旋回性强，主要由煤层、泥岩和砂岩组成。煤系烃源岩的广泛发育为煤系气的形成提供了充足的物质基础。西缘沉积体系内部沉积、搬运、气候、构造等因素引起的旋回性是含煤地层的重要特征，体现出含煤地层层序中存在共生关系的岩性、岩相等特征有规律地重复交替现象，造成了生储盖组合叠置关系变化复杂，同一岩层(如泥页岩、煤层)往往具有多重“身份”，

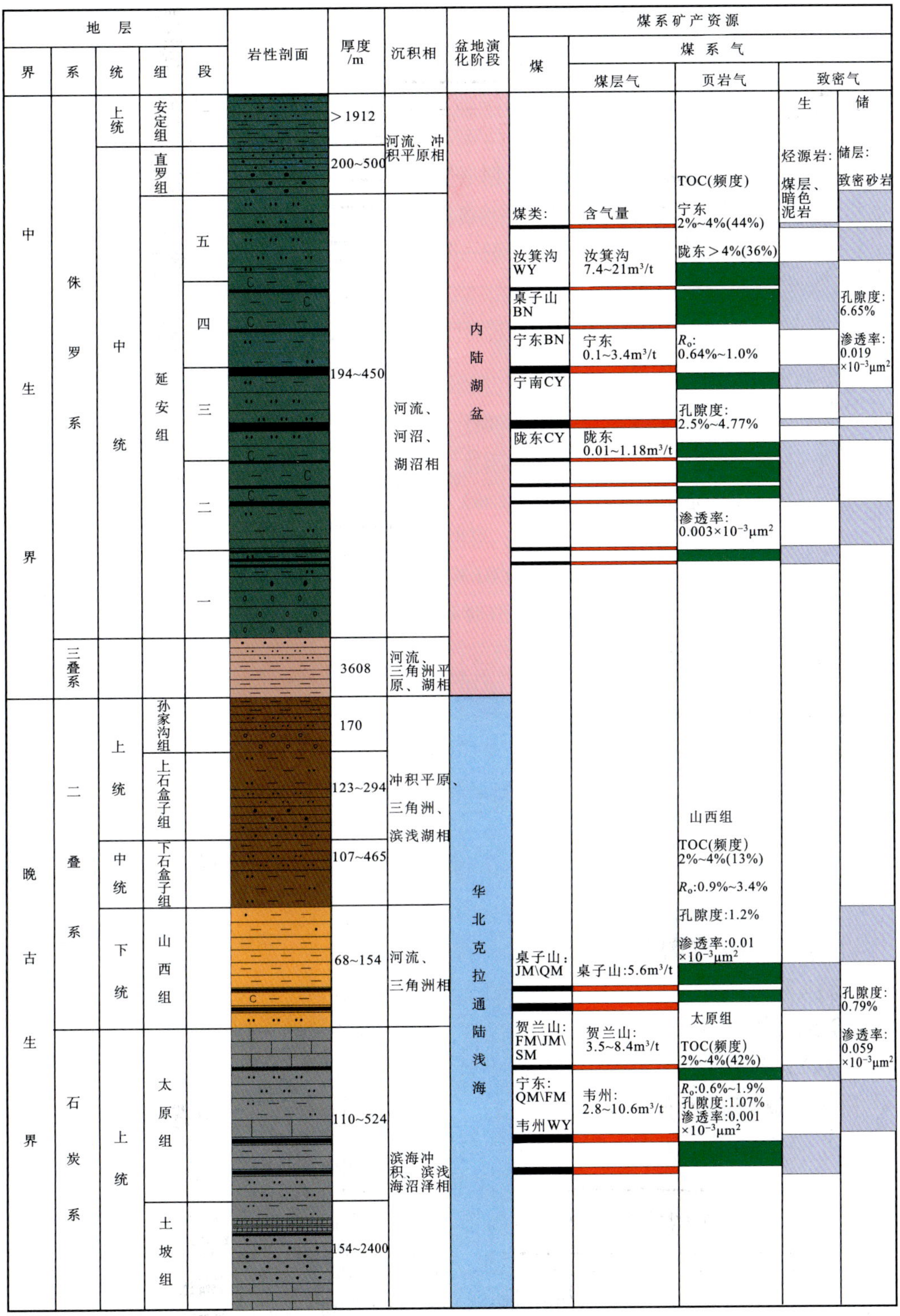

界	系	统	组	段	岩性剖面	厚度/m	沉积相	盆地演化阶段
中生界	侏罗系	上统	安定组			>1912	河流、冲积平原相	内陆湖盆
		中统	直罗组			200~500		
			延安组	五		194~450	河流、河沼、湖沼相	
				四				
				三				
				二				
				一				
	三叠系					3608	河流、三角洲平原、湖相	
晚古生界	二叠系	上统	孙家沟组			170	冲积平原、三角洲、滨浅湖相	华北克拉通陆浅海
			上石盒子组			123~294		
		中统	下石盒子组			107~465		
		下统	山西组			68~154	河流、三角洲相	
	石炭系	上统	太原组			110~524	滨海冲积、滨浅海沼泽相	
			土坡组			154~2400		

煤系矿产资源（煤；煤系气：煤层气、页岩气、致密气（生、储））

煤：煤类：汝箕沟WY；桌子山BN；宁东BN；宁南CY；陇东CY；桌子山：JM\QM；贺兰山：FM\JM\SM；宁东：QM\FM；韦州WY

煤层气：含气量；汝箕沟 7.4~21m³/t；宁东 0.1~3.4m³/t；陇东 0.01~1.18m³/t；桌子山：5.6m³/t；贺兰山：3.5~8.4m³/t；韦州：2.8~10.6m³/t

页岩气：TOC(频度) 宁东 2%~4%(44%)；陇东>4%(36%)；R_o: 0.64%~1.0%；孔隙度：2.5%~4.77%；渗透率：0.003×10⁻³μm²；山西组 TOC(频度) 2%~4%(13%)；R_o:0.9%~3.4%；孔隙度:1.2%；渗透率:0.01×10⁻³μm²；太原组 TOC(频度) 2%~4%(42%)；R_o:0.6%~1.9%；孔隙度:1.07%；渗透率:0.001×10⁻³μm²

致密气：生：烃源岩：煤层、暗色泥岩；储：储层：致密砂岩；孔隙度：6.65%；渗透率：0.019×10⁻³μm²；孔隙度：0.79%；渗透率：0.059×10⁻³μm²

图 6.12　鄂尔多斯盆地西缘煤系非常规气垂向层位分布

WY.无烟煤；BN.不黏煤；CY.长焰煤；JM.焦煤；QM.气煤；FM.肥煤；SM.瘦煤

兼有生、储、盖的功能(秦勇等，2016)。因此，煤系生储盖叠置关系是深化认识煤系气共生成藏的基础。

(一)煤系气共生组合类型

在不同构造单元中选取典型钻孔，划分沉积层序，开展系统的测试分析，归纳煤系气共生组合类型，探讨其耦合成藏控制因素。典型钻孔柱状分析表明，该区煤系能源矿产的垂向分布具有一定的规律性：石炭纪—二叠纪煤系煤层气、页岩气和致密气主要发育于太原组上段和山西组下段；侏罗纪煤类主要为长焰煤和不黏煤，汝箕沟为无烟煤，煤系气主要发育于延安组一段上部、二段和三段，与煤层互层，或发育其上(图 6.12)。可以总结归纳为 3 种基本的共生组合类型(图 6.13)。

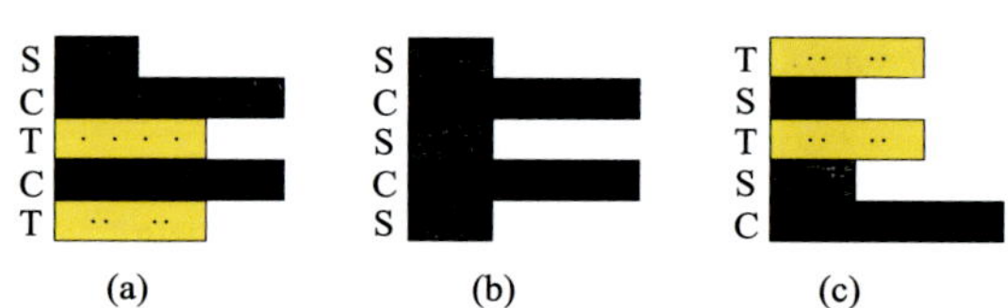

图 6.13　鄂尔多斯盆地西缘煤系气共生组合模式

C.煤层气；S.煤系页岩气；T.煤系致密气

图 6.13(a)为煤系页岩气-煤层气-煤系致密气共生组合，常见于太原组上段，如贺兰山煤田 G702 钻孔太原组主采煤层 8 号煤厚约 6m，其上部为厚约 17m 的灰黑色泥岩，8 号、9 号煤之间为厚约 13m 的黑色粉砂岩和细砂岩。

图 6.13(b)为煤系页岩气-煤层气共生组合，常见于山西组下段，如桌子山煤田 ZX08 钻孔山西组底部的 9 号煤、10 号煤，顶底板均为黑色泥岩，9 号煤上部黑色泥岩厚约 20m，10 号煤底板黑色泥岩样 Z64 的 TOC 达 7.38%，R_o为 0.94%，该段为良好的页岩气和煤层气互层层段。

图 6.13(c)为煤系致密气-煤系页岩气-煤层气共生组合，常见于延安组，如宁东煤田 JM107 钻孔 876～897m 处，为 4 号煤和 $4_上$号煤，其顶底板均为灰黑色粉砂岩，样品 J48 的 TOC 达 23.58%，R_o为 0.64%，生烃能力良好，泥岩脆性矿物含量达 35.5%，孔隙度为 4.77%，渗透率为 $0.004\times10^{-3}\mu m^2$，储层条件良好，为良好的致密气-页岩气-煤层气共生组合层段。

(二)耦合成藏模式

依据不同的煤系气共生组合类型归纳出 3 种不同的耦合成藏模式。

模式一：煤和泥页岩互为盖层，煤层作为泥页岩的盖层具有优越的生烃能力，能够形成异常孔隙流体压力，加之其层间调节机制，易于发生垂向作用，阻止泥页岩生成烃类的逸散，起到抑制浓度封闭作用和压力封闭作用；泥页岩作为煤层的盖层，其低孔低渗特性对煤层起到很好的封闭作用，此外，泥页岩生烃能力相对较弱，生成的烃类气体虽不易向下扩散至煤层，但其自身的生气作用能够替代煤岩生烃物质向上迁移，起到替代浓度封闭作用。这种模式下煤系天然气易于保存，储层含气量较高。

模式二：砂岩作为煤的直接盖层，孔渗条件相对较好，封闭条件差，加之煤岩生烃强度大，煤层气逸散作用相对较强，逸散的煤层气进入砂岩储层形成致密砂岩气藏，还能够对上覆的页岩气储层进行补给。

模式三：砂岩作为泥页岩的直接盖层，孔渗条件相对较好，封闭条件较差，但是砂岩上覆的煤层生烃强度远大于泥页岩，煤层气向下伏砂岩层的扩散作用，能够减缓页岩气的逸散。

(三)成藏控制因素

1. 沉积环境的控制作用

物源供给，聚煤特征，煤系的岩性、岩相组成及其空间组合均受控于沉积环境。研究区石炭纪—二叠纪沉积环境多为滨海冲积、滨浅海沼泽相，自晚石炭世海水入侵，形成了以煤层、暗色泥岩、碳质泥岩及生物碎屑灰岩为主的煤系烃源岩，是煤系气形成的基础，有机质来源主要是高等植物，III型干酪根，沉积中心控制着煤系气的生烃中心。滨海砂坝、潮道砂坝、扇三角洲及浅水三角洲砂体形成了煤系致密砂岩气的储集体。研究区侏罗系延安组主要为河流相、湖相沉积，拗陷稳定沉降导致巨厚暗色含煤碎屑岩建造的形成。延安组按岩性及含煤性特征，自下而上可分为5段，其中体系域的转换面是聚煤的最好层位。

2. 构造-热演化的控制作用

鄂尔多斯盆地西缘经历了多期构造-热事件，后期改造显著，煤盆地演化过程实质上也是煤系与地质环境进行物质和能量交换的过程，煤系中成矿物质在各种地质营力作用下迁移、分异和富集成矿。汝箕沟延安组的无烟煤，其变质之深可能与下伏三叠纪岩层之下有隐伏的岩浆侵入体有关。在热力和应力作用下，有机质热降解和机械降解产物(如烃类等)以气、液等形式溢出煤体，使煤系有机质进入成熟-过成熟演化阶段，有利于形成产气高峰。桌子山煤田石炭纪—二叠纪煤系暗色泥岩 R_o 值为 0.86%～0.94%，陇东煤田侏罗系延安组暗色泥岩 R_o 值为 0.70%～1.02%，均处于成熟阶段，开始大量生气。

3. 构造运动的控制作用

鄂尔多斯盆地西缘构造复杂，成煤原型盆地经历多期构造演化，发生分解破坏、叠合反转，充填其中的煤系随之变形和变位，失去原有的连续性，被分割为大小不等、埋深不同、形态各异的块段。各类矿床(体)经受不同程度的改造，最终成矿(藏)定位，由此决定了煤系矿产现今的赋存状态和开发利用的难易程度。构造变形形成各种类型的构造煤，成为制约煤层气排采和诱发矿井瓦斯事故的重要因素。而多期构造变动导致构造裂隙发育，改善了煤系储层物性，有利于煤系气的运移。

第二节　煤系矿产资源评价与资源量估算

一、煤层气

鄂尔多斯盆地是稳定克拉通盆地，其赋煤时代主要为石炭纪—二叠纪和侏罗纪，周缘分布多个煤矿区。总体上东部煤层气勘探程度较高，南部勘探程度次之，中部勘探程度较低。

石炭系—二叠系主要含煤地层为太原组和山西组，煤阶主要是中高变质烟煤和无烟煤，不同地区分布差异较大，受深成变质作用的影响，煤阶自北向南逐渐升高，岩浆热变质作用使得鄂尔多斯盆地西缘煤阶分布比较复杂；侏罗纪含煤地层主要为延安组，其变质程度较石炭系—二叠系低，煤化程度为盆地中间高、四周低，煤阶相当于褐煤、长焰煤、气煤和肥煤。鄂尔多斯盆地东缘煤层含气量自北向南随煤阶的增高而增加，随上覆有效盖层的增加而增加。

(一)煤层气资源量估算方法

采用体积法估算煤层气资源量：

$$G_i = 0.01AhDC_{ad}$$

式中，G_i为第i个估算单元煤层气地质储量，10^8m^3；A为估算单元煤层含气面积，km^2；h为估算单元煤层平均厚度，m；D为估算单元煤的空气干燥基视密度，t/m^3；C_{ad}为估算单元煤的空气干燥基含气量，m^3/t；

(二)资源量估算参数

1. 煤层含气面积

煤层含气面积对于资源量的计算非常重要，资源量与煤层含气面积成正比。煤层含气面积的确定主要依据煤层埋深和煤层含气量，即计算单元煤层CH_4风氧化带以深至2000m的范围、煤层CH_4含气量大于1m³/t的区域。结合实际数据和前人研究(晋香兰，2015)，侏罗纪东胜煤田采用600m为风氧化带下限，其他矿区采用300m为风氧化带下限。

2. 煤层平均厚度

煤层厚度是煤层气资源量计算的基础，厚而稳定的煤层不仅有利于资源量和资源丰度的提高，还有利于煤层气单井产能的增加和煤层气的开发。煤层厚度采用煤层平均厚度，从而估算出煤层气的总资源量。煤层平均厚度根据实际钻孔和煤田勘查报告数据得出，不包括低于最低可采煤层厚度的煤层。

3. 煤的空气干燥基视密度

煤的空气干燥基视密度是煤在空气干燥状态下的视密度，与煤岩成分、煤化程度和煤中矿物质的性质和含量有关。煤层气地质资源量估算时，采用煤的视密度，数据来自煤炭勘查工作的实测值、煤层气勘探工作的实测值和采样测试数据。

4. 煤的空气干燥基含气量

含气量受煤层气保存条件的控制，与煤层埋深和顶板岩性紧密相关。一般来说，埋深越大，含气量越高，顶板为泥岩时的含气量要高于顶板为砂岩时的含气量。本书鄂尔多斯盆地石炭纪—二叠纪、侏罗纪煤层气含气量主要参考《鄂尔多斯盆地煤层气成藏条件及有利区块评价》(中国石化华东分公司石油勘探开发研究院，2011)和收集的部分实测资料。煤层气资源量估算选用煤层含气量下限标准(表 6.1)。

表 6.1 煤层含气量下限标准

煤类	变质程度(R_{omax})/%	煤层含气量(空气干燥基)/(m^3/t)
褐煤-长焰煤	＜0.7	1
气煤-瘦煤	0.7～1.9	4
贫煤-无烟煤	＞1.9	8

资料来源：《煤层气资源/储量规范》(DZT 0216—2010)。

(三)煤层气资源量估算结果

本书煤层气资源量估算的是鄂尔多斯盆地石炭系—二叠系和侏罗系埋深 2000m 以浅的煤层。以矿区为单位，将研究区山西组和太原组各划分为 26 个小区，初步估算鄂尔多斯盆地山西组煤层气资源量为 $2.5545\times10^{12}m^3$，太原组煤层气资源量为 $3.3428\times10^{12}m^3$。将延安组划分为 30 个小区，初步估算其资源量为 $1.3025\times10^{12}m^3$。初步估算鄂尔多斯盆地 2000m 以浅煤层资源量共计 $7.1998\times10^{12}m^3$。各矿区煤层气资源量见表 6.2 和表 6.3。

表 6.2 鄂尔多斯盆地石炭纪—二叠纪煤层气资源量分布

煤田名称	矿区名称	估算面积/km^2	太原组资源量/10^8m^3	山西组资源量/10^8m^3	资源量/10^8m^3
准格尔煤田	准格尔矿区外围	5286	1111	703	1814
河东煤田	河保偏矿区及外围	6225	2362	1325	3687
	离柳矿区及外围	8254	4900	4339	9239
	石隰矿区及外围	6558	11820	7631	19455
	乡宁矿区及外围	6360	6760	2715	9475

续表

煤田名称	矿区名称	估算面积/km^2	太原组资源量/10^8m^3	山西组资源量/10^8m^3	资源量/10^8m^3
陕北石炭纪—二叠纪煤田	古城矿区及外围	308	381		381
	吴堡矿区及外围	437	611	775	1386
	府谷矿区及外围	88	74		74
渭北石炭纪—二叠纪煤田	韩城矿区及外围	2369	710	525	1235
	澄合矿区及外围	1932	1269	457	1726
	蒲白矿区及外围	813	724	172	896
	铜川矿区及外围	2467		404	404
	旬耀矿区及外围	1072		93	93
宁东煤田	红墩子矿区及外围	166	130	35	165
	韦州矿区及外围	205	193	387	580
桌子山煤田	乌海矿区及外围	1403	558	1892	2450
	乌达矿区及外围	223	31	37	68
贺兰山煤田	石炭井矿区及外围	817	1160	2301	3461
	石嘴山矿区及外围	496	601	1707	2308
	呼鲁斯太矿区及外围	166	33	47	80
	合计	45645	33428	25545	58973

表 6.3　鄂尔多斯盆地侏罗纪煤层气资源量分布

煤田名称	矿区名称	估算面积/km^2	资源量/10^8m^3
东胜煤田	塔然高勒矿区及外围	2300	2296
	高头窑矿区及外围		
	万利矿区及外围	157	44
	东胜矿区及外围		
	呼吉尔特矿区及外围	3217	4105
	纳林河矿区及外围	1995	1590
	新街矿区及外围		
陕北侏罗纪煤田	神府矿区及外围		
	榆神矿区及外围	838	125
	榆横矿区及外围	3078	773
宁东煤田	灵武矿区及外围	559	118
	鸳鸯湖矿区及外围	776	320
	马家滩矿区及外围	295	144
	积家井矿区及外围	479	219
	石沟驿矿区及外围	97	48
	萌城矿区及外围	489	351
宁南煤田	炭山矿区及外围	150	40
	王洼矿区及外围	516	166

续表

煤田名称	矿区名称	估算面积/km^2	资源量/10^8m^3
陇东煤田	甜水堡矿区及外围	62	39
	沙井子矿区及外围	362	118
	峡门矿区及外围	67	19
	华亭矿区及外围	76	64
	安口—新窑矿区及外围	383	275
	宁正矿区及外围	1061	508
	邵寨矿区及外围	159	51
黄陇侏罗纪煤田	彬长矿区及外围	943	607
	永陇矿区及外围	3150	972
	黄陵矿区及外围		
	焦坪矿区及外围		
贺兰山煤田	汝箕沟矿区及外围		
	二道岭矿区及外围	147	33
桌子山煤田	上海庙矿区及外围		
合计		21356	13025

注：新街、神府、黄陵、焦坪、汝箕沟和上海庙 6 个矿区，由于含气量低于含气量计算下限，未计入资源量计算；东胜和高头窑 2 个矿区，主采煤层位于风氧化带以浅，也未参与资源量计算。

(四)煤层气资源潜力选区评价

1. 评价参数的选择

影响煤层气资源开发利用潜力的地质因素有很多，归纳起来主要包括 3 项：影响煤层气生成的生气地质因素，包括煤层厚度、煤的变质程度等；影响煤层气储集和成藏的储气地质因素，如含气量分布特征；影响煤层气产气和开采能力的因素，如区域构造因素。

参考《煤层气资源勘查技术规范》(GB/T 29119—2012)煤层气选区评价标准，结合鄂尔多斯盆地具体情况，从可采煤层累计厚度、含气量、煤的变质程度(R_o)、资源丰度、构造复杂程度方面确定了鄂尔多斯盆地煤层气资源潜力选区评价标准(表 6.4)。

表 6.4　鄂尔多斯盆地煤层气资源潜力选区评价标准

评价参数	优	良	差
煤层累计厚度/m	＞8	＞8	5～8
埋深/m	800～1200	400～800，1200～1500	<400，1500～2000
R_o/%	0.7～1.6	0.5～0.7 或 1.6～2.0	<0.5 或>2.0
含气量/(m^3/t)	＞8	4～8	1～4
资源丰度/($10^8m^3/km^2$)	＞1.5	1～1.5	<1
构造复杂程度	简单构造	中等构造	复杂和极复杂构造

2. 评价方法

参考各因素对选区评价的贡献，结合前人研究（中国石化华东分公司石油勘探开发研究院，2011），对各影响因素建立权重（表 6.5）和赋值标准（表 6.6），依据各因素情况对其进行赋值，按其综合评分划分级别，进行选区评价。此外依据以往大量的研究成果和认识，在上述众多因素中有一些属于决定性因素，如煤层埋深、煤层含气量，因此本书评价将煤层含气量小于 $1m^3/t$ 或者煤层埋深在风氧化带以浅的区域直接评价为III级。根据评价得分划分为 3 个级别：10～8 为Ⅰ级（优）、7～4 为Ⅱ级（良）、3～0 为III级（差）。

表 6.5　煤层气各影响因素所占权重表

第一层次	给定权重	第二层次	给定权重
资源潜力（U_1）	0.3	资源丰度（U_{11}）	0.4
		R_o（U_{12}）	0.6
储气能力（U_2）	0.4	煤层累计厚度（U_{21}）	0.3
		含气量（U_{22}）	0.7
开发潜力（U_3）	0.3	埋深（U_{31}）	0.6
		构造复杂程度（U_{32}）	0.4

表 6.6　煤层气各影响因素赋值参考表

评价参数		评价标准	赋值
资源潜力	R_o	0.7%～1.6%	10～7
		0.5%～0.7%或 1.6%～2.0%	7～3
		<0.5%或>2%	3～0
	煤层气资源丰度	$>1.5\times10^8m^3/km^2$	10～7
		$1\times10^8\sim1.5\times10^8m^3/km^2$	7～3
		$<1\times10^8m^3/km^2$	3～0
储气能力	煤层累计厚度	>8m	10～7
		5～8m	7～3
	含气量	$>8m^3/t$	10～7
		$4\sim8m^3/t$	7～3
		$1\sim4m^3/t$	3～0
开发潜力	埋深	800～1200m	10～7
		400～800m，1200～1500m	7～3
		<400m，1500～2000m	3～0
	构造复杂程度	简单构造	10～7
		中等构造	7～3
		复杂和极复杂构造	3～0

3. 评价结果

鄂尔多斯盆地各矿区煤层气资源潜力评价结果见表 6.7 和表 6.8，平面分布如图 6.14 和图 6.15 所示。Ⅰ级矿区主要分布在鄂尔多斯盆地东缘，包括河保偏矿区及外围、离柳矿区及外围、吴堡矿区及外围、石隰矿区及外围、古城矿区及外围、乡宁矿区及外围、韩城矿区及外围、府谷矿区及外围，还有西缘的韦州矿区及外围和南部的彬长矿区及外围；Ⅱ级矿区主要分布在鄂尔多斯盆地南部、西缘北段。

表 6.7 鄂尔多斯盆地石炭纪—二叠纪煤田煤层气资源潜力评价表

煤田名称	矿区名称	资源丰度 /($10^8m^3/km^2$)	R_o/%	煤层累计厚度/m	含气量 /(m^3/t)	埋深/m	构造复杂程度	级别
准格尔煤田	准格尔矿区外围	0.34	0.4～0.7	6～19	2～6	300～800	简单	Ⅱ
河东煤田	河保偏矿区及外围	0.59	0.6～0.9	7～20	4～13	300～2000	简单	Ⅰ
	离柳矿区及外围	1.12	0.8～1.4	8～18	4～16	300～2000	中等	Ⅰ
	石隰矿区及外围	2.97	1.5～1.6	15～20	16～19	300～2000	简单	Ⅰ
	乡宁矿区及外围	1.49	1.5～1.6	7～13	19～21	300～2000	简单	Ⅰ
陕北石炭纪—二叠纪煤田	古城矿区及外围	1.24	0.6～0.7	15～30	6～10	500～1000	简单	Ⅰ
	吴堡矿区及外围	3.17	1.2～1.4	14～21	13～15	500～1500	简单	Ⅰ
	府谷矿区及外围	0.84	0.6～0.8	7～14	5～15	<500	简单	Ⅰ
渭北石炭纪—二叠纪煤田	韩城矿区及外围	0.52	1.6～1.8	5～6.5	20～21	300～2000	中等	Ⅱ
	澄合矿区及外围	0.89	1.6～1.8	5～10	7～21	300～2000	中等	Ⅱ
	蒲白矿区及外围	1.10	1.6～1.8	5～10	4～18	300～2000	中等	Ⅱ
	铜川矿区及外围	0.16	1.8～2.2	5～8	4～6	300～2000	中等	Ⅱ
	旬耀矿区及外围	0.09	1.8～2.4	5～10	4～6	300～2000	中等	Ⅱ
宁东煤田	红墩子矿区及外围	0.99	1.1～1.7	7～16	5～8	300～850	复杂	Ⅱ
	韦州矿区及外围	2.83	1.6～1.8	15～25	7～8	500～1000	复杂	Ⅰ
桌子山煤田	乌海矿区及外围	1.75	1.0～1.2	8～15	8～10	100～1500	复杂	Ⅱ
	乌达矿区及外围	0.31	1.0～1.5	7～16	9～10	400～800	复杂	Ⅱ
贺兰山煤田	石炭井矿区及外围	4.24	1.8～3.0	12～16	10～12	400～900	复杂	Ⅱ
	石嘴山矿区及外围	4.65	1.0～3.0	11～15	8～10	450～950	复杂	Ⅱ
	呼鲁斯太矿区及外围	0.48	1.0～3.0	12～15	8～11	350～750	复杂	Ⅱ

表 6.8 鄂尔多斯盆地侏罗纪煤田煤层气资源潜力评价表

煤田名称	矿区名称	资源丰度 /($10^8m^3/km^2$)	R_o/%	煤层累计厚度/m	含气量 /(m^3/t)	埋深/m	构造复杂程度	级别
东胜煤田	塔然高勒矿区	1.00	0.48～0.54	14～26	2～5	580～700	简单	Ⅲ
	高头窑矿区	0.31	0.46～0.56	12～20	1～3	170～380	简单	Ⅲ
	万利矿区	0.28	0.46～0.55	12～14	2～3	100～300	简单	Ⅲ
	东胜矿区	0.14	0.46～0.54	6～14	<2	220～620	简单	Ⅲ

续表

煤田名称	矿区名称	资源丰度/($10^8m^3/km^2$)	R_o/%	煤层累计厚度/m	含气量/(m^3/t)	埋深/m	构造复杂程度	级别
东胜煤田	呼吉尔特矿区	1.28	0.6～0.62	14～28	3～5	920～1020	中等	II
	纳林河矿区	0.80	0.5～0.6	12～20	2～4	580～700	中等	III
	新街矿区	0.53	0.5～0.6	13～15	<1	720～920	中等	III
陕北侏罗纪煤田	神府矿区	0.00	0.60～0.62	6～12	<1	300～450	中等	III
	榆神矿区	0.15	0.62～0.66	12～20	3～5	300～500	简单	III
	榆横矿区	0.25	0.64～0.66	2～14	1～4	300～700	简单	III
宁东煤田	灵武矿区	0.21	0.52～0.58	14～20	1～3	300～850	复杂	III
	鸳鸯湖矿区	0.41	0.50～0.58	14～20	1～3	200～600	复杂	III
	马家滩矿区	0.49	0.56～0.57	16～20	2～3	500～1700	复杂	III
	积家井矿区	0.46	0.56～0.58	16～20	2～3	300～1500	复杂	III
	石沟驿矿区	0.49	0.54～0.56	14～16	1～3	300～400	简单	II
	萌城矿区	0.72	0.58～0.59	15～18	2～4	1500～2000	复杂	III
宁南煤田	炭山矿区	0.27	0.54～0.56	13～14	1～2	1500～1700	复杂	III
	王洼矿区	0.32	0.55～0.57	13～15	1～2	1600～1700	复杂	III
陇东煤田	甜水堡矿区	0.64	0.58～0.59	14～16	1～3	1900～2000	复杂	III
	沙井子矿区	0.32	0.56～0.58	14～15	2～3	1700～1900	复杂	III
	峡门矿区	0.28	0.50～0.52	9～11	2～3	1300～1400	中等	III
	华亭矿区	0.85	0.48～0.5	9～10	1～3	1200～1300	中等	III
	安口—新窑矿区	0.72	0.5～0.56	6～8	2～3	1150～1250	中等	III
	宁正矿区	0.48	0.64～0.66	6～8	2～4	500～1000	简单	II
	邵寨矿区	0.32	0.58～0.64	6～8	1～3	1000～1100	简单	II
黄陇侏罗纪煤田	彬长矿区	0.64	0.60～0.73	6～8	2～6	500～900	简单	I
	永陇矿区	0.31	0.52～0.60	6～8	2～3	500～1200	简单	II
	黄陵矿区	0.12	0.54～0.58	4～6	<2	300～500	简单	III
	焦坪矿区	0.12	0.50～0.56	4～8	<2	300～500	简单	III
贺兰山煤田	汝箕沟矿区	0.84	1.8～3.0	10～15	<2	450～1100	极复杂	III
	二道岭矿区	0.22	1.0～3.0	10～16	2～13	500～1300	极复杂	II
桌子山煤田	上海庙矿区	0.00	1.2～1.8	6～15	<1	200～1000	复杂	III

注：侏罗纪新街、神府、黄陵、焦坪、汝箕沟和上海庙 6 个矿区，由于含气量低于含气量计算下限，直接划分为III级；东胜和高头窑 2 个矿区，主采煤层位于风氧化带以浅，也划分为III级。

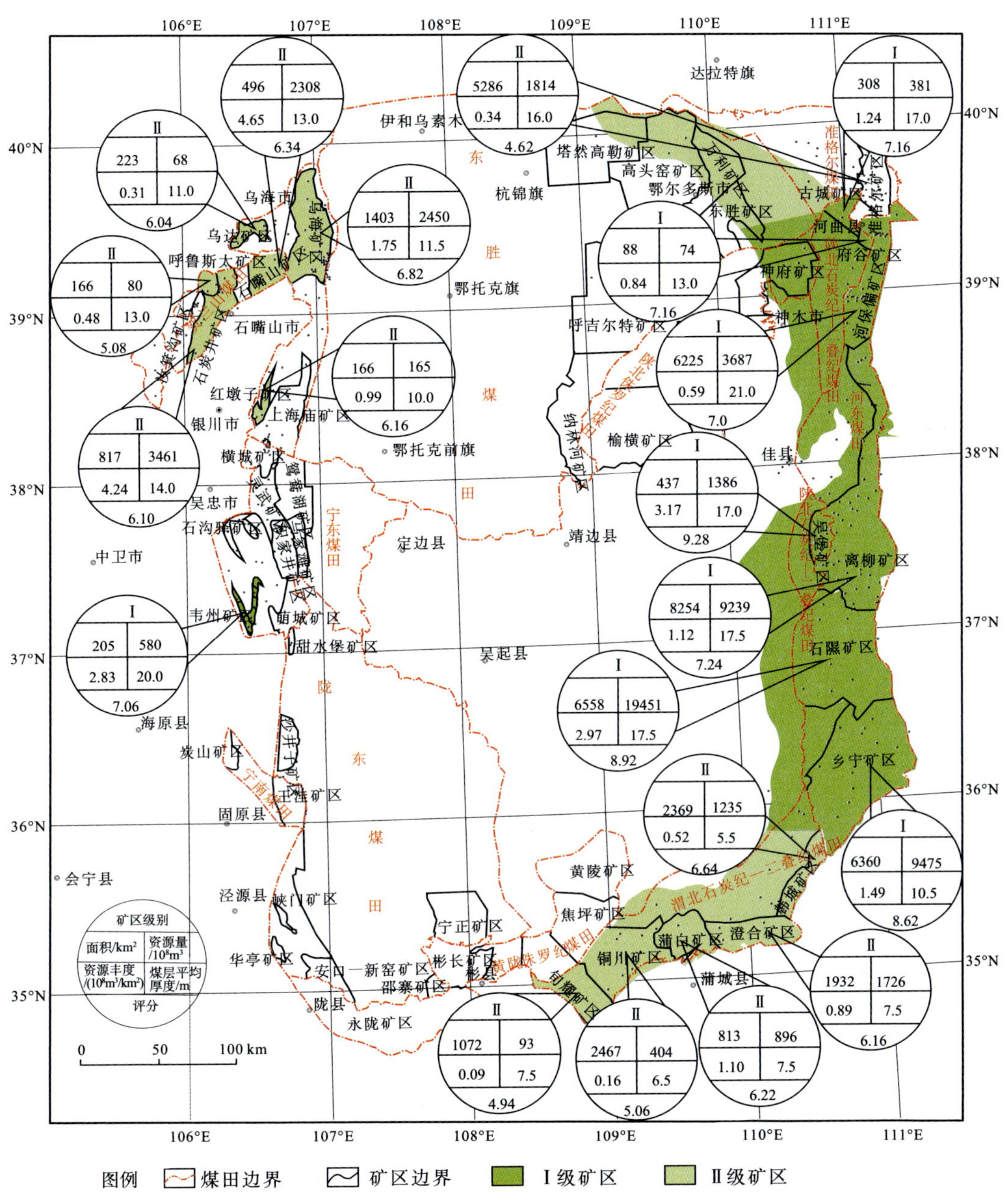

图 6.14 鄂尔多斯盆地石炭纪—二叠纪煤层气资源潜力分级评价图

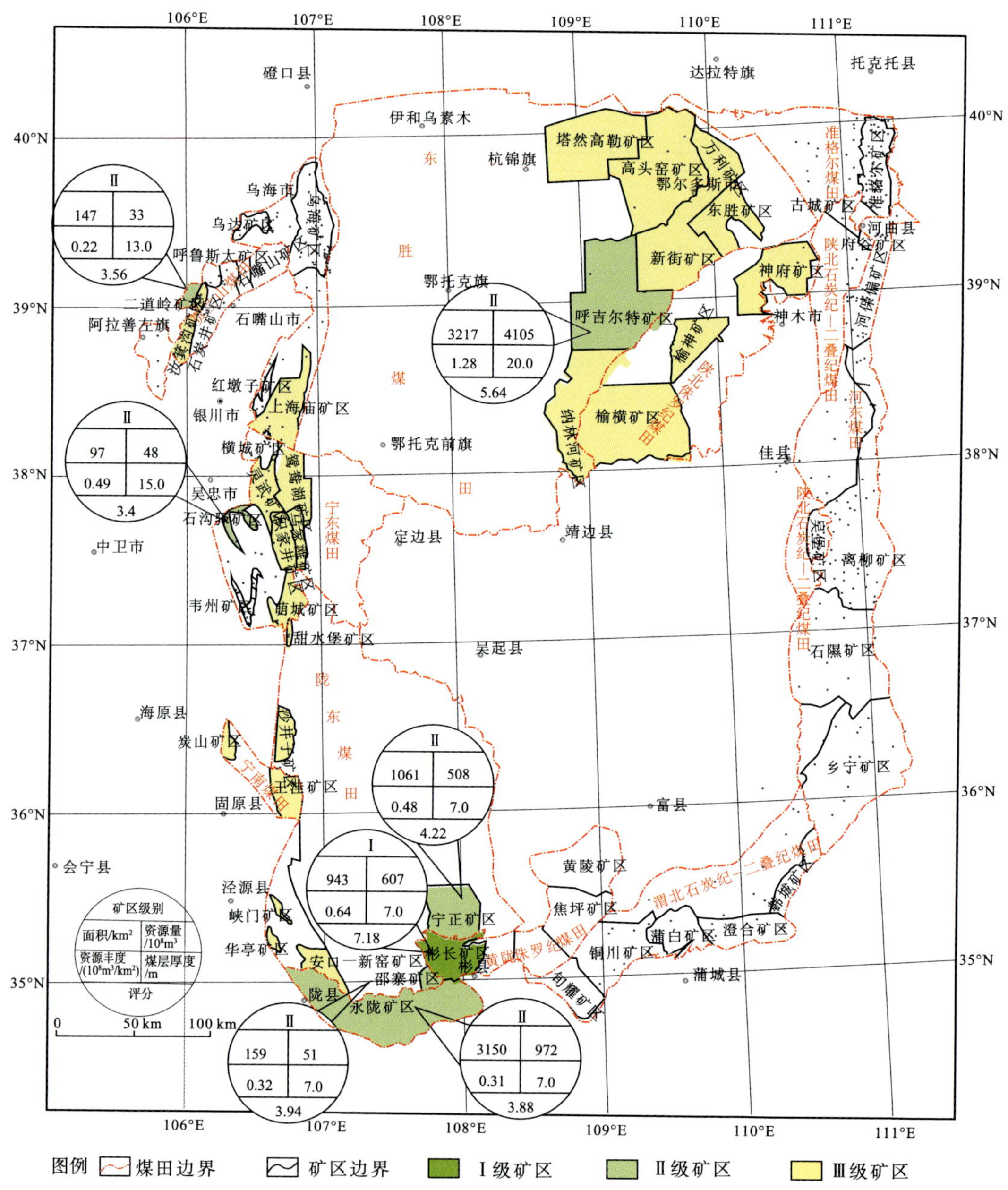

图 6.15 鄂尔多斯盆地侏罗纪煤层气资源潜力分级评价图

二、煤系页岩气

页岩气藏从石油地质理论来讲属于自生自储或者自生近储，气体或短距离地运移，或以游离、吸附和溶解状态存在于富含有机质的细粒泥页岩中，分布广泛，没有气水边界的连续分布型气藏。这类气藏储存及分布的特殊性，给页岩气的资源评价及资源量或者储量计算带来了挑战：挑战之一，在没有气水边界的情况下如何圈定含气面积；挑战之二，如何识别含气页岩及确定其有效厚度；挑战之三，泥页岩中的含气量、含气饱和度如何确定。美国是页岩气勘探开发的先驱，在资源量的计算中曾采用多种方法，如盆地类比分析法、体积法、地质要素分布概率分析法、基于生气量和排气率的成因法、物质平衡法、递减曲线法和数值模拟法(Ross and Bustin，2008；Lee and Sidle，2010)。我国页岩气资源量评估工作刚刚起步，其中有关煤系页岩气资源量评估的工作很少，在学习借鉴美国页岩气及我国南方海相页岩气资源量储量评价与计算的基础上，根据煤系页岩气的不同特点，采取适当的方法进行资源评估，对于煤系页岩气未来的勘探和开发具有十分重要的意义。

目前，前人针对鄂尔多斯盆地页岩气的资源量已经进行了一些相应的评估，张培河等(2016)提出鄂尔多斯盆地古生界和中生界发育多套页岩，盆地及外围页岩气资源量为$11.81\times10^{12}m^3$，可采资源量为$2.71\times10^{12}m^3$；周帅等(2016)采用体积法估算鄂尔多斯盆地太原组页岩气资源量约为$1.9243\times10^{12}m^3$，并优选出临县—兴县和石楼—隰县—大宁—蒲县两个有利勘探区，有利区资源量分别为$0.21\times10^{12}m^3$和$0.71\times10^{12}m^3$；李智学(2014)使用体积法估算鄂尔多斯盆地中南部延安组页岩气总资源量为$3.6064\times10^{12}m^3$。在前人的基础上，本书对鄂尔多斯盆地2000m以浅煤系页岩气资源潜在资源量进行初步估算。

(一)潜在资源量估算方法

体积法是页岩气勘探评价阶段所采用的相对成熟的资源评价方法。计算结果的精度取决于对页岩气地质条件和储层条件的认识程度。估算原理根据《页岩气资源/储量计算与评价技术规范》(DZ/T 0254—2014)，资源量估算采用体积法。其估算公式为

$$G_z=0.01A_g h_y \rho_y C_z \tag{6.1}$$

$$C_z \approx C_x + C_y \tag{6.2}$$

式中，G_z为页岩气总地质储量，10^8m^3；A_g为含气面积，本书依照平面面积计算，km^2；h_y为页岩有效厚度，根据野外资料和钻井数据，绘制页岩厚度等值线图进行计算，m；ρ_y为页岩质量密度，t/m^3；C_z、C_x、C_y分别为页岩总含气量、吸附含气量、游离含气量，m^3/t。

(二)潜在资源量起算条件

参考《全国页岩气资源潜力调查评价》(张大伟等，2012)、《沁水盆地深部页岩气资源调查与开发潜力评价》(朱炎铭等，2015)及其他页岩气资源评价文献，结合研究区煤系页岩的特点，制定了本书鄂尔多斯盆地煤系页岩潜在资源量计算的起算标准。

1. 合理确定评价层段

本章的研究对象为石炭系—二叠系山西组、太原组煤系页岩及侏罗系延安组煤系页岩，虽然缺少详细可靠的探井资料，但多个研究已证实了煤系页岩气的存在及其研究价值。

2. 有效厚度

资源量计算时必须采用有效厚度进行赋值计算。与常规天然气相比，页岩气资源量具有丰度低、面积分布广泛的特点。而作为生储一体的富有机质泥页岩，尽管具有生气能力但必须达到一定厚度后才具有商业开采价值。据美国页岩气开发经验，海相页岩厚度应在 30m 以上(张金川等，2004)，Barnett 页岩的最佳厚度为 300ft[①]，Haynesville 页岩最佳地层厚度为大于 150ft(Burnaman et al.，2009)。

煤系页岩的沉积环境不稳定，页岩单层厚度很少大于 30m，而呈现砂岩与页岩互层的状态，如果泥岩的单层厚度较薄，一方面烃源岩厚度不够，生气量不足，另一方面不能形成稳定的储集层，因此单层页岩需要达到一定的厚度。张大伟等(2012)研究陆相和海陆交互相页岩、朱炎铭等(2015)沁水盆地煤系页岩时，均将页岩单层厚度下限设为 6m。

因此，本书选择厚度不小于 6m 的单层进行统计，同一含气系统中连续厚度达到 30m 时参与资源量的计算。

3. 有效面积

连续分布的面积大于 $50km^2$。

4. 有机碳含量和镜质组反射率

煤系页岩的有机碳含量高，只有达到 2%以上才具有良好的生烃能力；煤系页岩的干酪根类型主要为III型，R_o＞0.5%时，已开始形成生物成因气。

5. 埋深

当页岩埋深小于 500m 时区域封盖保存条件差，不会形成良好的页岩气藏。所以资源量计算时，页岩埋深要求在 500～2000m。

6. 含气量

当含气量低于 $0.5m^3/t$ 时，不具备工业开发的基础条件，原则上不参与资源量估算。

7. 保存条件

无规模性出露断裂破碎带，非岩浆岩分布区，不受地层水淋滤影响等。

① 1ft=0.3048m。

(三)关键参数获取和赋值

1. 有效面积

页岩气没有明显的气藏边界，本书以国家规划矿区为基本单元进行资源量计算。各矿区的有效面积需要通过叠加TOC(>2%)、成熟度($0.5\%<R_o<3.5\%$)、系统厚度(＞30m)、埋深($500m<h_y<2000m$)等参数，最终通过MAPGIS软件读取。

2. 有效厚度

页岩层系的厚度主要通过收集钻孔资料，并进行分层分段统计获得，然后绘制出泥页岩厚度等值线图。但有效厚度需要在符合资源量起算条件的基础上，进一步综合分析确定含气页岩层系厚度。

3. 含气量

页岩总含气量可通过综合解析、实验测试、统计、类比、计算及专家经验等多种方法获得。由于实际条件的限制，含气量数据主要通过收集前人资料获得。目前鄂尔多斯盆地煤系页岩气的研究还处于起步阶段，大多研究着重于深部页岩气，2000m以浅的页岩气数据资料不丰富，只能在典型地区含气量数据的基础上，综合各种地质条件，类比推理非典型地区的页岩含气量。典型地区：鄂尔多斯盆地东缘太原组页岩采用总含气量为1.5m^3/t(周帅等，2016)；全盆地延安组煤系页岩总含气量为低-中等(0.42～1.21m^3/t)(王东东等，2014)。

4. 岩石密度

岩石密度是页岩气资源量计算必不可少的参数之一，因为岩石密度只参与泥页岩中资源量的计算而与夹层灰岩、砂岩资源量无关，因此本书只选取泥页岩密度参数。当形成沉积岩的环境类似、物源较稳定时，各沉积期内形成的岩性及岩性组合类似，岩石密度值变化不大，于是本书主要采用前人代表性的岩石样品密度数值代替研究区泥页岩密度，计算资源量。石炭纪—二叠纪泥页岩密度为2.63g/cm^3(周帅等，2016)，延安组泥页岩密度为2.55g/cm^3(李智学，2014)。

(四)石炭纪—二叠纪煤系页岩气潜在资源量估算与分级

本书估算鄂尔多斯盆地石炭系—二叠系2000m以浅煤系页岩气资源量。以矿区为单位，经过各项参数的叠加，挑选出符合起算标准的矿区12个，对煤系页岩气资源量进行了分段估算(表6.9)，石炭纪—二叠纪煤系页岩气资源总量为$6.0607\times10^{12}m^3$(表6.10)。

表 6.9　石炭纪—二叠纪煤系页岩气分段资源量

煤田	矿区名称	有效面积/km²	含气量/(m³/t)	平均有效厚度/m				资源量/10⁸m³			
				太一段	太二段	山一段	山二段	太一段	太二段	山一段	山二段
河东煤田	河保偏矿区及外围	2434	1.5	10	19	14	9	981	1832	1323	841
	离柳矿区及外围	7200	1.5	15	19	12	7	4372	5468	3545	2105
	石隰矿区及外围	6046	1.5	10	13	14	11	2502	3201	3430	2562
	乡宁矿区及外围	5894	1.5	5	6	12	11	1093	1379	2916	2614
陕北石炭纪—二叠纪煤田	古城矿区及外围	1399	1.5	10	19	13	9	564	1053	761	483
	府谷矿区及外围	1708	1.5	10	19	13	9	689	1286	929	590
	吴堡矿区及外围	1904	1.5	15	19	12	7	1156	1446	937	557
渭北石炭纪—二叠纪煤田	铜旬矿区及外围	3314	1	11	8	12	9	951	697	1060	819
	蒲白矿区及外围	1366	1	10	7	12	11	373	255	461	401
	澄合矿区及外围	2257	1	11	5	9	8	667	321	533	487
	韩城矿区及外围	2142	1	18	3	9	11	999	194	497	648
宁东煤田	韦州矿区及外围	655	0.5	20	10	20	22	174	87	175	192
汇总		36319						14521	17219	16567	12299

表 6.10　石炭纪—二叠纪煤系页岩气资源总量

煤田	矿区名称	有效厚度/m	有效面积/km²	资源量/10⁸m³	资源丰度/(10⁸m³/km²)
河东煤田	河保偏矿区及外围	52	2434	4978	2.05
	离柳矿区及外围	53	7200	15490	2.15
	石隰矿区及外围	48	6046	11694	1.93
	乡宁矿区及外围	34	5894	8001	1.36
陕北石炭纪—二叠纪煤田	古城矿区及外围	51	1399	2861	2.05
	府谷矿区及外围	51	1708	3494	2.05
	吴堡矿区及外围	53	1904	4096	2.15
渭北石炭纪—二叠纪煤田	铜旬矿区及外围	40	3314	3527	1.06
	蒲白矿区及外围	40	1366	1491	1.09
	澄合矿区及外围	33	2257	2009	0.89
	韩城矿区及外围	41	2141	2339	1.09
宁东煤田	韦州矿区及外围	72	655	627	0.96
汇总			36318	60607	

依据煤系页岩气资源丰度、有效厚度、含气量、变质程度对研究区进行模糊综合评价，对各影响因素建立权重(表6.11)和赋值标准(表6.12)，依据各因素情况对其进行赋值，按其综合评分并结合构造特征划分级别(表6.13)，进行资源等级评价。

表6.11 煤系页岩气各影响因素所占权重表

影响因素	资源丰度	R_o	有效厚度	含气量
给定权重	0.4	0.3	0.2	0.1

表6.12 煤系页岩气各影响因素赋值参考表

资源丰度/(m^3/km^2)	参考值	含气量/(m^3/t)	参考值	R_o/%	参考值	有效厚度/m	参考值
<1.0	6	<0.6	6	<0.5	6	30～40	6
1.0～2.0	8	0.6～1.2	8	0.5～1.0	8	40～50	8
2.0	10	>1.2	10	>1.0	10	>50	10

表6.13 煤系页岩气潜力评价级别划分及分值表

评价总分	划分级别
>9	I
8～9	II
<8	III

根据分级标准初步划分出各矿区的煤系页岩气资源等级(表6.14)。I级：河保偏矿区及外围、离柳矿区及外围、古城矿区及外围、府谷矿区及外围、吴堡矿区及外围；II级：石隰矿区及外围、乡宁矿区及外围、铜(川)旬(耀)矿区及外围、蒲白矿区及外围、韩城矿区及外围、韦州矿区及外围；III级：澄合矿区及外围。鄂尔多斯盆地石炭纪—二叠纪煤系页岩气资源潜力分级评价图如图6.16所示。

表6.14 石炭纪—二叠纪各矿区煤系页岩气资源级别划分表

煤田	矿区名称	资源丰度/ $10^8m^3/km^2$	R_o/%	有效厚度/m	含气量/(m^3/t)	评价分数	级别
河东煤田	河保偏矿区及外围	2.05	0.6～1.0	52	1. 5	9.4	I
	离柳矿区及外围	2.15	1.0～1.6	53	1. 5	10.0	I
	石隰矿区及外围	1.93	1.6～2.3	48	1. 5	8.8	II
	乡宁矿区及外围	1.36	1.7～2.3	34	1. 5	8.4	II
陕北石炭纪—二叠纪煤田	古城矿区及外围	2.05	0.6～1.0	51	1.5	9.4	I
	府谷矿区及外围	2.05	0.6～1.0	51	1.5	9.4	I
	吴堡矿区及外围	2.15	1.4～1.6	53	1. 5	10.0	I
渭北石炭纪—二叠纪煤田	铜旬矿区及外围	1.06	1.8～2.4	40	1.0	8.6	II
	蒲白矿区及外围	1.09	1.6～2.4	40	1.0	8.6	II
	澄合矿区及外围	0.89	1.6～2.1	33	1.0	7.4	III
	韩城矿区及外围	1.09	1.8～2.3	41	1.0	8.6	II
宁东煤田	韦州矿区及外围	0.96	1.2～2.0	72	0.5	8.0	II

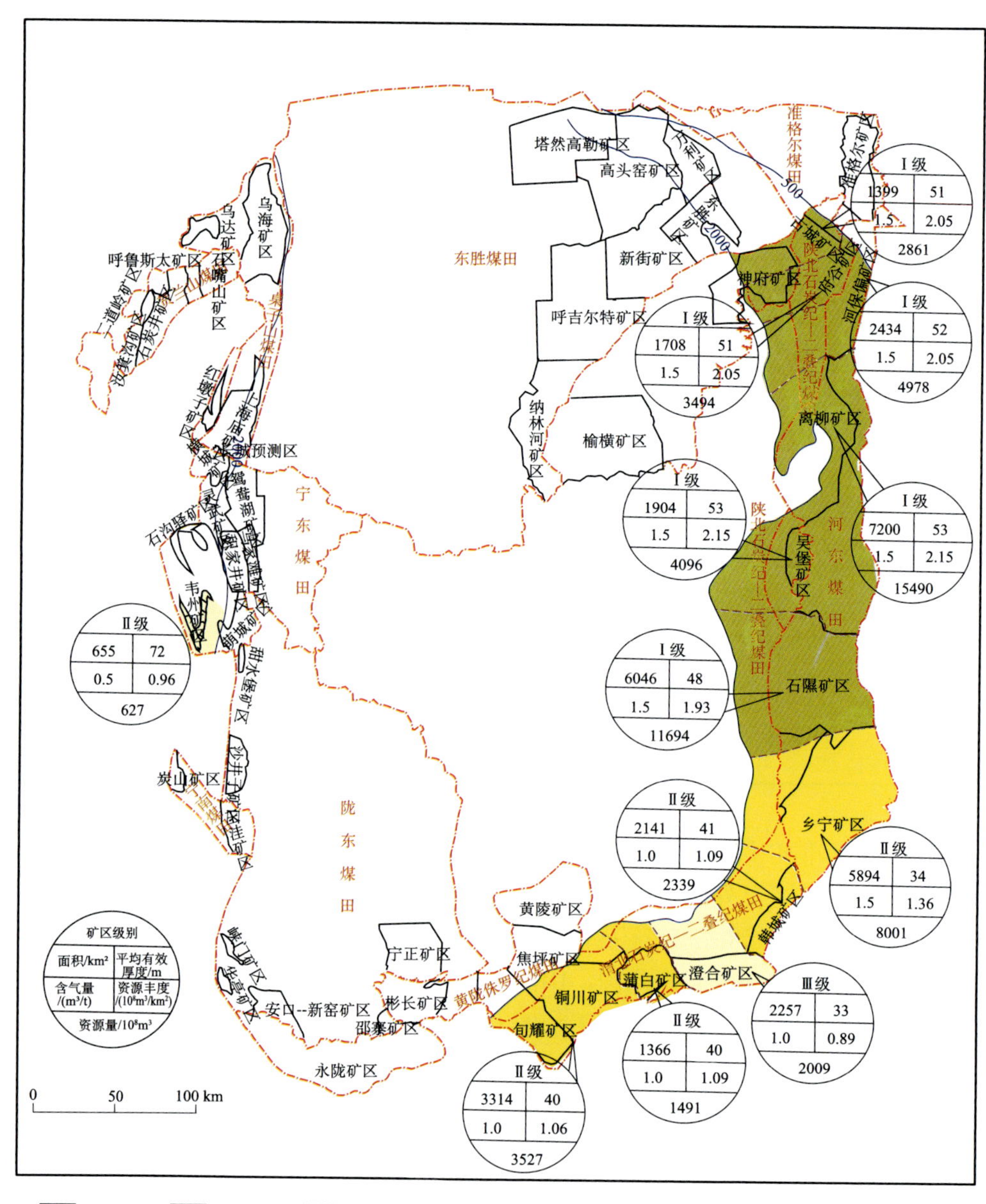

图 6.16　鄂尔多斯盆地石炭纪—二叠纪煤系页岩气资源潜力分级评价图

(五)侏罗系延安组煤系页岩气潜在资源量估算与分级

本书估算鄂尔多斯盆地侏罗系 2000m 以浅煤系页岩气资源量。以矿区为单位，经过各项参数的叠加，挑选出符合起算标准($0.5\%<R_o<3.5\%$、$h_y>30$m、500m$<h_{埋深}<$2000m、$S_{有效}>50\text{km}^2$)的矿区 12 个。初步估算出延安组煤系页岩气总资源量为 $1.5213\times10^{12}\text{m}^3$(表 6.15)。

表 6.15　延安组煤系页岩气资源量估算表

煤田	矿区名称	有效厚度/m	面积/km²	含气量/(m³/t)	资源丰度/($10^8m^3/km^2$)	资源量/10^8m^3
东胜煤田	塔然高勒矿区	60	1449	0.61	0.94	1366
	高头窑矿区	42	1355	0.61	0.66	898
	东胜矿区	32	643	0.61	0.50	323
	新街矿区	48	1985	0.71	0.88	1744
	呼吉尔特矿区	70	3216	0.71	1.27	4093
	纳林河矿区	50	1995	0.71	0.92	1828
桌子山煤田	上海庙矿区	30	707	0.61	0.47	334
宁东煤田	灵武矿区	43	558	0.61	0.67	375
陇东煤田	宁正矿区	38	1060	0.71	0.70	746
陕北侏罗纪煤田	榆神矿区	40	838	0.71	0.73	611
	榆横矿区	40	3078	0.71	0.74	2263
黄陇侏罗纪煤田	彬长矿区	37	943	0.71	0.67	632
汇总			17827			15213

根据鄂尔多斯盆地煤系页岩气资源潜力分级标准(表 6.11～表 6.13)，划分各矿区的煤系页岩气资源等级(表 6.16)。Ⅱ级：呼吉尔特矿区；Ⅲ级： 东胜矿区、上海庙矿区、彬长矿区、塔然高勒矿区、新街矿区、纳林河矿区、高头窑矿区、灵武矿区、宁正矿区、榆神矿区、榆横矿区。鄂尔多斯盆地延安组页岩气资源潜力分级评价图如图 6.17 所示。

表 6.16　侏罗系延安组各矿区煤系页岩气资源级别划分表

煤田	矿区名称	资源丰度/($10^8m^3/km^2$)	R_o/%	有效厚度/m	含气量/(m³/t)	评价分数	级别
东胜煤田	塔然高勒矿区	0.94	0.52～0.58	60	0.61	7.6	Ⅲ
	高头窑矿区	0.66	0.50～0.58	42	0.61	7.2	Ⅲ
	东胜矿区	0.50	0.50～0.54	32	0.61	6.8	Ⅲ
	新街矿区	0.88	0.50～0.60	48	0.71	7.2	Ⅲ
	呼吉尔特矿区	1.27	0.60～0.64	70	0.71	8.4	Ⅱ
	纳林河矿区	0.92	0.64～0.66	50	0.71	7.6	Ⅲ
桌子山煤田	上海庙矿区	0.47	0.50～0.52	30	0.61	6.8	Ⅲ
宁东煤田	灵武矿区	0.67	0.51～0.56	43	0.61	7.2	Ⅲ
陇东煤田	宁正矿区	0.70	0.60～0.64	38	0.71	6.8	Ⅲ
陕北侏罗纪煤田	榆神矿区	0.73	0.60～0.62	40	0.71	7.2	Ⅲ
	榆横矿区	0.74	0.64～0.66	40	0.71	7.2	Ⅲ
黄陇侏罗纪煤田	彬长矿区	0.67	0.58～0.64	37	0.71	6.8	Ⅲ

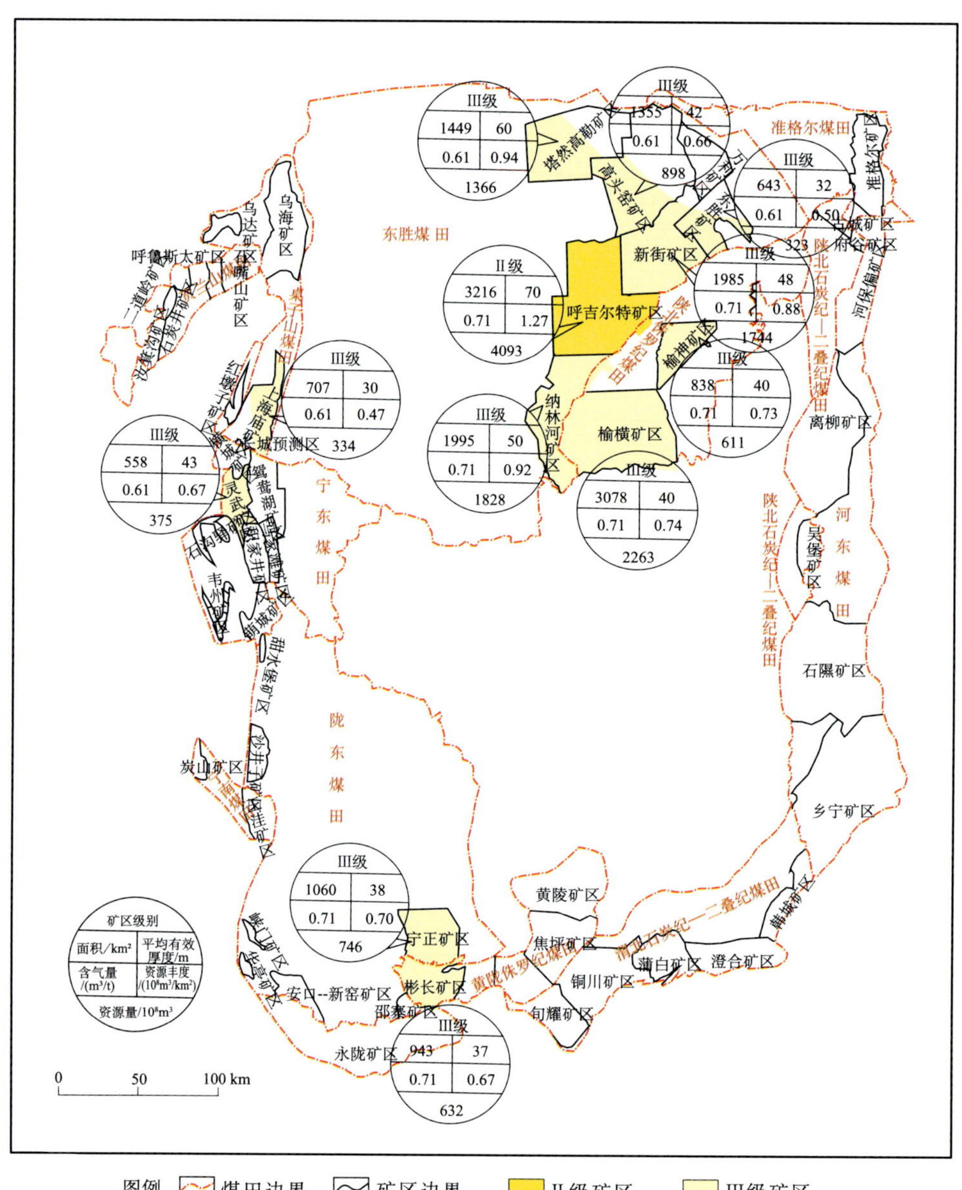

图 6.17 鄂尔多斯盆地延安组页岩气资源潜力分级评价图

三、煤系砂岩气资源量评价

本书选取鄂尔多斯盆地煤田矿区为基本单元，对盆地内埋深 2000 以浅的煤系砂岩储层进行综合评价，初步估算了煤系砂岩气的地质资源量，为进一步优化煤系砂岩气勘探区块和煤系气综合勘探开发提供了理论支撑。

(一)煤系砂岩气资源量估算方法

国内外成熟的致密砂岩气资源评价方法及我国的《致密砂岩气地质评价方法》(GB/T 30501—2014)都是基于大量开发井的地质资料和产量历史数据，适用于勘探开发程度较高的地区。鄂尔多斯盆地煤系致密砂岩气勘探程度较低，缺乏含气饱和度、含水饱和度等参数，因此采用资源丰度类比法/地质类比法对盆地内煤系致密砂岩气源量进行估算，其基本步骤如下。

(1)对国内外典型致密砂岩气藏进行解剖对比及对含气性影响关键参数进行研究，建立致密砂岩气的地质评价打分标准。

(2)利用打分标准对国内外勘探开发程度较高的致密砂岩气田进行评分，建立地质评分与资源丰度的相关性图版，得到经验公式(图 6.18)。

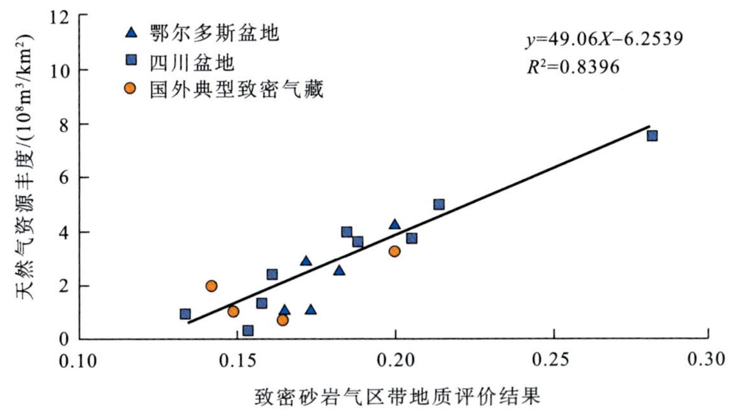

图 6.18 典型致密砂岩气藏地质评分与资源丰度的关系(据鲁雪松等，2014，修改)

(3)根据鄂尔多斯盆地煤田沉积环境、煤系烃源岩砂岩储层及盖层发育情况、构造热演化等因素，结合各个矿区煤炭资源勘查的实际情况，参考鲁雪松等(2014)建立的评价库车侏罗系致密砂岩气的地质评价方法，并将其修改简化，建立符合鄂尔多斯煤系砂岩气的评价标准(表 6.17)。

表 6.17 鄂尔多斯盆地煤系砂岩气地质评价标准

评分标准		权重	评分等级(评价分值)			
			好 (1～0.75)	较好 (0.75～0.5)	中等 (0.5～0.25)	差 (0.25～0)
生	成熟度/%	0.1	>2.0	2.0～1.3	1.3～0.7	<0.7
	生气强度/10^8km^2	0.2	>60	60～25	10～25	<10
储	沉积相类型	0.1	滨岸相、三角洲前缘相	扇三角洲相、滨浅湖相	河流相、潮坪相	洪、冲积相、深水湖盆相
	孔隙度/%	0.2	>9	6～9	3.5～6	<3.5

续表

评分标准		权重	评分等级(评价分值)			
			好 (1～0.75)	较好 (0.75～0.5)	中等 (0.5～0.25)	差 (0.25～0)
储	渗透率/$10^{-3}\mu m^2$	0.15	>1	0.1～1	0.05～0.1	<0.05
	平均厚度/m	0.1	>75	75～50	50～25	<25
盖	岩性	0.1	膏岩层、泥膏岩	厚层泥岩	泥岩、含砂泥岩	脆泥岩、砂质泥岩
	埋深/m	0.05	>2000	2000～1500	1500～500	<500
	断裂破坏程度	0.1	无破坏	破坏弱	破坏较强	破坏强烈

注：如评价矿区内无砂岩储层孔渗数据，将孔渗对应的权重按其他项权重的大小按比例分配到其他项。

(4)根据打分标准对鄂尔多斯盆地内煤田矿区的煤系砂岩烃源岩、储层及盖层进行综合打分，利用打分结果和拟合公式得到的公式计算资源丰度，进而估算预测资源量。

(二)鄂尔多斯盆地煤系砂岩气资源量估算

1. 估算对象

石炭纪—二叠纪煤系地层在鄂尔多斯盆地内分布广泛，煤系烃源岩演化程度高，具有“广覆式”生烃的特点，生气强度大，为煤系砂岩气成藏提供了物质基础，是本书煤系砂岩气的估算对象。作为煤系矿产资源的组成部分，煤系砂岩气估算深度为埋深2000m以浅。

延安组为侏罗系的主要含煤地层，煤层分布广泛，但是演化程度普遍偏低，镜质组反射率 R_{omax} 除在汝箕沟矿区外，均分布在0.6%左右，还未进入生气高峰阶段，煤系烃源岩还处于自生自储阶段，暂不能为煤系砂岩储层提供充足气源。因此，本书煤系砂岩气资源评价未对延安组煤系砂岩气资源量进行估算。

2. 估算方法

本节以国家规划矿区为基本单元，按照表6.17中的评价标准对每个矿区进行打分，根据图6.18中的拟合关系类比出相应矿区的资源丰度，进而估算出相应矿区砂岩气的资源量。

在对烃源岩(“生”)进行评时，成熟度数据主要来自收集的盆地内的煤田勘查报告，生气强度是根据图6.19中石炭纪—二叠纪煤系烃源岩现今生烃强度来进行评价。在对砂岩储层(“储”)进行评价时，由于本书以盆地内煤田勘查资料为基础，煤田勘查报告以煤层特征为主，对于煤系砂岩孔渗条件涉及较少，在评价过程中将孔渗对应的权重按其他项权重的大小分配到其他项中去。在对盖层进行评价时，岩性和埋深也可在煤田勘探报告中得到，但是对于构造破坏程度的评价带有较强的主观性。

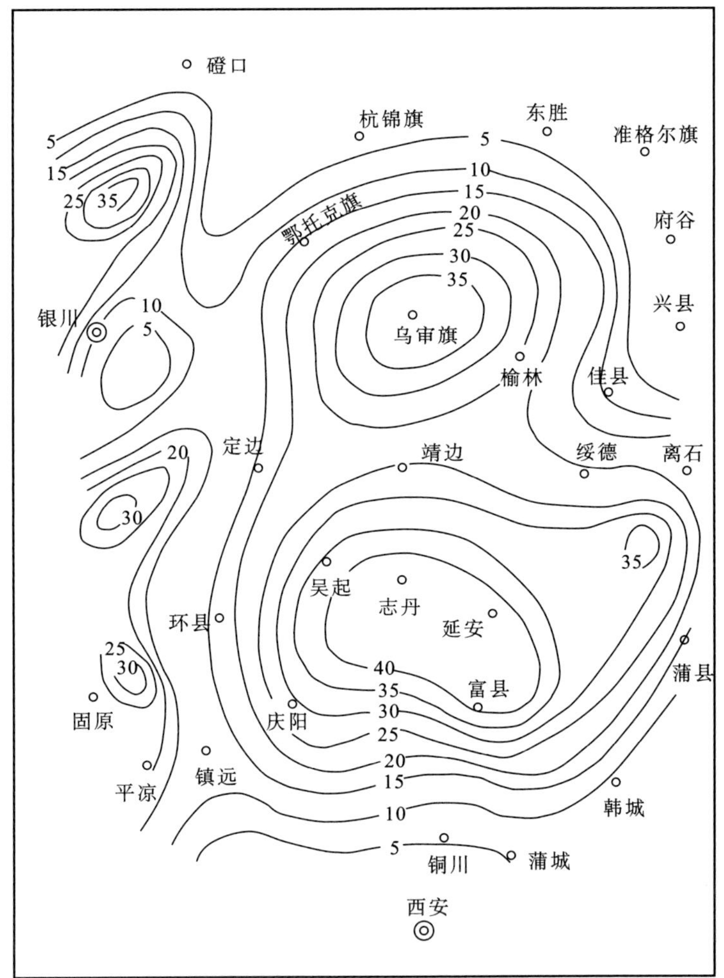

图 6.19 鄂尔多斯盆地石炭纪—二叠纪煤系烃源岩现今生烃强度图(据杨俊杰和裴锡古，1996)

图中等值线单位为 $10^8m^3/km^2$

(三)地质评分与资源量估算结果

鄂尔多斯盆地各矿区地质评分结果见表 6.18、资源量估算结果见表 6.19。鄂尔多斯盆地埋深 2000m 以浅的石炭纪—二叠纪煤系砂岩气(太原组和山西组)资源量的初步估算结果为 $1.8744\times10^{12}m^3$。

表 6.18 鄂尔多斯盆地煤田矿区及其外围地质评价结果

煤田名称	矿区名称	烃源岩条件		储层条件		盖层条件			评价结果
		成熟度(0.10)	生气强度(0.25)	沉积相类型(0.10)	储层厚度(0.20)	岩性(0.10)	埋深(0.10)	断裂破坏程度(0.15)	
准格尔煤田	准格尔矿区及外围	0.08	0.08	0.20	0.12	0.10	0.013	0.300	0.12830

续表

煤田名称	矿区名称	烃源岩条件		储层条件		盖层条件			评价结果
		成熟度(0.10)	生气强度(0.25)	沉积相类型(0.10)	储层厚度(0.20)	岩性(0.10)	埋深(0.10)	断裂破坏程度(0.15)	
河东煤田	河保偏矿区及外围	0.10	0.08	0.20	0.10	0.10	0.040	0.300	0.12900
	离柳矿区及外围	0.50	0.10	0.14	0.07	0.09	0.050	0.130	0.13650
	吴堡矿区及其外围	0.50	0.10	0.14	0.07	0.09	0.060	0.130	0.13750
	石隰矿区及外围	0.53	0.11	0.12	0.05	0.09	0.050	0.130	0.13600
	乡宁矿区及外围	0.60	0.12	0.13	0.04	0.09	0.050	0.120	0.14300
陕北石炭纪—二叠纪煤田	古城矿区及外围	0.10	0.08	0.20	0.10	0.10	0.040	0.300	0.12900
	府谷矿区及外围	0.10	0.08	0.20	0.10	0.10	0.040	0.300	0.12900
	吴堡矿区及外围	0.53	0.11	0.12	0.05	0.09	0.050	0.130	0.13600
渭北石炭纪—二叠纪煤田	韩城矿区及外围	0.65	0.11	0.15	0.03	0.10	0.040	0.100	0.14250
	澄合矿区及外围	0.65	0.09	0.13	0.04	0.10	0.040	0.080	0.13450
	蒲白矿区及外围	0.65	0.09	0.13	0.03	0.10	0.040	0.080	0.13250
	铜川矿区及外围	0.635	0.09	0.14	0.03	0.10	0.040	0.080	0.13200
	旬耀矿区及外围	0.64	0.09	0.14	0.03	0.10	0.040	0.080	0.21714
宁东煤田	韦州矿区及外围	0.50	0.17	0.10	0.17	0.05	0.050	0.005	0.14725
	石沟驿矿区及其外围	0.50	0.15	0.10	0.14	0.04	0.050	0.005	0.13525
	横城矿区	0.53	0.10	0.12	0.12	0.08	0.078	0.005	0.13055
	灵武矿区	0.53	0.10	0.12	0.12	0.08	0.078	0.005	0.13055
桌子山煤田	乌海矿区及外围	0.40	0.15	0.15	0.09	0.10	0.035	0.050	0.13150
	乌达矿区及外围	0.40	0.152	0.15	0.09	0.10	0.035	0.050	0.13200
	红墩子矿区及外围	0.53	0.10	0.12	0.11	0.08	0.070	0.005	0.13070
	上海庙矿区及外围	0.53	0.10	0.12	0.11	0.08	0.070	0.005	0.13070
贺兰山煤田	石嘴山矿区及外围	0.40	0.16	0.10	0.16	0.08	0.030	0.050	0.13420
	呼鲁斯太矿区	0.61	0.10	0.10	0.14	0.08	0.020	0.005	0.13475
	二道岭矿区	0.61	0.10	0.10	0.14	0.08	0.020	0.005	0.13375
	汝箕沟矿区	0.61	0.10	0.10	0.14	0.08	0.025	0.005	0.13525
	石炭井矿区	0.60	0.10	0.10	0.14	0.08	0.025	0.005	0.13425

表 6.19　鄂尔多斯盆地煤系砂岩气资源量估算结果

煤田名称	矿区及其外围	面积/km^2	砂岩层位	地质评价结果	资源丰度/($10^8m^3/km^2$)	预测资源量/10^8m^3
准格尔煤田	准格尔矿区及外围	9159	P_1s、C_2t	0.128300	0.04	371
河东煤田	河保偏矿区及外围	2434	P_1s、C_2t	0.133000	0.27	660
	离柳矿区及外围	6446	P_1s、C_2t	0.136500	0.44	2854
	石隰矿区及外围	6040	P_1s、C_2t	0.138000	0.52	3119
	乡宁矿区及外围	5894	P_1s、C_2t	0.143000	0.76	4489

续表

煤田名称	矿区及其外围	面积/km^2	砂岩层位	地质评价结果	资源丰度/($10^8m^3/km^2$)	预测资源量/10^8m^3
陕北石炭纪—二叠纪煤田	古城矿区及外围	1399	P_1s、C_2t	0.133000	0.27	379
	府谷矿区及外围	1708	P_1s、C_2t	0.133000	0.27	463
	吴堡矿区及外围	2659	P_1s、C_2t	0.137500	0.49	1308
渭北石炭纪—二叠纪煤田	韩城矿区及外围	2142	P_1s、C_2t	0.142500	0.74	1579
	澄合矿区及外围	2258	P_1s、C_2t	0.134500	0.34	778
	蒲白矿区及外围	1366	P_1s、C_2t	0.132500	0.25	337
	铜川矿区及外围	2219	P_1s、C_2t	0.132000	0.22	493
	旬耀矿区及外围	1095	P_1s、C_2t	0.131900	0.22	238
宁东煤田	韦州矿区及外围	203	P_1s、C_2t	0.137250	0.48	97
	石沟驿矿区及外围	98	P_1s、C_2t	0.135250	0.38	37
	横城矿区	412	P_1s、C_2t	0.130550	0.15	62
	灵武矿区	327	P_1s、C_2t	0.130550	0.15	49
桌子山煤田	乌海矿区及外围	1600	P_1s、C_2t	0.131500	0.20	316
	乌达矿区及外围	1055	P_1s、C_2t	0.132000	0.22	234
	红墩子矿区及外围	217	P_1s、C_2t	0.130700	0.16	34
	上海庙矿区及外围	591	P_1s、C_2t	0.158242	0.15	94
贺兰山煤田	石嘴山矿区及外围	707	P_1s、C_2t	0.134200	0.33	233
	呼鲁斯太矿区	151	P_1s、C_2t	0.134750	0.36	54
	二道岭矿区	170	P_1s、C_2t	0.133750	0.31	52
	汝箕沟矿区	384	P_1s、C_2t	0.135250	0.38	146
	石炭井矿区	807	P_1s、C_2t	0.134250	0.33	268
合计						18744

(四)资源量与分级评价

根据每个矿区地质评价结果及估算资源量结果，将鄂尔多斯盆地内含有煤系砂岩气的矿区分为3类。其中，Ⅰ级矿区，预测资源丰度大于$0.5\times10^8m^3/km^2$，煤系砂岩气资源量丰富，储层条件良好，勘探开发条件良好，具有经济价值；Ⅱ级矿区，预测资源丰度介于$0.25\times10^8\sim0.5\times10^8m^3/km^2$，煤系砂岩气资源量中等，储层条件中等，勘探开发价值处于边际经济类型；Ⅲ级矿区，预测资源丰度低于$0.25\times10^8m^3/km^2$，煤系砂岩气资源量少且储层条件差，勘探开发价值处于内蕴经济的类型。

鄂尔多斯盆地煤系砂岩气评价结果(图6.20)如下所述。

Ⅰ级矿区：石隰矿区及外围、乡宁矿区及外围和韩城矿区及外围。

Ⅱ级矿区：河保偏矿区及外围、古城矿区及外围、府谷矿区及外围、吴堡矿区及其外围、离柳矿区及外围、澄合矿区及外围、韦州矿区及外围、石沟驿矿区及外围、汝箕沟矿区、呼鲁斯太矿区、二道岭矿区和石炭井矿区。

Ⅲ级矿区：横城矿区、灵武矿区、乌海矿区及外围、乌达矿区及外围、上海庙矿区及外围、红墩子矿区及外围、石嘴山矿区、准格尔矿区及外围、蒲白矿区及外围、铜川矿区及外围和旬耀矿区及外围。

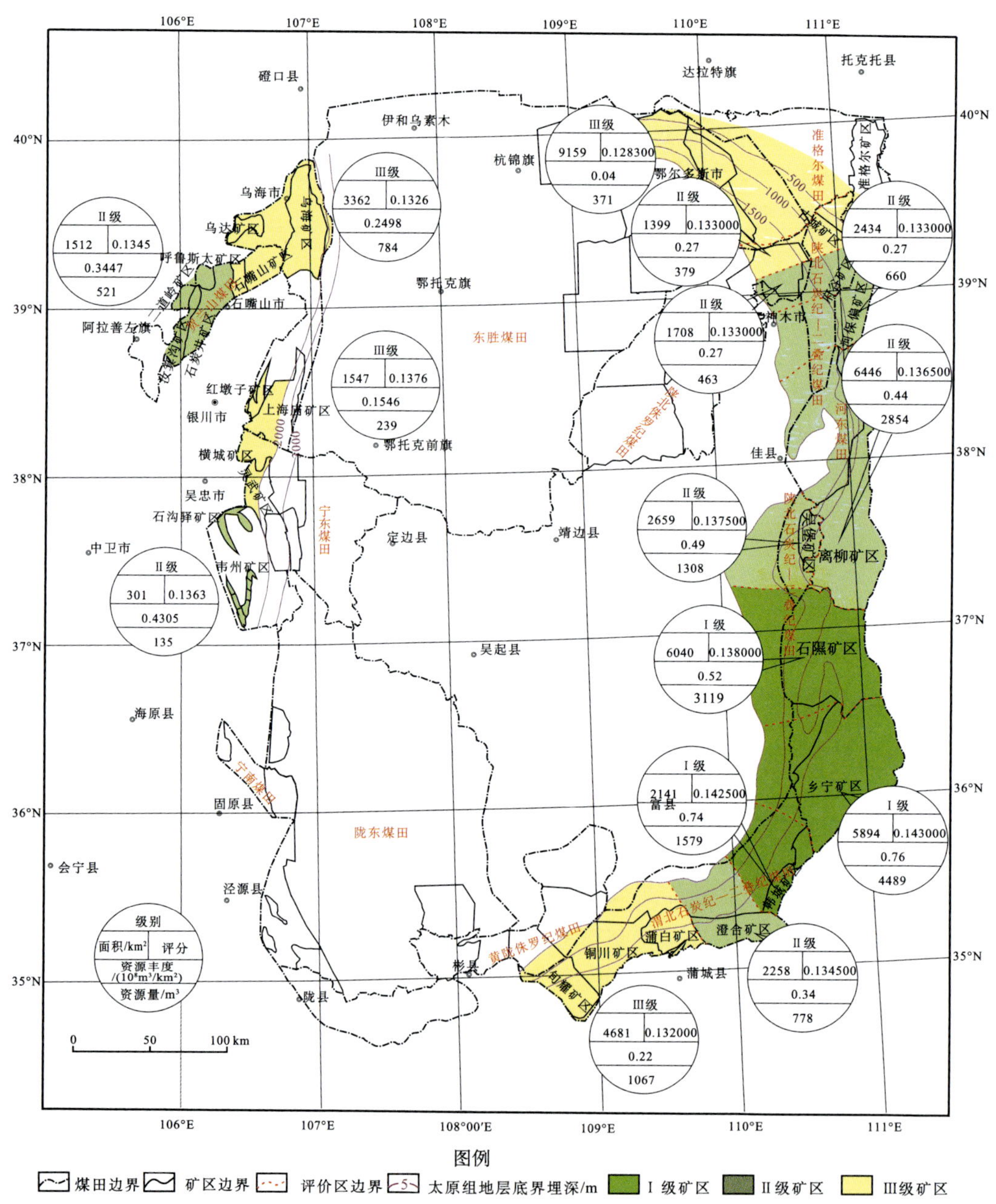

图 6.20 鄂尔多斯盆地石炭纪—二叠纪煤系砂岩气资源源潜力分级评价图

四、煤中金属元素矿产

本节根据前期测试研究资料，结合实际测试分析资料，以鄂尔多斯盆地西缘、北部(准格尔煤田、东胜煤田)、南部(渭北石炭纪—二叠纪煤田、黄陇侏罗纪煤田)、东缘(河东煤田)的石炭系—二叠系山西组、太原组煤层(含顶底板、夹矸)及侏罗系延安组煤层(含顶底板、夹矸)为研究对象，对研究区内有益金属元素(Ga、Ge、Li、REY)的异常高值(即达到或超过边界或工业品位)进行梳理，划分了煤系有益金属富集区带。为尽可能保证资源量的可信程度，仅对研究程度较高、资料相对丰富的准格尔煤田、渭北石炭纪—二叠纪煤田两个富集区中的Ga元素资源量进行了初步估算。

考虑到煤系中赋存着多种类型的矿产资源，为使煤系矿产资源综合勘查、开发利用时提高资源利用率，真正达到“一孔多用”的效果，且鉴于目前没有相关规范规定针对煤系矿产资源综合勘查时这些有益金属矿产的评价指标，本节暂采用“国家矿产资源储量技术标准体系建设项目”下子课题“含煤岩系矿产综合勘查评价研究”(编号：CB2015-6-2)中“综合评价参考指标”及“边界品位”的概念。在有利富集区带界定时对含量要求更高，采用“边界品位”的数值进行划分(表 6.20)。

表 6.20 煤中有益金属元素矿产综合评价参考指标

金属矿产	综合评价参考指标	边界品位	依据
Ga/(μg/g)	25	30	宁树正等(2017)
Li/(μg/g)	80	120	宁树正等(2017)
Al_2O_3/%	35	40	宁树正等(2017)
REY/(μg/g)	300	500	孙玉壮等(2014)，代世峰等(2014)

其中，综合评价参考指标(或称为“综合评价品位”)是指煤系共、伴生矿产进行综合评价、勘查项目中估算资源量的最低含量要求。虽未达到单矿种边界品位，在当前技术经济条件下不具单独开采价值，但可综合回收利用的矿产，相当于伴生矿产。边界品位是指矿体圈定时对单个矿样中有用组分含量的最低要求，以作为区分矿石与围岩的一个最低界限。

(一)异常值分布

1. 煤灰中 Al_2O_3

煤灰中 Al_2O_3 主要分布于准格尔煤田、桌子山煤田、贺兰山煤田、渭北石炭纪—二叠纪煤田及河东煤田等地区(表 6.21)。其中准格尔煤田 6 号煤普遍为高铝煤，Al_2O_3 含量在牛连沟、黑岱沟、哈尔乌素一带含量高达 50%左右，在龙王沟、东孔兑、孙家壕、

表 6.21　煤灰中 Al_2O_3 异常值分布表

煤田	样品产地	煤系	样品数/个	含量范围/%	算术均值/%	资料来源
桌子山煤田	上海庙长城矿	C—P	2	30.98～40.56	35.77	实测
贺兰山煤田	石炭井	C—P	1	42.21	42.21	实测
	石嘴山	C—P	1	49.14	49.14	实测
	石嘴山	C—P	5	29.25～40.45	36.46	孙军强等(2010a)
	沙巴台	C—P	1	42.38	42.38	实测
宁东煤田	横城	C—P	4	35.79～40.56	38.37	孙军强等(2010b)
准格尔煤田	红树梁	C—P	10	34.42～44.85	39.85	内蒙古自治区煤田地质局 153 勘探队(2010a)
	黄玉川	C—P	2	39-50	45.00	实测
	玻璃沟井田	C—P	22	29.46～46.38	37.85	内蒙古自治区煤田地质局 153 勘探队(2010b)
	蒙海井田	C—P	11	32.57～46.56	40.65	内蒙古自治区煤田地质局 153 勘探队(2010c)
	东坪井田	C—P	15	31.12～59.35	45.02	内蒙古自治区煤田地质局 151 勘探队(2006)
	魏家峁	C—P	66	27.16～54.59	40.79	内蒙古自治区煤田地质局 153 勘探队(2010d)
	唐家会	C—P	27	17.37～44.87	37.19	内蒙古自治区煤田地质局 153 勘探队(2010e)
	酸刺沟井田	C—P	10	31.88～46.99	38.35	内蒙古自治区煤田地质局 117 勘探队(2006a)
	酸刺沟井田	C—P	10	31.88～46.99	38.35	内蒙古自治区煤田地质局 117 勘探队(2006b)
	东孔兑	C—P	27	17.37～44.87	37.19	内蒙古自治区煤田地质局 153 勘探队(2010f)
陕北石炭纪—二叠纪煤田	府谷矿区	C—P	49	22.90～42.65	35.12	李智学等(2010)
	吴堡矿区	C—P	35	31.86～43.85	36.14	李智学等(2010)
渭北石炭纪—二叠纪煤田	韩城矿区	C—P	142	12.65～45.19	36.5	李智学等(2010)
	澄合矿区	C—P	84	18.75～43.10	31.89	李智学等(2010)
	蒲白矿区	C—P	35	22.91～40.40	31.74	李智学等(2010)
	铜川矿区	C—P	52	16.83～39.20	31.77	李智学等(2010)
河东煤田	河东煤田北部	C—P	76	28～51	40.093	山西省地质矿产局二一五大队(1985)
	河东煤田中部	C—P	14	17.05～44.21	35.937	山西省地质矿产局二一五大队(1987)

关子沟等地为 45%左右，准格尔煤田各勘查区 Al_2O_3 含量基本上全部达到或超过工业品位(40%)。桌子山煤田上海庙长城矿煤灰中 Al_2O_3 含量均值为 35.77%。在贺兰山煤田石

炭井、石嘴山等矿区含量更高，甚至超过工业品位40%。在鄂尔多斯盆地南部吴堡、韩城、澄合、蒲白、铜川等矿区，Al_2O_3 含量分布不均，但均值都在 30%以上，达到了煤灰中 Al_2O_3 的边界品位。

2. 煤中 Ga

鄂尔多斯盆地煤中 Ga 元素主要分布在准格尔煤田，在渭北石炭纪—二叠纪煤田也出现部分异常。准格尔煤田 Ga 元素含量为 4～70μg/g，在黑岱沟露天矿含量高达 45μg/g，在唐公塔含量均值为 32μg/g，达到工业边界品位 30μg/g。在东孔兑、唐公塔、哈尔乌素、罐子沟等地也出现富集。此外，在渭北石炭纪—二叠纪煤田铜川矿区东坡煤矿、澄合矿区中深部详查区及渭北蒲白朱家河也有异常值出现，含量分别高达 34μg/g，56.3μg/g 及 55μg/g（表 6.22）。

表 6.22　煤中 Ga 元素异常值分布

煤田/矿区	成煤时代	样品数	范围	算数平均值	资料来源
准格尔煤田	C—P	178	4～70	25.54	冯云杰(2007)，Wang 等(2011)
东坡煤矿	C—P	6	24～59	34	实测
澄合矿区	C—P	10	15～56.3	31.6	秦勇等(2016)
蒲白矿区	C—P	3	8.5～55	36.9	秦勇等(2016)
白音乌素井田	C—P	3	35～40	38	内蒙古自治区煤田地质局 117 勘探队(2008)
桌子山矿区	C—P	1	30.5	30.5	实测
河东煤田北部	C—P	104	9～34	26	高颖和郭英海(2012)

3. 煤中 Li

鄂尔多斯盆地煤中 Li 元素在准格尔矿区、石炭井矿区、鸳鸯湖矿区等均有异常值出现。准格尔煤田煤中 Li 元素含量为 80.7～710μg/g，Li 元素含量分布总体上表现为北高南低的趋势，在唐公塔含量最高，达 403.1μg/g，官板乌素含量次之，为 263.6μg/g，在串草圪旦及红树梁含量最低，分别为 61.3μg/g 和 23.8μg/g。在石炭井矿区、鸳鸯湖矿区、铜川矿区煤中 Li 含量分别达 294μg/g、173μg/g、92.2μg/g（表 6.23）。

表 6.23　煤中 Li 元素异常值分布

煤田/矿区	成煤时代	样品数	范围	算数平均值	资料来源
石炭井矿区	C—P	1	294	294	实测
沙巴台矿区	C—P	1	131	131	实测
鸳鸯湖矿区	C—P	1	173	173	实测

续表

煤田/矿区	成煤时代	样品数	范围	算数平均值	资料来源
澄合矿区	C—P	1	146	146	Wang 等(2011)，杨建业(2011)
蒲白矿区	C—P	1	109	109	Wang 等(2011)，杨建业(2011)
铜川矿区	C—P	1	92.2	92.2	Wang 等(2011)，杨建业(2011)
准格尔煤田	C—P	225	80.7～710	174.41	Sun 等(2012)，赵存良(2015)，Sun 等(2016)实测

4. 煤中稀土元素

鄂尔多斯盆地煤中稀土元素在宁东煤田鸳鸯湖矿区红墩子煤田出现异常高值，含量达 313.21μg/g，达到煤中稀土元素的综合利用指标(300μg/g)。虽然在准格尔矿区煤中稀土元素含量普遍未达到该值，但是大多数煤矿煤系稀土元素含量值在 100～200μg/g，相较中国煤及世界煤均值来说，属于富集状态。

(二)富集区带

基于上述分析，结合物源、沉积、构造-热演化等影响，煤系金属元素主要富集于鄂尔多斯盆地周缘地带，并初步圈定了准格尔煤田 Li-Al_2O_3-Ga-REY、渭北石炭纪—二叠纪煤田 Li-Ga-REY、桌子山煤田 Ga-Li-Al_2O_3、贺兰山煤田 Al_2O_3-Li 4 个富集区带(图 6.21)。

1. 准格尔煤田 Li-Al_2O_3-Ga-REY 富集区带

准格尔煤田位于内蒙古鄂尔多斯准格尔旗东部，北、东、南濒临黄河，西以垂深 1000m 为界。南北最长达 73km，东西最宽处达 55km，规划面积为 2900.45km^2。区内赋存晚古生代石炭纪—二叠纪含煤地层，煤层埋藏浅，厚度大且稳定，几乎全为长焰煤。

准格尔煤田 6 号煤普遍为高铝煤，Al_2O_3 含量在小鱼沟、黄玉川、哈尔乌素一带含量为 35%左右，甚至超过工业品位(40%)。

准格尔煤田高铝煤中富集 Ga、Li 等金属元素。其中，煤中 Ga 元素含量在哈尔乌素露天矿、黑岱沟露天矿等异常值分布较为明显，含量均值分别为 44.5μg/g、45μg/g，超过煤中 Ga 元素含量的边界品位。煤中 Li 元素含量异常相对煤中 Ga 元素含量异常更为普遍，在小鱼沟(80～116μg/g)、魏家牟(80.7μg/g)、黄玉川(97.4μg/g)、哈尔乌素(120～203μg/g)、黑岱沟(151～124μg/g)及官板乌素露天矿(265～710μg/g)等均有异常值出现，达到煤中 Li 元素含量的边界品位或者工业品位(表 6.24)。

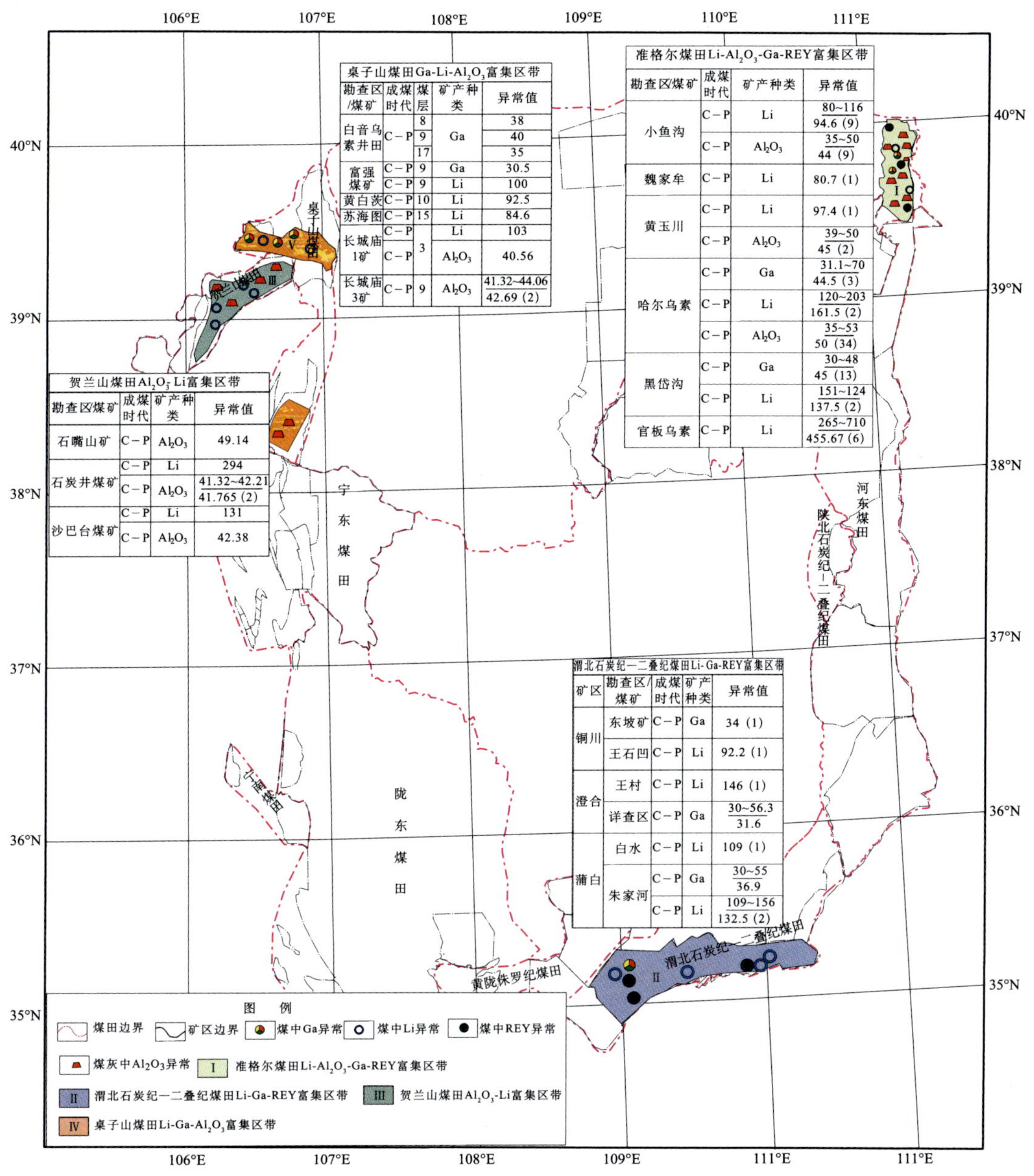

桌子山煤田Ga-Li-Al_2O_3富集区带

勘查区/煤矿	成煤时代	煤层	矿产种类	异常值
白音乌素井田	C－P	8	Ga	38
		9		40
		17		35
富强煤矿	C－P	9	Ga	30.5
	C－P	9	Li	100
黄白茨	C－P	10	Li	92.5
苏海图	C－P	15	Li	84.6
长城庙1矿	C－P	3	Li	103
	C－P		Al_2O_3	40.56
长城庙3矿	C－P	9	Al_2O_3	$\frac{41.32\sim44.06}{42.69(2)}$

准格尔煤田Li-Al_2O_3-Ga-REY富集区带

勘查区/煤矿	成煤时代	矿产种类	异常值
小鱼沟	C－P	Li	$\frac{80\sim116}{94.6(9)}$
	C－P	Al_2O_3	$\frac{35\sim50}{44(9)}$
魏家牟	C－P	Li	80.7 (1)
黄玉川	C－P	Li	97.4 (1)
	C－P	Al_2O_3	$\frac{39\sim50}{45(2)}$
哈尔乌素	C－P	Ga	$\frac{31.1\sim70}{44.5(3)}$
	C－P	Li	$\frac{120\sim203}{161.5(2)}$
	C－P	Al_2O_3	$\frac{35\sim53}{50(34)}$
黑岱沟	C－P	Ga	$\frac{30\sim48}{45(13)}$
	C－P	Li	$\frac{151\sim124}{137.5(2)}$
官板乌素	C－P	Li	$\frac{265\sim710}{455.67(6)}$

贺兰山煤田Al_2O_3-Li富集区带

勘查区/煤矿	成煤时代	矿产种类	异常值
石嘴山矿	C－P	Al_2O_3	49.14
石炭井煤矿	C－P	Li	294
	C－P	Al_2O_3	$\frac{41.32\sim42.21}{41.765(2)}$
沙巴台煤矿	C－P	Li	131
	C－P	Al_2O_3	42.38

渭北石炭纪—二叠纪煤田Li-Ga-REY富集区带

矿区	勘查区/煤矿	成煤时代	矿产种类	异常值
铜川	东坡矿	C－P	Ga	34 (1)
	王石凹	C－P	Li	92.2 (1)
澄合	王村	C－P	Li	146 (1)
	详查区	C－P	Ga	$\frac{30\sim56.3}{31.6}$
蒲白	白水	C－P	Li	109 (1)
	朱家河	C－P	Ga	$\frac{30\sim55}{36.9}$
		C－P	Li	$\frac{109\sim156}{132.5(2)}$

图 6.21 鄂尔多斯盆地煤中金属元素矿产富集区带图

$\frac{80\sim116}{44.6(9)}$表示$\frac{最小值\sim最大值}{均值(样品数)}$；Ga、Li 元素异常值单位 μg/g；$Al_2O_3$ 异常值单位为%，下同

2. 渭北石炭纪—二叠纪煤田 Li- Ga-REY 富集区带

渭北石炭纪—二叠纪煤田位于渭河北岸，关中平原东北部。东以黄河为界，南以嵯峨山、将军山、尧山、露井一线的上石炭统太原组露头线为界，西至嵯峨山—凤凰山一

表 6.24　准格尔煤田 Li-Al_2O_3-Ga-REY 富集区带含量一览表

矿区	勘查区/煤矿	成煤时代	矿产种类	异常值	资料来源
准格尔矿区	小鱼沟	C—P	Li	80～116 94.6(9)	赵存良(2015)，Sun 等(2016)
		C—P	Al_2O_3	35～50 44(9)	赵存良(2015)，Sun 等(2016)
	魏家牟	C—P	Li	80.7(1)	实测
	黄玉川	C—P	Li	97.4(1)	实测
		C—P	Al_2O	39～50 45(2)	实测
	哈尔乌素	C—P	Ga	31.1～70 44.5(3)	赵存良(2015)，Wang 等(2011)，Dai 等(2008)
		C—P	Li	120～203 161.5(2)	赵存良(2015)，Wang 等(2011)，Dai 等(2008)
		C—P	Al_2O_3	35～53 50(34)	赵存良(2015)，Wang 等(2011)，Dai 等(2008)
	黑岱沟	C—P	Ga	30～48 45(13)	Dai 等(2006)，Dai 等(2008)
		C—P	Li	151～124 137.5(2)	Dai 等(2006)，Dai 等(2008)
	官板乌素	C—P	Li	265～710 455.67(6)	赵存良(2015)

注：表中 Li、Ga 元素异常值单位为 μg/g；Al_2O_3 异常值单位为%。

线，北至太原组，底界为–1300m 等高线，即宜川、寿峰、黄龙、宜君、马栏一线。其地理坐标为北纬 34°45′～36°05′，东经 107°55′～109°35′，包括韩城、澄城、合阳、白水、蒲城、洛川、黄龙、宜川、宜君、铜川、黄陵、旬邑 12 个县市，煤田东西长 200km，南北宽 30～55km，煤层埋深 2000m，含煤面积 9887.98km^2，从东北到西南分属韩城、澄合、蒲白、铜川 4 个矿区。

渭北石炭纪—二叠纪煤田主要存在煤中 Ga、Li 元素异常，主要分布于铜川矿区、澄合矿区及蒲白矿区，煤中 Ga 元素含量范围分别为 34μg/g、30～56.3 μg/g、30～55 μg/g，均达到或超过边界(工业)品位，煤中 Li 元素含量分别为 92.2μg/g、146μg/g、109μg/g、132.5μg/g，达到或超过煤中 Li 元素边界或工业品位(表 6.25)。

表 6.25　渭北石炭纪—二叠纪煤田 Li- Ga-REY 富集区带含量一览表

矿区	勘查区/煤矿	成煤时代	矿产种类	异常值/(μg/g)	资料来源	备注
铜川矿区	东坡煤矿	C—P	Ga	34(1)	实测	
	王石凹矿	C—P	Li	92.2(1)	Wang 等(2011)，杨建业(2011)	

续表

矿区	勘查区/煤矿	成煤时代	矿产种类	异常值/(μg/g)	资料来源	备注
澄合矿区	王村	C—P	Li	146(1)	Wang 等(2011)，杨建业(2011)	
	详查区	C—P	Ga	30～56.3 31.6	Wang 等(2011)，杨建业(2011)，秦勇等(2008)	样品数不详
蒲白矿区	白水	C—P	Li	109(1)	Wang 等(2011)，杨建业(2011)	
	朱家河	C—P	Ga	30～55 36.9	Wang 等(2011)，杨建业(2011)，秦勇等(2008)	样品数不详
		C—P	Li	109～156 132.5(2)	Wang 等(2011)，杨建业(2011)，秦勇等(2008)	

3. 桌子山煤田 Ga-Li- Al_2O_3 富集区带

桌子山煤田地质工作远景区位于内蒙古西部，西至阿拉善左旗，东至鄂尔多斯盆地西缘桌子山东麓大断裂，南至内蒙古与甘肃省境界线，北至乌达区。就目前掌握的资料来看，远景区富集 Ga、Li、Al_2O_3 等多种金属元素(表 6.26)。

表 6.26　桌子山煤田 Ga-Li- Al_2O_3 富集区带

勘查区/煤矿	成煤时代	煤层	矿产种类	异常值	资料来源
白音乌素井田	C—P	8 号	Ga	38	赵海燕等(2008)
		9 号	Ga	40	
		17 号	Ga	35	
富强煤矿	C—P	9 号	Ga	30.5(1)	实测
	C—P	9 号	Li	100(1)	实测
黄白茨煤矿	C—P	10 号	Li	92.5(1)	实测
苏海图煤矿	C—P	15 号	Li	84.6(1)	实测
长城庙 1 矿	C—P	3 号	Li	103(1)	实测
	C—P	3 号	Al_2O_3	40.56(1)	实测
长城庙 3 矿	C—P	9 号	Al_2O_3	41.32～44.06 42.69(2)	实测

注：表中 Ga、Li 元素异常值单位为 μg/g，Al_2O_3 异常值单位为%。

平面上，煤中 Ga 元素在白音乌素井田 8 号、9 号、17 号煤层中均有富集，此外，富强煤矿 9 号煤中含量为 30.5μg/g，也达到其边界品位。煤中 Li 元素主要富集在富强煤矿 9 号煤、黄白茨煤矿 10 号煤、苏海图煤矿 15 号煤及长城庙 1 矿，在长城庙 1 矿含量最高，高达 103μg/g。煤灰中 Al_2O_3 主要异常富集在长城庙 1 矿 3 号煤及长城庙 3 矿 9 号煤中，含量均值分别为 40.56%和 42.69%，超过煤灰中 Al_2O_3 工业品位 40%。

垂向上，煤中 Li 元素、煤灰中 Al_2O_3 表现出明显的随煤层深度变化的趋势，煤层号越小，煤中 Li 元素含量越高，煤灰中 Al_2O_3 则呈减小的趋势。煤中 Ga 元素并未表现出明显的规律。这可能与不同金属元素本身的地球化学性质、赋存状态等有一定关系。

4. 贺兰山煤田 Al_2O_3- Li 富集区带

贺兰山煤田位于宁夏北部、贺兰山北段和中段，范围为：北、西均以内蒙古省界分界，南边界以青铜峡-固原大断裂为界，东边界以贺兰山东麓断层为界，煤田呈北北东向带状展布，长 100km、宽 20～30km，面积约 2500km^2。行政区属于石嘴山市和银川市管辖。地理坐标为东经 105°47′53″～106°43′03″；北纬 38°06′33″～39°22′42″。

煤中 Li 元素异常分布较广泛，在贺兰山煤田石嘴山矿区、石炭井矿区、沙巴台矿区均超过边界品位。煤灰中 Al_2O_3 异常分布主要集中在贺兰山煤田中北部，在石嘴山矿区、石炭井矿区、沙巴台矿区含量均值都高于煤灰中 Al_2O_3 的工业品位（表 6.27）。其中沙巴台矿区 Al_2O_3 含量最高，达 42.38%，煤中 Li 元素含量为 294μg/g，分别达边界品位。

表 6.27　贺兰山煤田 Al_2O_3- Li 富集区带

矿区	勘查区/煤矿	成煤时代	矿产种类	异常值	资料来源
石嘴山矿区	石嘴山矿	C—P	Al_2O_3	49.14(1)	实测
石炭井矿区	石炭井煤矿	C—P	Li	294(1)	实测
		C—P	Al_2O_3	41.32～42.21 / 41.765(2)	实测
沙巴台矿区	沙巴台煤矿	C—P	Li	131(1)	实测
		C—P	Al_2O_3	42.38(1)	实测

注：表中 Li 元素异常值单位为 μg/g，Al_2O_3 异常值单位为%。

（三）资源量估算

1. 基本原则

本书在对稀散金属矿产资源量进行估算时遵循以下主要原则。

(1) 对煤中稀散金属矿产进行的是概略研究，即通过地球化学异常或少量见矿工程资料，确定具有矿产资源潜力的地区，初步估算矿产资源量，可作为区域远景宏观决策的依据，总体上仅相当于国家标准《固体矿产资源/储量分类》(GB/T 17766—1999) 中内蕴经济的预测资源量。

(2) 煤中稀散金属矿产资源量估算采用含量-体积法，涉及含煤面积、煤层厚度、煤层视密度及稀散金属的边界品位、最低工业品位等计算参数。前 3 个参数之积是煤炭资源量/储量，可直接套用相关规划区煤炭资源评价成果。将高于或等于某稀散金属元素“规定”品位所对应的煤炭资源量/储量与该金属元素评价含量的乘积，作为煤中该稀散金属矿产的资源量，单位为万 t。

(3)资源量计算的最小估算单位为规划区/勘探区范围内的单一可采煤层，同一勘探区同一可采煤层中必须有3件以上(含3件)煤样的有效(实测)数据方能作为计算依据。在评价区范围内，煤层可采厚度为0.7～0.8m，本书在评价时采用这一标准作为确定矿层最小可采厚度的基本依据。

(4)鉴于Ga等稀散金属元素在煤中以无机态赋存的实际情况及扩展前景视野的评价需求，本书在评价时进一步将预测资源量划分为煤中Ga元素贫矿预测资源量、富矿预测资源量和异常富矿预测资源量3种类型(表6.28)。在选择可采煤层的基础上，根据表6.28所定义的划分标准，确定煤中稀散金属矿产资源量类型。

表6.28　研究区煤中Ga元素预测资源量类型划分

指标	类型		
	贫矿预测资源量	富矿预测资源量	异常富矿预测资源量
原煤Ga元素含量/(μg/g)	15～30	30～50	＞50

2. 估算公式

以煤炭资源量和原煤Ga元素平均含量为依据，采用下式估算煤中Ga元素预测资源量

$$R_{Ga}=M_{Ga}\times R_c\times 10^{-6}$$

式中，R_{Ga}为煤中Ga元素资源量，10^4t；M_{Ga}为原煤Ga元素平均含量，μg/g；R_c为煤炭资源量/储量，10^4t。

3. 估算范围及对象

根据上述边界条件、煤中稀散金属元素含量实测数据统计结果及资料收集完备程度，确定参与本书煤中Ga元素资源量估算的规划区和煤层，如下所述。

(1)东胜、神府新民、榆神、榆横、彬长5个侏罗纪规划区，河保偏、离石、晋城、潞安等石炭纪—二叠纪规划区缺乏达到煤中稀散金属元素含量指标下限的煤层，这些规划区不参与本书资源量估算。

(2)桌子山煤田Ga-Li、贺兰山煤田Al_2O_3-Li两个远景区块中虽然有样品达到Ga元素含量的评价标准，但样品数较少，为尽可能保证资源量的可信程度，本书不予计算。

(3)准格尔、渭北石炭纪—二叠纪规划区均有煤层达到估算下限标准，煤中Ga元素含量基础数据较充足，本书对其煤中Ga元素资源量予以估算。

4. 估算结果

通过初步估算可知，准格尔矿区牛连沟8号煤层、唐公塔6号煤层、9号煤层、黑岱沟露天矿6号煤层中Ga元素含量均高于30μg/g，且低于50μg/g，经计算其预测资源

量分别为 0.059×10^4t、1.501×10^4t、0.206×10^4t 及 6.759×10^4t，共计该区富矿 Ga 元素预测资源量为 8.525×10^4t。准格尔矿区牛连沟 6 号和 9 号煤、哈尔乌素、东孔兑、龙王沟各煤层及黑岱沟 3 号、8 号、9 号煤层均属贫矿，其资源量共计 22.216×10^4t，准格尔矿区贫矿与富矿资源量共计 30.741×10^4t。

渭北石炭纪—二叠纪煤田均属贫矿，澄合矿区和朱家河 10 号煤层中预测资源量分别为 4.05×10^4t 和 3.83×10^4t，铜川矿区 5^{-2} 号煤预测资源量为 6.35×10^4t，共计 14.234×10^4t。

综上所述，鄂尔多斯盆地准格尔煤田、渭北石炭纪—二叠纪煤田中 Ga 元素预测资源量共计 44.97×10^4t，具有较大的资源潜力，在煤系矿产综合勘查、开发中应予以重视，从而实现资源的优化配置(表 6.29)。

表 6.29　准格尔煤田与渭北石炭纪—二叠纪煤田富集区 Ga 元素资源量估算表

规划区	勘查区	煤层	Ga 元素评价含量/(μg/g)	煤炭资源/10^4t	Ga 元素预测资源量/10^4t	
					贫矿	富矿
准格尔煤田	牛连沟	6 号	22.2	50405	1.119	
		8 号	36	1638		0.059
		9 号	23.3	7982	0.186	
	哈尔乌素	6 号	23.67	184132	4.358	
		8 号	24.7	5976	0.148	
		9 号	25.58	29124	0.745	
	东孔兑	3 号	20.57	21765	0.447	
		5 号	21	36277	0.762	
		6 号	22.15	354540	7.853	
		8 号	25.32	11532	0.292	
		9 号	25.18	56116	1.413	
	龙王沟	5 号	20	16050	0.321	
		6 号	19.81	156739	3.105	
		8 号	21	5079	0.106	
		9 号	20.1	24826	0.499	
	唐公塔	3 号	20	1300	0.026	
		6 号	37	40556		1.501
		9 号	32	6429		0.206
	黑岱沟	3 号	19.4	4845	0.094	
		6 号	44.8	150860		6.759
		8 号	25	4920	0.123	
		9 号	25	24760	0.619	
	小计				22.216	8.525
	总计				30.741	

续表

规划区	勘查区	煤层	Ga 元素评价含量/(μg/g)	煤炭资源/10^4t	Ga 元素预测资源量/10^4t	
					贫矿	富矿
渭北石炭纪—二叠纪煤田	澄合	10 号	20.81	194735	4.05	
	朱家	10 号	20.47	187320	3.83	
	铜川	5^{-2} 号	24	264735	6.354	
	小计				14.234	
	总计				14.234	
合计					44.97	

需要指出的是，上述计算结果略高于 2008 年《煤中有开发利用价值的微量元素研究》报告(首批煤炭国家规划矿区资源评价项目)(秦勇等，2008)煤中 Ga 元素预测资源量(准格尔矿区为 30.496×10^4t；渭北石炭纪—二叠纪煤田为 7.88×10^4t)。此外，上述结果与代世峰等(2006b)计算的准格尔煤田 6 号主采煤层的 Ga 元素的储量也有一定差异(按照 6 号煤层的全层煤样中 Ga 元素的权衡均值 44.8μg/g 计算，得到准格尔煤田 6 号主采煤层 Ga 元素的保有资源量为 6.3×10^4t，预测资源量为 85.7×10^4t)。本书评价与前两次评价结果出现不同程度的差异的原因在于随着近年来数据的不断补充、完善与更新、评价区中有资料的井田的增多或者井田中含量数据的变化。相信随着科学技术的不断进步和人类认知的不断完善，对于煤中稀散金属元素资源量的计算方法将更加全面，所得结果也必将更加准确。

第三节 煤系综合矿产资源评价

一、煤系综合矿产资源有利区评价

(一)评价区的概念

煤系矿产资源又称为煤系综合矿产资源，煤系共、伴生矿产资源，是指赋存于煤和煤系中、与煤矿床有成因联系或空间组合关系的所有矿产资源。煤系矿产资源的矿种较多，除主矿种——煤矿床之外，还有共生或伴生丰富的能源矿产、金属矿产和非金属矿产。鄂尔多斯盆地中煤系能源矿产有煤层气、煤系页岩气、煤系砂岩气、油页岩、砂岩型铀矿等，煤系金属矿产有分散在煤系或煤层中的铝、镓、锗、锂、稀土等，煤系非金属矿产有煤系高岭土、煤系铝土矿等。

煤系综合矿产资源有利区是指在区域地质调查的基础上，结合地质、地球化学、地球物理等资料，主要依据煤系矿产分布情况、地球化学指标、少量矿产含量(金属含量或含气量)参数，优选出具备煤系综合矿产资源形成的区域。煤系矿产资源评价区等级是在单矿种资源潜力评价等级的基础上，叠加综合评定的。

（二）评价对象

评价对象为煤系矿产资源中的煤层气、煤系页岩气、煤系砂岩气、铝、镓、锗、锂、稀土等，评价范围为鄂尔多斯盆地埋深2000m以浅，评价单元为矿区，评价层系为石炭系—二叠系太原组和山西组、侏罗系延安组。

（三）评价方法

评价采用单矿种分级、多矿种叠加的方法进行评价。根据煤系矿产资源中单矿种资源量评价等级进行有利区评价，将评价区划分为有利区、较有利区和次有利区。煤系矿产中有利矿种界定时，单矿种的资源量等级为一级或二级的矿种为有利矿种，有利矿种才能参与有利区煤系矿产的命名。煤系综合矿产评价区等级划分具体界定如下所述。

(1) 一等(有利区)：评价区内煤系矿产中至少有一种单矿产的资源量等级达到一级的区域为一等(有利区)。

(2) 二等(较有利区)：评价区内煤系矿产中至少有一种单矿产的资源量等级最高达到二级的区域为二等(较有利区)。

(3) 三等(次有利区)：评价区内煤系矿产中单矿产的资源量等级最高为三级的区域为三等(次有利区)。

（四）分矿区评价结果

对鄂尔多斯盆地内符合资源量估算标准的矿区进行了煤层气、煤系页岩气、煤系砂岩气、煤中金属元素的资源量估算。根据煤系气和煤中元素的资源量分级结果，采用多矿种叠加的方法，以矿区为单元，对鄂尔多斯盆地53个矿区进行了煤系综合矿产资源有利区优选(魏迎春等，2018)，最终优选出11个有利区、18个较有利区、24个次有利区(表6.30，图6.22)。

表6.30　鄂尔多斯盆地煤系综合矿产分区评价结果表

序号	煤田	矿区	单矿种评价等级				综合评定等级	矿种组合
			煤层气	煤系页岩气	煤系砂岩气	煤中金属元素		
1	桌子山煤田	乌达	2		3	2	二等	煤层气、Ga、Li
2		乌海	2		3	2	二等	煤层气、Ga、Li
3		上海庙	3	3	3	2	二等	煤系气、Al_2O_3、Li
4	贺兰山煤田	汝箕沟	3		2		二等	煤系砂岩气
5		石炭井	2		2	2	二等	煤层气、煤系砂岩气、Al_2O_3、Li
6		石嘴山	2		3	2	二等	煤层气、Al_2O_3、Li
7		二道岭	2		2		二等	煤层气、煤系砂岩气
8		呼鲁斯太	2		2		二等	煤层气、煤系砂岩气

续表

序号	煤田	矿区	单矿种评价等级				综合评定等级	矿种组合
			煤层气	煤系页岩气	煤系砂岩气	煤中金属元素		
9	宁东煤田	红墩子	2		3		二等	煤层气
10		横城			3		三等	
11		鸳鸯湖	3				三等	
12		灵武	3	3	3		三等	
13		马家滩	3				三等	
14		积家井	3				三等	
15		石沟驿	2	2	2		二等	煤系气
16		韦州	1	2	2		一等	煤系气
17		萌城	3				三等	
18	宁南煤田	王洼	3				三等	
19		炭山	3				三等	
20	陇东煤田	甜水堡	3				三等	
21		沙井子	3				三等	
22		峡门	3				三等	
23		华亭	3				三等	
24		安口-新窑	3				三等	
25		宁正	2	3			二等	煤层气
26		邵寨	2				二等	煤层气、煤系页岩气
27	黄陇侏罗纪煤田	永陇	2				二等	煤层气
28		彬长	1	3			一等	煤层气、煤系页岩气
29		焦坪	3				三等	
30		黄陵	3				三等	
31	渭北石炭纪—二叠纪煤田	旬耀	2	2	3		二等	煤层气、煤系页岩气
32		铜川	2	2	3	2	二等	煤层气、煤系页岩气、Li、 Ga、REY
33		蒲白	2	2	3	2	二等	煤层气、煤系页岩气、Li、 Ga
34		澄合	2	3	2	2	二等	煤层气、煤系砂岩气、 Li、Ga
35		韩城	2	2	1		一等	煤系气
36	河东煤田	乡宁	1	2	1		一等	煤系气
37		石隰	1	2	1		一等	煤系气
38		离柳	1	1	2	2	一等	煤系气、Al_2O_3
39		河保偏	1	1	2	2	一等	煤系气、Al_2O_3
40	陕北石炭纪—二叠纪煤田	吴堡	1	1	2		一等	煤系气
41		古城	1	1	2		一等	煤系气
42		府谷	1	1	2		一等	煤系气

续表

序号	煤田	矿区	单矿种评价等级				综合评定等级	矿种组合
			煤层气	煤系页岩气	煤系砂岩气	煤中金属元素		
43	陕北侏罗纪煤田	神府	3				三等	
44		榆神	3	3			三等	
45		榆横	3	3			三等	
46	东胜煤田	塔然高勒	3	3			三等	
47		高头窑	3	3			三等	
48		万利	3				三等	
49		东胜	3	3			三等	
50		新街	3	3			三等	
51		呼吉尔特	2	2			二等	煤层气、煤系页岩气
52		纳林河	3	3			三等	
53	准格尔煤田	准格尔	2		3	1	一等	煤层气、Li、Al_2O_3、Ga、REY

11个有利区分别为准格尔Li-Al_2O_3-Ga-REY与煤层气有利区、河保偏煤系气与Al_2O_3有利区、离柳煤系气与Al_2O_3有利区、石隰煤系气有利区、乡宁煤系气有利区、韩城煤系气有利区、府谷煤系气有利区、古城煤系气有利区、吴堡煤系气有利区、彬长煤系气有利区、韦州煤系气有利区(表6.31)。

表6.31 鄂尔多斯盆地煤系矿产评价有利区主要矿产资源量汇总表

有利区	煤层气 /10^8m^3	煤系页岩气 /10^8m^3	煤系砂岩气 /10^8m^3	煤中元素
准格尔 Li-Al_2O_3-Ga-REY 与煤层气有利区	1814		371	Ga：30.74×10^4t
河保偏煤系气与 Al_2O_3 有利区	3687	4978	660	
古城煤系气有利区	381	2861	379	
府谷煤系气有利区	74	3494	463	
离柳煤系气与 Al_2O_3 有利区	9239	15490	2854	
石隰煤系气有利区	19451	11694	3119	
乡宁煤系气有利区	9475	8001	4489	
韩城煤系气有利区	1235	2339	1579	
吴堡煤系气有利区	1386	4096	1308	
彬长煤系气有利区	607	632		
韦州煤系气有利区	580	627	97	

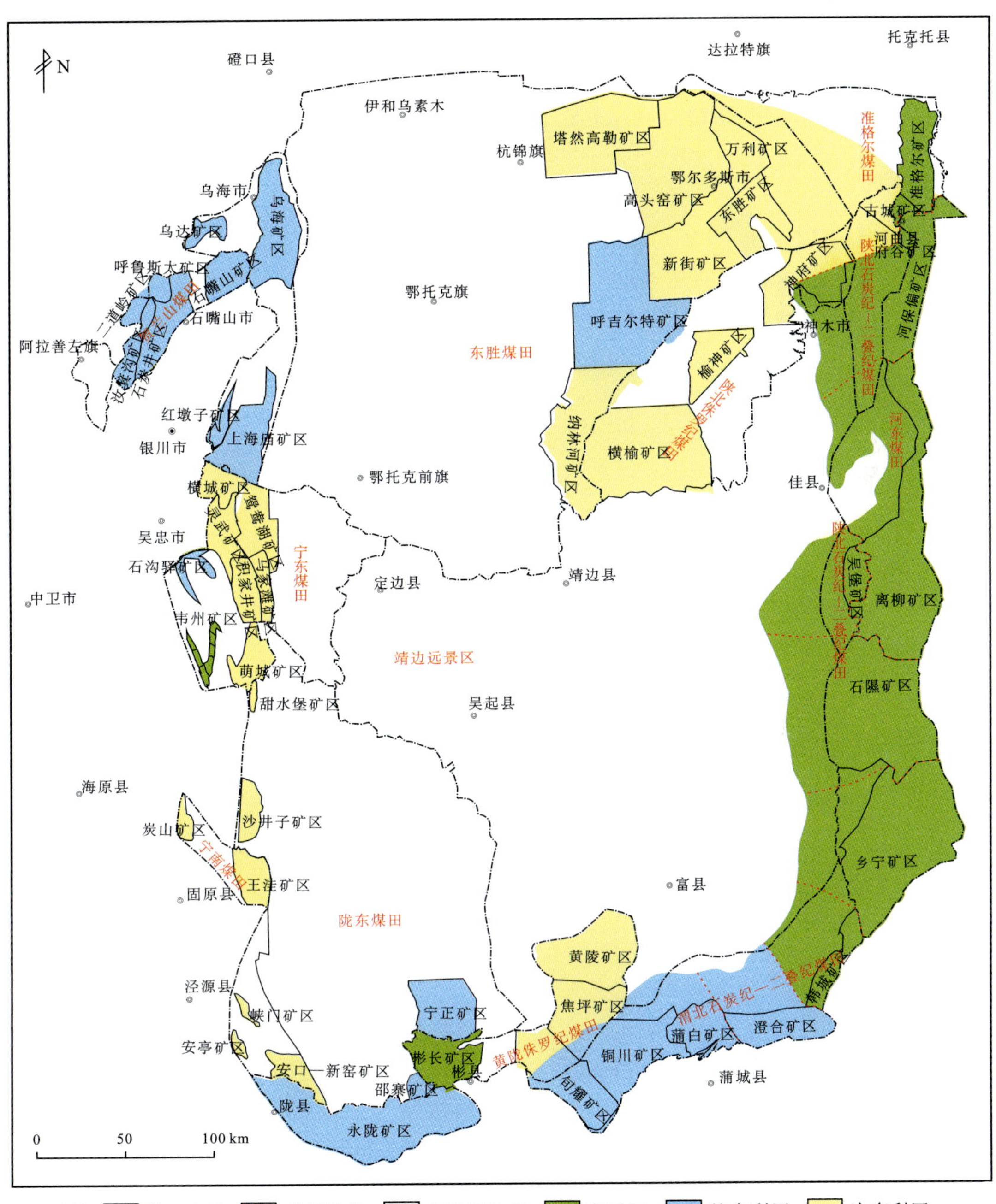

图 6.22　鄂尔多斯盆地煤系综合矿产资源分区评价图

二、有利区分述

（一）准格尔 Li-Al_2O_3-Ga-REY 与煤层气有利区

1. 概况

准格尔 Li-Al_2O_3-Ga-REY 与煤层气有利区位于鄂尔多斯盆地东北缘，包括准格尔矿区及其及外围，属于准格尔煤田（图 6.23）。准格尔有利区内大部分被黄土覆盖，但在沟谷中地层出露尚佳，出露的地层有奥陶系、石炭系、二叠系、三叠系、白垩系、古近系和第四系。

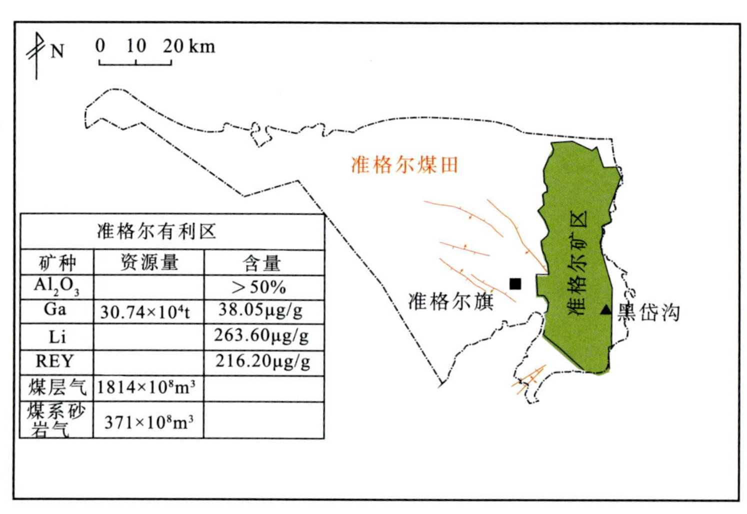

准格尔有利区		
矿种	资源量	含量
Al_2O_3		＞50%
Ga	30.74×10^4t	38.05μg/g
Li		263.60μg/g
REY		216.20μg/g
煤层气	$1814\times10^8m^3$	
煤系砂岩气	$371\times10^8m^3$	

图 6.23 准格尔矿区煤系综合矿产有利区简图

2. 含煤地层与煤层

矿区内主要含煤地层为石炭系—二叠系太原组和山西组。太原组发育良好，全组含煤 5 层，6 号、9 号煤层为主要可采煤层，其中 6 号煤层全区发育且较稳定，煤层厚度为 0.51～42.12m，平均厚度为 23.06m，以黑岱沟矿区最厚，向南逐渐变薄；9 号煤层厚度为 0.15～14.67m，平均厚度为 3.65m，以窑沟矿区最厚，向南变薄。该组地层总厚 12.31～95m，可采煤层累计厚度为 25.10m，含煤系数为 35.56%。山西组分布范围大体与太原组相同，含煤 5 层，以 1 号、3 号、5 号发育较稳定。下段 5 号煤层，厚度为 0.10～7.14m，平均为 2.36m；中段含有 3 号煤层，厚度为 0.10～4.27m，平均厚度为 1.74m；上段含有 1 号煤层，厚度为 0～2.00m，平均厚度为 0.35m。全组地层厚度为 36.24～98.81m，一般为 60m，有南厚北薄的趋势，含煤性由北向南也逐渐变差。

3. 煤岩煤质

煤的变质程度较低，煤类属长焰煤。5 号煤层为山西组主要可采煤层，挥发分平均值为 40.93%，黏结指数为 5，透光率为 88%，镜质组最大反射率为 0.57%。6 号煤层为太原组主要可采煤层，挥发分平均值为 38.95%，黏结指数为 8，透光率为 90%，镜质组最大反射率为 0.59%。9 号煤层是太原组下段主要可采煤层，挥发分平均值为 38.86%，黏结指数为 20，透光率为 90%，镜质组最大反射率为 0.59%。其变质规律为：煤田的南部略高于北部，下部煤层略高于上部煤层，深部也有增高的趋势。西部深部区煤类以气煤为主。

4. 煤层气及煤系砂岩气

矿区内煤层气资源丰富，煤炭资源分布面积为 5286km^2，煤层气含量为 2～6m^3/t，资源丰度为 0.34×$10^8m^3/km^2$，资源量为 1814×10^8m^3。煤系砂岩气资源量为 371×10^8m^3。

5. 煤系金属元素

煤中富集的金属元素有 Al_2O_3、Li、Ga 及 REY。6 号煤层普遍为高铝煤，煤灰中 Al_2O_3 含量高达 50%；Ga 元素含量在黑岱沟、串草圪旦分别达到 45μg/g 和 31.1μg/g；Li 元素在唐公塔含量最高，达到 403.1μg/g，官板乌素含量次之，为 263.6μg/g；REY 含量在小鱼沟、黑岱沟、串草圪旦分别为 216.2μg/g、214 μg/g、276.7 μg/g。初步估算准格尔矿区煤中 Ga 元素资源量共计 30.74×10^4t。

（二）河保偏煤系气与 Al_2O_3 有利区

1. 概况

河保偏煤系气与 Al_2O_3 有利区位于鄂尔多斯盆地东缘的北部，属于河东煤田北部，北邻内蒙古，西邻陕西。整体是一个走向近南北、向西倾斜的单斜构造，断裂构造不甚发育（图 6.24）。区域范围内赋存的地层有：太古宇，古生界寒武系、奥陶系、石炭系、二叠系，中生界三叠系，新生界新近系、第四系。

2. 含煤地层与煤层

该有利区主要含煤地层为太原组和山西组。太原组为一套三角洲平原相沉积，厚度为 75.00～131.00m，平均厚度为 93.00m 左右。太原组含煤 13 层，编号分别为 $9_上$、9、$9_下$、10、$11_上$、11、$11_下$、12、$12_下$、13、14、15、16 号，其中 10、11、13 号煤层为主要可采煤层，8 号煤层为大部可采煤层，9、$11_上$、$11_下$号煤层为局部可采煤层。山西组为一套以河流三角洲相为主的含煤地层，平均厚度为 56m 左右，含主要可采煤层 5 层，编号分别为 4、6、7、8、$8_下$号，其中 8 号煤层厚度最大，最厚可达 8m 多。

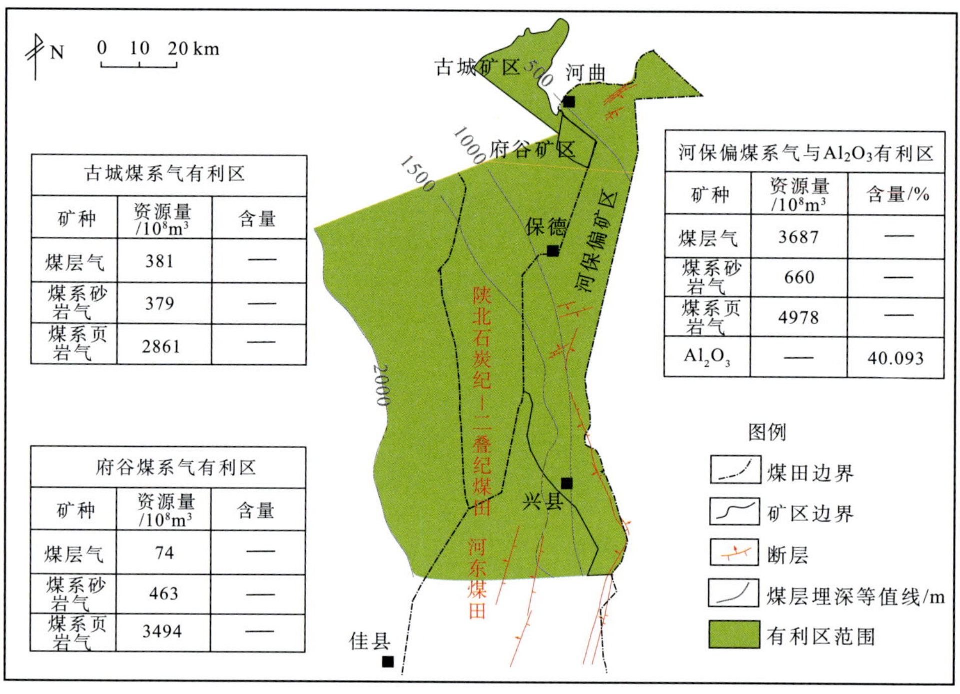

古城煤系气有利区		
矿种	资源量/10^8m^3	含量
煤层气	381	—
煤系砂岩气	379	—
煤系页岩气	2861	—

府谷煤系气有利区		
矿种	资源量/10^8m^3	含量
煤层气	74	—
煤系砂岩气	463	—
煤系页岩气	3494	—

河保偏煤系气与Al_2O_3有利区		
矿种	资源量/10^8m^3	含量/%
煤层气	3687	—
煤系砂岩气	660	—
煤系页岩气	4978	—
Al_2O_3	—	40.093

图 6.24　河保偏矿区、古城矿区和府谷矿区煤系综合矿产有利区简图

该有利区具有工业价值的可采煤层赋存于太原组和山西组，含可采煤层 8 层，自上而下编号分别为 8、9、10、$11_{上}$、11、$11_{下}$、13、14 号。

3. 煤岩煤质

该有利区宏观煤岩类型以半亮煤为主，占 40%左右，北部保德地区光亮煤含量较高，半暗煤、暗淡煤含量较少；河保偏矿区南部兴县地区半暗煤、暗淡煤含量较高，分别占 34.6%和 30.0%，而光亮煤含量较少。主要煤层的显微煤岩组分中镜质组含量为 1.54%～91.29%，平均为 47.80%；惰质组含量为 10.0%～67.84%，平均为 32.85%；壳质组含量为 0～26.89%，平均为 7.96%；无机组分以黏土矿物为主，含量为 0.62%～52.22%，平均为 10.11%。矿物煤层变质程度较低，镜质组反射率为 0.54%～0.88%，平均为 0.72%。煤层以黏结性中等的气煤为主，除保德地区附近 10 号煤层外，各煤层大多为低硫-中硫、中灰煤(王学军等，2015)。

4. 煤系气

煤田地质勘查钻孔测试该有利区煤层气含量普遍偏低，介于 0～7.33m^3/t，CH_4浓度介于 0～93.95%；而煤层气井测试煤层气含气量较高，8 号煤层含气量介于 2～8m^3/t，13 号煤层含气量介于 5～11m^3/t。该区煤层吸附能力较强。孔隙系统以过渡孔、微孔为主。矿区北部保德区块主力煤层渗透率介于0.3×10^{-3}～12×10^{-3}μm^2，一般在2.5×10^{-3}～8×10^{-3}μm^2，储层渗透率较好。中石油煤层气有限责任公司在保德煤层气区块取得良好开发效果。近年来，煤系页岩气和致密砂岩气评价与开发受到重视。本有利区估算煤层气资源量为 $3687\times10^8m^3$，煤系页岩气资源量为 $4978\times10^8m^3$，煤系砂岩气资源量为 $660\times10^8m^3$。

5. 煤灰中 Al_2O_3

河保偏矿区煤灰中 Al_2O_3 含量范围为 28%～51%，均值为 40.093%。

（三）古城煤系气有利区

1. 概况

古城煤系气有利区位于鄂尔多斯盆地东缘的北部，属于陕北石炭纪—二叠纪煤田，位于陕西府谷县北部。矿区构造简单，地层总体为一向南西微倾的近水平地层，平均倾角小于 3°，局部发育宽缓小隆起，未发现岩浆活动，东北部发育有挠褶带。

2. 含煤地层和煤层

该有利区主要含煤地层为石炭系—二叠系太原组和山西组，含煤层 4～12 层，可采煤层分别为山西组 4 号煤层、太原组 8 号煤层、9-1 号煤层，其中 4 号煤层为全区主采煤层。

3. 煤岩煤质

主采煤层煤岩组分以亮煤为主，暗煤次之，含少量镜煤及丝炭。宏观煤岩类型以半亮型、半暗型为主，次为暗淡型。煤岩显微组分有机质含量高，其中以镜质组组分为主，惰质组次之，壳质组含量低；无机组分含量较低，以黏土、碳酸盐岩和氧化物为主。主采煤层大部分为中灰煤，灰分产率平均为 24.34%，其次为低灰煤、中高灰煤，洗选后大多数以特低灰煤为主，含少量低灰煤。原煤挥发分平均为 38.91%，属于高挥发分煤，少部分为中高挥发分，整体呈中部高、两侧低的分布趋势；硫分含量较低，原煤全硫($S_{t.d}$)含量为 0.06%～2.01%，平均为 0.55%，绝大部分属于低硫煤和特低硫煤，少部分属于中硫煤，极少为高硫煤；黏结指数为 4～89.5，平均为 59.6，属中强黏结煤。

4. 煤系气

该有利区煤系气资源丰富，其中煤层气资源条件较好，煤层厚度大，含气量较高，为 $6\sim10m^3/t$，估算资源量为 $381\times10^8m^3$，煤系页岩气资源量为 $2861\times10^8m^3$，煤系砂岩气资源量为 $379\times10^8m^3$(图 6.24)。

(四)府谷煤系气有利区

1. 概况

府谷煤系气有利区位于鄂尔多斯盆地东缘的北部，陕西榆林市府谷县城以北，北部与内蒙古接壤，东部和南部以黄河为界，属于陕北石炭纪—二叠纪煤田。主要构造为近南北向的墙头-高石崖挠褶带，挠褶带东翼含煤地层埋藏浅，甚至被剥蚀，西翼含煤地层埋藏较深。目前府谷矿区勘查和开发区为挠褶带东部，区内有近东西向开阔平缓的褶曲，断裂构造主要为北西向的清水川正断裂组和近东西向的孙家沟正断裂组。府谷矿区东部边缘倾角较大，河曲至高石崖挠曲倾角为20°～40°，向西倾角变小，一般不超过5°～10°，清水川断裂带走向为NW50°，由一组平行延伸的张性断裂组成，延伸长度为24km，落差为60m，为一地堑式断裂。

2. 含煤地层与煤层

该有利区含煤地层为石炭系—二叠系太原组和山西组，含煤10余层，可采煤层总厚度为43～41.53m。太原组含煤4～9层，煤层累加厚度为5.51～32.35m，平均厚度为15.69m，可采煤层累加厚度为3.81～28.23m，平均厚度为13.30m，全区及局部主要可采煤层6层。山西组含煤1～7层，含可采煤层1～3层，煤层累加厚度为1.50～17.52m，平均厚度为9.52m，可采煤层累加厚度为1.05～14.46m，平均厚度为7.78m。

3. 煤岩煤质

原煤灰分为9.54%～38.25%，挥发分为35.00%～51.56%，全硫为0.37%～4.03%，干燥基低位发热量为17.44～31.45MJ/kg，黏结指数在0.1～80.8。主采煤层以长焰煤为主，其次为气煤，还分布有少量弱黏煤和不黏煤。

4. 煤系气

该有利区煤层气、页岩气和致密砂岩气均较发育，其中煤层含气量较高，一般为5～15m^3/t，估算煤层气资源量为74×10^{8}m^3，煤系页岩气资源量为3494×10^{8}m^3，煤系砂岩气资源量为463×10^{8}m^3(图6.24)。

(五)离柳煤系气与Al_2O_3有利区

1. 概况

离柳煤系气与Al_2O_3有利区位于鄂尔多斯盆地东缘的中部，属于河东煤田，位于河东煤田中部，吕梁山以西，南与石楼-隰县矿区相接，北与河保偏矿区相接，西界为黄河，东界为煤层露头线或断煤交线。离石鼻状构造实际上是一个发育于离石和柳林之间的弧形褶皱带，总体走向南北，弧顶向西，也可将其视为一个近等轴状的隆起(图6.25)。该有利区及周边发育的地层有奥陶系、石炭系、二叠系、三叠系、新近系、第四系。

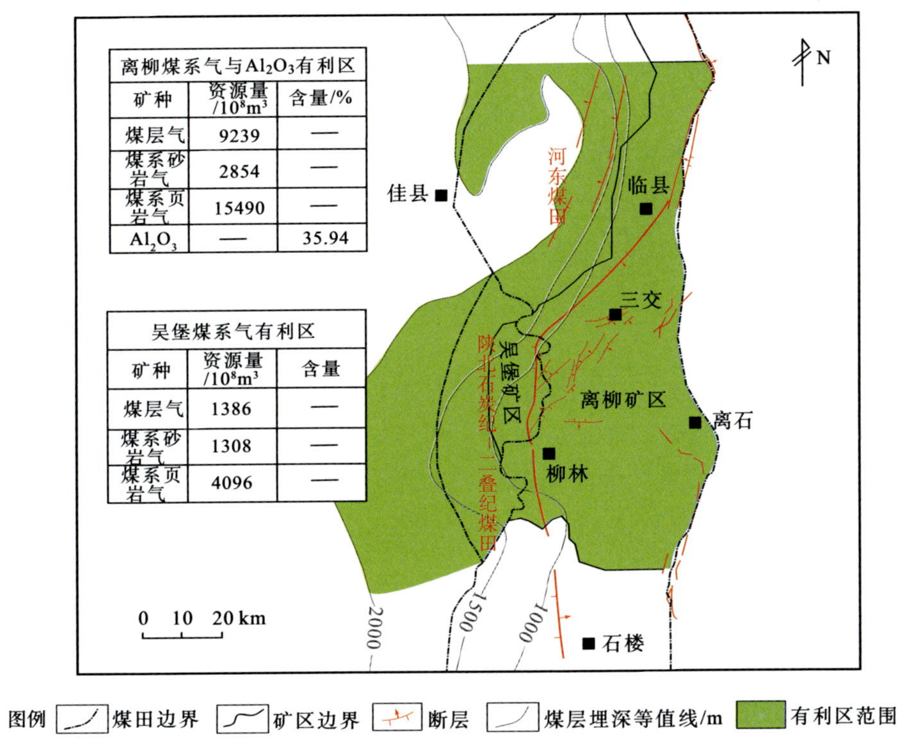

离柳煤系气与Al_2O_3有利区		
矿种	资源量/10^8m^3	含量/%
煤层气	9239	—
煤系砂岩气	2854	—
煤系页岩气	15490	—
Al_2O_3	—	35.94

吴堡煤系气有利区		
矿种	资源量/10^8m^3	含量
煤层气	1386	—
煤系砂岩气	1308	—
煤系页岩气	4096	—

图 6.25　离柳矿区和吴堡矿区煤系综合矿产有利区简图

2. 含煤地层与煤层

该有利区内含煤地层为石炭系—二叠系山西组和太原组。太原组地层厚度为 81.02～116.76m，平均厚度为 96.22m 左右，依据沉积旋回及岩性组合特征可划分为下、中、上 3 段。山西组地层厚度为 42.89～79.92m，平均厚度为 60.80m 左右，与下伏太原组呈整合接触。岩性以陆相碎屑岩沉积为主，由粗、中、细粒砂岩，粉砂岩，砂质泥岩，泥岩及煤层组成。底部 K_3 砂岩多为灰白色粗、中、细粒砂岩，局部为砂质泥岩或泥岩。该有利区内发育煤层 14 层，其中山西组 5 层，自上而下编号分别为 1、2、3、4(3+4)、5 号。太原组 9 层，自上而下编号分别为 6 $_{上}$、6、7、7 $_{下}$、8+9、9 $_{下}$、10、10 $_{下}$、11 号。其中山西组的 2、3、4(3+4)、5 号煤层，太原组的 8+9、10 号煤为主要可采煤层。

3. 煤岩煤质

该有利区煤层宏观煤岩类型以光亮煤和半亮煤为主，其次为暗淡煤。显微煤岩组分以镜质组为主，占有机组分的 19.2%～96.2%，平均为 69.39%；惰质组含量次之，占有机组分的 3.8%～80.8%，平均为 30.17%；壳质组含量占 0～6.66%，平均为 0.44%。镜质组反射率为 0.8%～1.87%，平均为 1.31%。有利区北部山西组煤层以肥煤为主，焦煤次之，太原组以焦煤为主，肥、瘦煤次之；往南煤的变质程度加深，山西组以焦煤为主，太原组以焦煤为主，瘦煤次之。有利区山西组以中灰、低硫煤为主，南部柳林县以南 5 号煤层硫分增高，为中硫煤；太原组煤层在矿区北部、中部为中灰、中硫煤，南部柳林县南则以中高硫煤为主。

4. 煤系气

该有利区煤层气勘探程度较高，三交、柳林、杨家坪、石楼北等区块是我国煤层气勘探开发的重点区块，测试含气量为 4～16m^3/t，各区块平均含气量在 8m^3/t 以上。柳林矿区山西组煤层空气干燥基朗缪尔体积介于 11.14～26.09m^3/t，平均为 19.79m^3/t；朗缪尔压力介于 1.20～2.54MPa，平均为 1.89MPa。太原组煤层空气干燥基朗缪尔体积介于 13.18～29.01m^3/t，平均为 23.34m^3/t；朗缪尔压力介于 1.09～2.98MPa，平均为 1.82MPa。石楼北区块以过渡孔、微孔比表面积为主。上组煤(3 号、4 号、5 号煤层)总体上以过渡孔比表面积为主，下组煤(8 号、9 号、10 号煤层)过渡孔比表面积比上组煤的过渡孔比表面积大。过渡孔比表面积在 8 号煤层最大，为 3.5m^2/g，在 3 号煤层最小，为 2.7m^2/g。微孔比表面积在 10 号煤层最大，为 3.5m^2/g，在 5 号煤层最小，为 2.5m^2/g。有利区煤层渗透变化介于 0.0012×10^{-3}～$453.00\times10^{-3}\mu m^2$，平均为 $25.41\times10^{-3}\mu m^2$，渗透率变化大，储层非均质性强，总体上储层渗透率较好(王学军等，2015)。估算煤层气资源量为 $9239\times10^8m^3$，煤系页岩气资源量为 $15490\times10^8m^3$，煤系砂岩气资源量为 $2854\times10^8m^3$。

5. 煤灰中 Al_2O_3

离柳矿区煤灰中 Al_2O_3 含量范围为 17.05%～44.21%，均值为 35.94%。

(六)吴堡煤系气有利区

1. 概况

吴堡煤系气有利区位于鄂尔多斯盆地东缘的中部，河东褶曲带离石－吴堡段，本有利区基本构造形态为一向西缓倾的单斜层，构造简单。在单斜构造中发育有离石—吴堡短轴倾伏背斜构造(图 6.25)。

2. 含煤地层与煤层

有利区内主要含煤地层为石炭系—二叠系山西组和太原组。太原组含煤层 2～8 层，含可采煤层 1～3 层，自上而下编号为 t_3 号、$t_{1上}$号、t_1 号，煤层累加厚度为 4.54～11.16m，平均厚度为 8.65m，含煤系数为 10.9%；可采煤层累加厚度为 3.51～10.37m，平均厚度为 7.86m，含煤系数为 9.9%。太原组煤层累加厚度在该区总体上呈现由东北部向西南部增大的趋势。山西组平均厚度为 54.84m，含煤层 2～8 层，含可采煤层 1～3 层，自上而

下编号为 S_3、S_2、S_1 号，煤层累加厚度为 2.49～8.34m，平均厚度为 5.65m，含煤系数为 11.5%；可采煤层累加厚度为 1.63～7.96m，平均厚度为 4.93m，含煤系数为 10.0%。在矿区内山西组煤层累加厚度总体上南薄北厚，含煤率、含煤系数总体上中部及北部好于南部。

3. 煤岩煤质

太原组 t_1 煤层以光亮型煤为主，半亮型煤次之，半暗型煤少量。山西组 S_1 煤层以半亮型煤为主，光亮型煤次之，半暗型煤少量。太原组 t_1 煤层以镜质组为主，含量变化为 48.2%～66.8%，平均值为 58.3%；惰质组次之，含量变化为 24.3%～38.2%，平均值为 31.6%；矿物组分均以黏土类为主，平均值为 6.6%。山西组 S_1 煤层以镜质组为主，含量变化为 47.1%～65.7%，平均值为 54.6%；惰质组次之，含量变化为 21.5%～44.2%，平均值为 33.8%；壳质组少量。矿物组分以黏土矿物为主，平均值为 6.0%。

原煤灰分为 11.62%～38.28%，挥发分为 17.65%～32.61%，全硫为 0.21%～5.45%，黏结指数为 42～95。煤类以焦煤为主，瘦煤次之，肥煤少量。

4. 煤系气

有利区内煤层气资源勘探测试结果显示：S_1 煤储层压力梯度为 8.49×10^{-3}～10.80×10^{-3}MPa/m；t_1 煤储层压力梯度为 8.16×10^{-3}～10.45×10^{-3}MPa/m，二者压力梯度差别不大，均属正常压力储层。S_1 煤层渗透率为 0.16×10^{-3}～$10.72\times10^{-3}\mu m^2$，$t_1$ 煤层渗透率为 0.11×10^{-3}～$9.87\times10^{-3}\mu m^2$。榆林榆神能源有限责任公司在吴堡矿区施工煤层气生产试验井。估算煤层气资源量为 $1386\times10^8m^3$，煤系页岩气资源量为 $4096\times10^8m^3$，煤系砂岩气资源量为 $1308\times10^8m^3$。

（七）石隰煤系气有利区

1. 概况

石隰煤系气有利区位于鄂尔多斯盆地东缘南部偏北，属于河东煤田，位于河东煤田中南部，北邻柳林矿区，南邻乡宁矿区，东面是吕梁山山脉，西面是黄河。有利区为一总体向西斜倾的单斜构造，并伴生有背、向斜褶皱，断裂构造主要分布于东部边缘地带，区内断层稀少。区域范围内赋存的地层有：太古宇，元古宇，古生界寒武系、奥陶系、石炭系、二叠系，中生界三叠系，新生界古近系、新近系、第四系(图 6.26)。

2. 含煤地层与煤层

有利区内主要含煤地层为石炭系—二叠系山西组和太原组。太原组地层自 K_1 砂岩底至 K_7 砂岩底，地层厚度为 80～110m，平均厚度为 92m。依据沉积旋回及岩性组合特征划分为上、中、下 3 段。下段地层厚度一般为 40m 左右，主要由灰白色、中、细粒砂岩，灰-深灰色粉砂岩、砂质泥岩及灰黑色泥岩，碳质泥岩和煤层组成，中、上部赋存有 9、

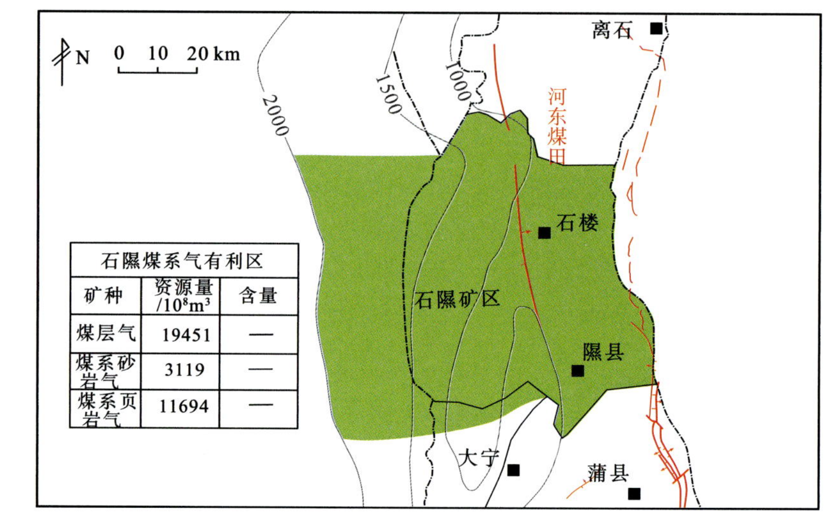

矿种	资源量/10^8m^3	含量
煤层气	19451	—
煤系砂岩气	3119	—
煤系页岩气	11694	—

图 6.26　石隰矿区煤系综合矿产有利区简图

10、11 号 3 层可采煤层。中段地层厚度为 30m 左右，岩性由 K_2、K_3、K_4 三层石灰岩间夹中-细粒砂岩及 7、7$_{下}$和 8 号薄煤层组成。上段地层一般厚度为 25m 左右，由砂岩、粉砂岩或砂质泥岩、石灰岩或泥质灰岩夹薄煤层或煤线组成，该段含 4、5、6 号煤层。

山西组地层自 K_7 砂岩底至 K_8 砂岩底，地层厚度为 35～60m，平均厚度为 43m。岩性以陆相碎屑岩沉积为主，自下而上由砂岩、砂质泥岩或粉砂岩及泥岩中夹煤层形成的 3～4 个沉积旋回组成。底部 K_7 砂岩为灰白色细粒岩屑杂砂岩，该组含 1、2、3 号煤层，其中 2 号煤层为主要可采煤层。

该有利区具有工业价值的可采煤层赋存于太原组和山西组，含可采煤层 7 层，自上而下编号分别为 2、3、4、5、8、9、10 号。

3. 煤岩煤质

山西组 2 号煤层属中灰、低磷、特低硫、中高热值焦煤，灰分（A_d）为 6.80%～39.07%。太原组 9 号煤层属中灰、低磷、富硫、中高热值焦煤；10 号煤层属中灰、高磷、低硫、中高热值焦煤、贫煤、贫瘦煤。

4. 煤系气

该有利区东部原则河勘探区实测煤层气含量一般低于 $2m^3/t$，有利区南部寨子勘探区煤层含气量介于 0.98～$23.13m^3/t$，平均为 $8.48m^3/t$；CH_4 浓度介于 31.99%～95.61%，平均为 69.00%（王学军等，2015）。估算煤层气资源量为 $19451\times10^8m^3$，煤系页岩气资源量为 $11694\times10^8m^3$，煤系砂岩气资源量为 $3119\times10^8m^3$。

（八）乡宁煤系气有利区

1. 概况

乡宁煤系气有利区位于鄂尔多斯盆地东缘的南部，吕梁山隆起带与紫荆山断裂带以西，河东煤田南部，西界为黄河，东界为离石断裂带，南界为煤层露头线，北与石隰矿区相接。有利区总体构造形态为一走向近南北、向西倾的单斜构造。地层倾角平缓，大部分地段在 10°以下，未发现褶曲构造。有利区内发育的主要地层有奥陶系、石炭系、二叠系、三叠系、新近系、第四系（图 6.27）。

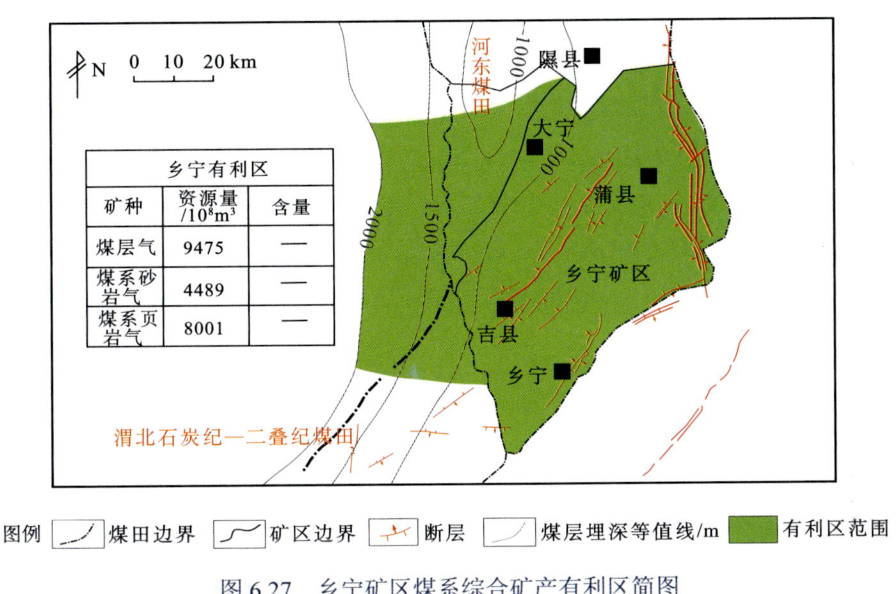

乡宁有利区		
矿种	资源量/10^8m^3	含量
煤层气	9475	—
煤系砂岩气	4489	—
煤系页岩气	8001	—

图 6.27 乡宁矿区煤系综合矿产有利区简图

2. 含煤地层与煤层

该有利区内主要含煤地层为石炭系—二叠系太原组和山西组。太原组地层厚度为 80.30～110.60m，平均厚度为 92.10m。主要由灰色、灰白色砂岩、粉砂岩，深灰色、灰色、灰黑色泥岩、碳质泥岩、石灰岩及煤层组成。共含煤 7 层，编号分别为 4、5、7、8、9、11 号。其中 9 号煤层为稳定可采煤层，10 号煤层为大部稳定可采煤层。山西组厚度为 34.75～59.61m，平均厚度为 47.16m。主要由灰白色中-细粒砂岩、黑灰色的泥岩、粉砂岩组成。共含煤 6 层，其中 2 号煤层为稳定可采煤层，其余煤层均不可采。

3. 煤岩煤质

宏观煤岩类型以半亮煤为主，其次为半暗煤，光亮煤和暗淡煤含量较少。显微煤岩组分中镜质组含量占有机组分的 68.2%～94.9%，平均为 82.54%；惰质组含量占有机组分的5.1%～31.8%，平均为17.33%；壳质组含量极少；无机组分中以黏土矿物为主，含量为3.5%～34.6%，平均为10.44%。煤层实测镜质组反射率介于0.99%～2.50%，平均为1.99%。煤类以焦煤为主，向西随煤层埋深的加大，煤的变质程度逐渐增高，逐渐过渡为瘦煤甚至贫煤。

4. 煤系气

有利区内煤田钻孔测试煤层含气量介于0.08%～22.71%，CH_4浓度介于1.64%～98.69%，煤层含气量在平面上自东向西逐渐增大。部分钻孔有湿气显示，煤层含气量在0～2.45m^3/t，CH_4浓度在0～4.31%，多数钻孔显示为典型的干气特征。煤层气井测试数据显示，2号煤层含气量介于10.73～20.87m^3/t，9号煤层含气量介于1.12～17.2m^3/t，一般为8～14m^3/t，（王学军等，2015）。大宁地区煤的孔隙度差别较大，2号煤层孔隙度介于5.89%～8.72%，9号煤层孔隙度介于2.22%～6.15%。从煤层裂隙发育频率、长度、缝宽情况看，大宁地区古驿-窑渠背斜轴部裂隙发育良好。煤层浅埋深区(<1000m)、背斜构造轴部是高渗区的发育部位。中石油煤层气有限责任公司在本区临汾区块进行了煤层气和煤系砂岩气开发。估算煤层气资源量为9475×10^8m^3，煤系页岩气资源量为8001×10^8m^3，煤系砂岩气资源量为4489×10^8m^3。

（九）韩城煤系气有利区

1. 概况

韩城煤系气有利区处于鄂尔多斯盆地的东南缘、渭北隆起带东北端部，其北为稳定的鄂尔多斯地块主体，南经渭河地堑与秦岭褶皱带相接，东经渭河地堑与吕梁隆起相连。造线和方向与地层走向主体呈北西向，向东转为北东向，显示出受外缘构造带控制的特点。有利区内发育的地层由老至新依次为太古宇涑水群、中寒武统、中奥陶统马家沟组、上石炭统本溪组、上石炭统太原组、下二叠统山西组、上二叠统上石盒子组、石千峰组、下三叠统刘家沟组、第四系(图6.28)。

2. 含煤地层与煤层

含煤地层主要为上石炭统太原组和下二叠统山西组。太原组为典型的海陆交互相沉积，含煤多层，自上而下分别为5号(5^{-1}号、5^{-2}号)、6号、7号、8号、9号、10号、11号煤层等，煤层总厚度为0.4～2.791m，主采煤层为5号、11号煤层。5号煤层为较稳定的中厚煤层，厚度为0～7.19m，由南而北呈规律性逐渐增厚。11号煤层厚度为0.24～10.80m，平均为3m，厚度大，含气性好，成藏条件优越，是韩城煤层气勘探开发的主要目标煤层。

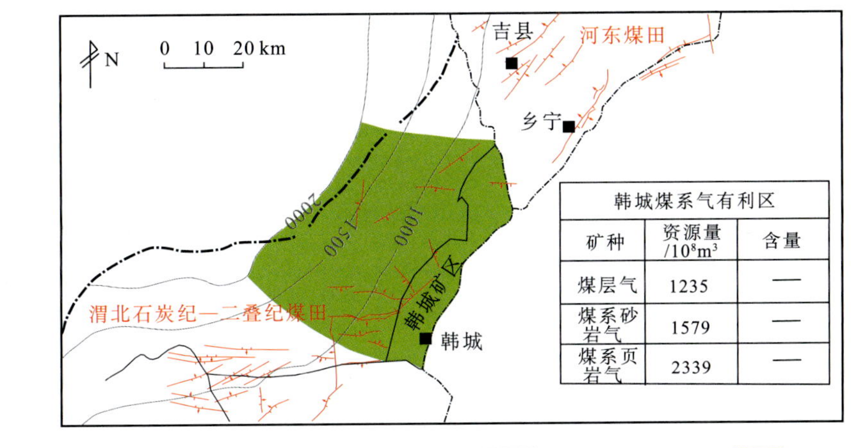

韩城煤系气有利区		
矿种	资源量/10^8m^3	含量
煤层气	1235	—
煤系砂岩气	1579	—
煤系页岩气	2339	—

图 6.28　韩城矿区煤系综合矿产有利区简图

山西组为陆相沉积，以长石石英杂砂岩、石英杂砂岩为主，其次为泥岩、粉砂质泥岩、粉砂岩和煤层。该组所含煤层自上而下分别为 1 号、2 号、3 号、4 号，煤层总厚度为 0.32～14.89m。主采煤层为 2 号、3 号煤层，其中 3 号煤层厚度为 0.18～9.26m，平均为 2m 左右，结构简单，含 1～2 层夹矸。

3. 煤岩煤质

太原组煤岩显微组分以镜质组为主，惰质组次之，壳质组含量极少，矿物组分中黄铁矿含量较高。山西组煤岩显微组分以镜质组为主，矿物组分中黄铁矿含量较少，石英、黏土矿物含量较高。煤层的显微组分较相近，镜质组含量较高，一般为 75%～85%。3 号煤层以瘦煤、贫煤为主，镜质组反射率一般为 1.85%～2.05%，灰分产率为 9.78%～38.42%，平均为 14.08%，含硫一般小于 1.35%，发热量平均为 35.39MJ/kg，原煤挥发分为 7.58%～23.43%，平均为 16.68%，黏结性好。5 号煤层主要为贫煤，镜质组反射率一般在 1.9%～2.12%，灰分产率为 14.04%～38.20%，平均为 28.13%，含硫平均为 0.0135%，发热量平均为 35.18MJ/kg，无黏结性。11 号煤层为贫煤，镜质组反射率一般为 1.89%～2.07%，灰分产率为 11.95%～36.17%，平均为 16.50%，含硫一般为 3%～5%，发热量平均为 35.18MJ/kg，无黏结性。

4. 煤系气

3 号煤层含气量一般在 4～9m^3/t，从东北到西南含气量有降低的趋势；5 号煤层含气量一般为 5～10m^3/t，平面上存在着自东向西含气量逐渐增高的趋势，11 号煤层含气量一般在 4～12m^3/t。

有利区内煤层整体上分布稳定，最大含气量可达 20m^3/t，煤层含气饱和度较高，3 号煤层含气饱和度为 69%～81%，5 号煤层含气饱和度为 75%～90%，11 号煤层含气饱和度为 68%～88%。

煤储层物性条件良好，储集性能好，煤层内生裂隙发育，连通性较好，孔隙以微孔占据主导地位，孔径介于 1～100nm 的孔隙占总孔容的 71.44%～88.15%，孔隙度普遍小于 7%。煤比表面积、孔容等孔隙参数表现出强烈的不均匀性，煤储层压力以欠压为主，局部存在高压储层，渗透率分布具有典型的非均质性，朗缪尔压力中等-高，煤层吸附能力大。

中石油煤层气有限责任公司在韩城区块进行煤层气开发，在煤层气开发中对煤层上部的砂岩进行压裂排采，取得良好产气效果。

估算煤层气资源量为 $1235\times10^8m^3$，煤系页岩气资源量为 $2339\times10^8m^3$，煤系砂岩气资源量为 $1579\times10^8m^3$。

（十）彬长煤系气有利区

1. 概况

彬长煤系气有利区位于鄂尔多斯盆地南部，属于黄陇侏罗纪煤田。构造位置位于渭北挠褶带北缘庙彬凹陷区，地表大面积被黄土层覆盖，沟谷中出露的白垩系产状较为平缓，其深部侏罗系隐伏构造总体为一走向 50°N～70°E、倾向北西—北北西向的单斜构造，发育一组宽缓的褶曲，自南向北依次为彬县背斜、大佛寺向斜、路家—小灵台背斜、孟村向斜、七里铺—西坡背斜，构造较为简单(图 6.29)。

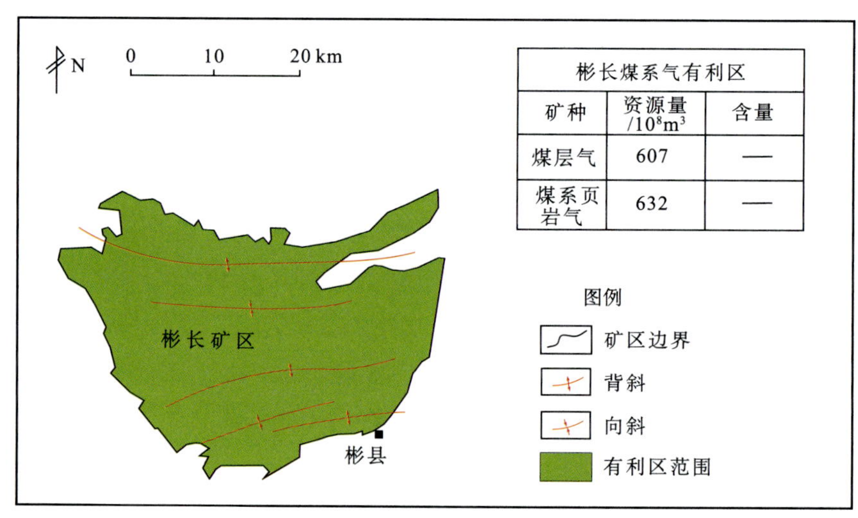

彬长煤系气有利区		
矿种	资源量/10^8m^3	含量
煤层气	607	—
煤系页岩气	632	—

图 6.29　彬长矿区煤系综合矿产有利区简图

2. 含煤地层与煤层

有利区含煤地层为中侏罗统延安组。自下而上发育 4 号、4$_上$号、3 号、2 号及 1 号煤层，其中延安组下部的4号煤层赋存稳定，且多为中厚-特厚煤层，是该区主采煤层。

3. 煤岩煤质

4号煤层宏观煤岩类型以暗淡、半暗型煤为主，夹半亮型煤；显微煤岩中有机质显微组分含量较高，平均为92.90%，其中镜质组及半镜质组含量相对较低，平均为25.30%。惰质组含量平均为66.00%。壳质组含量较少，平均为3.00%，无机组分含量平均为7.30%，以黏土类和碳酸盐类为主，硫化物类含量较少。镜质组平均最大反射率为0.64%～0.73%，平均为0.68％ 。

4号煤层以不黏煤为主，绝大部分为中高挥发分煤，原煤全硫含量平均为0.84%，属于低硫分煤，大部分为中低灰分煤，原煤灰分上低下高，原煤干燥基高位发热量平均为29.42MJ/kg，属于特高热值煤。

4. 煤系气

该区煤层生气潜力较大，渗透率高，孔隙度大，煤系气以煤层气为主，向斜核部两侧与煤层厚度大的部位煤层气含量较大，大佛寺井田煤层气最高含量为5.71m^3/t，是煤层气富集区。2014年陕西彬长新生能源有限公司在彬长矿区大佛寺井田实施“26+1”地面抽采井项目，其中DFS-M85-V井单井产气量达到4051m^3/d。国家“十三五”期间把彬长矿区列为重点勘探开发区。

估算彬长矿区煤层气资源量为$607\times10^8m^3$，煤系页岩气资源量为$632\times10^8m^3$。

（十一）韦州煤系气有利区

1. 概况

韦州煤系气有利区位于鄂尔多斯盆地西缘宁东煤田西部，地处宁夏中部大罗山东麓，隶属同心县辖区。矿区构造展布呈北北西向，主体构造形态为韦州向斜（图6.30），走向断层和斜向断层发育，构造较复杂。有利区无基岩出露，经钻孔揭露地层由老至新依次有：晚古生界上石炭统土坡组、太原组，下二叠统山西组，中二叠统下石盒子组，上二叠统石千峰群，渐新统清水营组和第四系。

2. 含煤地层与煤层

该有利区含煤地层主要为上石炭统太原组和下二叠统山西组，煤系厚度近1000m，含煤50余层，总厚度约31m，其中对比可靠、层位较稳定的可采煤层11层，总厚度约16m。山西组厚度为106m，含煤5层，自上而下编号分别为0、1、2、3、4号煤层，含煤系数最高达10.5%，且大多数可采煤层较稳定，煤质较好。太原组厚度为640m，含煤21层，其中12号煤层为稳定可采煤层，14、15、16、17、20号煤层为较稳定可采煤层，其余为不稳定不可采煤层，太原组下部的煤层因勘探程度低，煤点少，对比程度差，未编号。

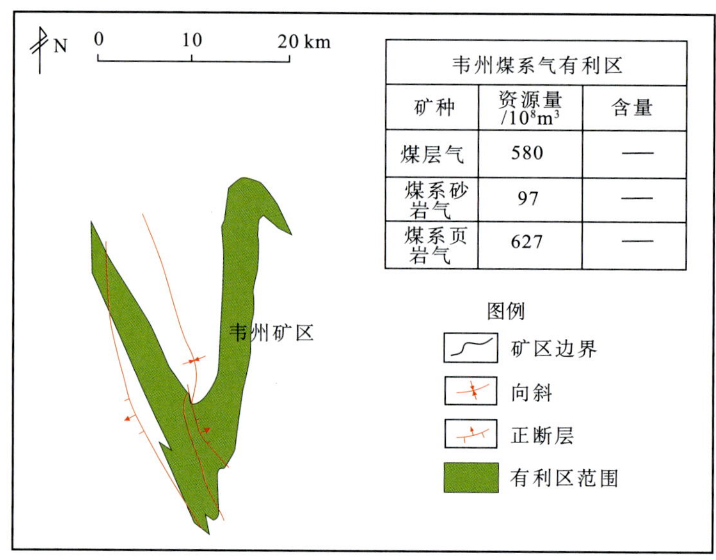

图 6.30　韦州矿区煤系综合矿产有利区简图

3. 煤岩煤质

各煤层煤岩成分以亮煤为主，暗煤次之，宏观煤岩类型为半亮-半暗型。显微组分以镜质组和惰质组为主，镜质组含量为 53.20%～66.72%，惰质组含量为 25.60%～33.36%，壳质组含量较少，为 0.41%～5.59%。矿物质含量较低，为 8.02%～13.28%，以黏土类矿物为主，碳酸盐类和硫化物次之。

韦州矿区为多煤类赋存区，从气煤至无烟煤均有分布。煤的变质程度沿两个方向作规律变化，一是沿垂直方向，自上而下挥发分逐渐减少，二是沿水平方向自韦州向斜东翼北端往南由低变质的气煤渐变为肥煤、焦煤、瘦煤及贫煤。由韦州向斜轴折向西翼，变质程度达到最高，出现无烟煤。

4. 煤系气

根据韦州矿区地质勘探钻孔瓦斯含量测试结果可知，该区瓦斯含量高，158 个钻孔煤心中有 60 个瓦斯含量大于或等于 $8m^3/t$，占总数的 38%；瓦斯含量介于 5～$8m^3/t$ 的有 40 个；小于 $5m^3/t$ 的有 58 个，占总数的 37%。最大瓦斯含量高达 $51m^3/t$。由此判断煤层气含气量较高，具有较好的资源潜力。估算煤层气资源量为 $580\times10^8m^3$，煤系页岩气资源量为 $627\times10^8m^3$，煤系砂岩气资源量为 $97\times10^8m^3$。

参考文献

白云来，马龙，吴武军，等. 2009. 鄂尔多斯盆地油页岩的主要地质特征及资源潜力[J]. 中国地质，36(5)：1123-1137.

白云来，王新民，刘华清，等. 2010. 鄂尔多斯盆地西缘构造演化及相邻盆地关系[M]. 北京：地质出版社.

曹代勇，姚征，李靖. 2014a. 煤系非常规天然气评价研究现状与发展趋势[J]. 煤炭科学技术，42(1)：89-92.

曹代勇，王崇敬，李靖，等. 2014b. 煤系页岩气的基本特点与聚集规律[J]. 煤田地质与勘探，42(4)：25-30.

曹代勇，徐浩，刘亢，等. 2015. 鄂尔多斯盆地西缘煤田构造演化及其控制因素[J]. 地质科学，50(2)：410-427.

曹代勇，刘亢，刘金城，等. 2016a. 鄂尔多斯盆地西缘煤系非常规气共生组合特征[J]. 煤炭学报，41(2)：277-285.

曹代勇，秦国红，张岩，等. 2016b. 含煤岩系矿产资源类型划分及组合关系探讨[J]. 煤炭学报，41(9)：2150-2155.

曹代勇，宁树正，郭爱军，等. 2018a. 中国煤田构造格局与构造控煤作用[M]. 北京：科学出版社.

曹代勇，聂敬，王安民，等. 2018b. 鄂尔多斯盆地东缘临兴地区煤系气富集的构造-热作用控制[J]. 煤炭学报，43(6)：1526-1532.

常象春，王明镇，郭海花. 2006. 鄂尔多斯盆地多种能源矿产共存特征及其相关性[J]. 石油实验地质，28(6)：507-511.

陈安清，陈洪德，向芳，等. 2007. 鄂尔多斯东北部山西组—上石盒子组砂岩特征及物源分析[J]. 成都理工大学学报(自科版)，34(3)：305-311.

陈刚，李向平，周立发，等. 2005. 鄂尔多斯盆地构造与多种矿产的耦合成矿特征[J]. 地学前缘，12(4)：535-541.

陈国达. 1960. 地洼区的特征和性质及其与所谓"准地台"的比较[J]. 地质学报，(2)：39-58.

陈美英，孙杰，唐朝苗，等. 2017. 全国煤炭资源勘查开发跟踪研究报告(2016 年度)[R]. 北京：中国煤炭地质总局勘查研究总院.

陈世悦，刘焕杰. 1995. 含煤建造露头层序地层分析—以太原西山石炭二叠系剖面为例[J]. 煤田地质与勘探，23(2)：13-17.

陈钟惠，张年茂，张守良，等. 1989. 鄂尔多斯盆地东缘晚古生代含煤岩系沉积体系和聚煤作用的时空演化[J]. 地球科学，14(4)：21-30.

程克明. 1995. 烃源岩地球化学[M]. 北京：科学出版社.

程克明，张朝富. 1994. 吐鲁番-哈密盆地煤成油研究[J]. 中国科学：化学生命科学地学，24(11)：1216-1222.

代世峰，任德贻，李生盛，等. 2006a. 鄂尔多斯盆地东北缘准格尔煤田煤中超常富集勃姆石的发现[J]. 地质学报，80(2)：294-300.

代世峰，任德贻，李生盛. 2006b. 内蒙古准格尔超大型镓矿床的发现[J]. 科学通报，51(2)：177-185.

代世峰，任德贻，周义平，等. 2014. 煤型稀有金属矿床：成因类型、赋存状态和利用评价[J]. 煤炭学报，

39(8): 1707-1715.
戴金星, 倪云燕, 吴小奇. 2012. 中国致密砂岩气及在勘探开发上的重要意义[J]. 石油勘探与开发, 39(3): 257-264.
邓军, 王庆飞, 高帮飞, 等. 2006. 鄂尔多斯盆地多种能源矿产分布及其构造背景[J]. 地球科学, 31(3): 330-336.
冯云杰. 2007. 准格尔煤炭国家规划矿区资源评价（2007 年度)[R]. 呼和浩特: 内蒙古自治区煤田地质局.
傅宁, 杨树春, 贺清, 等. 2016. 鄂尔多斯盆地东缘临兴—神府区块致密砂岩气高效成藏条件[J]. 石油学报, 37(1): 111-120.
傅雪海, 德勒恰提·加娜塔依, 朱炎铭, 等. 2016. 煤系非常规天然气资源特征及分隔合采技术[J]. 地学前缘, 23(3): 36-40.
高峰, 王岳军, 刘顺生, 等. 2000. 利用磷灰石裂变径迹研究鄂尔多斯盆地西缘热历史[J]. 大地构造与成矿学, 24(1): 87-91.
高颖, 郭英海. 2012. 河东煤田北部煤中镓的分布特征及赋存机理分析[J]. 能源技术与管理, (1): 111-113, 153.
顾娇杨, 张兵, 郭明强. 2016. 临兴区块深部煤层气富集规律与勘探开发前景[J]. 煤炭学报, 41(1): 72-79.
桂学智. 1998. 河东煤田上石盒子组中海绵硅质岩的发现兼论华北西部晚古生代聚煤盆地的充填演化与聚煤规律[J]. 华北地质矿产杂志, 13(2): 109-117.
郭英海, 刘焕杰. 2000. 陕甘宁地区晚古生代沉积体系[J]. 古地理学报, 2(1): 19-30.
何锡麟, 张玉瑾, 朱梅丽, 等. 1990. 内蒙准格尔旗晚古生代含煤地层与生物群[M]. 徐州: 中国矿业大学出版社.
黄汲清. 1955. 鄂尔多斯地台西沿的大地构造轮廓和寻找石油的方向[J]. 地质学报, (1): 25-41, 110-112.
黄文辉, 敖卫华, 翁成敏, 等. 2010. 鄂尔多斯盆地侏罗纪煤的煤岩特征及成因分析[J]. 现代地质, 24(6): 1186-1197.
黄振裕. 1990. 略论辽东太子河盆地太原组岩相旋回特征与聚煤演化[J]. 辽宁地质学报, (1): 34-44.
霍福臣, 潘行适, 尤国林, 等. 1989 宁夏地质概论[M]. 北京: 科学出版社.
接铭训. 2010. 鄂尔多斯盆地东缘煤层气勘探开发前景[J]. 天然气工业, 30(6): 1-6, 121.
晋香兰. 2015. 鄂尔多斯盆地侏罗系煤层含气性分析及地质意义[J]. 煤炭科学技术, 43(7): 111-117.
晋香兰, 张培河, 吴敏杰. 2012. 鄂尔多斯盆地低煤阶煤储层孔隙特征及地质意义[J]. 煤炭科学技术, 40(10): 22-26.
李刚, 梅廉夫, 郑金云. 2017. 从裂陷期到裂后期被动陆缘盆地构造-热事件[J]. 地球科学与环境学报, 39(6): 773-786.
李贵红, 张泓. 2013. 鄂尔多斯盆地东缘煤层气成因机制[J]. 中国科学: 地球科学, 43(8): 1359-1364.
李锦轶, 张进, 杨天南, 等. 2009. 北亚造山区南部及其毗邻地区地壳构造分区与构造演化[J]. 吉林大学学报: 地球科学版, 39(4): 584-605.
李思田. 1992. 鄂尔多斯盆地东北部层序地层及沉积体系分析[M]. 北京: 地质出版社.
李四光. 1955. 旋卷构造及其他有关中国西北部大地构造体系复合问题[J]. 地质学报, (4): 53-56.
李夏, 林玉祥, 赵程锦, 等. 2018. 临兴地区砂岩含气特征及其主控因素[J]. 山东科技大学学报(自然科学版), 37(1): 111-118.
李星学. 1955. 煤田勘探中应注意的几种其他矿产[J]. 地质知识, (1): 6-9.
李勇, 汤达祯, 许浩, 等. 2012. 鄂尔多斯盆地东缘“翘板”支点影响下的含煤地层发育特征[J]. 煤炭学报, 37(S2): 378-382.
李勇, 汤达祯, 许浩, 等. 2014. 鄂尔多斯盆地东缘煤层气构造控气特征[J]. 煤炭科学技术, 42(6): 113-117.
李勇, 汤达祯, 牛鑫磊. 2017. 鄂尔多斯盆地东缘可容纳空间变化控制的C—P煤系沉积特征[J]. 煤炭学报, 42(7): 1828-1838.
李云波, 姜波, 屈争辉. 2014. 构造煤中敏感元素迁移、聚集规律及地质控制因素——以淮北海孜矿为例[J]. 中国科学: 地球科学, 44(11): 2419-2430.
李增学, 韩美莲, 李江涛, 等. 2006. 鄂尔多斯盆地多种能源矿产共存富集形式及沉积控制[J]. 山东科技大学学报(自然科学版), 25(4): 18-21.
李增学, 韩美莲, 魏久传, 等. 2008. 鄂尔多斯盆地上古生界高分辨率层序划分与煤聚积规律分析[J]. 中国石油大学学报(自然科学版), 32(1): 5-12.
李智学. 2014. 鄂尔多斯盆地中南部延安组页岩气成藏规律与潜力评价[D]. 北京: 中国矿业大学(北京).
李智学, 任海香, 贺丹, 等. 2010. 陕西省煤炭资源潜力评价报告（2010年度)[R]. 西安: 陕西省煤田地质局勘察研究院.
林少泽, 朱光, 严乐佳, 等. 2013. 燕山构造带晚古生代挤压变形事件的构造与年代学证据[J]. 科学通报, 58(34): 3597-3609.
刘池洋, 赵红格, 王锋. 2005. 鄂尔多斯盆地西缘(部)中生代构造属性[J]. 地质学报, 79(6): 737-745.
刘池洋, 赵红格, 桂小军, 等. 2006a. 鄂尔多斯盆地演化-改造的时空坐标及其成藏(矿)响应[J]. 地质学报, 80(5): 617-638.
刘池洋, 赵红格, 谭成仟, 等. 2006b. 多种能源矿产赋存与盆地成藏(矿)系统[J]. 石油与天然气地质, 27(2): 131-142.
刘焕杰, 张瑜瑾, 王宏伟, 等. 1991. 准格尔煤田含煤建造岩相古地理学研究[M]. 北京: 地质出版社.
刘建强, 迟乃杰, 从培章, 等. 2015. 煤系共伴生矿产定义内涵及分类[J]. 山东国土资源, (9): 30-34.
刘亢. 2016. 鄂尔多斯盆地西缘煤系矿产资源共生组合特征研究[D]. 北京: 中国矿业大学(北京).
刘钦甫, 张鹏飞. 1997. 华北晚古生代煤系高岭岩物质组成和成矿机理研究[M]. 北京: 海洋出版社.
刘璇, 桂小军, 丁晓琪, 等. 2014. 鄂尔多斯盆地南部晚三叠世事件沉积—秦岭造山耦合分析[J]. 东北石油大学学报, 38(4): 59-66+9.
刘正宏, 徐仲元, 杨振升. 2004. 鄂尔多斯北缘石合拉沟逆冲推覆构造的发现及意义[J]. 地质调查与研究, 27(1): 24-27.
鲁雪松, 柳少波, 李伟, 等. 2014. 低勘探程度致密砂岩气区地质和资源潜力评价——以库车东部侏罗系致密砂岩气为例[J]. 天然气地球科学, 25(2): 178-184.
罗婷婷, 周立发. 2013. 鄂尔多斯盆地南缘下石盒子组碎屑岩地球化学特征[J]. 西北大学学报(自然科学版), 43(5): 765-775.
吕大炜, 李增学, 刘海燕, 等. 2009. 华北晚古生代海平面变化及其层序地层响应[J]. 中国地质, 26(5): 1079-1086.
马收先, 孟庆任, 武国利, 等. 2014. 内蒙古隆起晚古生代构造隆升的沉积记录[J]. 地质学报, 88(10): 1771-1789.
满建康, 周明磊, 梁顺, 等. 2011. 科学采矿视角下煤系共伴生矿产资源的开采初探[J]. 煤矿安全, 42(1): 142-144.
孟尚志, 李勇, 王建中, 等. 2018. 煤系“三气”单井筒合采可行性分析——基于现场试验井的讨论[J]. 煤炭学报, 43(1): 168-174.
闵琪, 付金华, 席胜利, 等. 2000. 鄂尔多斯盆地上古生界天然气运移聚集特征[J]. 石油勘探与开发,

27(4): 26-29, 110-119.
内蒙古自治区煤田地质局 117 勘探队. 2006a. 内蒙古自治区准格尔煤田酸刺沟井田煤炭资源储量核实报告（2006 年度)[R]. 鄂尔多斯: 内蒙古自治区煤田地质局 117 勘探队.
内蒙古自治区煤田地质局 117 勘探队. 2006b. 内蒙古自治区准格尔煤田酸刺沟井田外围区块煤炭资源储量核实报告（2006 年度)[R]. 鄂尔多斯: 内蒙古自治区煤田地质局 117 勘探队.
内蒙古自治区煤田地质局 117 勘探队. 2008 . 内蒙古自治区桌子山煤田白音乌素井田煤炭资源储量核实报告（2008 年度)[R]. 鄂尔多斯: 内蒙古自治区煤田地质局 117 勘探队.
内蒙古自治区煤田地质局 151 勘探队. 2006. 内蒙古自治区准格尔煤田东坪井田煤炭勘探报告(2006 年度)[R]. 包头: 内蒙古自治区煤田地质局 151 勘探队.
内蒙古自治区煤田地质局 153 勘探队. 2010a. 内蒙古自治区准格尔煤田榆树湾区红树梁井田勘探报告(2010 年度)[R]. 呼和浩特: 内蒙古自治区煤田地质局 153 勘探队.
内蒙古自治区煤田地质局 153 勘探队. 2010b. 内蒙古自治区准格尔旗准格尔国家规划矿区玻璃沟井田煤炭资源储量核查报告（2010 年度)[R]. 呼和浩特: 内蒙古自治区煤田地质局 153 勘探队.
内蒙古自治区煤田地质局 153 勘探队. 2010c. 内蒙古自治区准格尔旗准格尔国家规划矿区蒙海井田煤炭资源储量核查报告(2010 年度)[R]. 呼和浩特: 内蒙古自治区煤田地质局 153 勘探队.
内蒙古自治区煤田地质局 153 勘探队. 2010d. 内蒙古自治区准格尔煤田魏家峁露天矿区煤炭资源储量核查报告（2010 年度)[R]. 呼和浩特: 内蒙古自治区煤田地质局 153 勘探队.
内蒙古自治区煤田地质局 153 勘探队. 2010e. 内蒙古自治区准格尔煤田唐家会露天矿区煤炭资源储量核查报告(2010 年度)[R]. 呼和浩特: 内蒙古自治区煤田地质局 153 勘探队.
内蒙古自治区煤田地质局 153 勘探队. 2010f. 内蒙古自治区准格尔煤田东孔兑露天矿区煤炭资源储量核查报告(2010 年度)[R]. 呼和浩特: 内蒙古自治区煤田地质局 153 勘探队.
宁树正, 朱士飞, 曹代勇, 等. 2017. 含煤岩系矿产综合勘查评价研究(2015-2016 年度)[R]. 北京: 中国煤炭地质总局.
牛鑫磊, 曹代勇, 徐浩, 等. 2018. 海陆过渡相煤系致密砂岩储层特征及影响因素[J]. 煤炭科学技术, 46(4): 188-195.
潘爱芳, 赫英, 马润勇. 2004. 鄂尔多斯盆地地表元素地球化学场与能源矿产关系初探[J]. 石油与天然气地质, (6): 629-633, 685.
秦国红, 邓丽君, 刘亢, 等. 2016. 鄂尔多斯盆地西缘煤中稀土元素特征[J]. 煤田地质与勘探, 44(6): 8-14.
秦勇, 王文峰, 刘新花, 等. 2008. 煤中有开发利用价值的微量元素研究（2008 年度)[R]. 徐州: 中国矿业大学.
秦勇, 申建, 沈玉林. 2016. 叠置含气系统共采兼容性——煤系“三气”及深部煤层气开采中的共性地质问题[J]. 煤炭学报, 41(1): 14-23.
任德贻, 赵峰华, 代世峰, 等. 2006. 煤的微量元素地球化学[M]. 北京: 科学出版社.
任纪舜. 1994. 中国大陆的组成、结构、演化和动力学[J]. 地球学报, (3-4): 5-13.
任文忠. 1992. 中国含煤沉积盆地分类[J]. 煤炭学报, 17(3): 1-10.
任战利. 1996. 鄂尔多斯盆地热演化史与油气关系的研究[J]. 石油学报, 17(1): 17-24.
任战利, 赵重远, 张军, 等. 1994. 鄂尔多斯盆地古地温研究[J]. 沉积学报, 12(1): 56-65.
任战利, 刘丽, 崔军平, 等. 2008. 盆地构造热演化史在油气成藏期次研究中的应用[J]. 石油与天然气地质, 29(4): 502-506.
任中贤, 申平喜, 陈粉玲. 2014. 鄂尔多斯盆地南缘砂岩型铀矿地质特征及成矿条件分析[J]. 世界核地质科学, 31(3): 514-518.

山西省地质矿产局二一五地质队. 1985. 山西省河东煤田北部远景普查区地质报告（1985 年度）[R]. 晋中.

山西省地质矿产局二一五地质队. 1987. 山西省河东煤田中部远景普查区地质报告（1987 年度）[R]. 晋中.

尚冠雄. 1997. 华北地台晚古生代煤地质学研究[M]. 太原: 山西科学技术出版社.

邵龙义, 董大啸, 李明培, 等. 2014. 华北石炭—二叠纪层序-古地理及聚煤规律[J]. 煤炭学报, 39(8): 1725-1734.

申小龙, 蔺亚兵, 贾志鑫. 2017. 陕北三叠纪煤田蟠龙至高家屯勘查区煤层气赋存规律研究[J]. 中国煤炭地质, 29(5): 16-19+33.

苏幽雅, 陈守民, 侯景涛, 等. 2017. 鄂尔多斯盆地天环坳陷两翼侏罗系隐蔽性油藏富集规律研究[J]. 石油化工应用, 36(3): 99-102+105.

孙粉锦, 田文广, 陈振宏, 等. 2018. 中国低煤阶煤层气多元成藏特征及勘探方向[J]. 天然气工业, 38(6): 10-18.

孙军强, 韩鹏, 冯希文, 等. 2010a. 宁夏回族自治区贺兰山煤田煤炭资源潜力评价报告(2010 年度)[R]. 银川: 宁夏回族自治区煤田地质局.

孙军强, 韩鹏, 冯希文, 等. 2010b. 宁夏回族自治区宁东煤田煤炭资源潜力评价报告(2010 年度)[R]. 银川: 宁夏回族自治区煤田地质局.

孙升林, 吴国强, 曹代勇, 等. 2014. 煤系矿产资源及其发展趋势[J]. 中国煤炭地质, 26(11): 1-11.

孙玉壮, 赵存良, 李彦恒, 等. 2014. 煤中某些伴生金属元素的综合利用指标探讨[J]. 煤炭学报, 39(4): 744-748.

孙泽飞. 2016. 临兴区块煤系非常规天然气共采可行性地质评价[D]. 徐州: 中国矿业大学.

汤达祯, 杨起, 潘治贵. 1992. 河东煤田地史-热史模拟与煤变质演化[J]. 现代地质, 6(3): 328-337.

汤达祯, 林善园, 王激流, 等. 1999. 鄂尔多斯盆地东缘晚古生代煤的生烃反应动力学特征[J]. 石油实验地质, 21(4): 328-335.

汤达祯, 王激流, 张君峰, 等. 2000. 鄂尔多斯盆地东缘煤的二次生烃作用与煤层气的富集[J]. 石油实验地质, 22(2): 140-145.

汤锡元, 郭忠铭. 1992. 陕甘宁盆地西缘逆冲断裂构造及油气勘探[M]. 西安: 西北大学出版社.

唐修义, 黄文辉. 2004. 中国煤中微量元素[M]. 北京: 商务印书馆.

田世澄, 陈永进, 张兴国, 等. 2001. 论成藏动力系统中的流体动力学机制[J]. 地学前缘, 8(4): 329-336.

万丛礼, 付金华, 张军. 2005. 鄂尔多斯西缘前陆盆地构造-热事件与油气运移[J]. 地球科学与环境学报, 27(2): 43-47.

万天丰. 2011. 中国大地构造学[M]. 北京: 地质出版社.

汪寿松, 陈安宁. 1989. 我国华北地区晚古生代“约代尔”旋回沉积的发现及其意义[J]. 科学通报, 34(15): 1165-1167.

汪正江, 陈洪德, 张锦泉, 等. 2002. 鄂尔多斯盆地二叠纪煤成气成藏特征[J]. 矿物岩石, 22(3): 47-52.

王安民. 2018. 青海聚乎更矿区煤系气耦合成藏条件研究[D]. 北京: 中国矿业大学(北京).

王步清, 王高利, 那春光, 等. 2015. 鄂尔多斯盆地能源矿产综合勘查开采政策建议[J]. 中国国土资源经济, 28(3): 21-24.

王东东, 李智学, 邵龙义, 等. 2014. 鄂尔多斯盆地中侏罗世煤系页岩气潜力特征[C]// 第十三届全国古地理学与沉积学学术会议摘要集, 北京: 137-138.

王锋, 刘池阳, 杨兴科, 等. 2005. 贺兰山汝箕沟玄武岩地质地球化学特征及其构造环境意义[J]. 大庆石油地质与开发, 24(4): 25-28.

王桂梁，琚宜文，郑孟林，等. 2007. 中国北部能源盆地构造[M]. 徐州：中国矿业大学出版社.
王国茹. 2011. 鄂尔多斯盆地北部上古生界物源及层序岩相古地理研究[D]. 成都：成都理工大学.
王社教，李登华，李建忠，等. 2011. 鄂尔多斯盆地页岩气勘探潜力分析[J]. 天然气工业, 31(12): 40-46.
王双明. 2011. 鄂尔多斯盆地构造演化和构造控煤作用[J]. 地质通报, 30(4): 544-552.
王双明. 2017. 鄂尔多斯盆地叠合演化及构造对成煤作用的控制[J]. 地学前缘, 24(2): 54-63.
王双明，张玉平. 1999. 鄂尔多斯侏罗纪盆地形成演化和聚煤规律[J]. 地学前缘, 6(b5): 147-155.
王庭斌，张亚雄，董立，等. 2016. 含煤盆地转化为含煤-含气(油)盆地的构造地质环境[J]. 地球科学, 41(2): 265-278.
王巍，马超. 2016. 彬长地区延安组浅层砂岩气成藏地质因素分析[J]. 石油化工应用, 35(6): 121-123.
王学军，张庆辉，傅雪海，等. 2015. 山西省煤层气储层物性特征及资源评价[M]. 北京：煤炭工业出版社.
王毅，杨伟利，邓军，等. 2014. 多种能源矿产同盆共存富集成矿(藏)体系与协同勘探——以鄂尔多斯盆地为例[J]. 地质学报, 88(5): 815-824.
王银喜，李惠民，顾连兴，等. 2003. 山西铝土矿 Rb-Sr 同位素定年[J]. 地球学报, 24(6): 589-592.
王志浩，祁玉平. 2003. 我国北方石炭—二叠系牙形刺序列再认识[J]. 微体古生物学报, 20(3): 225-243.
魏迎春，曹代勇，熊先钺，等. 2015. 韩城区块煤层气井煤粉产出机理及主控因素研究[M]. 北京：地质出版社.
魏迎春，曹代勇，宁树正，等. 2018. 鄂尔多斯盆地煤系矿产资源赋存规律研究进展[J]. 中国煤炭地质, 30(6): 14-20.
魏永佩，王毅. 2004. 鄂尔多斯盆地多种能源矿产富集规律的比较[J]. 石油与天然气地质, 25(4): 385-392.
吴传荣. 1995. 西北早—中侏罗世煤岩煤质与煤变质研究[M]. 北京：煤炭工业出版社.
吴道蓉，吴殿虎. 1994. 我国煤系非金属矿产资源开发利用雏议[J]. 煤炭科学技术, (1): 48-49.
吴汉宁，朱日祥，刘椿，等. 1990. 华北地块晚古生代至三叠纪古地磁研究新结果及其构造[J]. 地球物理学报, 33(6): 694-701.
武法东，陈钟惠. 1995. 华北石炭二叠纪的海侵作用[J]. 现代地质, 9(3): 284-292.
肖建喜. 2003. 鄂尔多斯盆地西缘北段上古生界储集层研究[J]. 西北大学学报自然科学版, 33(2): 201-204.
徐浩. 2017. 鄂尔多斯盆地煤系矿产资源赋存规律的构造控制研究[D]. 北京：中国矿业大学(北京).
杨建业. 2011. 煤微量元素地球化学的一个重要规律——以渭北 5 号煤层为例[J]. 中国科学：地球科学, 41(10): 1444-1453.
杨俊杰，裴锡古. 1996. 中国天然气地质学第四卷，鄂尔多斯盆地[M]. 北京：石油工业出版社.
杨起. 1987. 河南禹县晚古生代煤系沉积环境与聚煤特征[M]. 北京：地质出版社.
杨伟利，王毅，王传刚，等. 2010. 鄂尔多斯盆地多种能源矿产分布特征与协同勘探[J]. 地质学报, 84(4): 579-586.
杨锡禄，周国铨. 1996. 中国煤炭工业百科全书：地质·测量卷[M]. 北京：煤炭工业出版社.
杨锡禄，潘随贤，程宝洲，等. 1987. 太原西山含煤地层沉积环境[M]. 北京：煤炭工业出版社.
杨兴科，杨永恒，季丽丹，等. 2006. 鄂尔多斯盆地东部热力作用的期次和特点[J]. 地质学报, 80(5): 705-711.
杨智，何生，邹才能，等. 2010. 鄂尔多斯盆地北部大牛地气田成岩成藏耦合关系[J]. 石油学报, 31(3): 373-378+385.
姚海鹏，朱炎铭，周晓刚. 2017. 鄂尔多斯盆地 EY-1 井石炭—二叠纪含煤地层生烃演化[J]. 科学技术与工程, 17(29): 193-198.

袁国泰, 黄凯芬. 1998. 试论煤系共伴生矿产资源的分类及其它[J]. 中国煤田地质, 10(1): 24-26, 32.

张兵, 徐文军, 徐延勇, 等. 2016. 鄂尔多斯盆地东缘临兴区块深部关键煤储层参数识别[J]. 煤炭学报, 41(01): 87-93.

张伯声, 汤锡元. 1975. 鄂尔多斯地块及其四周的镶嵌构造与波浪运动[J]. 西北大学学报(自然科学版), (3): 92-112.

张大伟, 李玉喜, 张金川, 等. 2012. 全国页岩气资源潜力调查评价[M]. 北京: 地质出版社.

张泓, 白清昭, 张笑薇, 等. 1995. 鄂尔多斯聚煤盆地的形成及构造环境[J]. 煤田地质与勘探, 23(3): 1-9.

张泓, 何宗莲, 晋香兰, 等. 2005. 鄂尔多斯盆地构造演化与成煤作用[M]. 北京: 地质出版社.

张泓, 晋香兰, 李贵红, 等. 2008. 鄂尔多斯盆地侏罗纪—白垩纪原始面貌与古地理演化[J]. 古地理学报, 10(1): 1-11.

张金川, 金之钧, 袁明生. 2004. 页岩气成藏机理和分布[J]. 天然气工业, 24(7): 15-18.

张金亮, 常象春, 张金功. 2000. 鄂尔多斯盆地上古生界深盆气藏研究[J]. 石油勘探与开发, 27(4): 30-35+110-111+119.

张培河, 刘云亮, 贾立龙. 2016. 鄂尔多斯盆地东部上古生界煤系页岩气藏特征及勘探方向[J]. 煤田地质与勘探, 44(4): 54-58.

张松航. 2008. 鄂尔多斯盆地东缘煤层气储层物性研究[D]. 北京: 中国地质大学(北京).

张岩, 刘金城, 徐浩, 等. 2017. 陆相与过渡相煤系页岩孔隙结构及分形特征对比——以鄂尔多斯盆地东北缘延安组与太原组为例[J]. 石油学报, 38(9): 1036-1046.

张有河, 王晓明, 刘东娜. 2014. 准格尔煤田西南部煤层夹矸及顶底板稀土元素地球化学特征及地质意义[J]. 中国煤炭地质, 26 (10): 13-16.

张云峰. 2013. 鄂尔多斯盆地多种能源矿产共同富集的地质条件与成藏(矿)系统研究[D]. 北京: 中国地质大学(北京).

赵存良. 2015. 鄂尔多斯盆地与煤伴生多金属元素的分布规律和富集机理[D]. 北京: 中国矿业大学(北京).

赵俊峰, 刘池洋, 喻林, 等. 2006. 鄂尔多斯盆地中侏罗世直罗-安定期沉积构造特征[J]. 石油与天然气地质, 27(2): 159-166.

赵社生, 柴东浩, 李国良. 2001. 山西地块 G 层铝土矿同位素年龄及其地质意义[J]. 轻金属, (8): 5-9.

赵振宇, 郭彦如, 王艳, 等. 2012. 鄂尔多斯盆地构造演化及古地理特征研究进展[J]. 特种油气藏, 19(5): 15-20+151.

赵重远. 1988. 鄂尔多斯及山西地块地质构造及沉积盆地的形成、演化及其与油气关系[M]. 北京: 石油工业出版社.

中国煤炭地质总局. 1996. 鄂尔多斯盆地聚煤规律及煤炭资源评价[M]. 北京: 煤炭工业出版社.

中国石化华东分公司石油勘探开发研究院. 2011. 鄂尔多斯盆地煤层气成藏条件及有利区块评价[R]. 南京: 中国石化华东分公司石油勘探开发研究院.

周帅, 陈尚斌, 司庆红, 等. 2016. 鄂尔多斯盆地东缘太原组页岩气成藏特征[J]. 特种油气藏, 23(1): 38-43.

朱如凯. 1997. 煤系高岭岩的地球化学判别标志[J]. 地质论评, 43(2): 121-130.

朱炎铭, 张庆辉, 屈晓荣, 等. 2015. 沁水盆地深部页岩气资源调查与开发潜力评价[M]. 北京: 科学出版社.

朱志敏, 闫剑飞, 沈冰, 等. 2007. 从“构造热事件”分析阜新盆地多能源矿产共存成藏[J]. 地球科学进展, 22(5): 468-479.

邹才能，杨智，朱如凯，等. 2015. 中国非常规油气勘探开发与理论技术进展[J]. 地质学报，89(6): 979-1007.

邹和平，张坷，李刚. 2008. 鄂尔多斯地块早白垩世构造—热事件：杭锦旗玄武岩的 Ar-Ar 年代学证据[J]. 大地构造与成矿学, 32(3): 360-364.

Atchley S C, Nordt L C, Dworkin S I, et al. 2013. Alluvial stacking pattern analysis and sequence stratigraphy: Concepts and case studies[C]// New Frontiers in Paleopedology and Terrestrial Paleoclimatology, Tulsa, Oklahoma: SEPM Special Publication No. 104: 109-129.

Bakker R J. 2004. Raman spectra of fluid and crystal mixtures in the systems H_2O-NaCl and H_2O-$MgCl_2$ at low temperatures. Applications to fluid inclusion research[J]. The Canadian Mineralogist, 42: 1283-1314.

Beerbower J R. 1961. Origin of cyclothems of the Dunkard Group (Upper Pennsylvanian-Lower Permian) in Pennsylvania, West Virginia, and Ohio [J]. Geological Society of America Bulletin, 72(7): 1029-1050.

Bogatyrev B A, Zhukov V V, Tsekhovsky Y G. 2009. Formation conditions and regularities of the distribution of large and superlarge bauxite deposits[J]. Lithology and Mineral Resources, 44: 135-151.

Bohacs K M, Grabowski G Jr, Carroll A R. 2007. Lithofacies architecture and variations in expression of sequence stratigraphy within representative intervals of the Green River Formation, Greater Green River Basin, Wyoming and Colorado[J]. The Mountain Geologist, 44: 39-60.

Boyd R, Dalrymple R, Zaitlin B A. 1992. Classification of clastic coastal depositional environments[J]. Sedimentary Geology, 80: 139-150.

Burnaman M D, Xia W, Shelton J. 2009. Shale gas play screening and evaluation criteria[J]. China Petroleum Exploration, 14(3): 51-64.

Caillaud A, Blanpied C, Delvaux D. 2017. The Upper Jurassic Stanleyville Group of the eastern Congo Basin: an example of perennial lacustrine system [J]. Journal of African Earth Sciences, 132: 80-98.

Cao D Y, Li X M, Deng J M. 2009. Coupling effect between coalification and tectonic-thermal events: geological records of geodynamics of sedimentary basin [J]. Earth Science Frontiers, 16(4): 52-60.

Carroll A R, Bohacs K M. 1999. Stratigraphic classification of ancient lakes: Balancing tectonic and climatic controls [J]. Geology, 27: 99-102.

Catuneanu O. 2017. Sequence stratigraphy: Guidelines for a standard methodology[C]//Advances in Sequence Stratigraphy. Amsterdam: Elsevier: 1-57.

Cecil C B, Dulong F T, West R R, et al. 2003. Climate controls on the stratigraphy of a middle Pennsylvanian cyclothem in North America [C]// Climate Controls on Stratigraphy. Tulsa: SEPM Special Publication No. 77: 151-180.

Coleman J M. 1968. Deltaic evolution [C]// Encyclopedia of Geomorphology. Washington: Reinhold Book Corp. : 255-260.

Dai S F, Ren D Y, Chou C L, et al. 2006. Mineralogy and geochemistry of the No. 6coal (Pennsylvanian) in the Junger Coalfield, Ordos Basin, China [J]. International Journal of Coal Geology, 66: 253-270.

Dai S F, Li D, Chou C L, et al. 2008. Mineralogy and geochemistry of boehmite-rich coals: New insights from the Haerwusu Surface Mine, Jungar Coalfield, Inner Mongolia, China [J]. International Journal of Coal Geology, 74: 185-202.

Dai S F, Ren D Y, Chou C L, et al. 2012. Geochemistry of trace elements in Chinese coals: A review of abundances, genetic types, impacts on human health, and industrial utilization [J]. International Journal of Coal Geology, 94(1): 3-21.

Davis R A Jr. 2012. Tidal signatures and their preservation potential in stratigraphic sequences [C]// Principles of Tidal Sedimentology. Dordrecht: Springer-Verlag: 35-55.

Diessel C F K. 1992. Coal-bearing Depositional Systems [M]. Berlin: Springer-Verlag.

Diessel C F K. 2007. Utility of coal petrology for sequence-stratigraphic analysis[J]. International Journal of Coal Geology, 70: 3-34.

Donaldson A C. 1974. Pennsylvanian sedimentation of central Appalachians[C]//Carboniferous of the southeastern United States. Boulder: Geol Soc Am Spec Pap 148: 47-78.

Dong Y, Santosh M. 2016. Tectonic architecture and multiple orogeny of the Qinling Orogenic Belt, Central China [J]. Gondwana Research, 29: 1-40.

Eidel J J. 1991. Basin analysis for the mineral industry [C]// Sedimentary and Diagenetic Mineral Deposits: a Basin Analysis Approach to Exploration. Chelsea: Society of Economic Geologists: 1-15.

Einsele G. 2000. Sedimentary Basins: Evolution, Facies, and Sediment Budget [M]. Berlin: Springer Science & Business Media.

Embry A F, Johannessen E P. 2017. Two approaches to sequence stratigraphy [C]// Advances in Sequence Stratigraphy. Amsterdam: Elsevier: 85-118.

Fisk H N. 1944. Geological investigation of the alluvial valley of the lower Mississippi Valley[J]. Journal of Geology, 37(1): 166-167.

Force E R, Eidel J J, Maynard J B, et al. 1991. Sedimentary and Diagenetic Mineral Deposits: A Basin Analysis Approach to Exploration[M]. Chelsea: Society of Economic Geologists.

Heckel P H. 1986. Sea-level curve for Pennsylvanian eustatic marine transgressive-regressive depositional cycles along midcontinent outcrop belt, North America[J]. Geology, 14(4): 330-334.

Hinai A A, Rezaee R. 2015. Pore Geometry in Gas Shale Reservoirs [M]. New York: John Wiley & Sons, Inc.

James N P, Choquette P W. 1984. Diagenesis 9. Limestones-the meteoric diagenetic environment[C]// Carbonate Sedimentology and Petrology. Washington D C: American Geophysical Union: 45-78.

Jarvie D M, Claxton B L, Henk F, et al. 2001. Oil and shale gas from the Barnett Shale, Fort Worth Basin, Texas [C]// Denver: AAPG National Convention.

Jiang Z, Xu J, Wang G. 2012. The discovery and significance of a sedimentary hiatus within the Carboniferous Taiyuan Formation, northeastern Ordos Basin, China [J]. AAPG Bulletin, 96 (7): 1173-1195.

Ketris M P, Yudovich Y E. 2009. Estimations of clarkes for carbonaceous bioliths: World averages for trace element contents in black shales and coals [J]. International Journal of Coal Geology, 78: 135-148.

Klein G D, Willard D A. 1989. Origin of the pennsylvanian coal-bearing cyclothems of North America[J]. Geology, 17(2): 152-155.

Lee J, Sidle R. 2010. Gas-reserves estimation in resource Plays[J]. Spe Economics & Management, 2(2): 86-91.

Li B, Li G, Wen X. 1999. Permo-Carboniferous sequence stratigraphy and sea level changes in North China platform [J]. Journal of China University of Geosciences, 10: 137-145.

Liu G, Ricken W, Mosbrugger V, et al. 1998. Permo-Carboniferous carbonate-coal sequences and their stacking patterns in the North China block[J]. Proceedings of the Royal Society of Victoria, 110: 369-384.

Liu J, Zhao Y, Liu A, et al. 2014. Origin of late Palaeozoic bauxites in the North China Craton: Constraints from zircon U–Pb geochronology and in situ Hf isotopes[J]. Journal of the Geological Society, 171:

695-707.

Liu S, Su S, Zhang G. 2013. Early Mesozoic basin development in North China: Indications of cratonic deformation [J]. Journal of Asian Earth Sciences, 62: 221-236.

Longhitano S G, Mellere D, Steel R J, et al. 2012. Tidal depositional systems in the rock record: A review and new insights [J]. Sedimentary Geology, 279: 2-22.

Loucks R G, Reed R M, Ruppel S C, et al. 2009. Morphology, genesis, and distribution of nanometer-scale pores in siliceous mudstones of the Mississippian Barnett Shale[J]. Journal of Sedimentary Research, 79(12): 848-861.

Ma S, Meng Q, Duan L, et al. 2014. Reconstructing Late Paleozoic exhumation history of the Inner Mongolia Highland along the northern edge of the North China Craton [J]. Journal of Asian Earth Sciences, 87(12): 89-101.

McConachie B A, Dunster J N. 1996. Sequence stratigraphy of the Bowthorn block in the northern Mount Isa basin, Australia: Implications for the base-metal mineralization process[J]. Geology, 24: 155-158.

Miall A D. 2010. Alluvial deposits[C]// Facies Models 4. Newfoundland: Geological Association of Canada GEOtext 6: 105-137.

Ogg J G, Ogg G, Gradstein F M. 2016. A Concise Geologic Time Scale: 2016[M]. Amsterdam: Elsevier.

Patterson P E, Skelly R L, Jones C R. 2012. Climatic controls on depositional setting and alluvial architecture, Doba Basin, Chad [C]// Lacustrine Sandstone Reservoirs and Hydrocarbon Systems. Tulsa: APG Memoir 95: 265-298.

Reading H G, Collinson J D. 1996. Clastic coasts[C]//Reading H D. Sedimentary Environments: Processes, Facies and Stratigraphy. New York: Blackwell Science Publishing: 154-231.

Reinson G E. 1992. Transgressive barrier island and estuarine systems [C]// Facies models: Response to Sea Level Change. Newfoundland: Geological Association of Canada: 179-194.

Renaut R W, Gierlowski-Kordesch E H. 2010. Lakes[C]//Facies Models 4. Newfoundland: Geological Association of Canada GEOtext 6: 541-575.

Ross D J K, Bustin R M. 2008. Characterizing the shale gas resource potential of Devonian-Mississippian strata in the Western Canada sedimentary basin: Application of an integrated formation evaluation[J]. AAPG Bulletin, 92(1): 87-125.

Rygel M C, Fielding C R, Frank T D, et al. 2008. The magnitude of Late Paleozoic glacioeustatic fluctuations: a synthesis [J]. Journal of Sedimentary Research, 78: 500-511.

Sakamoto T. 1957. Cycle of sedimentation in the Late Paleozoic coal-bearing formation in the Kailan Coalfield, North China [J]. XX International Geological Congress, 5: 375-387.

Schlager W. 2004. Fractal nature of stratigraphic sequences [J]. Geology, 32: 185-188.

Slatt R M, O'Brien N R. 2011. Pore types in the Barnett and Woodford gas shales: Contribution to understanding gas storage and migration pathways in fine-grained rocks[J]. AAPG Bulletin, 95(12): 2017-2030.

Steel R J, Milliken K L. 2013. Major advances in siliciclastic sedimentary geology, 1960–2012 [C]// The Web of Geological Sciences: Advances, Impacts, and Interactions. Boulder: Geological Society of America Special Paper 500: 121-167.

Sun Y, Zhao C, Li Y. 2012. Li distribution and mode of occurrences in Li-bearing coal seam # 6from the Guanbanwusu Mine, Inner Mongolia, northern China[J]. Energy Exploration & Exploitation, 30: 109-130.

Sun Y, Zhao C, Qin S, et al. 2016. Occurrence of some valuable elements in the unique 'high-aluminium coals' from the Jungar coalfield, China [J]. Ore Geology Reviews, 72: 659-668.

Tankard A J. 1986. On the depositional response to thrusting and lithospheric flexure: Examples from the Appalachian and Rocky Mountain basins [C]// Foreland Basins. London: Int Assoc Sediment Spec Pub, 8: 369-392.

Thomka J R, Lewis R D. 2013. Siderite concretions in the Copan crinoid LagerstÄtte (upper Pennsylvanian, Oklahoma): Implications for interpreting taphonomic and depositional processes in mudstone successions [J]. Palaios, 28: 697-709.

Wang X B, Dai S F, Ren D Y, et al. 2011. Mineralogy and geochemistry of Al-hydroxide / oxyhydroxide mineral-bearing coals of Late Paleozoic age from the Weibei coalfield, southeastern Ordos Basin, North China [J]. Applied Geochemistry, 26: 1086-1096.

Weller J M. 1930. Cyclical sedimentation of the Pennsylvanian period and its significance [J]. Journal of Geology, 38(2): 97-135.

Weller J M. 1956. Argument for diastrophic control of late Paleozoic cyclothems [J]. AAPG Bulletin, 40(1): 17-50.

Yang Y, Li W, Ma L. 2005. Tectonic and stratigraphic controls of hydrocarbon systems in the Ordos basin: A multicycle cratonic basin in central China [J]. AAPG Bulletin, 89: 255-269.

Zhang S H, Zhao Y. 2013. Mid-crustal emplacement and deformation of plutons in an Andean-style continental arc along the northern margin of the North China Block and tectonic implications[J]. Tectonophysics, 608: 176-195.

Zhou W Y, Jiao Y Q, Zhao J H. 2017. Sediment provenance of the intracontinental Ordos basin in North China Craton controlled by tectonic evolution of the basin-orogen system [J]. The Journal of Geology, 125: 701-711.